KB202826

마태복음

웨슬리와 함께 읽는 사복음서 1

마태복음

2023년 5월 8일 처음 펴냄

지은이 | 존 웨슬리
옮긴이 | 양재훈
펴낸이 | 김영호
펴낸곳 | 도서출판 동연
등   록 | 제1-1383호(1992년 6월 12일)
주   소 | 서울시 마포구 월드컵로 163-3
전   화 | (02) 335-2630
팩   스 | (02) 335-2640
이메일 | yh4321@gmail.com
인스타그램 | instagram.com/dongyeon_press

ISBN 978-89-6447-889-9 04230
ISBN 978-89-6447-888-2(세트)

웨슬리와 함께 읽는
사복음서 1

Matthew

마태복음

존 웨슬리 지음
양재훈 옮김 · 주해

동연

이 책은 신광감리교회 고인준 목사님과
성도님들의 후원으로 제작되었습니다.

역자 서문과 해설

1763년과 『신약성서주석』

1. 때는 1762년, 존 웨슬리가 감리회 운동을 본격적으로 시작한 지 어느덧 20년 남짓 흘렀다. 고교회(high church)의 답답한 틀에 질식해가던 영국의 소시민과 사회적 하층민들은 웨슬리의 혁신적인 신앙 운동에 크게 감명을 받아 그 운동에 합류했고, 웨슬리의 감리회 운동은 부흥의 길을 달리고 있었다. 그러던 중 영국 런던의 웨슬리 집회소인 파운더리에서 다소 혼란스러운 동요가 일어났다. 웨슬리를 따르던 지도자 중 하나인 토마스 맥스필드(Thomas Maxfield)라는 사람이 문제를 일으킨 것이다.

2. 토마스 맥스필드는 웨슬리를 추종하며 열성적으로 사역하던 인물인데, 그의 신앙적 성향은 다소 광적인 측면이 있었고 이로 인해 문제가 생긴 것이다. 당시 조지 벨(George Bell)이라는 사람이 1763년 2월 28일에 주님께서 재림하신다는, 소위 시한부 종말론을 주장했고 토마스 맥스필드가 이를 추종하여 감리회 신도회원들에게 영향을 끼쳤다. 이에 1762년 말에 웨슬리는 토마스 맥스필드에게 자중할 것을 수차례 권고하고 경고했다. 그러나 맥스필드는 자신의 주장을 굽히지 않고 웨슬리의 경고와 명령을 무시했다. 맥스필드가 그렇게 할 수 있었던 것은 실제로 많은 신도회원이 그의 말에 현혹되어 그를 추종했기 때문이었다.

3. 이윽고 1763년 2월 28일이 되었다. 웨슬리는 신도회원들에게 동요하지 말라고 말했고, 그날 자신은 평소와 다름없이 평안히 잠들었다.

나는 스피탈필드에서 "그대의 하나님을 만날 준비를 하라"라는 제목으로 저녁에 설교했다. 나는 설교에서 그날 밤에 세상의 종말이 온다는 생각이 얼마나 말도 안 되는 소리인지 말해주었다. 하지만 내가 그렇게 말했음에도 많은 사람은 그런 말에 현혹되거나, 설령 종말이 아니라 하더라도 런던이 지진으로 폭삭 주저앉을지도 모른다는 생각에 빠져서 잠자리에 들기를 겁냈고, 어떤 이들은 들판을 배회했다. 그러나 나는 평소에 하던 대로 밤 10시경에 깊이 잠에 빠져들었다(1763. 2. 28. 일지).

그날 주님은 재림하지 않으셨고, 많은 사람의 염려와 달리 아무 일도 일어나지 않았다. 그러나 그날 많은 사람이 혹시나 하는 마음에 불안에 떨며 방황했다.

4. 그러나 이 일로 인한 후유증은 적지 않았다. 500명이 넘는 사람들이 맥스필드의 말에 현혹되어 넘어갔고, 웨슬리의 일지에 따르면 106명의 신도회원이 결국 이 사건으로 감리회와 결별하고 떠나갔다. 이 사건으로 인해 웨슬리와 그의 동료들은 왜 이런 문제가 생겼는지 고민했고, 앞으로 이런 어처구니없는 일이 발생하지 않도록 조치할 필요를 느꼈다.

5. 이 사건이 끝난 뒤, 맥스필드 사건처럼 잘못된 가르침을 주는 설교자를 미리 막기 위해 1763년에 열린 연회(Conference)에서는 평신도 설교

가와 감리회 운동의 설교가들이 지켜야 할 설교 지침을 정했다. 이것이 바로 〈설교가들을 위한 모범 고시문〉(Model Deed for Preaching-house)이었다. 이 모범 고시문의 내용은 아래와 같다.

위에서 언급한 사람들이 설교할 때는 웨슬리 목사의 『신약성서주석』 (Notes upon the New Testament)과 네 권으로 이루어진 설교들에 담긴 교리 이외의 다른 교리를 설교해서는 안 된다.

6. 위에서 언급된 『신약성서주석』은 1754년에 출간된 그의 주석이고, 네 권으로 이루어진 설교라는 것은 1746년, 1748년, 1750년 그리고 1760년에 걸쳐 각각 만들어진 총 네 권의 설교집, 즉 그 유명한 44편의 설교가 담긴 『표준설교』(44 Standard Sermons)를 말한다. 그리고 이제 우리가 읽게 될 이 책이 바로 여기에서 언급된 『신약성서주석』이다.

7. 웨슬리의 44편의 『표준설교』는 최근 들어 많은 웨슬리언(Wesleyans)이 읽고 공부하기도 한다. 『표준설교』는 웨슬리를 연구하는 학자들이 많이 애용하고 연구하는 텍스트다. 그러나 그의 『신약성서주석』은 아쉽게도 그렇지 못하다. 『표준설교』나 그의 『일지』(Journals)는 두루 번역되었고 널리 읽힌다. 하지만 『신약성서주석』은 제대로 번역된 것조차 찾기 어렵다. 모범 고시문의 문구, 즉 감리교에서 설교하려면 그의 『표준설교』는 꼭 읽어봐야 한다는 말은 감리회 목사라면 한 번쯤 들어봤을 것이다. 그러나 안타깝게도 『표준설교』보다 먼저 언급된 『신약성서주석』은 잊혔다.

8.『신약성서주석』은 웨슬리가 쓴 성서 주석 중에서 신약 부분을 가리킨다. 그는『구약성서주석』과『신약성서주석』을 모두 다 썼다. 모범고시문에서 왜『구약성서주석』은 언급하지 않았는지는 모른다. 그러나 그의 성경 주석이 창세기부터 요한계시록에 이르는 성경 66권을 모두 아우른다는 점은 기억해야 한다.

『신약성서주석』의 탄생 배경

1. 1753년 11월, 웨슬리는 자기 죽음이 다가오고 있음을 느꼈다. 그는 매우 심한 기침과 고열로 무척 고생하고 있었고, 기력은 점점 쇠해 갔다. 그는 그런 건강 상태에도 여전히 이곳저곳을 여행하면서 설교하고 성례를 집행해야만 했다. 하지만 기력이 다한 환자에게서 제대로 목소리가 나올 리가 없었다. 의사는 그에게 당장 사역을 내려놓고 시골로 내려가서 요양하라고 권고했다.

2. 건강으로 인해 크게 지친 웨슬리는 1753년 11월 26일 일지에 자신이 죽고 난 후 무덤 묘비에 적힐 문구를 마치 유언처럼 적어놓았다.

> 존 웨슬리 여기에 눕다.
> 타는 불에서 건져낸 막대기,
> 나이 51세에 몸을 다 쓰고 죽었네.
> 빚을 모두 갚고 나니, 10파운드만 남았네
> 기도하옵기는, 하나님께서 무익한 종인 내게 자비를 베푸시기를!

이처럼 웨슬리는 자기 생이 마지막에 이르렀다고 심각하게 생각했다.

3. 하지만 다행스럽게도 그의 건강은 12월부터 빠르게 회복되었다. 자기가 거의 죽다 살아난 것을 느낀 웨슬리는 기다렸다는 듯이 밀린 저술 작업에 들어갔다. 『기독교 문고』(Christian Library)에 들어갈 목록 정리를 마무리하고 곧바로 일지를 출판하기 위한 작업에 들어갔다. 그리고 이듬해 1754년 1월, 『신약성서주석』을 쓰기 시작했다. 그는 1월 6일 일지에서 다음과 같이 적고 있다.

나는 신약성서주석을 쓰기 시작했는데, 이 작업은 사실 내가 여행하거나 설교할 수 없을 만큼 아프지만 않았었더라도 시도하지 않았을 일이었다. 하지만 이제는 읽고 쓸 수 있을 만큼 나아졌다.

4. 『신약성서주석』 서문에서 볼 수 있듯이, 웨슬리는 이 주석을 쓰는 것에 대해 머뭇거려왔다는 것을 우리는 알 수 있다. 그 이유는 "자기 능력의 한계를 깊이 느꼈기" 때문이었다. 웨슬리는 옥스퍼드대학에서 신학을 배우고 거기에서 학생들을 가르쳤던 사람이었다. 그는 신학 대학을 졸업한 후 서품을 받고 고향 엡워스 근처인 루트(Wroot)에 있는 성 판크라스교회(St. Pancras' Church)에서 목회한 경험도 있었다. 게다가 옥스퍼드대학 링컨 컬리지에서 신성클럽(holy club)으로 후배이자 제자들을 양육했고, 그들과 함께 미국 조지아주 식민지에 가서 선교사로서 영국 이민자들과 아메리카 원주민을 대상으로 목회 활동을 한 경험도 있었다.

5. 그런데도 웨슬리는 신약성서로 주석을 쓰기에 자신의 부족함을

느꼈고, 이 일을 어떻게든 피해 보려고 했다. 무엇 때문에 그가 '능력의 한계'를 깊이 느꼈는지 정확히 알 수는 없다. 1736년 1월 말, 미국 선교를 위해 가던 중 대서양에서 경험했던 끔찍한 풍랑 사건 당시 웨슬리는 목숨의 위험 앞에서 극심한 공포와 두려움을 느꼈다. 하지만 이번에는 달랐다. 1753년 말, 죽음의 시간이 다가오는 것을 느끼면서도 그는 죽음에 대한 공포나 두려움으로 떨지 않았다. 이러한 모습은 이제 50대가 된 그가 30대 시절의 연약함을 이미 극복했음을 보여주며, 따라서 그 '능력의 한계'가 실존적 한계 자각을 뜻한다고 보기는 어렵다.

6. 그가 『신약성서주석』을 쓰기 시작한 1754년보다 대략 5년 전인 1748년 여름 그는 무척 심하게 앓다가 그레이스 머레이(Grace Murray)라는 한 여인의 극진한 간호로 회복된 일이 있었다. 그는 머레이를 무척 사랑했으나 동생 찰스 웨슬리는 이 두 사람의 관계를 좋게 보지 않았고, 결국 찰스는 그녀를 뉴캐슬로 데리고 가서 존 베넷(John Bennet)과 결혼시켰다. 이 일로 존 웨슬리는 크게 실연했고 마음의 상처를 받았다. 그로부터 머지않아 그는 돈 많은 과부였던 메리 바제일(Mary Vazeille)을 만나 1751년 2월 결혼했다.

7. 사바나 선교사 시절 소피아 홉키(Sophia Hopkey)와의 스캔들로 큰 곤욕을 치렀던 웨슬리가 그레이스 머레이 실연 사건으로 한 번 더 상처를 겪고 난 후 메리 바제일과 안정된 가정을 꾸리는 듯했다. 그러나 웨슬리의 결혼 생활은 그다지 평탄하지 않았다. 웨슬리는 가정보다는 사역이 더 우선이었고, 메리 바제일은 그것에 불만을 느꼈다. 특히 웨슬리가 사역을 핑계로 다른 여성들과 자주 교류를 하는 것은 아내 메리에게 있

어서 도저히 참을 수 없는 일이었다. 웨슬리는 그것을 단지 사역이라고 우겼지만, 아내의 입장에서 볼 때 그의 행동은 잘못된 것이었다. 하지만 웨슬리는 자신의 행동을 잘못된 것으로 생각하지도 않았고, 아내에게 사과는커녕 도리어 큰소리를 쳤다.

8. 웨슬리가 주석을 작업하던 앞뒤 시기가 웨슬리 사생활에서는 이런 어려움과 갈등이 한창일 때였다. 그래도 웨슬리는 공적으로 열심히 사역하고 있었고, 가정 문제로 인한 갈등에 대해 죄의식을 크게 느낀 것으로 보이지는 않는다. 따라서 그가 주석 저술 작업을 꺼렸던 이유가 이러한 사적인 생활의 문제로 신앙 양심에 어떤 거리낌이 있었기 때문이라고 보기도 다소 어려울 듯하다. 그렇다면 결국 이는 순수하게 자신의 지혜가 부족하다는 겸손의 탓으로 돌릴 수밖에 없을 듯하다.

웨슬리 『신약성서주석』 서문

1. 웨슬리는 주석 서문에서 이 글을 평범한 대중을 위해 썼다고 밝힌다. 그는 학식이 부족한 사람도 이해할 수 있도록 내용과 표현을 다듬었다. 특히 "하나님의 말씀을 깊이 경험하지는" 못했지만, 그 마음에 말씀을 사모하고 자기 영혼의 구원에 간절함을 느끼는 사람이 이 책의 주요 독자임을 밝힌다. 따라서 그는 될 수 있는 한 평이하게 이 주석을 쓰려고 했다.

2. 실제로 이 주석의 내용이 그리 어렵거나 복잡하거나 심오한 내용

은 아니다. 주석이 어떤 구절에서는 깊게 그리고 장황하게 논의하기도 하지만 대부분은 그리 길지도 않고, 그 내용도 난해하거나 심오하지는 않다. 이는 깊이 있는 신학적 논의를 하거나 어떤 구절이나 표현, 신학적 주제를 두고 치열하게 학문적인 고찰을 통한 논의를 하려는 것이 이 책의 목적이 아님을 잘 보여준다. 웨슬리가 언급했듯이, "주석이 도리어 성경 본문의 의미를 흐리거나 압도해버리지 않도록" 했다.

3. 이로 미루어볼 때, 웨슬리가 이 책을 쓴 목적은 자기의 표현대로 복음의 초심자라고 하더라도 성경 말씀을 이해하는 데 큰 어려움이 없도록 하는 것에 있다. 따라서 웨슬리는 주석의 본질적인 기능, 즉 성경 본문을 제대로 그리고 정확하게 잘 이해할 수 있도록 보조적으로 돕는 기능을 살리는 것을 이 책의 중점으로 두었다.

4. 이 주석은 웨슬리가 처음부터 끝까지 본인의 창의적인 생각으로 쓴 것이 아니다. 그가 밝히듯이 벵겔리우스, 헤일린, 거이스, 닷드릿지 등이 저술한 책과 주석에 많이 의지했다. 심지어 어떤 부분에서는 "옮겨 적기도 했고, 더 많은 경우에는 요약했다." 과연 얼마나 많은 부분이 웨슬리 본인에게서 전적으로 나온 것인지 알 수는 없지만, 분명한 것은 그가 여러 명의 주석가나 저술가에 의존한다는 사실이다.

5. 그렇다고 이 주석이 웨슬리와 다소 거리가 멀어지는 것은 아니다. 비록 여러 곳에서 다른 저술가들의 글을 인용하고 의지하지만, 이것은 웨슬리가 그들의 해석이나 생각에 동의한다는 것을 뜻한다. 따라서 웨슬리가 다른 이들의 글을 많이 의존하기 때문에 그의 해석과 신학을 이

책에서 찾아보는 것이 어렵다고는 말할 수 없다.

6.『표준설교』는 웨슬리의 신학적 색깔과 흔적이 상당히 많이 나타나며, 그 내용도 다양한 신학적 주제를 다루고 있다. 이런 이유로 웨슬리를 연구하는 많은 이가 이『표준설교』를 연구 대상이나 주장의 근거로 사용한다. 또한 웨슬리가 남긴 다른 설교문, 일지, 연회 회의록, 그리스도인의 완전이나 성도의 견인 등과 같은 주제를 다루는 논문들은 웨슬리의 신학적 세계와 그의 생각을 엿보기에 좋은 자료들이다. 그의 신약 주석도 비록 남의 해석과 생각을 많이 의지하기는 하지만, 그의 신학적 세계관이 담긴 좋은 웨슬리 연구 자료이다.

7. 웨슬리의 이 주석은 약 300년 전에 출간되었다. 오늘날 성서 연구는 발전된 다양한 해석학적 방법론들이 활용되고, 수많은 정보가 교환되고 언제든지 쉽게 접근할 수 있는 환경에서 이루어진다. 그러나 요즘과는 달리 웨슬리 당시에는 성서비평학이라는 학문도 그리 많이 발달하지 않았고, 성서를 해석하기 위한 근대나 현대 방법론적인 틀도 정립되기 이전이었다. 따라서 웨슬리의 이 주석을 최근의 주석들과 비교하여 우열을 가늠하는 것은 적절해 보이지 않는다. 더구나 앞서 언급했듯이 이 주석이 그런 토론을 하기 위해 만들어진 것이 아니므로 이런 비교는 더더욱 무의미하다.

8. 따라서 이 책의 독자들은 이 주석을 통해 성서 본문의 정확한 학문적 분석이나 최신의 정보 등을 부족함 없이 얻을 것이라 크게 기대하면 안 된다. 만일 이런 것을 원한다면, 정확하고도 풍부한 현대 과학

기술의 도움을 받아 다양한 학문적 해석 접근 방식으로 텍스트를 치밀하게 분석하는 최신의 학문적 주석서를 보면 된다. 물론 그렇다고 해서 이 책에서 웨슬리가 내놓은 본문 주석이나 텍스트 해석이 형편없다거나 신뢰도가 떨어진다거나 성경을 이해하는 데에 그다지 도움이 안 된다고 생각하는 것은 적절하지 않다. 비록 300년 전의 주석이지만 웨슬리는 이 주석 곳곳에서 상당히 정확한 정보를 전달하기도 하고, 텍스트를 신선한 시각으로 해석하기도 한다.

9. 이 책은 오늘날의 평신도나 목회자들이 참고하면 성경을 해석하는 데 적잖은 도움을 받을 수 있는 유용한 주석이기도 하다. 그러나 웨슬리의 주석만을 의지하지 말고 최신의 학문적 주석도 병행해서 보면 좋을 것이다. 오히려 이 주석은 웨슬리를 연구하는 이들에게 좋은 자료가 될 것이다. 이 주석 곳곳에서 웨슬리의 신학적 세계를 엿볼 수 있고, 이것을 통해 웨슬리의 신학과 그가 주장했던 중요한 신학적 주제들을 이해하는 데 도움을 받을 수 있기 때문이다.

웨슬리 『신약성서주석』 번역의 탄생

1. 이 책의 번역은 2014년으로 거슬러 올라간다. 2010년 전후로 내가 사역하는 협성대학교 신학대학원에서 웨슬리의 『표준설교』를 새로 번역하고 모든 학생에게 가르치고 있었다. 그러던 중 나는 『표준설교』뿐만 아니라 『신약성서주석』도 가르쳐야겠다고 생각했다. 그러나 아쉽게도 번역본을 찾을 수 없었다. 결국 나는 학생들과의 수업을 위해서

직접 『신약성서주석』을 번역했다. 한 학기 동안 공부할 수 있는 분량은 복음서였다. 물론 빠르게 훑고 지나가면 요한계시록까지 다룰 수 있었겠으나, 큰 욕심 없이 우선 복음서 부분을 찬찬히 살펴보기로 했다.

2. 한 학기를 마친 후 이 책을 출판하면 좋겠다는 생각이 들었다. 그러나 출판에 여러 가지 현실적인 어려움도 있었고, 조금 더 잘 다듬어서 출판하면 좋겠다는 생각이 들어 차일피일 미루고 있었다. 그러나 내가 이전에 번역하고 주해했던 웨슬리의 산상수훈 책을 읽은 많은 목회자가 새로운 웨슬리의 문헌을 볼 수 있으면 좋겠다고 거듭 요청했다.

3. 결국 나는 그분들의 요청을 더 이상 외면할 수 없어서 내 '능력의 한계와 부족함'에도 불구하고 이 번역을 다시 다듬었다. 이미 번역을 완성했으나 좀 더 다듬는 데 1년 정도가 더 소요됐다. 그렇지만 여전히 나는 부족함을 인정하지 않을 수 없다. 하지만 그렇게 계속 미루다가는 끝나지 않으리라는 생각에 용기를 내어 일단 복음서 부분만이라도 출판하기로 했다.

4. 이 책이 출판되는 과정에서 여러 사람이 도움을 주었다. 무엇보다도 신광감리교회 고인준 목사님과 성도님들의 도움이 없었더라면 이 책은 출판하기 어려웠을 것이다. 신광감리교회는 내가 목회자들과 함께 교인들을 대상으로 웨슬리 『표준설교』 공부를 인도했던 교회이다. 나는 신학대학원 학생들에게만 『표준설교』를 가르치는 것이 참 아깝다는 생각을 했고, 이에 고인준 목사님과 대화하는 중에 목회자의 『표준설교』 공부 이야기가 나왔다. 이 대화에서 우리는 웨슬리의 『표준설교』

를 교회에서도 공부했으면 좋겠다는 의견을 주고받았고, 이렇게 학교에만 있던 웨슬리는 교회 안으로 들어오게 되었다.

5. 나는 약 1년간 매주 토요일 신광감리교회 사역자들의 『표준설교』 공부를 인도했고, 이듬해에 이 사역자들이 "웨슬리 아카데미"라는 이름으로 평신도들의 공부 모임을 이끌었다. 이렇게 해서 신광교회는 한국에서 처음으로 평신도를 대상으로 한 『표준설교』 학교를 연 교회가 되었다. 그 결과 아드 폰테스 웨슬리 그룹을 통해 이 운동이 퍼졌고, 지금까지 원주와 강릉, 안산 등 우리나라 곳곳의 감리교회에서 웨슬리의 『표준설교』를 공부하는 목회자 모임과 평신도 모임이 진행되고 있다.

6. 진정한 웨슬리언답게, 그리스도께서 사신 것처럼 살고자 노력하는 사람들의 모임인 신광감리교회가 이 주석 출판에 도움을 준 것은 무엇보다 감리교회를 사랑하고 선한 영향력을 끼치고자 하는 순수한 마음에서 비롯된 것이다. 이들의 귀한 헌신이 『표준설교』 확산 운동에 이어 또 하나의 불씨가 될 수 있도록 하나님께서 도와주시기만을 간절히 바란다.

신약성서주석 서문

1. 여러 해 동안 나는 독서를 하거나 사색을 하거나 대화를 나누는 가운데 내 마음속에 일었던 것들을 정리해서 남겨야겠다는 생각을 해왔다. 이렇게 하면 신약성서를 이해하는 데 어려움을 겪는 신실한 사람들을 도울 수 있을 것으로 생각했다. 하지만 내 능력의 한계를 깊이 느껴서 이러한 시도를 자꾸 미뤄왔다. 그 한계라는 것은 내가 부족하다는 것, 즉 그런 작업을 하기에는 내 배움이 부족하고, 무엇보다 내 경험과 지혜가 부족하다는 것이었다. 그래서 나는 종종 생각을 내려놓곤 했다. 하지만 사람들이 끈질기게 요청을 해와서 나는 이 일을 드디어 다시 시작하게 되었다. 그러나 여전히 나는 할 수만 있다면 내 작업과 내 삶의 모습이 서로 합치될 때까지 (이것이 하나님을 기쁘게 해드리는 일이라면) 이 일을 늦추려고 한다.

2. 그러던 중 최근에 나는 하나님으로부터 일어나서 가라는 큰 부르심의 음성을 들었고, 이에 나는 이런 일을 하려고 한다면 더 이상 뒤로 미뤄서는 안 된다는 확신을 하게 되었다. 내 젊은 시절은 아주 많이 흘러갔고 이제 황혼의 때가 저만치 다가왔다. 나는 이에 대해 뭔가 달리 할 수 있는 것도 없으니 그저 비록 작더라도 내가 할 수 있는 것을 이런 식으로라도 해야겠다고 생각했다. 나는 설교를 하며 여기저기 많이 돌아다니느라 지금 몸이 약해졌기에 이런 방식 외에는 딱히 할 수 있는

것이 없다. 하지만 하나님께 감사하옵기는, 내가 아직도 읽을 수 있고 글을 쓰고 생각할 힘은 남아 있다는 것이다. 오, 이것이 주님께 영광이 되기를!

3. 내가 앞서 말한 것, 무엇보다도 이 주석을 보면 이 글이 학식이 높은 사람들을 대상으로 쓴 것이 아니라는 것은 쉽게 알 수 있다. 학식이 높은 사람들은 다른 도움들을 많이 받을 수 있다. 또한 이 주석은 살아오면서 오랫동안 하나님의 말씀을 깊이 경험한 사람들을 위해 쓴 것도 아니다. 나는 그런 사람들의 발치에 앉아서 그들에게서 배우고 싶다. 내가 이 주석의 독자로 생각한 것은 주로 배우지 못한 사람들, 자신의 모국어에만 의존해서 겨우 이해할 수 있는 사람들, 그런데도 하나님의 말씀을 경외하고 사랑하는 사람들, 자신의 영혼 구원에 강한 열망을 가진 사람들이다.

4. 내가 할 수 있는 방식과 정도로 그들을 돕기 위해서 나는 우선 성경 본문 대부분을 평범한 영어 번역으로 적어두었다. 내가 생각하기에 이 번역은 일반적으로 지금까지 내가 봐 왔던 것 중에서 가장 좋은 번역이다. 그렇다고 해서 그 번역들이 어떤 곳에서는 성경 원문의 의미를 제대로 전달하지 못한다는 말은 아니다. 또한, 나는 이 영어 번역이 기초로 삼고 있는 헬라어 사본들이 항상 가장 정확하다고 확신하지도 않는다. 따라서 나는 필요하다면 곳곳에서 조금씩 바꾸는 수정 작업을 임의로 할 것이다.

5. 나는 이러한 방식이 반대에 부딪힐 수도 있다는 것을 잘 안다. 아

니, 정반대 종류의 저항에 맞닥뜨릴 수도 있다는 점도 잘 알고 있다. 어떤 사람들은 성서 원문이 너무 많이 바뀌었다고 생각할는지 모른다. 혹은 어떤 사람들은 도리어 너무 적게 바뀌었다고 말할지도 모른다. 너무 많이 바뀌었다고 생각하는 사람들에게 말하고 싶은 것은, 내가 어떤 곳에서 그렇게 할 때 단지 바꾸기 위해서 바꾸는 것이 아니라는 점이다. 오히려 그 의미가 문맥에 맞도록 더 잘, 더욱 그 의미가 확실하고도 분명하게 하고자 할 때만 그렇게 했다는 것을 밝혀두고 싶다. 둘째로 이렇게 하든 저렇게 하든 그 의미가 똑같이 다 좋다면 원문의 의미를 더 잘 반영하고 원문에 더 가까운 번역을 선택했다. 혹시 내가 너무 적게 바꾼다고 생각하는 사람들에게 혹은 내 번역이 여전히 원문에 가깝다고 생각하는 사람들에게 나는 그들의 지적이 사실이라고 답변하겠다. 어쩌면 그들 말대로 그럴 수 있다는 것을 나도 알고 있다. 하지만 그런 사소한 변개를 많이 한다고 해서 딱히 성경 본문의 의미가 분명하게 드러나는 것도 아니고 확실해지는 것도 아니라면 그렇게 한들 무슨 유익이 있겠는가? 나는 그럴 생각이 별로 없다. 왜냐하면 걱정스럽게도 고대의 언어에 대한 우리의 번역에 특히 엄숙하거나 존경할 만한 것이 있는지는 내가 알지 못하기 때문에 더욱 그러하다. 어쩌면 이것이 내가 오해하는 것일 수도 있고, 혹은 인간적인 불완전함을 보여주는 예가 될 수도 있겠다. 하지만 우리가 그동안 익숙해졌던 것들과 결별하는 것이 힘든 일이라는 정도의 핑계는 불완전한 인간으로서 댈 수 있는 핑계가 아니겠는가? 또한, 우리의 영혼에 힘을 불어넣어 주시고 위로를 주시기 위해 하나님께서 사용하신 바로 그 말씀들을 사랑하기에 그렇게 한 것이라고 핑계를 댄다면, 불완전한 인간으로서 그 정도의 핑계는 대도 되지 않겠는가?

6. 나는 될 수 있는 대로 주석을 짧게 달아놓았다. 그래서 그 주석이 도리어 성경 본문의 의미를 흐리거나 압도해버리지 않도록 하였다. 또한, 나는 내가 주로 의도하는 바를 전달하기 위해서, 배움이 짧은 독자들을 돕기 위해서 될 수 있는 대로 평범하게 썼다. 이러한 이유에서 나는 모든 호기심을 일으키거나 비평적인 질문들은 신중하게 피하였다. 그리고 나는 유식한 언어를 사용하려고 하지도 않았다. 그뿐만 아니라 지극히 평범한 삶을 사는 사람들에게 익숙하지 않은 모든 이성적 사고의 방법론들이나 표현 방식들도 될 수 있는 대로 피했다. 도리어 나는 이러한 목적을 위해서 질문을 던지고 답하는 방식으로 하려고 하였다. 그래서 나는 일부러 많은 어려운 것들에 깊이 빠져들지 않으려 했고, 그래서 일반 독자들을 내 뒤에 덩그러니 남겨두는 오류를 범하지 않도록 하였다.

7. 나는 한때 영감을 준 저술가들을 제외하고는 다른 어떤 것에 의존하지 않고 내 마음에 일어나는 것만 적어내려고 했었다. 하지만 기독교 세계의 위대한 빛이라 할 수 있는 벵겔리우스(Bengelius)를 알게 된 이후로 (최근에 그는 별세했다)[1] 나는 내 모든 계획을 완전히 바꾸어서 그의 『신약성서지침』(Gnomon Novi Testamenti)을 그저 번역하는 것이 그것에 대한 여러 권의 책을 저술하는 것보다 더욱 기독교를 위하는 일이라는 분명한 확신을 하게 되었다. 따라서 나는 그의 주석 가운데 훌륭한 부분은 많이 번역하였다. 더 많은 부분은 내가 요약하였고, 완전히 비평적인 부분은 삭제하였으며, 그 외에 나머지 부분들은 요지를 설명하였다. 이 방대한 분량의 내용물들에서 그는 상당히 많은 주요 고대 사본과 그 번역을 보여주는데, 나는 어떠한 주저함도 없이 그의 본문들을 성서 텍스트와 섞어

놓았다. 나는 그가 했던 방식대로 모든 본문을 문맥의 의미가 통하도록 내용에 따라서 크거나 작은 덩어리로 묶어서 나누었다(물론 그렇다고 해서 일반적으로 사용하는 장과 절의 구분 표기를 없애버리지는 않았다. 이것들은 여러 면에서 유용하기 때문이다.). 이러한 시도를 해보지 않은 사람들은 이해하기 힘들겠지만, 이러한 방식은 여러 곳에서 아주 큰 도움이 된다.

8. 나는 또한 헤일린(Heylin) 박사의 신학 강의에 유익한 도움을 받았다. 거이스(Guyse) 박사와 작고하신 다드릿지(Doddridge) 박사-이 분은 참 경건하고 학식이 높은 분이셨다-의 『패밀리 익스포지터』(Family Expositor)에도 많은 도움을 받았다. 나는 때때로 내가 참조한 글을 쓴 사람들의 이름을 매번 인용할 때마다 달아놓아야 하는지 고민이 되었다. 특히 내가 그것들을 옮겨 적기도 했고, 더 많은 경우에서는 요약했는데, 그때 대부분 그 저술가들이 한 말을 이용해서 그렇게 했다는 점을 생각하면 더욱 그런 고민이 들었다. 하지만 조금 더 생각해 보니 그들의 이름을 일일이 쓰지 않아도 되겠다는 생각이 들었다. 왜냐하면 그렇게 해야만 독자들이 내용에 좀 더 집중할 수 있을 것 같기 때문이었고, 또한 그 글을 쓴 사람의 명성에 의존하지 않고 오로지 그 글의 내용 자체가 담고 있는 가치를 독자들이 얻으리라 생각했기 때문이었다.

9. 이처럼 매우 어려운 작업을 하면서 내가 전혀 실수하지 않았다고 생각할 정도로 나는 자신만만하고 싶지 않다. 그러나 나 자신의 양심에 비추어 볼 때, 나는 성경 말씀 가운데 그 어떤 하나라도 일부러 왜곡하는 잘못은 저지르지 않았다고, 그리스도인들의 마음에 불을 질러서 서로를 적대시하려는 목적으로 쓴 것은 단 한 줄도 없다고 당당하게 말할

수 있다. 하나님께서는 가장 온유하시고 자애로우신 예수님의 말씀을 그런 독을 퍼뜨리는 도구로 사용하는 것을 금하신다. 모든 당파의 이름 이나 비성경적인 문구나 양식은 그리스도인들의 세계를 나누어놓았는데, 하나님께서 이 모든 것을 잊어주시길 바랄 뿐이다. 또한, 우리 모두 한마음을 가지고 겸손하고 사랑이 넘치는 제자들처럼 우리 모두의 주님 발 앞에 함께 모여서 그분의 말씀을 듣고 그분의 성령을 들이마시며, 그리하여서 그분의 삶을 우리 자신의 삶에 그대로 옮겨 놓게 되기를 간절히 바랄 뿐이다.

10. 일반적으로 성경 말씀이라는 것을 생각해보았을 때, 우리는 살아 계신 하나님의 말씀, 그 옛날 첫 족장들에게 명하셨던 그 말씀을 모세의 시대에는 글로 기록되도록 하셨다는 것을 알 수 있다. 그 이후에 몇 세대에 걸쳐서 이렇게 기록되기 시작한 말씀들에 성령의 영감을 받은 다른 선지자들의 글이 덧붙여지게 되었다. 그 후에 하나님의 아들이 선 포하시고 성령께서 말씀하셨고, 사도들과 복음서 저자들이 쓴 것이 더 해져서 오늘날 우리가 성경이라고 부르는 모양새를 갖추게 되었다. 이 것이 영원히 남을 하나님의 말씀이다. 천지는 없어지겠으나 이 말씀의 일점일획도 사라지지 않을 것이다. 따라서 성경이라고 함은 구약과 신 약을 가리키는 것이며, 이 말씀은 굳건하고 소중한 하나님의 진리 체계 이다. 그러므로 이 성경 말씀의 모든 부분은 하나님과 같으며, 하나의 온전한 몸이다. 이 몸에는 어떠한 모자람도 더 넘치는 것도 없다. 이것 은 하늘 지혜의 샘이며, 이 샘물을 맛볼 수 있는 자는 제아무리 지혜롭 고 학식이 높고 거룩하다고 하는 그 어떠한 인간이 만들어 낸 모든 글 보다 이 말씀을 더욱 사모하게 된다.

11. 영감을 받은 저자들은 진리에 대한 정확한 지식과 더불어 빈틈 없는 논쟁들과 그 의미들에 대한 정확한 표현 그리고 그에 걸맞은 진정한 애정도 함께 담아 두었다. 각 권의 성경마다 담겨있는 일련의 논쟁은 목차에 서문으로 간략하게 달아놓았다. 거기에는 그것들에 관한 내용 요약이 담겨있으며, 각 장에 매번 이런 논쟁을 서문으로 달아놓는 것보다 이렇게 하는 것이 차라리 더 유용할 것이다. 신약성경을 장별로 나누어 놓는 것은 중세 암흑기 시절에 한 것인데, 사실 이는 매우 부정확하다. 즉, 매우 밀접하게 연결된 것들을 나눠 놓기도 했고, 완전히 서로 분리되어야 하는 것을 도리어 붙여놓기도 했다.

12. 성경 말씀의 언어들을 살펴볼 때, 우리는 아주 깊게 들어가기도 하겠지만 또한 아주 쉽게 할 것이다. 인간적인 모든 우아한 평정심은 이 말씀 앞에서 아무것도 아닌 것이 된다. 하나님께서는 사람처럼 말씀하지 않으시고 하나님으로서 말씀하신다. 그분의 생각은 매우 깊고, 그 말씀은 한없는 덕을 갖추고 있다. 그 말씀을 전달하는 자들이 사용했던 그 언어도 매우 높은 수준으로 되어 있다. 왜냐하면 그들에게 주어진 말씀들은 그들의 마음에 정확하게 아로새겨져서 응답된 것들이기 때문이다. 이러한 점에서 루터는 "신성은 다름 아닌 성령의 언어의 문법이다"라고 말했다. 이 점을 온전히 이해하기 위해서 우리는 모든 말씀에 담긴 강조점들을 자세히 살펴볼 것이다. 그 말씀에 표현된 거룩한 사랑, 모든 저자의 손을 통해서 드러내신 거룩한 성품을 살펴볼 것이다. 아무리 작은 것이라 하더라도, 특히 거룩한 성품에 대해서는 아무리 작게 드러난 것이라 하더라도 꼭 살펴볼 것이다. 비록 이것들이 모든 신약성경에 아주 훌륭하게 흩어져 녹아있지만, 참으로 그 말씀들은 행동하시

고 말씀하시고 손으로 쓰시는 그분의 끊임없는 권면의 말씀이다.

13. 신약성경은 새로운 약속이 기록된 거룩한 글이다. 이 책의 전반부는 복음서 저자들과 사도들의 글을 담고 있으며, 후반부는 예수 그리스도의 계시를 담고 있다. 전반부에는 먼저 예수 그리스도께서 육신의 몸으로 이 땅에 오신 것에서 시작하여 하늘로 올라가시기까지의 모든 역사를 전한다. 그다음에는 그분의 승천으로부터 시작하여 그리스도인의 교회 역사를 담고 있다. 계시록은 모든 만물이 다 이루어질 때까지 그리스도에 대하여, 교회에 대하여, 온 우주에 대하여 앞으로 이루어질 일들을 다룬다.

브리스톨 핫(Bristol Hot)에서
1754년 1월 4일

차 례

마태복음

마태복음 개요

복음(즉, 기쁜 소식들)은 우리 구주 예수 그리스도의 구원에 대한 좋은 소식들을 담고 있는 책을 의미한다. 성 마가는 자신의 복음서에서 성 마태의 복음서를 전제로 하고 있고 거기에 빠져 있는 내용을 보강한다. 성 누가는 마태와 마가가 빠뜨린 것들을 보강한다.[2] 성 요한은 이 세 복음서가 빠뜨리고 있는 것들을 보강한다.[3] 성 마태는 특히 유대인들이 확신하는 예언의 말씀들이 성취된 것을 지적하고 있다. 성 마가는 짧은 개요를 썼는데, 여전히 성 마태가 빠뜨린 많은 중요한 상황들을 추가하였다. 특히 그는 사도들이 부르심을 받고 난 직후에 그들에 관한 이야기와 관련하여 추가하였다. 성 누가는 그리스도의 직무에 대하여 주로 다루고 있는데, 역사라는 방식으로 주로 기록하였다.[4] 성 요한은 그리스도께서 하나님이심을 부인하는 사람들을 반격하고 있다. 이 각각의 복음서들은 대개 이러한 것들을 다루고 있으며, 그 각 내용은 자신이 그 복음서를 기록하던 그 당시와 그 수신자들에게 가장 적절한 것이었다.

성 마태가 전한 복음서의 내용은 다음과 같다.

I. 그리스도의 탄생과 그 후에 벌어진 일들

    a. 그분의 족보 1:1-17

    b. 그분의 탄생 1:18-25

    c. 현자의 방문 2:1-12

    d. 그분의 이집트 피난과 귀환 2:13-23

II. 서론

    a. 세례자 요한 3:1-12

    b. 그리스도의 세례 3:13-17

    c. 그분의 시험과 승리 4:1-11

III. 자신이 그리스도라는 것을 증명하는 행동과 말씀들

    a. 가버나움에서 4:12-16. 여기에서 우리는 다음과 같은 것들을 찾아볼 수
    있다.

        1. 그분의 설교 4:17

        2. 안드레와 베드로, 야고보와 요한을 부르심 4:18-22

        3. 큰 무리가 있는 곳에서 하신 설교와 치유 행위 4:23-25

        4. 산상수훈 5, 6, 7장

        5. 한센병 환자를 치유하심 8:1-4

        6. 백부장의 종 8:5-13

        7. 베드로의 장모 8:14-15

8. 많은 병자들 8:16-17

b. **바다를 건너시는 여정**(이 장면에서 자신을 따르는 것과 관련하여 두 사람에게 가르치심).

여기에서 우리는 다음과 같은 것들을 찾아볼 수 있다.

1. 바람과 바다를 잠잠하게 하심 8:18-27

2. 귀신이 사람들에게서 나와서 돼지에게로 들어감 8:28-34

c. 다시 가버나움에서. 여기에서 우리는 다음과 같은 것들을 찾아볼 수 있다.

1. 중풍병자를 고쳐주심 9:1-8

2. 마태를 부르시고 고관들과 죄인들과 더불어 대화할 때 그를 변호하심 9:9-13

3. 금식에 대하여 답변하심 9:14-17

4. 야이로의 딸을 고쳐주심(혈루병 관련 사건을 해결하신 후) 9:18-26

5. 눈먼 두 사람을 보게 하심 9:27-31

6. 귀신을 쫓아내심 9:32-24

7. 고을을 두루 다니시며 일꾼들에게 기도할 것을 지시하심 9:35-38

8. 일꾼들을 파송하시고 친히 선포하심 10:1, 11:1

9. 요한의 질문에 답하심 11:2-6

10. 세례 요한을 칭찬하시고 믿지 않는 고을들을 꾸짖으시고 지친 이들을 초대하심 11:7-30

11. 제자들의 낟알을 훑는 행동을 변호하심 12:1-8

12. 손이 마른 자를 고쳐주심 12:9-13

13. 바리새인들에게서 물러나셔서 기다리심 12:14-21

14. 귀신들린 자를 고치시고 사람들은 이에 놀라지만 바리새인들은 신성모

독이라고 하고, 이에 대해 반론을 제기하심 12:22-37

15. 표적을 구하는 이들을 꾸짖으심 12:38-45

16. 누가 자기 친척인지 드러내놓고 말씀하심 12:46-50

17. 비유로 가르치심 13:1-52

d. 나사렛에서 13:53-58

e. 다른 곳에서

1. 헤롯이 세례 요한을 죽이고 예수께 대하여 의혹을 품음. 예수께서는 물러나시지만, 사람들은 그를 찾음 14:1-13

2. 예수께서 병자를 고치시고 오천 명을 먹이심 14:14-21

3. 게네사렛 지역을 여행하시며 그곳에서 기적들을 행하심 14:22-36

4. 씻지 않은 손 15:1-20

5. 가나안 여인 15:21-28

6. 많은 병자가 고침을 받다 15:29-31

7. 사천 명을 먹이심 15:32-38

8. 표적을 구하는 이들을 꾸짖으심 15:39; 16:1-4

9. 바리새인들의 누룩 16:5-12

IV. 자기 죽음과 부활을 예언하심

a. 첫 번째 예언

1. 자신이 그리스도이심을 확실히 말해주심으로써 그 예언을 준비하심 16:13-20

2. 예언의 말씀과 베드로의 저항 16:21-28

b. 두 번째 예언

1. 변화산 사건과 침묵할 것을 명하심 17:1-13

2. 귀신들린 자가 고침을 받음 17:14-21

3. 예언 17:22-23

4. 성전세를 내심 17:24-27

5. 그리스도의 나라에서 누가 더 큰가? 18:1-20

6. 우리 형제를 용서하는 의무 18:21-35

c. 세 번째 예언

1. 예수께서 갈릴리를 떠나심 19:1-21.

2. 이혼과 독신에 대하여 19:3-12

3. 어린아이를 맞아주심 19:13-15

4. 부자가 뒤로 물러서고 19:16-22, 이어서 부자의 구원에 대한 말씀 19:23-
   26, 그리고 그리스도를 따르는 것에 대한 보상 19:27-30, 꼴찌가 되고 첫
   째가 되는 것에 대하여 20:1-16

5. 예언 20:17-19

6. 야고보와 요한의 요구와 겸손할 것을 명하심 20:20-28

7. 두 명의 눈먼 자들이 고침을 받음 20:29-34

V. 고난을 받기에 앞서 예루살렘으로 가심

a. 일요일 - 예루살렘 입성하심 21:1-11. 성전을 정화하심 21:12-17

b. 월요일 - 열매 맺지 못하는 무화과나무 21:12-17

c. 화요일 - 성전 안에서 행하신 일

   1. 대제사장들과 장로들과 요한의 세례에 대하여 논쟁하심 21:23-27, 두 아
      들에 대한 질문을 주제로 논쟁하심 21:28~32, 포도원에 대한 주제로 논
      쟁하심 21:33-44

   2. 그들이 예수를 잡으려고 함 21:45-46

   3. 혼인잔치의 비유 22:1-14

   4. 세금을 내는 것에 대하여 질문을 받으심 22:15-22, 부활에 대하여 질문을
      받으심 22:23-33, 큰 계명에 대하여 질문을 받으심 22:34-40

   5. 다윗의 주님에 대한 그리스도의 질문 22:41-46, 서기관들과 바리새인들
      에 대하여 경고하심 23:1-12, 그들을 심히 비판하심 22:13-36 그리고 예
      루살렘을 책망하심 22:37-39

   - 성전 밖에서

   1. 예루살렘의 파괴와 세상의 끝에 대한 말씀 24:1-51

   2. 열 처녀, 달란트, 최후의 심판 25:1-46

VI. 예수의 수난과 부활

A. 예수의 수난과 장례 26:1-2

  a. 수요일 - 예수의 예언 26:1-2, 대제사장들과 장로들의 심문 26:3-5, 유다
     가 배신하려고 거래를 하심 26:6-16

b. 목요일

1. 낮에 유월절을 준비하심 26:17-19

2. 저녁에 배신자가 누구인지 드러남 26:20-25, 주님의 만찬 26:26-29

3. 밤에 (1) 예수께서 사도들이 비겁한 행동을 할 것을 예언하심 26:33-35
   (2) 예수께서 고뇌하심 26:36-46 (3) 예수께서 체포되시고 베드로와 무리
   를 책망하심, 모두가 그를 버리고 달아남 26:47-56

4. 예수께서 가야바에게로 끌려가서 거짓으로 고발당하심, 자신이 하나님
   의 아들이라고 밝히시고 정죄를 받으시고 조롱당하심 26:57-68

5. 베드로가 예수를 부인하고 움 26:69-75

c. 금요일

1. 그분 수난의 최고 절정. 아침에 (1) 예수께서 빌라도에게 넘겨짐 27:1-
   2 (2) 유다의 죽음 27:3-10 (3) 예수의 나라와 침묵 27:11-14 (4) 빌라도
   가 아내의 경고를 받고서도 예수를 정죄함 27:15-26 (5) 예수께서 조롱
   을 당하고 끌려가심 27:27-32. 제3시에 신포도주와 담즙: 십자가 처형;
   그의 옷을 나눔; 십자가 위의 명패; 두 강도; 그를 모독하는 사람들 27:33-
   44. 제6시부터 9시까지 어둠이 덮이고 예수께서 마지막 고초를 당하심
   27:45-49

2. 그분의 죽음 27:50, 휘장이 갈라지고 큰 지진이 일어남 27:51-53, 백부장
   이 놀라고 여인들이 지켜봄 27:54-56

3. 그분의 장례 27:57-61

d. 토요일 - 무덤을 단단히 지킴 27:62-66

B. 예수의 부활

1. 천사들이 여인들에게 증언함 28:1-8, 우리 주님께서 친히 증언하심 28:9-10

2. 예수를 적대하는 자들이 사실을 부인함 28:11-15

3. 사도들에게 증명 됨 28:16-20

마태복음 1장

¹ 아브라함의 자손이요 다윗의 자손인 예수 그리스도의 계보는 이러하다. ² 아브라함은 이삭을 낳고, 이삭은 야곱을 낳고, 야곱은 유다와 그의 형제들을 낳고, ³ 유다는 다말에게서 베레스와 세라를 낳고, 베레스는 헤스론을 낳고, 헤스론은 람을 낳고, ⁴ 람은 아미나답을 낳고, 아미나답은 나손을 낳고, 나손은 살몬을 낳고, ⁵ 살몬은 라합에게서 보아스를 낳고, 보아스는 룻에게서 오벳을 낳고, 오벳은 이새를 낳고, ⁶ 이새는 다윗 왕을 낳았다. 다윗은 우리야의 아내였던 이에게서 솔로몬을 낳고, ⁷ 솔로몬은 르호보암을 낳고, 르호보암은 아비야를 낳고, 아비야는 아삽을 낳고, ⁸ 아삽은 여호사밧을 낳고, 여호사밧은 요람을 낳고, 요람은 웃시야를 낳고, ⁹ 웃시야는 요담을 낳고, 요담은 아하스를 낳고, 아하스는 히스기야를 낳고, ¹⁰ 히스기야는 므낫세를 낳고, 므낫세는 아모스를 낳고, 아모스는 요시야를 낳고, ¹¹ 예루살렘 주민이 바빌론으로 끌려갈 무렵에, 요시야는 여고냐와 그의 형제들을 낳았다. ¹² 예루살렘 주민이 바빌론으로 끌려간 뒤에, 여고냐는 스알디엘을 낳고, 스알디엘은 스룹바벨을 낳고, ¹³ 스룹바벨은 아비훗을 낳고, 아비훗은 엘리야김을 낳고, 엘리야김은 아소르를 낳고, ¹⁴ 아소르는 사독을 낳고, 사독은 아킴을 낳고, 아킴은 엘리웃을 낳고, ¹⁵ 엘리웃은 엘르아살을 낳고, 엘르아살은 맛단을 낳고, 맛단은 야곱을 낳고, ¹⁶ 야곱은 마리아의

남편 요셉을 낳았다. 마리아에게서 그리스도라고 하는 예수가 태어나셨다. **17** 그러므로 그 모든 대 수는 아브라함으로부터 다윗까지 열네 대요, 다윗으로부 터 바빌론에 끌려갈 때까지 열네 대요, 바빌론으로 끌려간 때로부터 그리스도 까지 열네 대이다. **18** 예수 그리스도의 태어나심은 이러하다. 그의 어머니 마리 아가 요셉과 약혼하고 나서, 같이 살기 전에, 마리아가 성령으로 잉태한 사실이 드러났다. **19** 마리아의 남편 요셉은 의로운 사람이라서 약혼자에게 부끄러움을 주지 않으려고, 가만히 파혼하려 하였다. **20** 요셉이 이렇게 생각하고 있는데, 주 님의 천사가 꿈에 그에게 나타나서 말하였다. "다윗의 자손 요셉아, 두려워하 지 말고, 마리아를 네 아내로 맞아 들여라. 그 태중에 있는 아기는 성령으로 말 미암은 것이다. **21** 마리아가 아들을 낳을 것이니, 너는 그 이름을 예수라고 하 여라. 그가 자기 백성을 그들의 죄에서 구원하실 것이다." **22** 이 모든 일이 일어 난 것은, 주님께서 예언자를 시켜서 이르시기를, **23** "보아라, 동정녀가 잉태하여 아들을 낳을 것이니, 그의 이름을 임마누엘이라고 할 것이다" 하신 말씀을 이 루려고 하신 것이다. (임마누엘은 번역하면 '하나님이 우리와 함께 계시다'는 뜻이다.) **24** 요셉은 잠 에서 깨어 일어나서, 주님의 천사가 말한 대로, 마리아를 아내로 맞아들였다. **25** 그러나 아들을 낳을 때까지는 아내와 잠자리를 같이하지 않았다. 아들이 태어 나니, 요셉은 그 이름을 예수라고 하였다.

웨슬리와 함께 읽기

1 예수 그리스도의 족보 - 이 말은 정확히 말하자면 그분의 탄생과 족보에 관한 이야기를 가리킨다. 이 제목은 따라서 이어서 나오는 다음 절들과 관련이 있다. 그러나 이것이 종종 한 인간의 역사를 의미하기 때문에 그러한 의미에서 이 제목이 마태복음 전체를 가리키는 것일 수도 있다.[5] 이 족보에 어떤 난제가 있다면 혹은 누가가 제공하고 있는 족보에 문제가 있다면, 이 문제는 쉽게 해결될 문제가 아닐 수도 있다.[6] 만일 그렇다면 이것은 복음서 저자들에 대한 신뢰도 문제에 기인했다고 하기보다는 유대인들의 도표에 기인한 것으로 보아야 할 것이다. 왜냐하면 복음서 저자들은 그저 역사가들로서 공적으로 허락된 기록물들에 의지해서 이러한 족보들을 정리했을 뿐이기 때문이다. 그러므로 복음서 저자들은 그저 자기들이 알고 있는 대로 적었을 뿐이다.[7] 혹시 자료들에서 오류가 있었다 하더라도 복음서 저자들은 그 오류를 알아서 수정할 필요도 없었다. 왜냐하면 이 이야기들은 그 이야기들이 말하고자 하는 목적을 충분히 잘 답변해주기 때문이다. 이 족보는 오시기로 약속되었던 씨(seed)에서 나온 가계(family)에 속한 분이시라는 큰 관점을 의심할 여지 없이 증명해준다. 영감을 받아서 이 족보를 수정했을 수도 있

지만, 그것보다는 지금 모습 그대로의 이 족보 자체가 유대인에게 있어 서는 이러한 목적을 위해서는 더 비중을 가질 수 있었다.[8] 만일 족보를 수정했더라면 유대인들과 우리 주님의 제자들 사이에서 끝이 없는 논쟁이 일어났었을 것이다. **다윗의 자손, 아브라함의 자손** - 그분은 이렇게 불린다. 왜냐하면 그분께서는 이들에게 특히 약속된 분이시기 때문이다. 또한 이 사람들에게서 메시아가 나올 것이라고 종종 예언되었기 때문이다(눅 3:31).

3 **다말에게서** - 성 마태는 이 여인들의 이름 또한 덧붙인다. 이것은 세상 역사에서 눈에 띌만한 것이다.[9]

4 **나손** - 이 사람은 이스라엘 사람들이 가나안으로 들어갔던 그 당시에 유다 지파의 왕자였다.

5 **오벳은 이새를 낳고** - 하나님의 섭리는 특별히 여기에서 잘 드러난다. 즉 살몬, 보아스, 오벳 이 사람들은 여기에 거론된 자기 아들을 각각 낳았을 당시 백 살 가까이 먹었던 사람들이었음이 틀림없다.

6 **다윗 왕** - 이 사람은 특히 이러한 특징[10]을 통해 거론되는데, 왜냐하면 그의 왕위는 메시아에게 주어진 것이기 때문이다.

8 **요람은 웃시야를 낳고** - 여호아하스, 요아스 그리고 아마샤가 중간에 나온다. 그리스도께서 다윗과 아브라함의 자손이라고 바로 이어서 나오는 것처럼 이 사람도 그렇게 나온다. 이러한 원리로 히스기야의 후손도 여러 세대 이후에 나왔는데도 그가 낳은 아들들이라고 불리는 것이다(사 39:7).[11]

11 **요시야는 여고냐를 낳고** - 여호야김이 건너뛰어서 중간에 온다. 그의 **형제를 낳고** - 이 말은 그의 삼촌들을 가리킨다. 유대인들은 친척들을 모두 형제들이라고 부른다. **그들이 끌려갈 무렵에** - 이 일은 여고냐가

태어난 지 얼마 안 되었을 때 일어났다.

16 마리아의 남편 – 예수는 일반적으로 요셉의 아들이라고 생각되었다. 이렇게 생각하는 사람들은 모두 요셉이 다윗의 자손이라는 것을 알 필요가 있었다. 그렇지 않았더라면 사람들은 예수를 그리스도로 인정하지 않았을 것이다.[12] **그리스도라고 하는 예수가** – 예수라고 하는 이름은 주로 아브라함에게 주어진 축복의 약속과 관련이 있다. 그리스도라는 이름은 메시아의 나라에 대한 약속인데, 이것은 다윗에게 주어진 것이었다. 더 나아가 살펴본다면, 그리스도라는 말은 그리스어이고 히브리어로는 메시아라고 하는데, 이것은 기름 부음을 받았다는 뜻이며, 예언자적, 제사장적 그리고 왕적인 성격을 내포하고 있으며, 이것이 바로 메시아가 갖춰야 하는 기준이었다.[13] 유대인들에게 있어서 기름을 붓는 의식은 예언자, 제사장 그리고 왕이 각각의 일을 시작할 때 하는 것이었다. 우리가 우리 자신을 가만히 되돌아보면 우리는 그리스도의 이러한 면모들과 관련해서 그리스도를 필요로 한다는 것을 깨닫게 될 것이다. 우리는 천성적으로 하나님과 먼 존재이다. 우리는 하나님과 완전히 다르고 자유롭게 그분께로 다가갈 수도 없다. 그래서 우리는 중재자, 매개자가 필요한데, 이를 다른 말로 하면 바로 제사장적 직무를 감당하는 그리스도인 것이다.

이것은 하나님과 관련하여 우리의 상태와도 연관이 있다. 우리 자신의 모습을 돌아보면 우리는 완전히 캄캄한 어둠 가운데 눈이 멀어 있으며, 하나님이나 하나님에 대한 것을 알지도 못한다. 그래서 우리는 우리의 마음을 밝혀주어서 하나님의 온전하신 뜻을 우리에게 가르쳐 줄 예언자적 직무를 감당하는 그리스도가 필요한 것이다. 우리는 또한 우리가 자신 안에 있는 욕구나 정욕을 아주 잘못 다스린다는 것을 안다. 이러한 이유에서 우리에게는 우리의 마음을 다스리고 모든 것을 그분에게 굴복시켜주실 제왕적 성격을 가진 그리스도가 필요한 것이다.[14]

17 그러므로 모든 세대들이 − 세 덩어리의 14대를 완성하기 위해서 다윗이 첫 번째 14대 덩어리를 마무리하고, 이어서 두 번째 덩어리(포로기까지 이어지는) 그리고 예수께서 세 번째 14대 덩어리를 마무리하고 있다는 것을 눈여겨보라. 일련의 세대들을 이처럼 살펴보면 우리는 어떻게 그 세대들이 마치 나뭇잎처럼 하나가 가면 다른 하나가 오는지 매우 쉽고도 분명하게 알아볼 수 있다. 그러나 지구는 여전히 있다. 그리고 한 세대에서 다음 세대로 계속해서 이어져 가는 것은 (일반적인 부모나 자식들이라면 당연히 이런 소망을 품는다) 주님의 선하심 덕분이다. 이전에 이 땅에 살다가 거쳐간 모든 사람 중에서, 어쩌면 그중에서 가장 뛰어났던 사람 중에서 과연 얼마나 많은 사람이 자기 이름과 함께 조용히 사라졌던가! 그중에서 과연 얼마나 많은 사람이 그저 자신의 이름만이라도 남겼던가? 그들처럼 우리도 사라져간다! 그래서 우리도 곧 잊히고 마는 것이다. 하지만 만일 우리가 사람들에게는 잊히더라도 하나님께서 기억하시는 사람이 된다면 얼마나 좋겠는가! 비록 우리의 이름이 이 땅에서는 사라지더라도 적어도 생명책에는 기록된다면 얼마나 좋겠는가!

19 의로운 사람 − 율법을 엄격하게 준수하는 사람. 따라서 그녀를 곁에 두는 것은 옳지 않다고 생각하였다.

20 예수 − 즉, 구세주라는 뜻. 여호수아와 같은 이름으로, 이 말은 주님, 구세주라는 뜻을 담고 있다. **그의 백성** − 이스라엘을 가리킴. 또한 하나님의 모든 이스라엘을 가리킴.

23 그들이 그의 이름을 임마누엘이라고 부를 것이다 − 불리리라는 것은 히브리인들의 어법으로서, 그 이름대로 불리는 그 사람은 실제로 그렇

게 불리는 대로 그 이름에 걸맞은 사람이 된다. **따라서 우리에게 한 아기가 나셨다 - 그의 이름은 기묘자, 모사, 전능하신 하나님, 평화의 왕이라 불릴 것이다. - 이 말은** 그가 이 모든 것이 되실 것이라는 의미이다. 단지 말로만 그렇다는 것이 아니라 실제로 그렇다는 것이다. 그래서 그는 임마누엘이라고 불리는 것이다. 이 이름은 그리스도를 가리키는 일반적인 이름은 아니다. 그러나 이 이름은 그분의 성격과 그분이 맡을 직책을 가리킨다. 그분은 성육신하신 하나님이시다. 그래서 그분의 성령을 통해 그의 백성들의 마음속에 거하신다. 눈여겨볼 것은 이사야서에 있는 말씀이다. **네가**(즉, 그분의 어머니를 가리킨다) **부를 것이다** 그러나 여기에서는 그들이 - 즉, 그분의 모든 백성이 부를 것이다. 즉, 그분이 임마누엘 곧 우리와 함께하시는 하나님이심을 알게 될 것이다. **이 말은 번역하면 -** 이것은 성 마태가 그의 복음서를 히브리어가 아니라 헬라어로 썼다는 것을 분명하게 증명해준다(사 7:14).

25 그는 그녀가 아이를 낳을 때까지는 그를 알지 않았다.[15] - 이 말을 가지고 그가 그렇다면 나중에는 그녀를 알았다고 추측할 수는 없다. 사무엘상 6장 23절에서 미갈이 죽는 날까지 아이가 없었다고 하는 말이 나오는데, 이 말을 바탕으로 그렇다면 그녀가 죽은 다음에는 아이를 가졌다고 추측할 수 없는 것과 같은 이치다. 이후에 나오는 맏아들이라는 표현도 이러한 생각을 뒤집을 수는 없다. 둘째 아이가 없는데도 어떤 아이를 가리켜서 맏아들이라는 표현이 사용된 곳이 많이 있기 때문이다(눅 2:7).[16]

역자 해설

마태복음은 예수님의 족보로 시작합니다. 이 부분은 많은 이름이 나열되므로 마치 성막과 그 안에 들어갈 성물들에 관해 상세하게 적어놓은 출애굽기나 이스라엘 부족장과 그 자손들의 이름과 숫자를 나열한 민수기의 구절들처럼 지루하고 무의미하게 느껴지기도 합니다. 하지만 마태가 아무런 의미도 없이 혹은 그저 예수님의 조상이 누구인지 정보를 주려고 이렇게 했을 리는 없습니다. 사실 마태복음의 족보는 마태복음의 축약본과 다름없습니다. 먼저 누가복음의 족보와 달리(눅 3:23-38), 이 족보는 아브라함에서 시작합니다. 둘째로 이 족보는 14라는 숫자로 단위를 묶습니다(1:17). 셋째, 이 족보는 일반인 족보와 달리 여성들의 이름이 들어있습니다.

유대인은 아브라함을 자신의 조상으로 여깁니다(요 8:39; 눅 16:30; 약 2:21 등). 하지만 아브라함은 믿음에서 난 모든 신자의 조상입니다(갈 3:7; 눅 19:9). "여러분이 그리스도께 속한 사람이면, 여러분은 아브라함의 후손이요, 약속을 따라 정해진 상속자들입니다"(갈 3:29). 이것은 하나님께서 아브라함에게 주셨던 첫 약속입니다(창 12:2; 17:5). 아브라함으로 시작하는 마태의 족보는 하나님을 떠난 사람들을 다시 불러 모아 하나님의 백성으로 회복하시려는 하나님의 계획을 담고 있습니다. 그것은 14로 나누는 족보의 쉼표에서 분명하게 드러납니다. 족보의 출발은 아브라함이고, 첫째 쉼표는 다윗, 둘째 쉼표는 바빌론 포로 그리고 마지막 종착점은 그리스도입니다(1:17). 누가복음의 족보와 달리 14로 구분하느라 족보에 등장하는 사람의 숫자도 달라졌습니다. 그러나 그것은 중요하지 않습니다. 14라는 숫자도 사실 중요하지 않습니다. 중요한 것은 마태가 왜 그곳에 쉼표를 찍었느냐는 것입니다.

다윗은 종말론적인 회복을 상징합니다. 수백 년간 식민지 생활에 찌든 이스라엘은 종말이 되면 자신을 구원해줄 메시아가 다윗의 혈통에서 나오리라고 기대했습니다(사 11:1-10). 사람들은 예루살렘에 입성하시는 예수님을 보면서 '다가오는 다윗의 나라'를 기대하며 "다윗의 자손께 호산나(우리를 구해주소서)"라고 외칩니다(막 11:10; 마 21:9). 두 번째 쉼표는 바빌론 포로기입니다. 이스라엘은 기원전 586년에 바빌론 제국에 의해 완전히 멸망하여 포로로 끌려갔습니다. 이 사건은 이스라엘의 구원 역사에서 매우 중요한 분기점이 되는 사건입니다. 마태는 이렇게 아브라함과 다윗, 바빌론 포로를 점찍어놓아 하나님의 구원 역사를 말하려고 합니다. 아브라함으로 시작하고 그리스도로 마무리하여 하나님의 구원 역사를 완성하실 분이 바로 예수님이라는 것을 말합니다.

그런데 특이하게도 이 족보에는 여성들이 나옵니다. 다말, 라합, 룻, 우리야의 아내 그리고 마리아입니다. 이 여성들은 평범하지 않습니다. 마리아를 제외한 네 명의 여성은 모두 이방인입니다. 그리고 이들은 모두 사람들에게 손가락질받을 만한 스캔들이 있는 사람입니다. 다말은 시아버지와 동침해서 아들을 낳았습니다. 라합은 몸을 파는 창기였고,[17] 룻은 시어머니와 공모하여 부자 보아스와 결혼한 여성입니다. 우리야의 아내, 즉 밧세바는 다윗이 쉽게 내려다볼 수 있는 곳에 가서 목욕하여 다윗을 유혹했습니다. 유부녀인데도 통정을 했지요. 그녀는 자신의 내연남이 성실한 자기 남편을 억울하게 죽이도록 원인을 제공한 사람이었습니다(삼하 11장). 게다가 훗날 그녀는 나단 선지자와 짜고 왕의 자격이 없는(대상 3:1-9) 자기 아들 솔로몬을 결국 왕위에 올려놓은 모사꾼이었고 팜파탈(femme fatale)이었습니다(왕상 1장. 그래서인지 누가복음의 족보[눅 3:31]에서는 솔로몬은 탈락하고 그 자리에 나단이 들어갑니다).

그런데 마태는 이런 사람들을 예수님의 족보에 올려놓습니다. 어찌 보면 참으로 자격 없고 심지어 부끄러울 수도 있는 사람들입니다. 그런데 예수님께서 이루실 구원 역사에 이 여성들이 올라와 있습니다. 이제 마태복음에서 펼쳐질, 하나님께서 시작하시고 그리스도를 통해 완성하실 그 구원의 역사에는 누구나 포함됩니다. 남자나 여자, 높은 사람 낮은 사람(갈 3:28), 선한 사람 악한 사람(마 5:45), 유대인 이방인(갈 3:14, 29), 그 누구에게든 상관없이 구원의 복음이 찾아왔습니다. 이 구원을 이루기 위해(1:21) 친히 하나님께서 성육신하셔서 임마누엘, 즉 우리와 함께하시고(1:23), 그 구원을 완성하실 세상 끝날까지 우리와 함께하실 것입니다(28:20).

마태복음 2장

1 헤롯 왕 때에, 예수께서 유대 베들레헴에서 나셨다. 그런데 동방으로부터 박사들이 예루살렘에 와서 **2** 말하였다. "유대인의 왕으로 나신 이가 어디에 계십니까? 우리가 동방에서 그의 별을 보고, 그에게 경배하러 왔습니다." **3** 헤롯 왕은 이 말을 듣고 당황하였고, 온 예루살렘 사람들도 그와 함께 당황하였다. **4** 왕은 백성의 대제사장들과 율법 교사들을 다 모아 놓고서, 그리스도가 어디에서 태어나실지를 그들에게 물어 보았다. **5** 그들이 왕에게 말하였다. "유대 베들레헴입니다. 예언자가 이렇게 기록하여 놓았습니다. **6** '너 유대 땅에 있는 베들레헴아, 너는 유대 고을 가운데서 아주 작지가 않다. 너에게서 통치자가 나올 것이니, 그가 내 백성 이스라엘을 다스릴 것이다.'" **7** 그 때에 헤롯은 그 박사들을 가만히 불러서, 별이 나타난 때를 캐어묻고, **8** 그들을 베들레헴으로 보내며 말하였다. "가서, 그 아기를 샅샅이 찾아보시오. 찾거든, 나에게 알려 주시오. 나도 가서, 그에게 경배할 생각이오." **9** 그들은 왕의 말을 듣고 떠났다. 그런데 동방에서 본 그 별이 그들 앞에 나타나서 그들을 인도해 가다가, 아기가 있는 곳에 이르러서, 그 위에 멈추었다. **10** 그들은 그 별을 보고, 무척이나 크게 기뻐하였다. **11** 그들은 그 집에 들어가서, 아기가 그의 어머니 마리아와 함께 있는 것을 보고, 엎드려서 그에게 경배하였다. 그리고 그들의 보물 상자를 열어서, 아기에

게 황금과 유향과 몰약을 예물로 드렸다. **¹²** 그리고 그들은 꿈에 헤롯에게 돌아가지 말라는 지시를 받아, 다른 길로 자기 나라에 돌아갔다. **¹³** 박사들이 돌아간 뒤에, 주님의 천사가 꿈에 요셉에게 나타나서 말하였다. "헤롯이 아기를 찾아서 죽이려고 하니, 일어나서, 아기와 그 어머니를 데리고 이집트로 피신하여라. 그리고 내가 너에게 말해 줄 때까지 거기에 있어라." **¹⁴** 요셉이 일어나서, 밤사이에 아기와 그 어머니를 데리고 이집트로 피신하여, **¹⁵** 헤롯이 죽을 때까지 거기에 있었다. 이것은 주님께서 예언자를 시켜서 말씀하신 바, "내가 이집트에서 내 아들을 불러냈다" 하신 말씀을 이루시려는 것이었다. **¹⁶** 헤롯은 박사들에게 속은 것을 알고, 몹시 노하였다. 그는 사람을 보내어, 그 박사들에게 알아 본 때를 기준으로, 베들레헴과 그 가까운 온 지역에 사는, 두 살짜리로부터 그 아래의 사내아이를 모조리 죽였다. **¹⁷** 이리하여 예언자 예레미야를 시켜서 하신 말씀이 이루어졌다. **¹⁸** "라마에서 소리가 들려왔다. 울부짖으며, 크게 슬피 우는 소리다. 라헬이 자식들을 잃고 우는데, 자식들이 없어졌으므로, 위로를 받으려 하지 않았다." **¹⁹** 헤롯이 죽은 뒤에, 주님의 천사가 이집트에 있는 요셉에게 꿈에 나타나서 **²⁰** 말하였다. "일어나서, 아기와 그 어머니를 데리고 이스라엘 땅으로 가거라. 그 아기의 목숨을 노리던 자들이 죽었다." **²¹** 요셉이 일어나서, 아기와 그 어머니를 데리고 이스라엘 땅으로 들어왔다. **²²** 그러나 요셉은, 아켈라오가 그 아버지 헤롯을 이어서 유대 지방의 왕이 되었다는 말을 듣고, 그 곳으로 가기를 두려워하였다. 그는 꿈에 지시를 받고, 갈릴리 지방으로 물러가서, **²³** 나사렛이라는 동네로 가서 살았다. 이리하여 예언자들을 시켜서 말씀하신 바, "그는 나사렛 사람이라고 불릴 것이다" 하신 말씀이 이루어졌다.

웨슬리와 함께 읽기

1 **유대 베들레헴** – 스불론 족속 지역에 또 다른 베들레헴이 있었다. **헤롯 왕 때에** – 일반적으로 아스칼론(Ascalon)에서 태어난 헤롯 대왕을 가리킨다. 이제 왕권이 유대를 떠나려고 하는 시점이다. 그의 아들 중에는 마태복음 2장 22절에 나오는 아켈라오스, 마태복음 14장 1절에 나오는 헤롯 안티파스 그리고 누가복음 3장 19절에 나오는 빌립이 있었다. 사도행전 12장 1절에 나오는 헤롯 아그리파는 그의 손자이다. **박사들** – 첫 번째 이방인 열매들이다. 아마도 그들은 이방인 철학자들로서 하나님의 도우심으로 한 분이신 참 하나님에 대한 지식으로 이끄는 수단이 된 자연에 대한 지식을 많이 갖추게 되었다. 멜기세덱, 욥 그리고 아브라함의 가문에 속하지 않은 다른 많은 사람에게 그러하셨던 것처럼, 하나님께서 그들에게도 특별하게 자신을 계시하시는 은혜를 베푸셨다고 생각하는 것이 비합리적이라고는 할 수 없다. 하나님께서는 은혜를 베푸실 때 그 범위를 절대로 한정시키지 않으신다. 이들에게 붙여진 호칭은 그 옛날에는 모든 철학자, 학식을 갖춘 모든 남자에게 주어졌던 호칭이다. 특히 자연 현상을 살펴보는 것이나 천체의 움직임을 관찰하는 것에 관심이 많았던 사람들을 가리킨다. **동방으로부터** – 성경에서는 아

라비아를 종종 언급한다. 이 지역은 유대의 동쪽에 있으며 황금과 유향과 몰약으로 유명하였다. **우리가 그의 별을 보았소** – 이들이 이전에 발람의 예언에 대해서 들었음이 틀림없다. 아마도 이들이 이 특별한 별을 보았을 때, 이들 생각에 그 예언이 성취되었다는 생각이 들었을 것이다. **동쪽에서** – 즉, 우리가 동쪽에 있었을 때.

2 **경배하러** – 그에게 경의를 표하기 위하여. 그들이 경의를 표하는 방식은 그의 앞에서 땅에 납작 엎드리는 것인데, 이것은 동방의 국가들에서 그들의 왕에게 경의를 표하는 방식이었다.

4 **대제사장들** – 대제사장과 그의 위원들, 즉 이전에 이 직무를 담당했던 사람들뿐만 아니라 24 직무를 맡은 모든 우두머리를 가리킨다. 제사장의 직은 모두 24개 직책으로 나뉘었었다. 역대상 24장 6-19절을 보라. 서기관은 성경 말씀을 백성들에게 설명해주는 특별한 직책을 맡은 사람들이었다. 그들은 회중 설교가 혹은 모세의 율법을 해설해주는 사람들이었다. 이들의 우두머리를 가리켜서 율법 박사라고 불렀다.

6 **너는 유대의 통치자 중에서 가장 작지 않다** – 이 말은 유대 땅에 있는 통치자들이나 우두머리들에게 속한 고을 중에서라는 뜻이다. 이 인용 구절을 포함하여 구약성경에서 인용한 다른 구절들을 그 원문과 비교해보면 사도들이 항상 자기들이 인용하는 그 원문을 정확하게 그대로 옮겨 적을 필요성을 느낀 것은 아님이 분명하다. 도리어 그들은 다양한 언어를 쓰기는 했지만, 전체적인 의미를 생각해서 썼다. 우리가 살펴보고자 하는 미가서의 말씀을 보면, "비록 네가 작지만", "네가 작다고 여겨지지만", "너는 작다" 등으로 되어 있다. 이렇게 볼 때 비록 이 예언서와 이 복음서의 구절은 차이가 있기는 하지만 이 둘의 차이는 별다른 의미가 없어진다(미 5:2).

8 만일 그를 찾거든 내게 알려 주시오 – 아마도 헤롯은 그가 태어나셨다는 것을 믿지 않았을 것이다. 만일 정말로 믿었더라면 즉각적으로 일을 처리하려 했음이 틀림없다.

10 별을 보고 – 그 별은 아이가 있던 곳 위에 서 있었다.

11 그들은 그에게 선물을 드렸다 – 뛰어난 사람을 방문할 때에는 선물을 드리는 것이 관례였다. 지금 이 방문객들이 하는 것처럼 그 당시 동방의 나라들에서 그렇게 하였다. **황금과 유향과 몰약** – 아마도 이것들은 그 사람들의 나라에서 구할 수 있는 가장 좋은 것들이었을 것이다. 이런 선물들은 위대한 사람에게 통상적으로 드렸던 것들이다. 예수의 일가는 완전히 낯선 이집트로 피난을 하여서 상당한 기간을 머물러야만 했는데, 이것이 길고도 비용이 많이 드는 여행임을 생각할 때 이 선물들은 이때를 대비해서 아주 적절한 것이었다.

15 성취되도록 – 이 말은 이대로 성취되었다는 것이다. 이 말의 원어 단어는 종종 어떠한 행동의 의도를 가리키는 것이 아니라 그 행동에 따른 결과나 사건을 가리킨다. **주님께서 예언자를 시켜서 말씀하신 바** – 또다른 데서 이렇게 말씀하셨다는 말이다. **내가 이집트에서 내 아들을 불러냈다** – 마치 처음 그렇게 된 것처럼 이제 성취되었다. 원래 호세아 11장 1절에서는 이스라엘을 두고 하신 말씀인데, 더 높은 의미에서 그리스도는 이스라엘이 아니라 하나님의 아들이다.

16 헤롯이 박사들에게 속은 것을 알고 – 그래서 그는 교만하여 이러한 행동을 하게 되었는데, 사실 자기 백성들에게 도리어 웃음거리가 되려고 그렇게 한 것처럼 되었다. **보내어** – 군사들 무리를 보냈다는 말이다. **그 가까운 온 지역에 사는** – 당시 로마는 하나였는데 주변에 있는 모든 지역에서라는 뜻이다.

17 그래서 이루어졌다 – 예언서든 역사서든 혹은 시 문학이든 상관없이 성경의 한 구절이 신약의 언어로 성취되었으며, 어떤 사건이 벌어질 때 그 성경 구절은 그 사건에 가장 적절한 것이었다.

18 라헬이 자식들을 잃고 우는데 – 라마에 살았던 베냐민 지파 사람들은 그녀에게서 태어난 사람들이었다. 그녀는 이곳 근처에 묻혔는데, 여기에서는 그녀가 마치 무덤에서 일어나 부활하여서 잃어버린 자식들 때문에 애곡하는 것처럼 아주 아름답게 예술적으로 표현되어 있다. 그 **들이 없어졌으므로** – 이 말은 죽었다는 뜻이다. 이러한 재앙 속에서 예수를 살려낸 것은 하나님의 자녀들이 큰 위험에 처했을 때 자기 자녀들을 돌보시는 하나님의 모습으로 비칠 수 있다. 하나님께서는 박해자들을 단칼에 제거해버리지 않으신다(물론 쉽게 하실 수 있지만). 대신에 하나님께서는 당신의 백성들이 숨을 수 있는 장소를 제공해주신다. 비록 대단해 보이지는 않지만, 매우 효과적인 방법을 사용하셔서 하나님께서는 원수들이 홍수처럼 밀고 들어오더라도 당신의 자녀들이 싹쓸이당하지 않도록 하신다(렘 31:15).

22 그는 그곳으로 가기를 두려워하였다 – 즉, 유대로 들어가기를. 그래서 **갈릴리 지방으로 물러가서** – 아켈라오의 통치를 받지 않았던 이스라엘의 지역이었다.

23 그는 나사렛이라는 동네로 가서 살았다 – 그가 베들레헴으로 가기 전에 살았던 곳으로서, 이곳은 속담에도 나오듯이 멸시받는 곳이었다. 이리하여 예언자들을 시켜서 말씀하신바, 그는 **나사렛 사람이라고 불릴 것이다** – 이 말은 그가 멸시받고 배척당할 것이며, 많은 사람으로부터 무시를 당하고 욕을 먹을 것이라는 말이다.

역자 해설

1장 족보에서 보았듯이, 마태복음은 하나님의 구원 계획과 역사에 관한 이야기입니다. 하나님께서 구원하신다는 기쁜 소식입니다. 그러나 이 기쁜 소식의 이야기는 시작하자마자 잔인한 유아 학살의 피로 얼룩집니다. 동방박사(점성술사)의 경배 이야기는 크리스마스 어린이 성극에 단골 메뉴로 등장하거나 성탄 카드를 장식하는 낭만적인 이야기입니다. 그러나 첫 크리스마스는 사실 기쁨이 아닌 슬픔의 이야기였습니다. 구세주가 태어났지만, 수도 예루살렘은 축제로 떠들썩하기는커녕 쥐 죽은 듯 고요합니다. 아무도 알아주지 않습니다. 도리어 왕궁에서는 왕권 견제를 위한 암투와 암살 음모가 벌어집니다. 베들레헴 역시 그저 조용합니다. 그 누가 메시아가 설마 이 시골 동네에서 태어나리라 상상이나 했을까요?

차라리 조용히 넘어가기만 했으면 그나마 다행입니다만, 불행하게도 예수님의 생일은 피의 학살이 벌어진 날입니다. 두 살 아래 아기들은 피어보지도 못한 채 꺾인 꽃이 되었습니다. 그 아기들은 무슨 죄가 있다고 그렇게 죽어야만 했을까요? 자식을 가슴에 묻고 평생을 고통스러워할 부모들은 또 무슨 죄입니까? 차라리 예수님이 안 태어나셨으면 적어도 이런 비극은 없지 않았을까요? 예수님도 태어나자마자 목숨을 건지려고 야반도주해야 했으니, 이 얼마나 기구한 운명일까요? 유대인의 왕(2:2)이긴 한데 그 왕의 생일이 참 이상합니다.[18]

그런데 마태는 여기에서 모든 사건마다 구약성경 인용을 달아놓습니다. 그리고 "~라고 하신 말씀이 이루어졌다"라는 식으로 설명합니다. 즉, 비록 우리 눈에는 이해가 안 되고 너무나 받아들이기 힘든 방식이지만, 마태는 그 가운데서 하나님의 계획과 의지를 발견합니다. 이 모든 일은 구약성경의 예언이 성취된 것이라는 말입니다. 이 첫 번째 크리스마스 사건은 이미 오래전부터 하나님께서 계획하셨던 것이고, 하나님께서 준비하신 것이 드디어 이날(D-day) 성취되었습니다. 그리고 거기에는 반드시 구원을 이루어내시겠다는 그분의 강한 의지가 담겨있습니다.

우리의 삶은 종종 도저히 이해하기 힘든 일로 얼룩집니다. 그래서 우리는 하나님을 원망하고 떠나버리기도 합니다. 이런 상황에서 끝까지 하나님의 약속을 신뢰하며 믿음을 지키기는 쉽지 않습니다. 그러나 하나님은 하늘에 계시고 우리는 땅에 있는 존재임을 잊지 말아야 합니다(전 5:2). 하나님은 우리를 향한 구원의 약속을 주셨고, 이것이 복음입니다. 믿음은 하나님의 약속, 즉 우리를 구원하시겠다는 약속, 그 신실하심에 대한 신뢰이며, 구원받은 자로서 하나님의 백성으로 살아갈 힘을 주시겠다는 약속에 대한 신뢰입니다(『표준설교』 20.2.2). 비록 첫 크리스마스의 비극적 사건처럼 이해하기 어려운 일들이 우리 삶에서 벌어지지만, 그 안에서도 여전히 우리는 우리와 함께하시겠다는 그 약속(1:23; 28:20)을 신뢰합니다.

마태복음 3장

¹ 그 무렵에 세례자 요한이 나타나서, 유대 광야에서 선포하여 ² 말하기를 "회개하여라. 하늘 나라가 가까이 왔다" 하였다. ³ 이 사람을 두고 예언자 이사야는 이렇게 말하였다. "광야에서 외치는 이의 소리가 있다. '너희는 주님의 길을 예비하고, 그의 길을 곧게 하여라.'" ⁴ 요한은 낙타 털 옷을 입고, 허리에는 가죽 띠를 띠었다. 그의 식물은 메뚜기와 들꿀이었다. ⁵ 그 때에 예루살렘과 온 유대와 요단 강 부근 사람들이 다 요한에게로 나아가서, ⁶ 자기들의 죄를 자백하며, 요단 강에서 그에게 세례를 받았다. ⁷ 요한은 많은 바리새파 사람과 사두개파 사람들이 세례를 받으러 오는 것을 보고, 그들에게 말하였다. "독사의 자식들아, 누가 너희에게 닥쳐올 징벌을 피하라고 일러주더냐? ⁸ 회개에 알맞은 열매를 맺어라. ⁹ 그리고 너희는 속으로 주제넘게 '아브라함이 우리 조상이다' 하고 말할 생각을 하지 말아라. 내가 너희에게 말한다. 하나님께서는 이 돌들로도 아브라함의 자손을 만드실 수 있다. ¹⁰ 도끼를 이미 나무 뿌리에 갖다 놓았으니, 좋은 열매를 맺지 않는 나무는 다 찍어서, 불 속에 던지실 것이다. ¹¹ 나는 너희를 회개시키려고 물로 세례를 준다. 내 뒤에 오시는 분은 나보다 더 능력이 있는 분이시다. 나는 그의 신을 들고 다닐 자격조차 없다. 그는 너희에게 성령과 불로 세례를 주실 것이다. ¹² 그는 손에 키를 들고 있으니, 타작 마당을 깨끗이 하

여, 알곡은 곳간에 모아들이고, 쭉정이는 꺼지지 않는 불에 태우실 것이다." **13** 그 때에 예수께서 요한에게 세례를 받으시려고, 갈릴리를 떠나 요단 강으로 요한을 찾아가셨다. **14** 그러나 요한은 "내가 선생님께 세례를 받아야 할 터인데, 선생님께서 내게 오셨습니까?" 하고 말하면서 말렸다. **15** 예수께서 그에게 말씀하셨다. "지금은 그렇게 하도록 하십시오. 이렇게 하여, 우리가 모든 의를 이루는 것이 옳습니다." 그제서야 요한이 허락하였다. **16** 예수께서 세례를 받으시고, 곧 물에서 올라오셨다. 그 때에 하늘이 열렸다. 그는 하나님의 영이 비둘기 같이 내려와 자기 위에 오는 것을 보셨다. **17** 그리고 하늘에서 소리가 나기를 "이는 내가 사랑하는 아들이다. 내가 그를 좋아한다" 하였다.

웨슬리와 함께 읽기

1 그 무렵에 - 즉, 예수께서 거기에 거주하고 계실 때에. 유대 광야에서-광야라고 적절하게 표현된 이 장소는 우리 주님께서 시험을 당하시던 광야처럼 황폐하고 메마르고 버려진 장소를 가리킨다. 그러나 일반적으로 말해서 신약에서 말하는 광야는 평범한 혹은 덜 개간된 장소를 가리키며, 이 장소는 목초지나 경작지와 대조되는 장소를 가리킨다(막 1:1; 눅 3:1).

2 하늘나라와 하나님의 나라는 표현은 다르지만 똑같은 것을 가리키는 말이다. 이 말은 미래에 하늘에 가서 경험하게 될 행복한 상태를 가리킬 뿐만 아니라, 이 땅에 사는 동안 누리게 되는 상태를 가리키기도 한다. 이것은 하늘의 영광을 소유한다는 개념이라기보다는 그러한 성격을 가리킨다. **가까이 왔다** - 그분께서 말씀하셨던 것처럼, 하나님께서는 다니엘을 통해서 말씀하셨던 그 나라를, 즉 하늘에 있는 하나님의 나라를 세우려고 하신다. 다니엘 2장 44절; 7장 13절, 14절. 여기에서는 복음의 전파를 의미한다. 복음의 전파라는 말은 하나님의 아들을 통하여 모든 백성이 하나님께로 모여들고 사회가 새롭게 만들어지는 것을 뜻하는데, 이 새로운 사회는 먼저 이 땅에서 살면서 이루어지는 것

이고 나중에는 영광 중에 하나님과 함께 사는 것이다. 성경의 어떤 부분에서는 이 구절이 특히 이 땅에서의 상태를 가리킨다. 하지만 다른 부분에서는 영광의 상태만을 가리키기도 한다. 그러나 이 하나님 나라라는 개념은 일반적으로 이 두 가지를 모두 아우르는 개념이다. 유대인들은 하나님의 나라를 생각할 때 시간적인 왕국으로 이해했으며, 그 왕국이 자리 잡을 곳은 예루살렘일 것으로 생각했다. 그리고 그들은 다니엘서를 통해서 이 왕국을 다스리는 분이 인자라고 불리는 분일 것이라고 기대했다. 세례자 요한과 그리스도 모두 다 하늘나라라는 구절을 자기들이 이해한 대로 받아들여서 유대인들에게 그 개념을 올바로 이해할 수 있도록 조금씩 가르쳐주었다(하지만 그 사람들은 배우려고 하지 않았다). 먼저 회개를 해야 한다고 요구하는 것으로 미루어볼 때 이 나라는 영적인 왕국, 즉 제아무리 빈틈이 없고 용맹하며, 제아무리 학식이 높다 하더라도 사악한 자라고 한다면 결코 그 나라의 백성이 될 수 없는 영적인 왕국임을 알 수 있다.

3 **주님의 길** – 그리스도의 길. **그의 길을 곧게 하여라** – 그분의 은혜로운 나타나심에 방해가 되는 것이라면 그 어떤 것이든 다 제하여 버림으로써(사 40:3).

4 **요한은 낙타 털 옷을 입고** – 조악하고 거친 옷이며, 그의 성격과 그의 신앙관에 적합한 옷이었다. **가죽 띠** – 영과 능력으로 나타났던 엘리야처럼. **그의 식물은 메뚜기와 들꿀이었다** – 메뚜기는 레위기 11장 22절에 의하면 정결한 음식에 해당한다. 그러나 그것을 항상 구할 수 있었던 것은 아니었다. 그래서 그것을 못 구할 때 그는 들꿀을 먹었다.

6 **자기들의 죄를 자백하며** – 자발적으로. 자유롭게 드러내놓고. 그렇게 많은 사람이 몸 전체를 물속에 다 담그고 세례를 받기란 거의 불가능했

었을 것이다. 또한, 그렇게 많은 사람이 세례를 받기 위해서 옷을 갈아입을 수 없었을 것이다. 그렇게 많은 군중이 모인 곳에서 그렇게 하는 것은 불가능했을 것이다. 또한, 발가벗은 몸으로 물에 빠져서는 체면을 지킬 수 없었을 것이고, 그렇다고 옷을 그대로 걸치고 들어가면 안전할 수 없었을 것이다. 따라서 그들은 강가에 줄을 지어 서 있고, 세례자 요한이 그들 앞을 지나가면서 그들의 머리나 얼굴에 물을 뿌렸을 것이다. 이렇게 함으로써 하루에 수천 명이나 되는 많은 사람에게 세례를 줄 수 있었을 것이다.[19] 그리고 그리스도께서 그들에게 성령과 불로 세례를 주신 가장 자연스러운 방법이었을 것이다. 이러한 세례는 세례자 요한이 물로 세례를 줌으로써 미리 예시로 보여주었던 세례였는데, 이 예시는 성령께서 불의 혀 모습으로 제자들 위에 내려와 앉았을 때 눈에 보이도록 성취되었다.

7 바리새파는 아주 오래전부터 있었던 유대인들의 분파였다.[20] 그들은 구별한다는 의미가 있는 히브리어에서 자신들의 이름을 따왔는데, 그들이 그렇게 한 이유는 다른 사람들과 자신들을 구별하기 위해서였다. 그들은 외양으로는 율법을 철저하게 지켰다. 그래서 종종 금식도 하고 오랫동안 기도도 하였으며, 열심히 안식일을 지켰고 모든 십일조, 심지어 박하, 회향, 근채의 십일조까지 다 드렸다. 그래서 그들은 다른 백성들보다 더 낫다고 하는 높은 자긍심을 가졌던 사람들이었다. 하지만 내적으로는 그들은 교만과 위선이 가득한 사람들이었다. 사두개인들은 유대인의 또 다른 종파인데, 바리새인들만큼 대단하지는 않았다.[21] 그들은 천사가 있다는 것을 믿지 않았으며, 영혼의 불멸도 믿지 않았다. 따라서 당연히 죽은 자들의 부활도 믿지 않았다. **너 독사의 자식들아 -** 이와 비슷한 방식으로 교활했던 헤롯은 여우라고 불렸다. 앙큼하고 탐

욕스러우며, 속되고 욕정에 가득 찬 사람들은 그 마음을 꿰뚫어 보았던 분에게 독사들, 개들, 늑대들, 돼지들이라는 말을 들었다. 이 단어들은 감정이 복받치는 대로 마구 쏟아져 나온 말이 아니라, 그런 사람들에게 딱 들어맞는, 아주 제대로 보고서 하는 말이다. 이런 사람들에게 그렇게 말해줘야만 다른 사람들에게는 경각심을 심어주는 기능을 할 수 있고 이와 동시에 그 당사자 자신들에게도 경고가 될 수 있는 것이었다.

8 회개는 두 종류가 있다. 하나는 법에 관한 것이고 다른 하나는 복음적인 회개에 대한 것이다. 법과 관련한 회개(여기에서 말하고 있는 것)는 자신이 지은 죄를 완전히 인식하는 것이다. 복음적인 회개는 모든 죄에서 돌이켜서 거룩함으로 돌아서는 마음의 변화(그리고 그 결과로서 삶의 변화)를 이루는 것이다.

9 **자신 있게 말하지 말라** - 원문의 단어는 통속적인 표현으로 되어 있다. 생각하지 말라는 말은 이곳과 또 다른 많은 곳에서 이 말과 이어지는 단어의 힘을 약화하는 것이 아니라 도리어 강화해주는 것 같다. **아브라함이 우리 조상이다** - 유대인들은 자신들과 아브라함의 관계에 있어서 얼마나 뻔뻔스러운지 그들의 이 말은 거의 믿을 수가 없다. 그들이 하는 유명한 말들 가운데 하나는 "아브라함이 지옥문 근처에 앉아서 이스라엘 사람들이 지옥으로 떨어지지 않도록 버텨주고 있다"라는 말이다. **내가 너희에게 말한다.** - 이런 식의 표현이 나오면 그 뒤에 따라오는 말이 중요한 말이라는 것을 기억해야 한다. **이 돌들로도** - 아마도 그들 앞에 놓여 있는 돌들을 가리키면서 하신 말씀일 것이다.

10 **도끼가 이미 놓여있으니** - 즉, 한가한 척할 틈이 없다는 것이다. 회개하지 않는 모든 이를 속히 처리하기로 결정되어 있다. 이것은 나무를 베다가 겉옷을 벗기 위해서 잠깐 도끼를 내려놓았다가 곧 나무를 베기

위해서 다시 도끼를 집어 드는 나무꾼의 모습에서 가져온 것처럼 보인다. 이것은 7절에 나오는 진노를 가리킨다. 마태복음 3장 7절. **찍어서** - 곧바로, 더는 지체하지 않고.

11 그는 너희에게 성령과 불로 세례를 주실 것이다 - 그분께서는 당신들을 성령으로 충만케 하셔서 당신들의 마음을 사랑의 불로 불타오르게 하실 것이며, 이 사랑의 불꽃은 아무리 많은 물을 부어도 꺼뜨릴 수 없다. 이러한 현상은 불의 모습으로 실제로 나타났는데, 바로 오순절 날 그런 일이 벌어졌다.

12 키 - 즉, 복음의 말씀. **그의 타작마당** - 즉, 그의 교회를 가리키며, 이 교회는 알곡과 쭉정이가 서로 뒤섞여 있는 상태이다. **그가 알곡은 곳간에 모아들이고** - 그래서 진실로 선한 이들은 천국에 쌓아두실 것이다.

13 마가복음 1장 9절; 누가복음 3장 21절

15 이렇게 하여 우리가 모든 의를 이루는 - 하나님의 모든 사자는 그분의 의로우신 계명을 준수해야 한다. 그러나 특히 여기에서 우리 주님께서 말씀하시고자 했던 것은 성취하기 위해서, 즉 하나님의 의로우신 계명을 빠짐없이 온전히 이행할 수 있도록 그리고 그분께서 내게 주신 임무를 온전히 완수하기 위해서 우리가 그렇게 해야만(즉, 내가 세례를 받고 당신이 집례해야만)[22] 한다는 것을 의미하는 것 같다.

16 예수께서 세례를 받으시고 - 우리 주님께서 기꺼이 세례를 받으셨다는 사실을 보면 우리는 이러한 계명을 거룩하고도 정확하게 지켜야 한다는 것을 깨달을 수 있다. 이러한 계명을 반드시 지켜야 하는 것은 이것들이 신적인 명령이라는 사실 때문이다. 그러므로 예수를 따르는 모든 사람은 모든 의를 성취해야 할 의무가 있다. 예수께서는 씻어버릴 죄가 없으신 분이시다. 그런데도 그분은 세례를 받으셨다. 하나님께서

는 당신의 법을 제정하셔서 그분에게 성령을 부어주셨다. 겸손하게 하나님께서 약속하신 것을 받는 이 모습 외에 그 어디에서 이 신성한 부어주심의 은혜를 우리가 기대할 수 있겠는가? **보라! 하늘이 열리고 하나님의 영을 보았다** – 성 누가는 몸의 형태로 덧붙인다. – 이것은 아마도 영광스러운 불이 나타나는 모습일 것이고, 어쩌면 하늘에서 날아내려 와서 그분의 위에 내려앉는 비둘기의 모습일 수도 있다. 이것이 복되신 성령께서 비밀스레 일하시는 것이 가시적으로 드러난 것이며, 바로 이것을 통해서 그분께서는 특별한 방식으로 기름 부음을 받으셨다. 그리고 이로써 공적인 사역을 하시기에 충분히 적합하게 되셨다.

17 **그리고 보라, 소리가** – 우리는 여기에서 이전에 못 보던 영광스러운 현현, 즉 복되신 삼위 하나님의 현현을 보게 된다. 성부께서는 하늘에서 말씀하시고, 성자께서는 그 음성을 들으며, 성령께서는 그의 머리 위에 내려오신다. **내가 그를 좋아한다** – 이 얼마나 대단한 찬사인가! 이에 비하면 다른 모든 찬사는 얼마나 초라해지는가! 하나님께서 그를 기뻐하신다는 것, 이것은 진정한 칭찬이다. 이것이야말로 참된 영광이다. 이것이야말로 덕이 드러날 수 있는 최고의, 가장 밝게 빛나는 빛이다.

역자 해설

불은 끊임이 없이 제단 위에 피워 꺼지지 않게 할지니라(레 6:13).

하늘의 순전한 불꽃 전해주시려

오, 하늘로부터 내려오신 분이시여,

낮고 천한 내 마음 제단에

거룩한 사랑의 불꽃 붙여주소서.

꺼지지 않는 불길

당신의 영광을 위해 그 제단에 타오르게 하소서.

겸손한 기도와 뜨거운 찬양 중에

경외함으로 흔들리는 불꽃 올려드리옵나니.

예수여, 내 맘의 열망을 확정하사

당신을 위해 일하고 말하고 생각하게 하소서.

당신의 은사를 내 안에 불러일으키사

나로 거룩한 불꽃 잘 지켜내게 하소서.

당신의 온전한 뜻을 언제든 기꺼이 행하게 하시어

내 믿음과 사랑의 수고가 늘 끊이지 않게 하소서.

당신의 끝없는 자비로 내 숨 끊어지는 그 날까지,

내 희생 제사를 완성하실 그 날까지.

-찰스 웨슬리, *Scripture Hymns* (1762), vol. 1, No. 183

세례는 내 새로운 삶의 결단을 하나님과 사람 앞에 공공연히 표현하는 방식입니다. 세례자 요한은 심판의 불과 나무뿌리 앞에 놓인 도끼의 경고로 사람들을 세례의 물로 달려가라고 몰아붙였습니다. 그러나 예수님께서는 심판의 불이 아닌 성령의 불로 어서 나아오라고 사람들을 초청하셨습니다. 요한이 호통치는 엄한 아버지라면, 예수님은 따스하게 안아주는 엄마 같습니다. 웨슬리는 불같은 성령 세례를 하늘로부터 내려와 우리 마음에서 타오르는 사랑의 불꽃이라고 말합니다.

동생 찰스 웨슬리는 레위기 6장 13절을 묵상하며 찬송 시를 썼습니다. 하나님 나라로 가는 출발점은 겸손하고 가난한 마음(『표준설교』 16.1.2-10)입니다. 하나님 나라로 오라고 부르시는 가장 위대한 자비의 초청에 통회하는 심령으로 나아갈 때, 갈멜산 제단에 내린 불처럼(왕상 18:37-38) 하늘의 불길이 내 낮고 가난한 마음 제단에 내려와 내 모든 것을 불살라 정결하게 하실 것입니다. 그러면 우리 안에 역사하시는 성령께서 하나님의 명령을 지킬 힘을 주실 것이며(『표준설교』 7.2.12; 20.2.2; 20.3.9), 이로써 우리는 하나님을 사랑할 수 있고 또한, 사랑으로 역사하는 믿음(갈 5:6)으로 이웃을 사랑할 수 있을 것입니다.

오직 불이 불을 옮겨줄 수 있고, 오직 생명이 또 다른 생명을 낳을 수 있듯이, 말씀이신 예수는 우리에게 하늘의 불꽃을 붙여주시려고 하늘에서 친히 내려오신 불빛이요 생명입니다(요 1:1-5, 9). 이 생명의 불을 옮겨 받으려면 우리에게 필요한 것은 딱 한 가지, 가난한 마음으로 그분 앞에 나아가는 것입니다.

마태복음 4장

¹ 그 즈음에 예수께서 성령에 이끌려 광야로 가셔서, 악마에게 시험을 받으셨다. ² 예수께서 밤낮 사십 일을 금식하시니, 시장하셨다. ³ 그런데 시험하는 자가 와서, 예수께 말하였다. "네가 하나님의 아들이거든, 이 돌들에게 빵이 되라고 말해 보아라." ⁴ 예수께서 대답하셨다. "성경에 기록하기를 '사람이 빵으로만 살 것이 아니라, 하나님의 입에서 나오는 모든 말씀으로 살 것이다' 하였다." ⁵ 그 때에 악마는 예수를 그 거룩한 도성으로 데리고 가서, 성전 꼭대기에 세우고 ⁶ 말하였다. "네가 하나님의 아들이거든, 여기에서 뛰어내려 보아라. 성경에 기록하기를 '하나님이 너를 위하여 자기 천사들에게 명하실 것이다' 그리고 '그들이 손으로 너를 떠받쳐서, 너의 발이 돌에 부딪치지 않게 할 것이다' 하였다." ⁷ 예수께서 악마에게 말씀하셨다. "또 성경에 기록하기를 '주 너의 하나님을 시험하지 말아라' 하였다." ⁸ 또다시 악마는 예수를 매우 높은 산으로 데리고 가서, 세상의 모든 나라와 그 영광을 보여주고 말하였다. ⁹ "네가 나에게 엎드려서 절을 하면, 이 모든 것을 네게 주겠다." ¹⁰ 그 때에 예수께서 그에게 말씀하셨다. "사탄아, 물러가라. 성경에 기록하기를 '주 너의 하나님께 경배하고, 그분만을 섬겨라' 하였다." ¹¹ 이 때에 악마는 떠나가고, 천사들이 와서, 예수께 시중을 들었다. ¹² 예수께서, 요한이 잡혔다고 하는 말을 들으시고, 갈릴리로 돌아가셨다.

¹³ 그리고 그는 나사렛을 떠나, 스불론과 납달리 지역 바닷가에 있는 가버나움으로 가서 사셨다. ¹⁴ 이것은 예언자 이사야를 시켜서 하신 말씀을 이루시려는 것이었다. ¹⁵ "스불론과 납달리 땅, 요단 강 건너편, 바다로 가는 길목, 이방 사람들의 갈릴리, ¹⁶ 어둠에 앉아 있는 백성이 큰 빛을 보았고, 그늘진 죽음의 땅에 앉은 사람들에게 빛이 비치었다." ¹⁷ 그 때부터 예수께서는 "회개하여라. 하늘 나라가 가까이 왔다" 하고 선포하기 시작하셨다. ¹⁸ 예수께서 갈릴리 바닷가를 걸어가시다가, 두 형제, 베드로라는 시몬과 그와 형제간인 안드레가 그물을 던지고 있는 것을 보셨다. 그들은 어부였다. ¹⁹ 예수께서 그들에게 말씀하셨다. "나를 따라오너라. 나는 너희를 사람을 낚는 어부로 삼겠다." ²⁰ 그들은 곧 그물을 버리고 예수를 따라갔다. ²¹ 거기에서 조금 더 가시다가, 예수께서 다른 두 형제 곧 세베대의 아들 야고보와 그의 동생 요한을 보셨다. 그들은 아버지 세베대와 함께 배에서 그물을 깁고 있었다. 예수께서 그들을 부르셨다. ²² 그들은 곧 배와 자기들의 아버지를 놓아두고, 예수를 따라갔다. ²³ 예수께서 온 갈릴리를 두루 다니시면서, 그들의 회당에서 가르치며, 하늘 나라의 복음을 선포하며, 백성 가운데서 모든 질병과 아픔을 고쳐 주셨다. ²⁴ 예수의 소문이 온 시리아에 퍼졌다. 그리하여 사람들이, 갖가지 질병과 고통으로 앓는 모든 환자들과 귀신 들린 사람들과 간질병 환자들과 중풍병 환자들을 예수께로 데리고 왔다. 예수께서는 그들을 고쳐 주셨다. ²⁵ 그리하여 갈릴리와 데가볼리와 예루살렘과 유대와 요단 강 건너편으로부터, 많은 무리가 예수를 따라왔다.

웨슬리와 함께 읽기

1 **그즈음에** - 그 아버지의 사랑이 영광스럽게 나타난 후에 그분께서는 전투할 수 있도록 완전히 무장하셨다. 그래서 가장 맑은 빛과 가장 큰 위로를 받으신 후에 우리는 그분께서 가장 혹독한 시험을 당하실 것으로 예측할 수 있다. **성령에 이끌려** - 아마도 마음속에 강한 충동이 일어나서(막 1:12; 눅 4:1).

2 **금식하시니** - 의심할 여지 없이 그분께서는 하나님으로부터 영적인 능력을 충분히 받으셨을 것이다. **밤낮 사십 일을** - 율법의 수여자인 모세가 그랬듯이 그리고 그 율법의 위대한 회복자였던 엘리야가 그러했듯이. **시장하셨다** - 그래서 첫 번째 시험을 받을 준비가 되셨다.

3 **그에게 와서** - 눈에 보이는 모습으로. 아마도 사람의 모습을 하고 왔을 것이다. 그래서 그분께서 메시아라는 것을 더 확실하게 증명해달라는 요구를 하고 싶어 하는 사람처럼 나타났을 것이다.

4 **기록하기를** - 이런 방식으로 그리스도께서 대답하셨다. 따라서 우리도 그런 방식으로 마귀가 내놓는 모든 것들에 답을 할 수 있다. **하나님의 입에서 나오는 모든 말씀으로** - 즉, 하나님께서 사람들이 올바로 서 있을 수 있도록 그들에게 명하시는 모든 것을 통하여. 따라서 우리 아

버지의 뜻을 알려고 하지 않고 그저 빵이나 만들어 내기 위해 기적을 일으키려고 해서는 안 된다(민 8:3).

5 거룩한 도성 – 하나님께서 특별히 자신을 위해서 선택하신 장소인 예루살렘이 보통 이렇게 불렸다. 성전 꼭대기에 – 아마도 왕의 회랑 너머, 즉 매우 높아서 위에서 밑을 내려다보면 누구나 현기증을 느끼게 되는 곳.

6 그들의 손으로 – 즉, 아주 잘 돌보아주어서(시 91:11, 12).

7 주 너의 하나님을 시험하지 말아라 – 이미 그분께서 충분히 자신의 계획을 내놓으셨는데도 불구하고 더 많은 증거를 내놓으라고 요구함으로써(민 6:16).

8 세상의 모든 나라를 그에게 보여주고 – 눈에 장면이 펼쳐지듯 보이는 방식으로.

9 네가 나에게 엎드려서 절을 하면 – 여기에서 사탄은 자기가 누구였는지 분명히 보여주고 있다. 따라서 그리스도께서 이 제안에 답하실 때 그의 이름을 불러서 그에게 말씀하신다. 그분께서는 전에 이렇게 하신 적이 없으셨다.

10 사탄아, 물러가라 – 이 말은 내 뒤로 물러가라는 말이 아니라 네가 원래 있어야 할 그 장소로 가라는 말이다. 예수께서는 적절하지는 않았지만, 베드로에게도 이렇게 말씀하셨는데,[23] 지금은 그때와는 아주 다른 경우이다(신 6:13).

11 천사들이 와서 그의 시중을 들었다 – 그들은 그분께 음식을 드렸고 그분의 승리를 축하해주기도 하였다.

12 그분께서 갈릴리로 물러나셨다 – 시험을 받으신 후에 곧바로 그렇게 가신 것은 아니다. 그분께서는 먼저 유대에서 나와 갈릴리로 가신 것이

다(요 1:43; 2:1). 그리고 다시 유대로 가서서 예루살렘에서 유월절 축제를 보내셨다(요 2:13). 세례자 요한이 에논에서 세례를 주고 있을 때(요 3:22-23), 예수께서는 유대 지역에서 세례를 주셨다. 이 기간에 요한은 자유로웠다(요 3:24). 그러나 바리새인들의 기분이 상했다(요 4:1). 그래서 요한은 감옥에 갇혔고, 비로소 예수께서는 갈릴리를 향해 여정을 떠나셨다(막 1:14).

13 나사렛을 떠나 – 그 동네 사람들이 그분의 말씀을 완전히 배척하고, 심지어 그분을 죽이려고 들었을 때이다(눅 4:29).

15 이방인의 갈릴리 – 요단강 건너편에 있었던 갈릴리 지방은 이렇게 불렸다. 왜냐하면 거기에는 이방 사람들, 즉 이교도들이 아주 많이 살았기 때문이었다(사 9:1, 2).

16 여기에서 우리는 아주 멋진 점강법(漸降法)을 볼 수 있다. 제일 먼저 그들은 걷는다. 그러고서 그들이 어둠 가운데 앉는다. 그리고 마지막에는 그들이 사망의 그늘진 곳에 있다.[24]

17 그때부터 예수께서는 선포하기 시작하셨다 – 그분께서는 이전에도 유대인이나 사마리아인들에게도 선포하셨다(요 4:41, 45). 그러나 지금부터는 그분의 엄숙한 설교가 시작된다. **회개하라, 하늘나라가 가까이 왔다** – 물론 사람들의 마음속에 하나님의 왕국을 건설하는 것이 그리스도께서 하시는 특별한 사역이기는 하지만, 우리가 살펴볼 수 있는 것은 그분 역시 세례자 요한이 했던 똑같은 말을 가지고 선포를 시작하였다는 것이다. 그분께서 그렇게 하신 이유는 세례자 요한이 가르쳤던 회개가 내면의 천국을 준비하는 데에 꼭 필요한 것이기 (그 당시에도 그러했고, 이것은 앞으로도 영원히 그러할 것이다) 때문이다. 그런데 이 말은 단지 자기 마음속에서 천국이 이루어져야 하는 각 사람에 대한 것일 뿐만이 아니라, 모든 믿는 사람의 연합체인 그리스도인들의 교회에 대한 것이기도 하다. 전자,

즉 개인적인 것으로서의 천국이라는 의미에서는 이것은 회개에 상반된 것이고, 후자의 경우에는 모세가 나누어준 율법에 상반된 것이다.

18 마가복음 1장 16절; 누가복음 5장 1절.

23 **하늘나라의 복음** – 복음이란 기쁜 소식인데, 이것은 우리 기독교에 아주 적합한 이름이다. 이것은 진지하고도 끈기 있게 그 복음을 받아들이는 사람들 안에서 아주 크게 증명될 것이다.

24 **온 시리아에** – 모든 지역을 가리키며, 유대는 그저 이 중에 작은 일부에 불과했다. **귀신 들린 사람들** – 귀신에 사로잡힌 사람을 가리킨다. **또한 간질병 환자들과 중풍병 환자들** – 중풍에 걸린 사람들의 경우 다른 모든 병보다 가장 비참하고 절망적인 병이었다.

25 **데가볼리** – 갈릴리 바다의 동쪽 지역을 가리킨다. 여기에 열 개의 도시가 서로 가까이 있었다.

역자 해설

성경에는 우리를 당혹게 하는 이야기들이 있습니다. 예를 들면 예수님께서 세례요한에게 세례를 받으셨다거나, 사람들에게 화를 내셨다는 것 등입니다. 5세기 초 히에로니무스가 말년에 아티쿠스와 크리토불루스라는 사람들과 논쟁한 기록을 담은 "펠라기안들과의 논쟁"(Dialogue against the Pelagians) 3권 2장을 보면 『히브리인의 복음서』 인용 구절이 나오는데, 거기에는 예수님의 모친과 형제들이 세례 요한에게 세례를 받으러 가자고 하자 예수님께서 "내가 무슨 죄가 있다고 그에게 가서 세례를 받겠습니까?"라고 거부하시는 구절이 있습니다. 이 복음서 저자 생각에는 죄 없으신 분께서 세례를 받으신다는 것이 이해가 안 되었던 겁니다.

시험을 받으시는 이야기도 마찬가지입니다. 사실 그리스어 '페이라조'라는 단어는 시험이라기보다 유혹이나 미혹이라는 뜻으로 해석됩니다. 그래서 야고보는 하나님은 사람을 유혹하지도 않으신다고 말했고(약 1:13), 우리도 유혹에 빠지지 않게 해달라고 간구합니다(마 6:13). 그런데 예수님께서 마귀에게 유혹을 받으셨다니 조금 실망입니다. 우리야 그럴 수 있지만, 어떻게 예수님이 유혹을 받으신다는 말입니까?

그런데 성경은 성령에 이끌려 그렇게 하셨다고 말합니다(4:1). 즉, 일부러 그렇게 하신 겁니다. 마태복음의 예수님은 우리에게 가르침을 주시는 스승, 지도자입니다(23:8-10). 그렇다면 무슨 가르침을 여기에서 주시려는 것일까요? 먼저 유혹의 강함입니다. 유혹은 우리뿐만 아니라 예수님에게 찾아올 정도로 강합니다. 웨슬리는 하나님의 자녀들이라도 여전히 죄의 씨를 갖고 있어서 늘 유혹을 받는다고 말합니다. 다만 믿지 않는 이들과 차이가 있다면, 이들은 이 사실을 늘 자각하면서 유혹에 맞서 싸워 이길 힘을 받아 이깁니다(『표준설교』 8.2.5-7). 구원받아 하나님의 자녀가 된다는 것은 더 이상 죄의 유혹을 받지 않는다는 말이 아니라(『표준설교』 35.1.8), 죄책에서 자유하고 죄의 권세와 싸워 이길 힘을 갖는다는 말입니다(『표준설교』 1.2.5).

둘째, 유혹을 이기는 길은 하나님에 대한 신뢰, 즉 믿음입니다. 마귀의 첫째 시험에 대해 예수님은 신명기 8장 3절로 답합니다. 40년 광야를 지나며 이스라엘은 하나님을 신뢰하는 법을 배웠습니다(신 8:2-3). 그러자 마귀는 둘째 시험에서 시편 91편으로 공격합니다. "하나님을 신뢰하여 의지하면 그가 돌보신다는 믿음(시 91:2)을 당신이 가졌다고 하니, 그러면 그런 자를 천사를 보내어 지키신다는(시 91:11-12) 약속도 한번 증명해보라"는 것입니다. 이에 예수님은 광야에서 이스라엘이 "정말로 하나님이 우리와 함께하실까?" 의심하며 신뢰하지 못했던 맛사에서의 사건(출 17:7)을 언급하시며 하나님을 시험하지 말라(신 6:16)고 하십니다. 이 말은 "네가 감히 하나님을 테스트해?"라고 힘으로 입막음하는 말이 아니라 하나님을 향한 신뢰를 저버리지 말라는 말씀입니다. 그래서 마귀의 시험에 마지막 답변도 다른 것 말고 오직 하나님만을 신뢰하라는 것입니다(신 6:4, 13-14).

우리가 살면서 유혹으로부터 자유롭기는 불가능합니다(『표준설교』 35.1.8). 그러나 하나님으로부터 난 자는 죄를 이기는 능력을 받은 자입니다(『표준설교』 14.1.4). 우리가 '단순한 눈'(single eye)으로 우리의 시선을 하나님께로 고정하고(『표준설교』 23.1.2-3) 그분에 대한 신뢰, 즉 믿음을 놓지 않는다면, 겸손히 그분 앞에 모든 것을 내어 맡긴다면 마귀는 우리에게서 떠나고(약 4:7) 우리는 믿음의 승리를 누릴 것입니다(요일 5:4).

마태복음 5장

¹ 예수께서 무리를 보시고, 산에 올라가 앉으시니, 제자들이 그에게 나아왔다. ² 예수께서 입을 열어서 그들을 가르치셨다. ³ "마음이 가난한 사람은 복이 있다. 하늘 나라가 그들의 것이다. ⁴ 슬퍼하는 사람은 복이 있다. 하나님이 그들을 위로하실 것이다. ⁵ 온유한 사람은 복이 있다. 그들이 땅을 차지할 것이다. ⁶ 의에 주리고 목마른 사람은 복이 있다. 그들이 배부를 것이다. ⁷ 자비한 사람은 복이 있다. 하나님이 그들을 자비롭게 대하실 것이다. ⁸ 마음이 깨끗한 사람은 복이 있다. 그들이 하나님을 볼 것이다. ⁹ 평화를 이루는 사람은 복이 있다. 하나님이 그들을 자기의 자녀라고 부르실 것이다. ¹⁰ 의를 위하여 박해를 받은 사람은 복이 있다. 하늘 나라가 그들의 것이다. ¹¹ 너희가 나 때문에 모욕을 당하고, 박해를 받고, 터무니없는 말로 온갖 비난을 받으면, 복이 있다. ¹² 너희는 기뻐하고 즐거워하여라. 하늘에서 받을 너희의 상이 크기 때문이다. 너희보다 먼저 온 예언자들도 이와 같이 박해를 받았다." ¹³ "너희는 세상의 소금이다. 소금이 짠 맛을 잃으면, 무엇으로 그 짠 맛을 되찾게 하겠느냐? 짠 맛을 잃은 소금은 아무데도 쓸 데가 없으므로, 바깥에 내버려서 사람들이 짓밟을 뿐이다. ¹⁴ 너희는 세상의 빛이다. 산 위에 세운 마을은 숨길 수 없다. ¹⁵ 또 사람이 등불을 켜서 말 아래에다 내려놓지 아니하고, 등경 위에다 놓아둔다. 그래야 등불이 집 안에 있

는 모든 사람에게 환히 비친다. **16** 이와 같이, 너희 빛을 사람에게 비추어서, 그들이 너희의 착한 행실을 보고, 하늘에 계신 너희 아버지께 영광을 돌리게 하여라." **17** "내가 율법이나 예언자들의 말을 폐하러 온 줄로 생각하지 말아라. 폐하러 온 것이 아니라, 완성하러 왔다. **18** 내가 진정으로 너희에게 말한다. 천지가 없어지기 전에는 율법은 일점 일획도 없어지지 않고, 다 이루어질 것이다. **19** 그러므로 누구든지 이 계명 가운데 아주 작은 것 하나라도 어기고 사람들을 그렇게 가르치는 사람은, 하늘 나라에서 아주 작은 사람으로 일컬어질 것이요, 또 누구든지 계명을 행하며 가르치는 사람은, 하늘 나라에서 큰 사람이라고 일컬어질 것이다. **20** 내가 너희에게 말한다. 너희의 의가 율법학자들과 바리새파 사람들의 의보다 낫지 않으면, 너희는 하늘나라에 들어가지 못할 것이다." **21** "옛 사람들에게 말하기를 '살인하지 말아라. 누구든지 살인하는 사람은 재판을 받아야 할 것이다' 한 것을 너희는 들었다. **22** 그러나 나는 너희에게 말한다. 자기 형제나 자매에게 성내는 사람은, 누구나 심판을 받는다. 자기 형제나 자매에게 얼간이라고 말하는 사람은, 누구나 공의회에 불려갈 것이요, 또 바보라고 말하는 사람은 지옥 불 속에 던져질 것이다. **23** 그러므로 네가 제단에 제물을 드리려고 하다가, 네 형제나 자매가 네게 어떤 원한을 품고 있다는 생각이 나거든, **24** 너는 그 제물을 제단 앞에 놓아두고, 먼저 가서 네 형제나 자매와 화해하여라. 그런 다음에 돌아와서 제물을 드려라. **25** 너를 고소하는 사람과 함께 법정으로 갈 때에는, 도중에 얼른 그와 화해하도록 하여라. 그렇지 않으면, 고소하는 사람이 너를 재판관에게 넘겨주고, 재판관은 형무소 관리에게 넘겨주어서, 그가 너를 감옥에 집어넣을 것이다. **26** 내가 진정으로 너희에게 말한다. 너희가 마지막 한 푼까지 다 갚기 전에는, 거기에서 나오지 못할 것이다." **27** "'간음하지 말아라' 하고 말한 것을, 너희는 들었다. **28** 그러나 나는 너희에게 말한다. 여자를 보고 음욕을 품는 사람은 이미 마음으로 그 여자를 범하였다. **29** 네 오른 눈이 너로 하여금 죄를 짓게 하거든, 빼서 내버려라. 신체의 한 부분을 잃는 것이, 온몸이 지옥에 던져지는 것보다 더 낫다. **30** 또 네 오른손이 너로 하여금 죄를 짓게 하거든, 찍어서 내버려라. 신체의 한 부분을 잃는 것이, 온몸이 지옥에 던져지는 것보다 더 낫다." **31** "'누구든지 아내를 버리려는 사람은 그에게 이혼 증서를 써주어라' 하고 말하였다. **32** 그러나 나는 너희에게 말한다. 음행을 한 경우를 제외하고 아내를 버리는 사람은 그 여자를 간음하게 하는 것이요, 또 버림받은 여자와 결혼하는 사람은 누구든지 간음하는 것이다." **33** "옛 사람들에게 말하기를 '너는 거짓 맹세를 하지 말아야 하고, 네가 맹세한 것은 그대로 주님께 지켜야 한다' 한 것을, 너희는 또한 들었다. **34** 그러나 나는 너희에게 말한다. 아예 맹세하지 말아라. 하늘을 두고도 맹세하지 말아라. 그것은 하나님의 보좌이기 때문이다. **35** 땅을 두고도 맹세하지 말아라. 그것은 하나님께서 발을 놓으시는 발판이기 때문이다. 예루살렘을 두고도 맹세하지 말아라. 그것은 크신 임금님의 도성이기 때문이다. **36** 네 머리를 두고도 맹세하지 말아라. 너는 머리카락 하나라도 희게 하거나 검게 할 수 없기 때문이다. **37** 너희는 '예' 할 때에는 '예'라는 말만 하고, '아니오' 할 때에는 '아니오'라는 말만 하여라. 이보다 지나치는 것은 악에서 나오는 것이다." **38** "'눈은 눈으로, 이는 이로 갚아라' 하고 말한 것을 너희는 들었다. **39** 그러나 나는 너희에게 말한다. 악한 사람에게 맞서지 말아라. 누가 네 오른쪽 뺨을 치거든, 왼쪽 뺨마저 돌려 대어라. **40** 너를 걸어 고소하여 네 속옷을 가지려는 사람에게는, 겉옷까지도 내주어라. **41** 누가 너더러 억지로 오 리를 가자고 하거든, 십 리를 같이 가 주어라. **42** 네게 달라는 사람에게는 주고, 네게 꾸려고 하는 사람을 물리치지 말아라." **43** "'네 이웃을 사랑하고, 네 원수를 미워하여라' 하고 말한 것을 너희는 들었다. **44** 그러나 나는 너희에게 말한다. 너희 원수를 사랑하고, 너희를 박해하는 사람을 위하여 기도하여라. **45** 그래야만 너희가 하늘에 계신 너희 아버지의 자녀가 될 것이다. 아버지께서는, 악한 사람에게나 선한 사람에게나 똑같이 해를 떠오르게 하시고, 의로운 사람에게나 불의한 사람에게나 똑같이 비를 내려주신다. **⁴⁶** 너희를 사랑하는 사람만 너희가 사랑하면, 무슨 상을 받겠느냐? 세리도 그만큼은 하지 않느냐? **⁴⁷** 또 너희가 너희 형제자매들에게만 인사를 하면서 지내면, 남보다 나을 것이 무엇이냐? 이방 사람들도 그만큼은 하지 않느냐? **⁴⁸** 그러므로 하늘에 계신 너희 아버지께서 완전하신 것 같이, 너희도 완전하여라."

웨슬리와 함께 읽기[25]

1 **무리를 보시고** – 약간 떨어진 곳에서 보신 것이다. 왜냐하면 사람들이 사방에서 다가왔기 때문이다. **산에 올라가 앉으시니** – 근처에 있는 곳이다. 그곳에는 그들 모두가 자리 잡을 수 있는 공간이 있었다. **그의 제자들이** – 단지 12명의 제자뿐만 아니라 예수께 배우고자 했던 모든 사람을 가리킨다.

2 **입을 열어서** – 어떤 엄숙한 이야기를 표시할 때 이런 표현을 사용한다. **그들을 가르치셨다** – 사람들을 축복하시기 위해서. 예수께서는 사람들에게 행복을 안겨주는 일을 하시려고 이 땅에 오신 것이다. 따라서 그분께서는 여기에서 여덟 개의 복을 선포하시는데, 이 복들은 기독교에서 많은 단계와 연결되어 있다.[26] 행복이라는 것이 우리가 공통으로 추구하는 것임을 아시고, 또한 우리 안에 있는 본능이 계속해서 우리에게 행복을 추구하도록 부추긴다는 사실을 아시고, 예수께서는 가장 친절한 방식으로 그러한 본능이 그 적절한 목적에 부합해지도록 하신다. 비록 모든 사람이 행복을 얻고 싶어 하지만 오직 소수의 사람만이 행복을 얻는다. 왜냐하면 사람들은 행복을 찾을 수 없는 곳에서 행복을 찾아 헤매고 있기 때문이다. 따라서 우리 주님께서는 자신의 신적인 가르

침을 새로 펼쳐 보이셨는데, 이것은 행복의 완벽한 기술이며, 이러한 가르침을 들을 귀 있는 자들 앞에 내보이심으로써 그 행복을 얻을 수 있는 유일하고 참된 방법을 보여주신 것이다. 우리 주님의 자비하신 겸손을 보라. 그분께서는 말 그대로 우리에게 법을 제정해주시는 분으로서 가지는 자신의 최고의 권위를 내려놓으셔서 우리의 친구이자 구세주 역할을 더 잘 감당하셨다. 그분께서는 명령조로 거만하게 말씀하시지 않고 도리어 신사적이고 사근사근한 방식으로 자기 뜻과 우리가 마땅히 해야 할 의무를 제정하신다. 그리고 그 법대로 따라 사는 이들이 행복하다고 선포하신다.

3 가난한 사람은 복이 있다 – 아래 3-12절에 나오는 담화에는 참된 거룩함과 행복으로 이끄는 달콤한 초대가 있다. 13-16절은 그 초대장을 다른 사람들에게 설득력 있게 전하는 것에 대한 것이다. 7장 12절, 5장 17절은 진정한 그리스도인의 거룩함에 대한 설명이다(7장 12절은 5장 17절에 대한 정확한 답변을 해주고 있다는 것을 쉽게 발견할 수 있다). 결론부에서는 거짓 선지자들에 대하여 경계하고 거룩함을 추구할 것을 격려하면서 참된 길을 구분할 수 있는 확실한 표시를 알려준다.

마음이 가난한 – 이런 사람들은 진심으로 회개하는 자들을 가리킨다. 이들은 자기 자신의 죄악이 무엇인지 정말로 잘 알고 있다. 이들은 천성적으로 자기가 어떠한 상태에 있는 자인지 느끼고 본다. 그들은 자신의 죄를 깊이 느끼며, 자기가 얼마나 악하고 구제 불능인 존재인지를 잘 알고 있다. **천국이 그들의 것이다** – 이것은 현재 마음속에 이루어진 나라를 가리킨다. 이 나라는 세상 끝 날에 임할 영원한 나라뿐만 아니라 성령 안에서 의와 희락과 평화가 있는 현재적 나라도 가리킨다(눅 6:20).[27)]

4 **슬퍼하는 사람은** – 자신의 죄뿐만 아니라 다른 사람들의 죄 때문에 슬퍼하는 자를 가리키며, 이들은 항상, 습관적으로 진지한 태도를 보인다. **그들이 위로를 받을 것이다** – 이 세상에 사는 동안뿐만 아니라 하늘나라에 가서도 영원토록, 반드시 당연히 그렇게 될 것이다.

5 **온유한 사람은 복이 있다** – 자신의 감정이나 격정을 골고루 잘 균형잡힌 상태로 유지하는 사람을 가리킨다. **그들이 땅을 차지할 것이다** – 그들이 자신의 생활이나 거룩함을 위해서 꼭 필요로 하는 모든 것을 얻게 될 것이다. 그들은 이 땅에 사는 동안 하나님께서 그들을 위해서 마련해두신 그 어떤 몫이든 누리게 될 것이며, 또한 죽은 이후에도 의(righteousness)가 거주하는 새 땅을 차지하게 될 것이다.

6 **의에 주리고 목마른 사람은** – 여기에서 말하는 거룩함을 추구하는 사람을 가리킴. 그들이 그것으로 만족하게 될 것이다.[28]

7 **자비한** – 마음이 따뜻한 사람을 가리킴. 이런 사람들은 모든 사람을 자기 자신처럼 사랑한다. **그들이 자비하심을 입게 될 것이다** – 우리가 하나님께 얻기를 원하는 그 어떤 자비하심이든지, 우리도 마찬가지로 우리의 형제에게 그러한 자비를 보여주어야 한다. 그렇게 한다면 우리가 그분으로 인하여 품고 내보여주었던 그 사랑에 천 배나 되는 보상을 하나님께서 우리에게 해주실 것이다.

8 **마음이 깨끗한 사람은** – 성결한(sanctified) 사람을 가리킨다. 이런 사람들은 자신의 온 마음을 다해서 하나님을 사랑한다. **그들이 하나님을 볼 것이다** – 이 땅에 있는 모든 것 가운데서 또한 이후의 삶에서도 영광 가운데 하나님을 볼 것이다.

9 **평화를 이루는 사람은** – 하나님과 이웃을 사랑하는 사람들은 이웃을 위해서 가능한 모든 선한 일을 한다. 성경에서 말하는 평화라는 것

은 현세적인 그리고 영원한 모든 복락을 가리킨다. **그들이 하나님의 자녀라 불릴 것이다** – 하나님께서 그리고 사람들도 그들을 그런 사람으로 알아봐 준다는 말이다. 혹자는 이런 사랑스러운 성품과 행실을 가진 사람이라고 하면 사람들이 좋아하는 사람을 생각할는지도 모른다. 그러나 우리 주님께서는 사탄이 이 세상 나라의 권세 잡은 자로 있는 한 그런 것이 아니라는 점을 잘 알고 계셨다. 그래서 그분께서는 평화를 일구어야 할 사람 혹은 일구는 사람이라고 인정받는 사람들에게 그분의 발자취를 따르라고 이 구절 뒤에 바로 이어서 의를 위하여 박해받는 자는 복이 있다고 말씀하신 것이다. 이 모든 가르침을 살펴보면 너무나 정확하고 빈틈없는 방식으로 이루어져 있어서 설득을 당하지 않을 수가 없다. 앞뒤에 나오는 모든 단락과 문장이 서로 긴밀하게 연결되어 있다. 이것이 바로 모든 그리스도인 설교자가 배워야 할 방식이 아니던가! 어떠한 준비 없이 따를 수 있다고 한다면, 좋다. 하지만 그렇게 하지는 못하겠다고 한다면, 이런 방식대로 하지 않을 것이라면 차라리 설교하지 말아야 한다. 선포되는 것이 참말이든 거짓이든 상관없이 그것이 즉흥적으로, 아무런 논리적 조리도 없이 횡설수설하는 것이라면 그것은 그리스도의 성령에게서 나온 것이 아니다.

10 의를 위하여 – 이것은 여기에서 말하고 있는 의를 가졌다는 이유로 인해서 혹은 그 의를 뒤쫓았다는 이유로 인해서라는 뜻이다. 진정으로 의로운 사람은, 애통하는 사람은, 마음이 성결한 사람은, 그리스도 예수 안에서 경건하게 하는 모든 사람은 박해를 받을 것이다(딤후 3:2). 이 세상은 이 세상 사람들과 함께 어울리라고 항상 말할 것이다. 이 사람들은 우리가 평소에 생각하고 있는 것들에 대해 부끄럽게 여기도록 훈계하는 역할을 한다. 그들은 우리를 보기만 해도 가슴 아파한다. 이런 사람

들의 삶은 다른 사람들의 삶과 다르다. 그들이 걷는 길은 전혀 다른 길이다.

11 **욕하다** - 당신이 있는 자리에서. 당신이 없는 자리에서는 당신에 대해 험담을 한다.[29]

12 **너희의 상** - 거룩함으로 인해 생기는 자연스럽고도 직접적인 결과인 행복보다도 더 큰 것.

13 **너희** - 사도나 성직자들뿐만 아니라, 거룩한 그리고 모든 여러분을 가리킨다.[30] **너희는 세상의 소금이다** - 그래서 다른 사람들에게 고루 간을 쳐주어야 한다(막 9:50; 눅 14:34).

14 **너희는 세상의 빛이다** - 만일 여러분이 거룩하다면, 여러분은 하늘에 있는 태양이 숨겨질 수 없는 것처럼 감추어질 수 없다. **산 위에 있는 동네가 감추어질 수 없는 것처럼** - 아마도 건너편 언덕 위에 있는 동네를 가리키는 것으로 보인다.

15 하나님께서 이 빛을 여러분에게 주신 바로 그 목적은 다름 아닌 비추라는 것이다(막 4:21; 눅 8:16; 11:33).

16 **그들이 볼 수 있도록** - 그리고 영광을 돌릴 수 있도록 - 이 말은 여러분의 착한 행실을 보고 그들이 감동하여서 여러분처럼 하나님을 사랑하고 그분을 섬길 수 있도록이라는 말이다.

17 **생각하지 말아라** - 너희들의 선생들처럼 내가 왔다고, 그래서 율법이나 예언자들을 폐하러 왔다고 생각하지도, 두려워하지도 혹은 그렇게 되기를 바라지도 말라. **폐하러 온 것이 아니라** - 도덕법을 폐하러 온 것이 아니라.[31] **완성하러** - 나의 삶과 가르침을 통해서 그 법의 가장 높은 의미를 세우고, 보여주고, 설명하기 위해서.

18 **천지가 없어지기 전에는** - 그렇게 되어야만 하든지 혹은 그렇게 될

것이라고 예언하든지. 율법은 보상이 주어질 때 그리고 그 법에 뒤따르는 형벌이 주어질 때, 그 가르침이 준수될 때 비로소 유효하다(눅 16:17; 21:33).

19 가장 작은 사람 – 사람들에게 그렇게 여겨질 것이다. **가르치는 사람** – 말로 가르치든 혹은 자신의 행실을 통해 가르치든. **가장 작은 사람이라 일컬어질 것이요** – 즉, 하늘나라에서 차지할 몫이 없다는 것이다.[32]

20 율법학자들과 바리새인들의 의 – 이 산상수훈 가르침 뒷부분에 나오는 이야기들에서 찾아볼 수 있는 그들의 모습.

21 너희는 들었다 – 율법을 낭송하는 율법학자들로부터. **살인하지 말라** – 그들은 이것을 다른 계명들처럼 단순히 외적으로 드러나는 행동에 국한해서 이해했다. **재판** – 유대인들은 모든 마을에 23명으로 구성된 의회가 있어서 사람들을 재판하고 죄수들에게 선고를 내려서 교수형에 처하도록 했다. 그러나 산헤드린(예루살렘에 있는 의회로서 72명으로 구성되어 있다)만이 유일하게 더 심각한 죄를 저지른 사람에게 돌로 쳐서 죽이는 선고를 내릴 수 있었다. 이것이 이 의회의 재판이라고 불렸다(출 20:13).

22 그러나 나는 너희에게 말한다 – 예언자들도 이런 식으로 말했다. 그들이 하는 말처럼 주님도 그렇게 말씀하신다. 이런 말을 할 권한이 누구에게 있는가? 살릴 수도 있고 죽일 수도 있으신 법 제정자이신 이 한 분만이 아니던가? **자기 형제나 자매에게 성내는 사람은 누구든지** – 어떤 사본에는 "까닭 없이"라는 말을 덧붙였다. 그러나 이렇게 하는 것은 우리 주님의 가르침의 전체적인 취지나 맥락으로 볼 때 완전히 잘못된 것이다. 만약에 주님께서 이유 없이 화를 내는 것에 관해서만 금지하셨다면 내가 너희에게 말한다는 식의 엄숙한 선언의 방식을 취하실 필요가 없었을 것이다. 율법학자들이나 바리새인들은 이런 표현을 많이 썼

다. 그들은 심지어 사람이 까닭 없이 화를 내서는 안 된다고 가르치기까지 했다. 만약에 그렇게 한다면 그들의 의보다 나을 것이 없다. 그러나 그리스도께서는 우리가 어떠한 이유에서든지 사람에게 라가, 즉 바보라고 부르면서 화를 내서는 안 된다고 가르치신다. 우리는 어떠한 이유에서든지, 죄인이라고 하더라도 그의 죄에 대해서만 분을 내야지 그 사람 자체에 대해서 화를 내서는 안 된다. 이처럼 지극히 평범하고도 필수적인 가르침을 우리가 온전히 이해하고 기억하고 실천한다면 세상은 얼마나 행복해지겠는가! 라가라고 하는 말은 어리석은 사람, 게으름뱅이라는 것을 의미한다. **누구든지 바보라고 말하는 사람**은 – 다른 사람을 헐뜯거나 심하게 흉보는 사람. 우리 주님께서는 세 가지 단계의 살인자를 나누어 말씀하셨다. 그리고 그 각각은 앞서 나온 다른 경우보다 더 심한 벌을 받게 된다. 사람에게 벌을 받는 게 아니라 하나님으로부터 벌을 받는다는 것이다. **지옥불** – 힌놈 골짜기에서(이 지명에서 원어가 파생되었다.)[33] 어린아이들을 산채로 태워서 몰록에게 바쳤다. 나중에 이곳은 도시의 쓰레기 처리장이 되었고, 그 쓰레기를 태우는 연기가 항상 거기에서 솟아올랐다. 만일 죄수가 산 채로 불태워졌다면 어쩌면 그 장소가 바로 이 끔찍하고 저주받은 장소였을 것이다. 쓰레기 처리장이든지 화형 장소가 되었든지, 어쨌든 이러한 이미지가 지옥이라는 모습에 딱 어울리는 것이었다. 여기에서는 미래에 받을 형벌에 대해 말하고 있는 것이 분명하다. 이것은 앞서 나온 두 경우에 받는 형벌보다 더 끔찍한 것이다. 마치 산 채로 화형당하는 것이 교수형이나 투석형을 당하는 것보다 더 끔찍하듯 말이다.

23 네 형제가 네게 어떤 원한을 품고 있다 – 앞서 말한 어떠한 이유에서든지. 즉, 불친절한 생각이나 말로 인해서 혹은 사랑에서 말미암지 않은

그 어떤 행동으로 인한 것이든지 그로 인해 원한을 품고 있다면.

24 제물을 두고 가서 – 여러분이 어떤 제물을 바치든지, 어떤 기도를 하든지 상관없이 그것이 여러분의 사랑이 부족한 점에 대해 대신 속죄해 주지 못하기 때문에 그렇게 해야 한다. 또한, 그렇게 드려지는 제물이나 기도는 하나님 앞에 혐오스러운 것이 된다.

25 너를 고소하는 자와 화해하라 – 여러분이 그렇게 상처를 주었던 사람들과. **가는 도중에** – 즉각적으로, 그 자리에서, 헤어지기 전에. **그렇지 않으면 고소하는 자가 너를 재판관에게 넘겨주고** – 그렇지 않으면 그가 이 일을 하나님께 상소할 것이다(눅 12:58).[34]

26 너희가 마지막 한 푼까지 다 갚기 전에는 – 이 말은 '영원히'라는 뜻이다. 왜냐하면 여러분은 그렇게 다 갚을 능력이 없기 때문이다. 여기에서 말하는 것은 온유함이다. 이어서 나오는 것은 마음의 성결이다.

27 간음하지 말아라 – 이것은 제6계명인데, 율법학자들과 바리새인들은 이것을 그저 외적으로 드러나는 행동으로만 이해했다(출 20:14).

29, 30 만일 오른쪽 눈처럼 소중한 어떤 사람이 혹은 오른손처럼 유익한 어떤 사람이 여러분에게 그런 행동을 하게끔 한다면, 실천에 옮기지는 않더라도 마음속으로라도 그렇게 하도록 한다면. 여기에서 사용된 것은 어쩌면 치환법이라 할 수 있는데, 이것은 종종 성경에서 사용되는 기법이다. 즉, 29절은 27, 28절을 가리키고 30절은 21, 22절을 가리킬 수 있다. 주님께서 말씀하신 것처럼, 아무리 여러분에게 소중한 것이라 할지라도 혹은 아무리 여러분에게 유익한 것이라 할지라도 만약에 여러분이 그것들을 가지고 있을 때 죄를 피할 수 없게 되거든, 과감하게 그것들과 결별해야 한다. 만약에 여러분의 성격이 매우 다혈질적이어서 그로 인해 여러분의 형제에게 항상 상처를 입히는데도 그 성격을 참

지 못한다면 오른손이라도 잘라내야 한다. 여인을 보고 음욕을 품지 않고는 견딜 수 없거든 여러분의 눈을 뽑아야 한다(마 18:8; 막 9:43).

30 5:29 주석을 보라.

31 **그녀에게 이혼 증서를 써주어라** - 율법학자들과 바리새인들은 아주 사소한 사유인데도 그렇게 하도록 허용하였다(신 24:1; 마 19:7; 막 10:2; 눅 16:18).

32 **그 여자를 간음하게 하는 것이다** - 만일 그녀가 재혼한다면.

33 우리 주님은 여기에서 마음이 성결한 사람들에게 모든 것 안에서 하나님을 볼 수 있도록 약속하신 것을 언급하고 계신다. 또한, 주님은 율법학자들의 거짓된 가르침을 지적하고 계시는데, 이들에게서 나온 가르침을 따르면 하나님을 볼 수 없다. 그분께서는 여기에서 우리의 일상 생활 대화 가운데서 어떠한 생명체를 두고서라도 맹세하는 것을 금하고 계신다. 그런데 율법학자들과 바리새인들은 이러한 행동은 아무런 흠이 되지 않는 것이라고 가르쳤다(출 20:7).

36 **너는 머리카락 하나라도 희게 하거나 검게 할 수 없기 때문이다** - 이 것을 보면 이것 또한 여러분의 것이 아니라 하나님의 것임이 잘 드러난다.

37 **예 할 때는 예라는 말만 하고 아니라고 할 때는 아니라는 말만 하여라** - 이 말은 여러분이 일상 대화 가운데서 그저 맞다, 틀리다 정도만 하라는 것이다.

38 **너희는 들었다** - 우리 주님께서는 의를 위하여 박해받는(그분께서는 이 5장이 끝날 때까지 계속해서 이것을 말씀하신다) 사람들에게 이러한 온유함과 사랑을 추가하라고 밀어붙이고 계신다. 이러한 가르침은 율법학자들이나 바리새인들의 가르침에서는 찾아볼 수 없는 것이다. **너희는 들었다** - 어떠한 폭력이나 야만스러운 폭행 사건에서 재판관들의 지침이 되는 율법

에 따르면. **눈에는 눈, 이에는 이** – 이것은 고통스럽고도 혹독한 복수를 장려하는 것으로 이해되었다(신 19:21).

39 그러나 나는 너희에게 말한다. 악한 사람에게 맞서지 말아라 – 그리스어에서 맞선다는 말은 전쟁터에서 승리를 위해 싸우기 위해서 버티고 서 있는 것을 뜻한다. **누가 너의 오른쪽 뺨을 때리거든** – 악을 악으로 갚지 말라는 말이다. **그에게 다른 편 뺨도 돌려대라** – 복수하지 말고.

40,41 피해가 아주 크지만 않다면 차라리 그냥 당하는 길을 선택하라. 어쩌면 이런 일이 반복될 수도 있다. 하지만 눈에는 눈으로 갚기보다는 차라리 그 공격하는 사람으로부터 매우 혹독한 박해를 받아라. 이 문단 전체의 의미는 그 잘못된 일이 순전히 개인적인 것일 때,[35] 악으로 악을 갚지 말고 육체에 가해오는 그 나쁜 일을 순순히 받아들이라는 말처럼, 여러분이 가진 소유물의 일부를 포기하고 다른 사람에게 주라는 말처럼, 다른 이를 위하여 자신의 격정적인 충동을 누그러뜨리라는 말처럼 보인다. 이 말을 문자 그대로 받아들여서는 안 된다는 것은[36] 우리 주님께서 직접 보여주신 행동을 보더라도 잘 알 수 있다(요 18:22-23).

41 5:40 주석을 보라.

42 난폭한 사람에 대한 여러분의 태도에 있어서도 이처럼 하라. 더 부드러운 방식을 쓰는 사람들에게, 그가 **여러분에게 달라고 하거든 그에게 주라** – 누구든지 여러분의 채권자나 가족, 믿음의 식구들에 대한 의무 이행을 할 수 있는 한도 안에서 (그 이상으로 하지 말아야 한다. 왜냐하면 하나님은 스스로 자기모순에 빠지지 않으시기 때문이다) 그 사람에게 주거나 빌려주라(눅 6:30).[37]

43 네 이웃을 사랑하고 네 원수를 미워하라 – 하나님께서는 이웃을 사랑하라는 것에 대해서는 말씀하셨지만, 율법학자들이 뒷부분을 덧붙여놓

았다(레 19:18).

44 너를 저주하는 사람을 축복하라 - 너희에게 나쁘게 말하고 욕하는 사람에게 네가 할 수 있는 모든 좋은 것으로 말하라. 너를 미워하는 사람에게 생각이나 말, 행동을 통해서 사랑으로 되돌려주라. 그리고 말과 행동을 통해서 그러한 것을 보여주라(눅 6:27, 35).

45 그래야 너희가 자녀가 될 것이다 - 이 말은 사람들과 천사들 앞에서 그런 모습으로 계속해서 나타나게 될 것이라는 뜻이다. **해를 떠오르게 하시고** - 그분께서는 그들에게 그런 복을 내려주셔서 그들도 그분의 손에서 그런 복을 받도록 하신다. 그러나 그들은 영적인 축복은 받지 못할 것이다.

46 세리 - 이 사람들은 세무 공무원, 세금 징수원 혹은 공적 자금을 받는 공무원들이었다. 이들은 로마인들에게 고용된 사람으로서 그들이 정복한 나라에서 세금이나 관세를 징수하는 일을 했다. 사람들은 이들을 굉장히 얄미워했는데, 왜냐하면 그들이 사람들을 수탈하고 쥐어짰기 때문이며, 유대인들은 이들을 이 땅에 사는 인간쓰레기로 취급했다.

47 만일 네가 친구들에게만 인사한다면 - 우리 주님께서는 아마도 다른 당파끼리 서로 적대시하는 모든 편파적인 모습을 보셨던 것 같다. 또한, 그분께서는 친한 사람끼리만 친하게 어울리는 것도 보셨는데, 그래서 그분께서는 자신의 제자들이 그런 편협한 정신을 갖지 않도록 하셨다.[38] 하나님의 교회가 아예 가루가 되도록 갈라지고 또 갈라지는 불행한 상태에 있는데, 이러한 현실이 하나님의 신경에 더 거슬리는 것이지 않겠는가! 그렇다면 우리가 적어도 그리스도 안에서 그들이 어떤 파당에 있든지 어떤 교단에 있든지 상관없이 그들을 진심으로 품어 안을 정도까지 나아가야 하지 않겠는가!

48 그러므로 하늘에 계신 너희 아버지께서 완전하신 것 같이 너희도 완전하여라 – 이것은 앞 구절들에서 언급된 모든 거룩함을 가리키는 것으로서, 우리 주님께서는 이 장의 시작 부분에서 행복으로서 이것을 권고하셨고 마지막 마무리 부분에서는 완전이라는 것으로서 이것을 권고하셨다. 이 얼마나 지혜롭고 은혜로운 것인가! 있는 그대로 요약하자면, 이것은 그분의 명령을 약속으로 봉인하신 것이다![39) 복음이라는 약속으로 말이다! 그분께서는 우리가 얼마나 곧 불신에 빠져서 이것은 불가능하다고 외칠 것인지 잘 알고 계셨다. 그래서 모든 것이 가능하신 분의 모든 능력과 진리와 신실하심을 그 위에 굳건히 박아놓으셨다.

역자 해설

마태복음 5-7장은 산상수훈입니다. 웨슬리는 산상수훈을 기독교의 모든 진리가 담긴 핵심으로 보았습니다(『표준설교』16.0.7). 산상수훈의 말씀을 보면 그 어느 한 구절 유명하지 않은 것이 없고, 심지어 비기독교인에게도 익숙한 말씀이 많습니다. 그러나 너무나 익숙하기에 역설적이게도 너무나 가볍게 넘겨버리는 말씀이 되고 말았습니다. 하지만 산상수훈의 모든 말씀은 지난 2천 년 동안 많은 사람에게 도전을 주었고 그들을 새로운 삶으로 인도해준 말씀입니다. 러시아 문학가 톨스토이도 5장 39절의 말씀을 통해 늦은 50대에 새로운 인생을 살게 되었고, 산상수훈의 해석사에서 중요한 자리를 차지한 사람이 되었습니다.

웨슬리는 5장, 특히 팔복 부분이 기독교의 진면목을 담고 있고, 5장 후반부는 그럴듯한 말로 우리를 속이는 거짓 가르침을 경계하는 내용으로 봅니다. 6장은 말씀대로 행동할 때 의도의 순수성이 중요함을, 7장에서는 천국을 향한 우리의 신앙 여정에서 장애물이 무엇인지 알려주고, 말씀대로 실천하며 정진할 것을 권면하는 내용으로 구성되었다고 말합니다(『표준설교』16.0.10).

마태복음 5장에는 팔복, 빛과 소금, 율법 그리고 여섯 개로 구성된 초월제(super-thesis)가 담겨있습니다.[40] 예수님께서는 먼저 팔복을 통해 하나님 나라로 가는 여정을 소개합니다. 가난한 마음으로 하나님의 도우심을 구함으로써 시작된 천국의 여정은 많은 아픔과 어려움이 있지만,

매 순간 하나님의 약속이 그 길을 걷는 이들에게 주어집니다. 따라서 제자는 그 약속을 신뢰하며 세상에서 빛과 소금의 역할을 묵묵히 실천하는 사람이어야 합니다. 그러나 그 '착한 행실'은 단지 외적으로 드러나는 행동의 문제가 아닙니다. 그 행동이 무엇을 위한 것이고 어떤 정신에 근거한 행동인지 기억해야 합니다. 그래서 예수님께서는 17-20절에서 율법에 대한 가르침을 주십니다.

여섯 개의 초월제(21-47절)는 살인, 간음, 이혼, 맹세, 복수, 원수에 대한 주제를 말합니다. 예수님은 "옛말에 ~라고 들었다. 그러나 나는 ~라고 가르친다"라는 방식으로 말씀하십니다. 이렇게 보면 예수님은 모세의 가르침을 부정하고 자신만의 새로운 가르침을 주시는 것처럼 보입니다. 그러나 그 내용을 자세히 보면, 부정하는 것이 아니라, 오해되었던 그 본질적 의미를 제대로 되살려놓는 것입니다. 예를 들어 "살인하지말라"는 계명에 대해 사람들은 '죽이지만 않으면 된다'라고 생각하지만, 예수님께서는 하나님이 그런 계명을 주셨을 때 무슨 의도와 마음으로 그렇게 명하셨는지, 그 취지와 정신을 헤아려야 한다고 가르치십니다(cf. 마 19:1-9). 그래서 앞서 예수님께서는 "율법과 예언자들의 말을 폐하러 온 것이 아니라 완성하러 왔다"(17절)라고 말씀하신 것입니다.

선행을 하고 빛과 소금의 역할을 통해 세상을 밝게 비추는 것은 제자가 마땅히 해야 할 바입니다. 그래서 우리는 신앙인으로서 세상에서 그렇게 살려고 노력합니다. 그러나 그런 행동 하나하나가 무엇을 위한 것인지, 어떤 정신에 근거하여 이루어진 행동인지 잊으면 안 됩니다. 경건한 생활, 선행과 자비의 행위로 치면 바리새인을 따라갈 사람은 세상에 거의 없습니다. 예수님 당시 바리새인들은 하나님을 향한 뜨거운 열심과 이웃을 향한 사랑의 실천에서 훌륭한 모범을 보였습니다. 그래서 사두개인, 헤롯당원, 열심당원 등 당시 다양한 분파 중에서 누구보다도 백성들에게 많은 존경을 받았던 사람들이었습니다. 그런데도 그들은 예수님께 많은 꾸지람을 들었습니다. 그 이유는 그들의 외적-내적 경건이 겉과 속이 다르고, 하나님의 계명의 참된 정신과 취지는 무시한 채 그저 겉으로만 보이는, 하나님의 눈보다는 사람의 눈을 의식한 경건이었기 때문이었습니다. 산상수훈은 무엇을 얼마나 실천했느냐는 것도 중요하지만 그것을 행할 때 그 마음이 어떠했느냐는 것도 매우 중요하게 봅니다. 빛과 소금의 역할은 예수를 믿지 않는 사람들도 얼마든지 할 수 있습니다. 그렇다면 예수님의 제자로서 빛과 소금의 역할은 그들의 것과 어떤 점에서 다를까요? 산상수훈의 첫 장 말씀을 묵상하며 이 질문에 답을 찾아보고, 우리 자신도 함께 돌아보면 좋겠습니다.

마태복음 6장

¹ "너희는 남에게 보이려고 의로운 일을 사람들 앞에서 하지 않도록 조심하여
라. 그렇지 않으면, 너희는 하늘에 계신 너희 아버지에게서 상을 받지 못한다.
² 그러므로 네가 자선을 베풀 때에는, 위선자들이 사람들에게 칭찬을 받으려
고 회당과 거리에서 그렇게 하듯이, 네 앞에 나팔을 불지 말아라. 내가 진정으
로 너희에게 말한다. 그들은 자기네 상을 이미 다 받았다. ³ 너는 자선을 베풀
때에는, 오른손이 하는 일을 왼손이 모르게 하여, ⁴ 네 자선 행위를 숨겨두어라.
그리하면, 남모르게 숨어서 보시는 네 아버지께서 너에게 갚아 주실 것이다."
⁵ "너희는 기도할 때에, 위선자들처럼 하지 말아라. 그들은 사람들에게 보이려
고, 회당과 큰 길 모퉁이에 서서 기도하기를 좋아한다. 내가 진정으로 너희에게
말한다. 그들은 자기네 상을 이미 다 받았다. ⁶ 너는 기도할 때에, 골방에 들어
가 문을 닫고서, 숨어서 계시는 네 아버지께 기도하여라. 그리하면 숨어서 보시
는 너의 아버지께서 너에게 갚아 주실 것이다. ⁷ 너희는 기도할 때에, 이방 사람
들처럼 빈말을 되풀이하지 말아라. 그들은 말을 많이 하여야만 들어주시는 줄
로 생각한다. ⁸ 그러므로 그들을 본받지 말아라. 하나님 너희 아버지께서는, 너
희가 구하기 전에, 너희에게 필요한 것이 무엇인지를 알고 계신다. ⁹ 그러므로
너희는 이렇게 기도하여라. 하늘에 계신 우리 아버지, 그 이름을 거룩하게 하

여 주시며, ¹⁰ 그 나라를 오게 하여 주시며, 그 뜻을 하늘에서 이루심 같이, 땅에서도 이루어 주십시오. ¹¹ 오늘 우리에게 필요한 양식을 내려 주시고, ¹² 우리가 우리에게 죄 지은 사람을 용서하여 준 것 같이 우리의 죄를 용서하여 주시고, ¹³ 우리를 시험에 들지 않게 하시고, 악에서 구하여 주십시오. [나라와 권세와 영광은 영원히 아버지의 것입니다. 아멘.] ¹⁴ 너희가 남의 잘못을 용서해 주면, 너희 하늘 아버지께서도 너희를 용서해 주실 것이다. ¹⁵ 그러나 너희가 남을 용서해 주지 않으면, 너희 아버지께서도 너희의 잘못을 용서해 주지 않으실 것이다." ¹⁶ "너희는 금식할 때에, 위선자들과 같이 슬픈 기색을 띠지 말아라. 그들은 금식하는 것을 남에게 보이려고, 얼굴을 흉하게 한다. 내가 진정으로 너희에게 말한다. 그들은 자기네 상을 이미 받았다. ¹⁷ 너는 금식할 때에, 머리에 기름을 바르고, 낯을 씻어라. ¹⁸ 그리하여 금식하는 것을 사람들에게 드러내지 말고, 보이지 않게 숨어서 계시는 네 아버지께서 보시게 하여라. 그리하면 남모르게 숨어서 보시는 네 아버지께서 너에게 갚아 주실 것이다." ¹⁹ "너희는 자기를 위하여 보물을 땅에다가 쌓아 두지 말아라. 땅에서는 좀이 먹고 녹이 슬어서 망가지며, 도둑들이 뚫고 들어와서 훔쳐간다. ²⁰ 그러므로 너희를 위하여 보물을 하늘에 쌓아 두어라. 거기에는 좀이 먹고 녹이 슬어서 망가지는 일이 없고, 도둑들이 뚫고 들어와서 훔쳐 가지도 못한다. ²¹ 너의 보물이 있는 곳에, 너의 마음도 있을 것이다." ²² "눈은 몸의 등불이다. 그러므로 네 눈이 성하면 네 온 몸이 밝을 것이요, ²³ 네 눈이 성하지 못하면 네 온 몸이 어두울 것이다. 그러므로 네 속에 있는 빛이 어두우면, 그 어둠이 얼마나 심하겠느냐?" ²⁴ "아무도 두 주인을 섬기지 못한다. 한쪽을 미워하고 다른 쪽을 사랑하거나, 한쪽을 중히 여기고 다른 쪽을 업신여길 것이다. 너희는 하나님과 재물을 아울러 섬길 수 없다." ²⁵ "그러므로 내가 너희에게 말한다. 목숨을 부지하려고 무엇을 먹을까 또는 무엇을 마실까 걱정하지 말고, 몸을 감싸려고 무엇을 입을까 걱정하지 말아라. 목숨이 음식보다 소중하지 아니하냐? 몸이 옷보다 소중하지 아니하냐? [26] 공중의 새를 보아라. 씨를 뿌리지도 않고, 거두지도 않고, 곳간에 모아들이지도 않으나, 너희의 하늘 아버지께서 그것들을 먹이신다. 너희는 새보다 귀하지 아니하냐? [27] 너희 가운데서 누가, 걱정을 해서, 자기 수명을 한 순간인들 늘일 수 있느냐? [28] 어찌하여 너희는 옷 걱정을 하느냐? 들의 백합화가 어떻게 자라는가 살펴보아라. 수고도 하지 않고, 길쌈도 하지 않는다. [29] 그러나 내가 너희에게 말한다. 온갖 영화로 차려 입은 솔로몬도 이 꽃 하나와 같이 잘 입지는 못하였다. [30] 오늘 있다가 내일 아궁이에 들어갈 들풀도 하나님께서 이와 같이 입히시거든, 하물며 너희들을 입히시지 않겠느냐? 믿음이 적은 사람들아! [31] 그러므로 무엇을 먹을까, 무엇을 마실까, 무엇을 입을까, 하고 걱정하지 말아라. [32] 이 모든 것은 모두 이방사람들이 구하는 것이요, 너희의 하늘 아버지께서는, 이 모든 것이 너희에게 필요하다는 것을 아신다. [33] 너희는 먼저 하나님의 나라와 하나님의 의를 구하여라. 그리하면 이 모든 것을 너희에게 더하여 주실 것이다. [34] 그러므로 내일 일을 걱정하지 말아라. 내일 걱정은 내일이 맡아서 할 것이다. 한 날의 괴로움은 그 날에 겪는 것으로 족하다."

웨슬리와 함께 읽기

1 앞 장에서 우리 주님께서는 특별히 내적인 거룩함에 대하여 설명하셨다. 이 장에서 주님께서는 의도의 순수성(purity of intention)에 대하여 말씀하시는데, 이것이 없다면 우리가 외적으로 하는 행동이 거룩하다고 할 수 없다. 이 장은 네 부분으로 이루어져 있다. 1-4절은 구제를 하는 올바른 의도와 방법에 대한 것이고, 5-15절은 기도를 할 때 반드시 전제되어야 하는 올바른 의도와 방식과 형식에 대한 것이다. 16-18절은 금식을 할 때 주의해야 할 올바른 의도와 방법에 대한 것이다. 19-34절은 모든 것 가운데 순수한 의도가 꼭 있어야 한다는 것 그리고 그것이 재물에 대한 욕망이나 세상적인 염려, 부족하면 어찌하나 두려워하는 마음과 뒤섞여서는 안 된다는 것에 대해 말하고 있다. 이 1절은 우리가 어떤 선한 행동을 할 때 헛된 영광을 구하지 말라는 일반적인 경계에 대한 말씀이다. 이 모든 것들은 의라고 하는 종합적인 단어 안에 모두 요약되어 있다. 우리 주님께서 하신 이 일반적인 경계의 말씀은 뒤이어 나오는 세 개의 주된 가지에 적용되는데, 이것들은 각각 우리의 이웃에 대한 것(2-4절), 하나님에 대한 것(5-6절) 그리고 우리 자신에 대한 것(16-18절)이다. **보이려고** – 우리가 이런 일을 할 때 남의 눈에 띄게 되는 것은 사실

완전히 별개의 문제이다.[41] 그러나 우리가 남의 눈에 띄기를 원하고 이런 마음가짐으로 어떤 행동을 한다면 그것이 바로 우리 주님께서 질책하시는 것이다.

2 **위선자들이 하듯이** – 많은 율법학자와 바리새인이 가난한 사람들을 불러 모은다는 명목으로 이런 행동을 했다. 그들은 **자기네 상을 이미 받았다** – 그들은 모든 것을 다 받을 것이기 때문에 하나님께로부터 더 받을 것이 없다.

3 **오른손이 하는 일을 왼손이 모르게 하여** – 어떤 일을 비밀스럽게 할 때 쓰는 속담과 같은 표현이다. 그런 일을 할 때는 일관되게 비밀스럽게 해야 한다. 모든 일을 그렇게 해야 한다. 그리고 가장 효과적인 방식으로 그렇게 해야 한다.

5 **회당** – 이곳은 사람들이 모여서 함께 기도하고 성경 말씀이 선포되고 해석되는 것을 듣는 공적인 장소를 가리킨다. 회당은 바빌론 포로기 시절부터 모든 마을에 있어서, 사람들은 그곳에서 일주일에 3일씩, 하루에 세 번 예배를 드렸다. 모든 회당에 지혜로운 어른들로 구성된 의회가 있었고, 그런 회의를 주재하는 사람을 가리켜서 회당장이라 불렀다. 그러나 여기에서 말하는 장소는 다른 많은 구절에서도 그렇듯이 공적으로 사람들이 모이는 모든 장소를 가리킨다.

6 **골방에 들어가서** – 이 말은 여러분이 할 수 있는 한 비밀스럽게 하라는 뜻이다.

7 **빈말을 되풀이하지 말아라** – 아무런 뜻도 없는 말을 계속하는 것은 분명히 빈말이다. 따라서 우리는 기도할 때 항상 우리가 하는 말이 무엇을 뜻하고 있는지 매우 깊은 주의를 기울여야만 한다. 그리고 기도할 때는 우리의 마음 깊은 곳에서부터 나오는 것만을 말해야 한다. 쓸데없

고 세속적인 말의 되풀이를 하지 말라고 지금 여기에서 경계하고 있다. 이런 것은 가장 위험한 것인데 안타깝게도 많은 사람이 그렇게 하고 있다. 어찌하여 그렇게 많은 사람이 여전히 기독교인이라고 자부하면서도 기독교를 더럽히고 있는지, 그 가장 주된 이유가 바로 여기에 있는 것이다. 진실로 이 세상에 있는 모든 말은 이 거룩한 욕구를 담은 한마디에 감히 비할 수 없다.[42] 만일 기도의 언어가 마음의 언어가 아니라면 제아무리 훌륭한 기도라 할지라도 그저 헛되이 되풀이하는 말에 지나지 않는다.

8 너희 아버지께서는 너희가 구하기 전에 너희에게 필요한 것이 무엇인지를 알고 계신다 - 우리가 하는 기도는 우리가 필요로 하는 것이 무엇인지 하나님께 알려드리기 위한 것이 아니다. 그분께서는 전지전능하신 분이시며, 따라서 그분께서 미처 모르시는 것도, 그래서 우리가 일일이 그분께 알려드려야만 하는 것은 이 세상에 하나도 없다. 그분께서는 또한 우리의 필요를 기꺼이 채워주려고 하는 분이시다. 우리에게 있어서 가장 필요한 것, 우리가 할 수 있는 가장 중요한 것은 다름 아닌 그분의 은혜와 복을 받는 것이다. 따라서 기도라는 것이 갖는 가장 중요한 역할은 하나님께서 그렇게 베푸시는 것이 우리에게 이루어지도록 하는 것이다. 기도는 우리가 하나님을 의지한다는 것을 직접 표현하는 것이며, 우리가 구하고 있는 것에 대한 필요를 더욱 느끼게 해주는 것이다. 기도를 통해서 우리는 우리에게 무엇이 필요한지 절실히 느끼게 되며 또한 우리가 그러한 복을 받아 누리기까지 끊임없이 구하도록 하는 것이다.

9 그러므로 너희는 이렇게 기도하여라 - 우리가 무엇을 위해 기도해야 하는지 가장 잘 아시는 그분께서 그리고 우리가 어떻게 기도해야만 하

는지 가장 잘 아시는 그분께서 어떤 것을 간구해야, 또한 어떤 식으로 아뢰어야만 그분께 가장 기쁨이 되는지, 어떻게 해야만 우리에게 가장 적절한 기도가 되는지 가장 잘 아시는 그분께서 바로 이 구절을 통해 우리에게 가장 완벽하고도 보편적인 기도의 형식을 말씀해주셨다. 이 기도는 우리가 진정으로 필요로 하는 것이 무엇인지 가장 잘 이해하고 하는 기도이며, 우리의 모든 합당한 욕구를 표현하는 기도이다. 이 기도는 우리의 모든 헌신을 온전히 이행하는 것이며 완벽하게 정리한 것이다. **그러므로** – 이러한 것들은 종종 이런 단어들로써, 적어도 이러한 방식, 즉 짧고 간결하지만 충분한 방식으로 표현된다. 이 기도는 세 부분으로 구성되어 있는데, 서문, 간구 그리고 결론이다. 서문은 '하늘에 계신 우리 아버지여'라고 되어 있는데, 이것은 우리가 하는 기도의 일반적인 기초가 되는 것으로서, 우리가 응답을 받을 것이라고 확신하는 그 기도를 하기 전에 먼저 하나님이 누구이신지 알아야만 한다는 것을 내포한다. 이 구절은 또한 우리에게 우리의 믿음, 겸손, 하나님과 사람에 대한 사랑에 대해 말해주는데, 우리는 기도할 때에 반드시 이러한 것을 가지고 하나님께로 나아가야 한다. **우리 아버지** – 이분은 우리에게 선하시고 은혜로우신 분이시며, 우리의 창조자시오, 우리를 보호하시는 분이시다. 그분은 우리 주님의 아버지이시며, 그분 안에 계시는 그리고 은혜로 자신의 자녀들을 양자로 삼으시는 우리의 아버지이시기도 하다. 내가 부르짖고 있는 그분은 단지 나의 아버지이실 뿐만 아니라 온 우주의 아버지, 모든 천사와 모든 인류의 아버지이시기도 하다. **하늘에 계신** – 그래서 하늘과 땅에 있는 모든 것을 보고 계신다. 그래서 모든 만물을 잘 알고 계시며, 모든 피조물이 하는 일에 대해서도 잘 알고 계시며, 영원에서 영원에 이르도록 모든 벌어지는 일들을 잘 알고 계신다. 그분은 전능하신 주님이시오, 모든 만물을 다스리시는 분이시다. 그분께서는 모든 것을 감독하시며 처분하시기도 하신다. **하늘에** – 그곳에 초월하여 계신 분이시다. 그러나 단지 거기에만 계신 분이 아니며, 하늘과 땅에 거하는 자신이 창조하신 모든 피조물을 보고 계신다. **이름이 거룩히 여김을 받으시오며** – 오, 아버지, 세상의 모든 지능 있는 존재가 당신을 진정으로 알기를 원합니다. 또한, 그들이 자신이 알고 있는 그분에 대한 지식에 걸맞은 사랑의 감정을 품기를 원합니다. 당신께서 마땅히 받으실 경외와 사랑과 두려움을 하늘과 땅에 있는 모든 것과 모든 천사와 모든 인류로부터 받으시기를 원합니다.

10 **나라가 오게 하여 주시며** – 당신의 은혜의 나라가 속히 임하여서 이 땅에 있는 모든 나라를 삼켜버리시기를 원합니다. 그리고 모든 인류가 당신을 맞아들이기를 원합니다. 오, 그리스도여, 당신의 이름을 진심으로 믿는 이들의 왕이 되셔서 그들을 의와 평강과 기쁨으로 채워주시기를 원합니다. 이들이 이 땅을 떠나서 당신의 영광 나라에 들어가 그곳에서 영원토록 당신과 함께 다스리게 될 그날까지 거룩함과 복락으로 그들을 채워주시기를 원합니다. **당신의 뜻이 하늘에서 이루어진 것같이 땅에서도 이루어지게 해주십시오** – 이 땅에 거주하는 모든 이가 거룩한 천사들처럼 기꺼이 당신의 뜻대로 행하게 되기를 원합니다. 그들이 끊임없이 그렇게 하기를 또한 당신을 섬길 때 어떠한 방해도 받지 않고 그렇게 하게 되기를 원합니다. 예, 온전하게 그렇게 하기를 원합니다. 또한, 은혜의 성령께서 영원한 언약의 피를 통하여 그들이 당신의 뜻을 행할 때 모든 선한 일에 있어서 온전하게 해주시기를 그리고 당신께서 보시기에 기뻐하시는 모든 것 가운데서 역사하시기를 원합니다.

11 **우리에게 주시고** – 오, 아버지(우리는 당신이 우리의 아버지라고 부를 권리는 없습니

다. 다만 당신께서 거저 주시는 은혜로 인해 그렇게 부릅니다). **오늘 – 우리는 내일 일을 알지** 못한다. **우리의 일용할 양식을 –** 우리의 영혼과 육신을 위해 필요한 모든 것을 가리킨다. 이것은 단지 먹어서 없어지는 음식뿐만 아니라 성만찬 떡과 영원한 생명을 유지하는 데 필요한 양식, 즉 그분의 은혜를 의미하기도 한다.

12 우리가 우리에게 죄지은 사람을 용서하여 준 것 같이 – 오, 주님, 당신의 피로써 우리의 죄를 사하실 뿐만 아니라 우리를 구속하여 주옵소서. 당신께서는 우리에게 다른 사람들을 자발적으로, 완전히 용서할 수 있는 능력을 주셨습니다. 이와 마찬가지로 우리가 지은 잘못을 모두 용서하여 주옵소서.

13 우리를 시험에 들지 않게 하시고 악에서 구하여 주십시오 – 우리가 시험을 당할 때마다 오, 우리의 연약함을 도우시는 당신께서는 우리가 유혹에 빠지지 않도록 우리를 잡아주십니다. 그리하여 우리가 그 유혹에 정복당하거나 해를 입지 않도록 해주십니다. 또한, 당신께서는 우리가 피할 길을 마련해 주셔서 우리가 당신의 사랑을 통하여 죄와 그 죄로 말미암아 빚어지는 모든 죄의 결과를 넉넉히 정복할 수 있도록 해주십니다. 이제 그리스도인들이 마음속에 품어야 할 중요한 소원은 하나님께 영광이 되는 것이다(9-10절). 그리고 그리스도인들은 자기 자신이나 자신의 형제들을 위하여 영혼과 육신의 일용할 양식이 되기를(혹은 동물이든 영적인 존재든 상관없이 그들의 생명을 유지하는 존재가 되기를) 원한다. 또한, 그리스도인들은 죄의 용서와 그 죄의 권세나 악한 자들로부터 구원받기를 원한다(11-13절). 이것 이외에 그리스도인이 바랄 것은 없다. 그러므로 이러한 기도를 할 때 우리는 이러한 모든 바라는 것들에 대해 충분히 이해하고 있어야 한다. 영생이라는 것은 어떤 분명한 결과 혹은 거룩함의 완성을

일컫는다. **나라와** – 창조된 모든 만물을 다스리는 절대적인 주권의 의미를 담고 있다. **권세와** – 실제로 이행할 수 있는 권력을 가리키며, 그분께서는 당신의 영원한 나라 안에서 이 모든 것을 다스리신다. **영광이** – 모든 피조물이 그분의 능력과 그분께서 하신 모든 놀라운 일 그리고 그분의 나라의 위대함으로 인하여 마땅히 돌려야 할 영광을 가리킨다. 이것은 모든 세대에 걸쳐서 계속 영원토록 지속할 것이다. 이 기도에서 간구하는 내용뿐만 아니라 이 송영이 세 구조(threefold)로 되어 있다는 것을 또한 성부와 성자와 성령께 분명히 향해 있다는 것을 우리는 볼 수 있다. 하지만 이와 동시에 우리는 이것이 모든 사람과 영원히 복되시고 절대 나뉘지 않으시는 삼위일체께 모두 온전히 해당한다는 것도 알 수 있다(눅 11:2).

14 마가복음 11장 25절.

16 너희는 금식할 때에 – 우리 주님께서는 금식이나 구제(그것이 실천의 행동으로 하는 것이든 혹은 기도이든 상관없이)를 금하지 않으신다. 이 모든 것들은 하나님의 교회 가운데서 온전히 정립되기도 전에 이미 의무사항에 해당하는 것들이었다. **얼굴을 흉하게 한다** – 자기 머리에 먼지나 재를 뿌려서 그렇게 하는데, 이것은 엄숙하게 겸손을 표하는 때에 흔히 하는 방식이었다.

17 머리에 기름을 바르고 – 유대인들이 종종 이렇게 했다. 그냥 평소처럼 옷을 입어라.

19 너희를 위하여 쌓아두지 말라 – 우리 주님께서는 여기에서 종교적인 것으로부터 일상적인 행동으로 전환하신다. 그리고 우리에게 또 다른 올가미인 돈을 사랑하는 것에 대하여 경계하신다. 의도의 순수성이 사람들로부터 칭송받기를 좋아하는 것과 서로 어울리지 않는 것과 같

이 돈을 사랑하는 것 또한 의도의 순수성과도 어울리지 않는다. 거기는 **좀이 먹고 녹이 슬어** – 이 모든 것은 없어질 것들이며 잠시 있다가 사라지는 것들이다. 그분께서는 또한 이 구절 가운데서 더 멀리 내다보시고 우리에게 이 땅 위에 재물을 쌓아두는 것에 대하여 경계하라고 주의를 시키시기까지 한다. 왜냐하면 우리가 마음을 두고 있는 것들은 결국 우리의 보물이 되기 때문이다(눅 12:33).

21 누가복음 11장 34절.

22 **눈은 몸의 등불이다** – 몸에 대해서 눈이 어떤 의미를 갖는다면, 영혼에서는 의도라는 것이 그런 자리에 있는 것이다. 우리 주님께서 정해주신 의도의 순수성이라는 아주 정확한 도구를 가지고 있으면 우리는 세속적 욕망과 세상의 염려를(어쨌거나 이것들은 모두 없어지고 말 것들이다) 제대로 살펴볼 수 있다. **만일 네 눈이 단순하면**[43] – 오로지 하나님께만, 하늘에만 고정되어 있다면, 여러분의 모든 영혼은 거룩함과 행복으로 가득하게 될 것이다. **만일 네 눈이 나쁘면** – 단순하지 않다면, 그래서 하나님이 아닌 다른 것들을 향해 있다면.

24 **맘몬** – 재물, 돈. 하나님과 상관없이 그 어떤 것이든 사랑하고 추구한다면 그것이 바로 맘몬이다(눅 16:13).

25 만일 여러분이 하나님을 섬긴다면 여러분은 어떤 것에든 염려하지 말아야 한다. **그러므로 생각하지 말라** – 이 말은 염려하며 마음 쓰거나 걱정하지 말라는 뜻이다. 세상의 것들을 염려하지 말아야 한다. 이러한 세상의 염려는 하나님을 진정으로 섬기는 것과 어울리지 않는 것들이다. **목숨이 음식보다 중하지 아니하냐** – 만일 하나님께서 더 큰 선물을 주신다면 우리는 당연히 작은 것을 내던질 것이다(눅 12:12).

27 **너희 가운데서 누가** – 만일 여러분이 염려한다면, 그 염려 덕분에 여

러분의 생명을 한순간인들 더하게 할 수 있는가? 이것은 이 말씀의 의미를 가장 쉽고도 피부에 와 닿게 이해할 수 있도록 해주는 구절인 것 같다.

29 온갖 영화로 차려입은 솔로몬도 이것 중 하나와 같이 잘 입지는 못하였다 - 아주 순백색의 옷을 입지 못했다. 동방의 왕들은 종종 흰 옷을 입었다.

30 들풀 - 허브 종류나 일반적인 꽃들을 가리키는 표현이다. **두었다가** - 이 표현은 이야기의 흐름에 비추어 볼 때 자연의 법칙에 맞는 표현이다. 왜냐하면 풀이나 꽃이 베인 바로 그날 곧바로 아궁이에 던져지는 일은 드물기 때문이다. 더운 지방에서는 풀이 빠르게 건조되는데, 그런 나라에서조차도 풀을 베어다가 말리지도 않고 곧바로 아궁이에 던져 넣지는 않는다. **하나님께서 이처럼 입히시거든** - 이 말은 몸의 사방을 완전히 둘러서 입히신다는 말이다. 이 말은 외부를 둘러싸고 있는 세포벽을 미학적으로 표현한 것으로서, 이것은 사람의 몸에 있어서 피부가 그렇게 하듯이 식물의 부드러운 직물 구조를 아름답게 감싸주기도 할 뿐만 아니라 날씨로 인해 생길 수 있는 상처로부터 이 식물을 지켜 주는 역할도 한다. 현미경으로 꽃을 살펴보면 이 본문에서 말하는 것을 생생하게 잘 느낄 수 있다.

31 그러므로 걱정하지 말아라 - 이 얼마나 친절한 교훈인가! 이 가르침은 바로 당신 자신에게 해를 입히지 말라는 말이다! 우리는 그분께 감사해야 하며, 우리 자신에게도 상처를 주어서는 안 된다. 또한, 그분께서 당신의 자비하심으로써 염려의 짐을 모두 거두어 가셨는데도 여전히 그것에 매달려서 우리 마음을 괴롭히고 짓눌러서도 안 된다. 지금 여기에서 하시는 모든 말씀은 우리의 머리와 우리의 마음을 향해서 하

시는 말씀이다. 그러므로 우리는 불필요하고 쓸모도 없는, 도리어 우리를 괴롭히는 염려에 빠져 있어서는 안 된다. 우리는 내일에 대한 걱정과 괴로움에 빠져서 오늘을 망쳐서는 안 된다. 도리어 우리는 이 모든 것을 우리가 필요로 한다는 것을 잘 알고 계시는 하늘 아버지께 우리 자신을 기쁘게 맡겨드려야 한다. 그분께서는 우리에게 음식보다 더 중요한 생명을 주셨고 의복보다 더 중요한 몸을 주셨다. 그러므로 우리 하늘 주인께서 주신 가르침을 받아서 우리는 믿음과 하늘에 나는 모든 새와 들에 핀 모든 꽃 가운데 충만한 기쁨의 교훈을 배워야 한다.

33 하나님의 나라와 그의 의를 구하라 – 오로지 이것만 목표로 삼아라. 그리하면 여러분의 마음을 다스리시는 하나님께서 여러분의 마음을 위에서 설명한 의로 가득 채워주실 것이다. 진실로 이것을 가장 먼저 추구하는 사람은 오직 이것만을 곧 추구하게 될 것이다.

34 내일 걱정은 내일이 맡아서 할 것이다 – 이 말은 내일에 대한 것은 내일이 되면 그때 하라는 것이다. **그날의 괴로움은** – 사람이 말하는 방식대로 말씀하신 것이다. 그러나 모든 고난은 전체적으로 봤을 때 사실 좋은 것이다. 그것은 하나님께서 당신 자녀들의 필요와 힘에 각각 알맞게 맞추어서 그들에게 매일 처방해주시는 좋은 약과 같은 것이다.

역자 해설

산상수훈 두 번째 부분인 마태복음 6장은 '의도의 순수성'에 집중합니다. 6장 전반부는 구제, 기도, 금식이라는 유대인의 3대 의무를 말합니다. 그리고 19절 이하는 그리스도인의 경제관에 대해 말합니다. 서로 다른 주제를 말하는 것 같지만, 6장 전체를 관통하는 한 가지 주제가 있는데, 그것은 '하나님 앞에서'라는 말이며, 이 주제를 웨슬리의 말로 하면 '의도의 순수성'(purity of intention)입니다. 6장 1-4, 5-15, 16-18절은 거의 비슷한 패턴으로 구성됩니다. 이 구절은 "너희는 ~할 때 ~하여라/하지 말아라"로 시작합니다. 그리고 "이방인들은 ~한다"라고 이어지고, 이후에 "너희는 ~하여라. 그러면 하나님 아버지께서 ~해주실 것이다"라고 마무리됩니다. 이 세 가지 주제는 유대인이라면 누구나 꼭 해야 하는 필수 행위이므로 당시 청중에게는 일상의 이야기로 쉽게 피부에 와 닿았을 것입니다.

이 세 주제에 일관된 가르침은 어떤 것을 할 때 사람들에게 보이려고 하지 말고 은밀한 중에 보시는 하나님 앞에서 하라는 것입니다. 자선과 같은 이웃사랑 행위, 기도나 금식 같은 종교적 경건 행위는 그것을 하는 사람을 돋보이게 하는 기능을 합니다. 이것을 많이 하면 사람들은 그를 우러러봅니다. 그러나 이것은 그 사람의 선행을 다 헛되이 만듭니다. 예수님의 말씀처럼 그들은 이미 받을 상을 다 받게 된 것이니 말입니다. 더 나아가 이것이 그에게 복이 아닌 독이 됩니다. 왜냐하면 이것이 그 사람을 교만하게 만들기 때문입니다.

19절 이하에 나오는 경제관에 대한 가르침도 하나님을 향한 마음에 집중할 것을 가르칩니다. 사람들이 구제와 기도와 금식 같은 행동을 사람들 앞에서 보란 듯이 하는 이유는 무엇일까요? 하나님은 눈에 안 보이지만 사람들은 눈에 잘 보이기 때문입니다. 하나님이 갚아주신다고 하지만, 하나님이 계신지 안 계신지, 하나님이 내가 한 선행을 보셨는지 안 보셨는지 도무지 알 길이 없으니 참 답답하고 미덥지 않습니다. 하지만 주변 사람들은 확실히 보입니다. 그리고 내가 선행을 하면 바로 손뼉도 쳐주고 칭찬도 해주는 등 당장 반응이 내 눈앞에 펼쳐집니다. 그러니 당연히 사람들은 사람들이 보는 앞에서 그렇게 행동합니다.

그러하기에 은밀히 숨어서 선행한다는 것은 보이는 사람을 포기하고 보이지 않는 하나님의 약속을 신뢰하여 선택하는 것이며, 성경은 이것을 가리켜 믿음이라고 합니다(히 11:1-2, 8). 하늘이 아닌 이 땅에 재물을 쌓아두는(19-21절) 이유는 무엇일까요? 이 땅에 쌓아둔 재물은 당장 내 눈에 보이고, 내가 원하면 언제든지 꺼내 쓸 수도 있는, 그래서 내가 어려울 때 의지할 만한 것처럼 보이기 때문입니다. 그러나 예수님은 보이는 것보다 보이지 않는 하늘 아버지의 선하심을 신뢰하라고 하십니다. 이 땅에서 내가 쌓아두는 것보다 비록 보이지도 않고 내 손에 잡히지도 않지만, 하나님의 선하심을 신뢰하라고 하십니다.

"눈이 '합루스' 하면"(22절), 즉 우리 눈이 오직 하나님 한 분만을 향해 있다면 우리의 삶은 밝을 것이라고 예수님은 말씀하십니다. 하지만 우리의 삶을 보면, 우리는 눈에 당장 보이는 맘몬(돈, 권력, 재주, 인맥, 건강, 학벌, 외모 등)과 하나님 사이에서 이도 저도 못 하고 마음이 복잡할 때가 많습니다. 하나님만 전적으로 신뢰하려니 영 불안합니다. 그래서 우리 마음이

'순전하지'(할루스, simple/single) 못합니다. 그러나 주님은 두 주인을 섬길 수 없듯이 하나님과 맘몬 둘 중 하나만을 택하라고 하십니다.

예수님의 가르침대로 이제 하나님을 선택하고 나니 내 삶은 당장 망할 것 같습니다. 내가 마음만 먹으면 언제든지 활용할 수 있는 것들은 다 포기하고, 있는지 없는지도 모르고 눈에 뵈지도 않는 하나님을 선택하고 나니 걱정이 이만저만 아닙니다. 그런 우리에게 주님은 "염려하지 말아라"라고 다독이십니다(25-33절). 우리가 염려하지 않아도 되는 것은, 하나님은 '하늘에 계신'(전지전능하시고), '우리'(우리와 상관있으신 분이시며), '아버지'(우리에게 생명을 주시고 돌보시고 책임지시는)이시기 때문입니다(9절). 그분은 선하신 분, 우리가 구하기도 전에 우리에게 필요한 것이 무엇인지 이미 다 알고 계신 분 그리고 늘 우리에게 가장 좋은 것으로 채워주시기를 즐기시는 선하신 분입니다. 하나님의 전지하심과 전능하심과 선하심과 신실하심을 '신뢰'하는 것, 이것을 가리켜 우리는 믿음이라고 합니다. 따라서 맘몬을 등지고 하나님을 향하는 선택의 결단은 믿음이 있어야만 가능합니다. 그리고 우리가 하나님 나라로 가는 이 여정에서 매일 싸워 이기는 데 필요한 것이 바로 이 '믿음'입니다.

마태복음 7장

1 "너희가 심판을 받지 않으려거든, 남을 심판하지 말아라. 2 너희가 남을 심판하는 그 심판으로 하나님께서 너희를 심판하실 것이요, 너희가 되질하여 주는 그 되로 너희에게 되어서 주실 것이다. 3 어찌하여 너는 남의 눈 속에 있는 티는 보면서, 네 눈 속에 있는 들보는 깨닫지 못하느냐? 4 네 눈 속에는 들보가 있는데, 어떻게 남에게 말하기를 '네 눈에서 티를 빼내 줄테니 가만히 있거라' 할 수 있겠느냐? 5 위선자야, 먼저 네 눈에서 들보를 빼내어라. 그래야 네 눈이 잘 보여서, 남의 눈 속에 있는 티를 빼 줄 수 있을 것이다." 6 "거룩한 것을 개에게 주지 말고, 너희의 진주를 돼지 앞에 던지지 말아라. 그들이 발로 그것을 짓밟고, 되돌아서서, 너희를 물어뜯을지도 모른다." 7 "구하여라, 그리하면 하나님께서 너희에게 주실 것이다. 찾아라, 그리하면 너희가 찾을 것이다. 문을 두드려라, 그리하면 하나님께서 너희에게 열어 주실 것이다. 8 구하는 사람마다 얻을 것이요, 찾는 사람마다 찾을 것이요, 문을 두드리는 사람에게 열어 주실 것이다. 9 너희 가운데서 아들이 빵을 달라고 하는데 돌을 줄 사람이 어디에 있으며, 10 생선을 달라고 하는데 뱀을 줄 사람이 어디에 있겠느냐? 11 너희가 악해도 너희 자녀에게 좋은 것을 줄 줄 알거든, 하물며 하늘에 계신 너희 아버지께서, 구하는 사람에게 좋은 것을 주지 아니하시겠느냐?" 12 "그러므로 너희는 무

엇이든지, 남에게 대접을 받고자 하는 대로, 너희도 남을 대접하여라. 이것이 율법과 예언서의 본뜻이다." **13** "좁은 문으로 들어가거라. 멸망으로 이끄는 문은 넓고, 그 길이 널찍하여서, 그리로 들어가는 사람이 많다. **14** 생명으로 이끄는 문은 너무나도 좁고, 그 길이 비좁아서, 그것을 찾는 사람이 적다." **15** "거짓 예언자들을 살펴라. 그들은 양의 탈을 쓰고 너희에게 오지만, 속은 굶주린 이리들이다. **16** 너희는 그 열매를 보고 그들을 알아야 한다. 가시나무에서 어떻게 포도를 따며, 엉겅퀴에서 어떻게 무화과를 딸 수 있겠느냐? **17** 이와 같이, 좋은 나무는 좋은 열매를 맺고, 나쁜 나무는 나쁜 열매를 맺는다. **18** 좋은 나무가 나쁜 열매를 맺을 수 없고, 나쁜 나무가 좋은 열매를 맺을 수 없다. **19** 좋은 열매를 맺지 않는 나무는, 찍어서 불 속에 던진다. **20** 그러므로 너희는 그 열매를 보고 그 사람들을 알아야 한다." **21** "나더러 '주님, 주님' 하는 사람이라고 해서, 다 하늘 나라에 들어가는 것이 아니다. 하늘에 계신 내 아버지의 뜻을 행하는 사람이라야 들어간다. **22** 그 날에 많은 사람이 나에게 말하기를 '주님, 주님, 우리가 주님의 이름으로 예언을 하고, 주님의 이름으로 귀신을 쫓아내고, 또 주님의 이름으로 많은 기적을 행하지 않았습니까?' 할 것이다. **23** 그 때에 내가 그들에게 분명히 말할 것이다. '나는 너희를 도무지 알지 못한다. 불법을 행하는 자들아, 내게서 물러가라.'" **24** "그러므로 내 말을 듣고 그대로 행하는 사람은, 반석 위에다 자기 집을 지은, 슬기로운 사람과 같다고 할 것이다. **25** 비가 내리고, 홍수가 나고, 바람이 불어서, 그 집에 들이쳤지만, 무너지지 않았다. 그 집을 반석 위에 세웠기 때문이다. **26** 그러나 나의 이 말을 듣고서도 그대로 행하지 않는 사람은, 모래 위에 자기 집을 지은, 어리석은 사람과 같다고 할 것이다. **27** 비가 내리고, 홍수가 나고, 바람이 불어서, 그 집에 들이치니, 무너졌다. 그리고 그 무너짐이 엄청났다." **28** 예수께서 이 말씀을 마치시니, 무리가 그의 가르침에 놀랐다. **29** 예수께서는 그들의 율법학자들과는 달리, 권위 있게 가르치셨기 때문이다.

웨슬리와 함께 읽기

우리 주님께서는 이제 계속해서 우리가 거룩함으로 가는 데 방해가 되는 주된 장애물들에 대해 경계해주신다. 이제 막 주님께로 돌아선 젊은 사람들은 하나님께서 더 좋은 목적을 위해 사용하라고 주신 열정을 도리어 남을 정죄하는 데 종종 사용하곤 하는데, 그분께서는 지혜롭게도 이것에 대한 말씀으로 시작하신다.

1 **심판하지 말아라** – 완전히, 분명하게, 확실하게 알지 못한 채로 또한 절대적으로 꼭 필요한 경우가 아니라면 그리고 따스한 사랑의 마음이 없다면(눅 6:37).[44)]

2 **너희가 되질하여 주는 그 됫박으로 너희에게 되어서 주실 것이다** – 얼마나 무서운 말씀인가! 말 그대로 우리가 어떤 선택을 하든지 하나님께서도 똑같이 우리에게 가혹하게 하실 수도 있고 자비롭게 대해주실 수도 있다. 하나님과 사람은 진솔하고도 자비로운 사람을 더 좋아한다. 그러나 남에게 자비를 베풀지 않은 사람은 자기도 무자비한 심판을 반드시 받게 될 것이다.

3 특히 자신은 더 큰 잘못을 저질렀는데도 여러분은 형제들의 잘못에

대해 눈을 크게 뜨고 바라보는가? **티** – 이것은 나뭇조각에서 떨어져 나간 작은 파편을 가리킬 때 쓰는 말이다. 따라서 이 단어와 들보는 사실 대조가 되는 단어이다. 이런 표현은 유대인들이 잠언처럼 사용한 말로서, 티는 아주 작은 하나의 잘못을, 들보는 아주 크고 분명한 잘못을 가리킨다(눅 6:41).

4 어떻게 네가 말할 수 있는가? – 무슨 낯으로!

5 너 위선자야 – 정작 우리 자신의 잘못에 대해서는 아무 조치도 취하지 않으면서 다른 사람의 잘못을 고쳐주려고 열심을 내는 것은 위선에 지나지 않는다. **그래야** – 그대의 시야를 가리는 장애물을 제거한 후에야.

6 여기에 또 하나의 치환법 사례가 나온다. 여기에서는 두 가지가 언급되는데, 뒤에 나오는 것이 먼저 다루어지고 있다. **주지 말라** – **개에게** – 만일 그렇게 하면 돌아서서 너희를 물지도 모른다. **던지지 말라** – **돼지에게** – 만일 그렇게 하면 발로 그것을 짓밟을지도 모른다. 설령 여러분의 눈에서 들보를 빼냈을 때라도 **주지 말라** – 다시 말하면, 죄 가운데서 뒹굴고 있는 사람들에게 하나님에 대한 심오한 것까지는 말하지 말라는 뜻이다. 또한, 신성모독을 하면서 성을 내고 박해하는 나쁜 사람들에게는 하나님께서 여러분에게 하신 위대한 일들에 대해서 말해주지 말라. 예를 들어서 죄 가운데 뒹굴고 있는 사람에게는 완전에 대해 말하지 말라. 신성모독을 하며 박해하는 나쁜 사람들에게는 여러분이 경험한 것을 말하지 말라. 그러나 우리 주님께서 이런 경우든 저런 경우든 그 사람들에 대해 나무라는 것까지 금하지는 않으신다.

7 구하여라 – 여러분 자신을 위해서 뿐만 아니라 그들을 위해서도 기도하라. 그렇게 한다고 위험할 것은 없다. **찾으라** – 부지런히 노력하여 구하라. **두드리라** – 부지런히 구할 때 끈질기게 인내함으로써 그리하라(눅

11:9).

8 구하는 사람마다 얻을 것이요 – 만일 올바르게만 구한다면, 하나님의 뜻에 합당한 것을 구한다면 그렇게 된다.

11 구하는 사람에게 – 그러나 여러분이 다른 사람들이 여러분에게 해주기를 바라는 것대로 그들에게 행함으로써 그분의 선하심의 예를 본받는다는 조건 아래. **이것이 율법이요 선지자이다** – 이것은 모든 것의 요약이다. 그리고 이것은 5장 17절에 대한 답변이기도 하다. 이 모든 것은 한마디, 즉 하나님의 사랑을 본받으라는 말에 모두 담겨있다. 지금까지는 이 설교의 교훈적인 가르침 부분이 나왔다. 다음 구절부터는 그것을 실천에 옮기도록 권면하는 부분이 시작된다.

12 누가복음 6장 31절.

13 좁은 문 – 앞선 장에서 언급되었던 거룩함. 이것은 또한 좁은 길이다. **문이 넓어서 그것을 통과해서 그리로 들어가는 사람이 많다** – 그들은 굳이 이 넓은 문을 애써 찾을 필요도 없다. 그들은 그저 당연히 그리로 가기 마련이다. 많은 사람이 그 문을 통과해서 간다. **왜냐하면 다른 문은 좁기 때문이다** – 그러므로 그들은 그 좁은 문에 대해 별로 신경쓰지 않는다. 그들은 더 넓은 문을 좋아한다(눅 13:24).

15 거짓 예언자들을 조심해라 – 그들은 자기들의 설교에서 넓은 길이 하늘로 인도하는 길이라고 말한다. 그들은 이렇게 예언하고, 그들은 넓은 길을 가르치며 또한 자기도 직접 여기에서 말하는 그 넓은 길로 걸어간다. 우리 주님께서 여기에서 밝히 드러내신 길이 아닌 다른 길을 가르치는 사람은 거짓 예언자들이다. **양의 탈을 쓰고** – 겉으로 보이는 종교와 사랑하는 좋은 직책을 수행하는 모습으로. **이리들** – 그들은 영혼들을 먹이기보다 도리어 파괴한다.

16 그들의 열매를 보고 그들을 알 것이다 – 이것을 통해서 우리는 그것이 거짓 선지자들에게서 온 것인지 매우 간단하고 분명하고 쉽게 알 수 있다. 이 구분 방법은 깊은 이성적 사고에 익숙하지 않고 능력이 미약한 사람들조차 쉽게 사용할 수 있는 방법이다. 참 선지자들은 죄인들을 하나님께로 돌려놓는다. 혹은 적어도 그들은 하나님께로 돌아선 사람들에게 확신을 주고 힘을 주는 일을 한다. 그러나 거짓 선지자들은 그렇게 하지 않는다. 입으로는 진리를 말하지만, 하나님의 영에 의해 보냄받지 않은 사람들, 진리를 선포하기는 하지만 자기 자신의 이름으로 온 사람들은 거짓 선지자들이다. 그들이 누구인지를 잘 보여주는 큰 표시는 바로 "사람들이 사탄의 능력에서 벗어나 하나님께로 돌아가도록 하지 않는 것"이다(눅 6:43-44).

18 좋은 나무는 나쁜 열매를 맺을 수 없고 나쁜 나무가 좋은 열매를 맺을 수 없다 – 그러나 여기에서 좋다거나 나쁘다고 말하는 것은 개인의 성품에 대한 것이 아니라 가르침에 대한 것임이 틀림없다. 왜냐하면 여기에서 전해지고 있는 좋은 가르침을 설교하는 악한 사람은 종종 죄인들을 하나님께로 돌려놓는 도구 역할을 하기 때문이다. 하지만 나는 진리를 말한다고 해서, 그래서 그것을 통해서 죄인을 회개시킨다고 해서 그런 사람이 모두 참된 선지자라고 단언할 수는 없다. 나는 그저 그렇게 하지 않는 사람은 참된 선지자가 아니라는 사실만을 단언할 수 있다.

19 좋은 열매를 맺지 못하는 나무마다 찍어서 불에 던진다 – 그렇다면 죄인들을 돌이켜 하나님께로 돌아가게 하지 못하는 교사라면 지금 얼마나 끔찍한 상황에 직면한 것인가!

21 주님, 주님이라고 말하는 사람이라고 해서 – 즉, 그저 주님이나 주님의 종교에 대해서 단순히 드러내놓고 무슨 말을 한다고 해서. **다 천국**

에 들어가는 것이 아니라 – 거짓 교사들이 그렇게 드러내놓고 말만 하면 천국에 들어간다고 가르치더라도 실제로 천국에 들어갈 수 있는 것이 아니다. 내 아버지의 뜻을 행하는 자라야 – 내가 지금 선언한 것처럼, 그렇게 실제로 행하지 않는 사람은 그저 "주님, 주님"이라고 말만 한다(눅 6:46).

22 우리가 예언하고 – 우리가 당신의 나라에 대한 신비를 선포했고 책도 쓰고 훌륭한 설교도 했지만. 주님의 이름으로 많은 기적을 행하고 – 설령 기적을 행한다고 하더라도 그것이 그 사람이 구원하는 믿음을 가졌다는 것을 증명해주지 못한다.

23 내가 너희를 도무지 알지 못한다 – 내가 너희들에게 분명히 말해줄 시간이 없었다. 그래서 많은 사람이 자기는 구원을 이미 받았다고 생각하지만, 사실 그들은 자신들의 죄에서 구원을 받은 것이 아니었다. 주님, 혹시 저도 그러합니까?(눅 13:27)

24 누가복음 6장 47절.

29 그분은 그들에게 가르치셨다 – 군중에게. 권위 있게 – 위대한 법의 제정자로서 위엄과 권위를 가지시고. 또한, 실제로 그것을 나타내 보이시며 성령의 능력을 갖추고서. 율법학자들과 달리 – 그들은 그저 다른 법을 설명할 뿐이며, 그들은 생기도 없고 효과적이지도 않은 방법으로 그 법을 설명한다.

역자 해설

    산상수훈의 마지막 장은 예수님의 가르침대로 실천하는 삶에 대해 말합니다. 그래서 예수님께서는 말로는 "주님, 주님" 하지만 실제로 삶에서 하나님 아버지의 뜻대로 사는 열매가 나타나지 않으면 하늘나라에 들어갈 수 없다고 가르치십니다. 그래서 모래 위에 집을 지은 사람과 반석 위에 집을 지은 사람에 관한 비유를 통해 가르침을 받은 대로 실천하는 삶을 살라고 하십니다. 이에 야고보도 "말씀을 듣고도 행하지 않는 사람은 거울을 들여다보는 사람"처럼 돌아서면 바로 잊어버리게 된다고 말합니다(약 1:22-23). 지식으로 가진 것은 참된 앎이 아니고 행동으로 이어진 지식만이 참된 지식일 수 있습니다.

    한국교회는 열매 맺는 삶을 무척 강조합니다. 특히 갈라디아서에 나오는 성령의 아홉 가지 열매(갈 5:22-23)를 손꼽으면서 그런 삶의 열매가 나타나야 한다는 점을 강조합니다. 덕분에 한국 교인의 종교적 열심은 세계 어느 기독교인에 뒤지지 않습니다. 그러나 아이러니하게도 한국 교인들은 사회에서 비난을 많이 받습니다. 한국 사회에 구제, 교육, 의료 등 선하게 이바지하는 것으로 치면 기독교의 기여도는 다른 종교에 비해 압도적으로 많습니다. 그런데도 한국 기독교인들이 미움을 많이 받으니 참 안타깝습니다. 왜 이런 현상이 일어날까요?

    예수님께서는 7장 16-20절을 통해 짧은 비유로 말씀하십니다. 가시나무에서 포도를 딸 수 없고, 엉겅퀴에서 무화과를 기대할 수 없듯이,

좋은 나무는 좋은 열매를 맺고, 나쁜 나무는 나쁜 열매를 맺는다는 것입니다. 너무나 잘 알려진, 이해하기 쉽고 당연한 말씀입니다. 한국교회의 문제를 제대로 잘 지적한 말씀이 아닌가 싶습니다. 한국교회는 교인들에게 좋은 열매를 맺어야 한다는 것을 강조했습니다. 사역자들에게서 끊임없이 듣는 말씀이 바로 "열매 맺는 신앙인이 됩시다"라는 것이지요.

그런데 나무가 열매를 맺으려면 먼저 건강하게 자라야 합니다. 이제 몇 년 자라지도 않은 나무에서 열매를 기대할 수는 없습니다. 나무가 열매를 달려면 적어도 몇 년은 커야 합니다. 아직 제대로 자라지도 않은 나무에 열매를 내놓으라고 압박을 가해봤자 불가능합니다. 또한, 좋은 나무가 좋은 열매를 맺듯이, 좋은 열매를 맺으려면 먼저 건강한 나무여야 합니다. 병든 나무에서 좋은 열매를 기대할 수는 없는 법입니다. 나무는 아직 다 자라지도 않았고, 오랜 시간 자랐더라도 건강하지 못해 목숨만 부지하고 있는 나무에 "왜 열매를 맺지 못하느냐?"라고 책망하는 것은 농부로서 맥을 잘못 짚은 것입니다.

사과나무에 사과가 달리고, 배나무에 배가 달립니다. 사과나무에서 배가 달리기를 기대할 수 없습니다. 비록 교회는 다녀도 진정한 그리스도인의 상태에 이르지도 못했는데, 교회에 출석한 지는 오래되어서 집사, 권사 직분은 받았지만, 여전히 젖먹이 신앙인인데 열매를 내놓으라고 다그치니, 그 교인은 집사, 권사, 장로의 체면을 지키느라 테이프로 열매를 살짝 가지에 붙여서 열매를 맺은 척합니다. 그래서 얼핏 보면 풍성한 열매를 맺은 것처럼 보이지요. 그러나 태풍이 불어닥치면(7:27) 바람에 모두 떨어져 버립니다.

좋은 열매를 맺는 것보다 먼저 건강하고 좋은 나무가 되어야 합니다.

나무가 건강하지 않으면, 나무가 제대로 된 나무가 아니면 절대로 좋은 열매를 맺을 수 없습니다. 건강한 나무가 되는 방법은 하나님과 깊은 사귐을 갖는 것입니다. 7장 7-11절에서 구하고, 찾고, 두드리는 것을 마치 내가 갖고 싶은 것을 끈질기게 하나님께 요구하라는 말씀으로 생각하면 안 됩니다. 하나님은 우리가 얼마나 끈질기게 매달리고 버티는지 지켜보신 후에 하나님 성에 차면 못 이기는 척 슬그머니 내주시는 그런 악한 분이 아닙니다(6:8). 이 구절은 하나님의 선하심과 신실하심을 신뢰하는 방법에 대한 가르침 즉, 갖고 싶은 것을 끝내 받아내는 방법이 아닌 하나님과 깊은 사귐을 갖는 것에 관한 가르침입니다.[45]

나무가 건강하면 열매를 맺지 말라고 해도 저절로 좋은 열매가 주렁주렁 달립니다. 어쩌면 과정보다 결과를, 기초 실력보다는 반짝하고 당장 드러나는 성과를 중시하는 한국 사회의 습성이 신앙의 자리에도 그대로 반영된 탓이 아닌지 모르겠습니다. 그러나 중요한 것은 시간이 좀 걸리고 진도가 좀 더디더라도 당장 열매를 맺게 하기보다는 건강한 나무로 자라도록, 신앙의 기초 체력을 제대로 다진 신앙인이 되도록 하는 것이 멀리 내다보면 더 중요한 것이 아닐까 싶습니다. "열매 맺는 나무가 됩시다"라고 하기보다는 "건강한 나무가 됩시다"라고 강조하는 것이 필요해 보입니다. 좋은 나무가 좋은 열매를 맺는(7:17) 법이니 말입니다.

마태복음 8장

¹ 예수께서 산에서 내려오시니, 많은 무리가 그를 따라왔다. ² 나병 환자 한 사람이 예수께 다가와 그에게 절하면서 말하였다. "주님, 하고자 하시면, 나를 깨끗하게 해주실 수 있습니다." ³ 예수께서 손을 내밀어서 그에게 대시고 "그렇게 해주마. 깨끗하게 되어라" 하고 말씀하시니, 곧 그의 나병이 나았다. ⁴ 예수께서 그에게 말씀하시기를 "아무에게, 아무 말도 하지 말아라. 가서, 제사장에게 네 몸을 보이고, 모세가 명한 예물을 바쳐서, 사람들에게 증거로 삼도록 하여라" 하셨다. ⁵ 예수께서 가버나움에 들어가시니, 한 백부장이 다가와서, 그에게 간청하여 ⁶ 말하였다. "주님, 내 종이 중풍으로 집에 누워서 몹시 괴로워하고 있습니다." ⁷ 예수께서 그에게 말씀하셨다. "내가 가서 고쳐 주마." ⁸ 백부장이 대답하였다. "주님, 나는 주님을 내 집으로 모셔들일 만한 자격이 없습니다. 그저 한마디 말씀만 해주십시오. 그러면 내 종이 나을 것입니다. ⁹ 나도 상관을 모시는 사람이고, 내 밑에도 병사들이 있어서, 내가 이 사람더러 가라고 하면 가고, 저 사람더러 오라고 하면 옵니다. 또 내 종더러 이것을 하라고 하면 합니다." ¹⁰ 예수께서 이 말을 들으시고, 놀랍게 여기셔서, 따라오는 사람에게 말씀하셨다. "내가 진정으로 너희에게 말한다. 나는 지금까지 이스라엘 사람 가운데서 아무에게서도 이런 믿음을 본 일이 없다. ¹¹ 내가 너희에게 말한다. 많은 사람이 동

과 서에서 와서, 하늘 나라에서 아브라함과 이삭과 야곱과 함께 잔치 자리에 앉을 것이다. **12** 그러나 이 나라의 시민들은 바깥 어두운 데로 쫓겨나서, 거기서 울며 이를 갈 것이다." **13** 그리고 예수께서 백부장에게 "가거라. 네가 믿은 대로 될 것이다." 하고 말씀하셨다. 바로 그 시각에 그 종이 나았다. **14** 예수께서 베드로의 집에 들어가셔서, 그의 장모가 열병으로 앓아 누운 것을 보셨다. **15** 예수께서 그 여자의 손에 손을 대시니, 열병이 떠나가고, 그 여자는 일어나서, 예수께 시중을 들었다. **16** 날이 저물었을 때에, 마을 사람들이 귀신 들린 사람을 많이 예수께로 데리고 왔다. 예수께서는 말씀으로 귀신을 쫓아내시고, 또 병자를 모두 고쳐 주셨다. **17** 이리하여 예언자 이사야를 시켜서 하신 말씀이 이루어졌다. "그는 몸소 우리의 병약함을 떠맡으시고, 우리의 질병을 짊어지셨다." **18** 예수께서, 무리가 자기 옆에 둘러 서 있는 것을 보시고, 제자들에게 건너편으로 가자고 말씀하셨다. **19** 율법학자 한 사람이 다가와서 예수께 말하였다. "선생님, 나는 선생님이 가시는 곳이면, 어디든지 따라가겠습니다." **20** 예수께서 그에게 말씀하셨다. "여우도 굴이 있고, 하늘을 나는 새도 보금자리가 있으나, 인자는 머리 둘 곳이 없다." **21** 또 제자 가운데 한 사람이 말하였다. "주님, 내가 먼저 가서, 아버지의 장례를 치르도록 허락하여 주십시오." **22** 예수께서 그에게 말씀하셨다. "너는 나를 따라오너라. 죽은 사람의 장례는 죽은 사람들이 치르게 두어라." **23** 예수께서 배에 오르시니, 제자들이 그를 따라갔다. **24** 그런데 바다에 큰 풍랑이 일어나서, 배가 물결에 막 뒤덮일 위험에 빠지게 되었다. 그런데 예수께서는 주무시고 계셨다. **25** 제자들이 다가가서 예수를 깨우고서 말하였다. "주님, 살려 주십시오. 우리가 죽게 되었습니다." **26** 예수께서 그들에게 "왜들 무서워하느냐? 믿음이 적은 사람들아!" 하고 말씀하시고 나서, 일어나 바람과 바다를 꾸짖으시니, 바다가 아주 잔잔해졌다. **27** 사람들은 놀라서 말하였다. "이분이 누구이기에, 바람과 바다까지도 그에게 복종하는가?" **28** 예수께서 건너편 가다라 사람들의 지역에 가셨을 때에, 귀신 들린 사람 둘이 무덤 사이에서 나오다가, 예수와 마주쳤다. 그들은 너무나 사나워서, 아무도 그 길을 지나다닐 수 없었다. ²⁹ 그런데 그들이 외쳐 말하였다. "하나님의 아들이여, 당신이 우리와 무슨 상관이 있습니까? 때가 되기도 전에, 우리를 괴롭히려고 여기에 오셨습니까?" ³⁰ 마침 거기에서 멀리 떨어진 곳에, 놓아 기르는 큰 돼지 떼가 있었다. ³¹ 귀신들이 예수께 간청하였다. "우리를 쫓아내시려거든, 우리를 저 돼지들 속으로 들여보내 주십시오." ³² 예수께서 "가라" 하고 명령하시니, 귀신들이 나와서 돼지들 속으로 들어갔다. 그 돼지 떼가 모두 바다 쪽으로 비탈을 내리달아서, 물 속에 빠져 죽었다. ³³ 돼지를 치던 사람들이 도망 가서, 읍내에 들어가, 이 모든 일과 귀신 들린 사람들에게 일어난 일을 알렸다. ³⁴ 온 읍내 사람들이 예수를 만나러 나왔다. 그들은 예수를 보고, 자기네 지역을 떠나 달라고 간청하였다.

웨슬리와 함께 읽기

2 나병 환자 한 사람이 다가와 - 그 나라에서 나병은 중풍이나 정신질환보다도 자연적인 방법으로 치유가 거의 불가능한 것이었다. 아마도 이나병 환자는 사람들과 섞여 있지는 않았지만 멀리서 우리 주님의 소리를 들었을 것이다(막 1:40; 눅 5:12).

4 아무에게도 말하지 말아라 - 어쩌면 우리 주님께서는 여기에서 그저제사장에게 자신의 몸을 보여줄 때까지만 말하지 말라고 말씀하셨을것이다. **제사장** - 제사장은 나병에 걸렸는지를 검사하는 일을 맡았었다. 그러나 그분께서는 다른 많은 사람에게는 자기가 그들에게 하셨던기적에 대해서 남에게 아무것도 말하지 말라고 분명히 말씀하셨다. 예수께서 그렇게 하신 이유로 다음 몇 가지를 들 수 있다. 마가복음 1장45절에서 볼 수 있듯이 많은 군중이 자기에게 밀어닥치는 것을 피하기 위해서였을 것이다. 혹은 이사야 42장 1절에 나오는 예언, 즉 그분이 허영이 많거나 자랑하는 분이 아니라는 예언을 성취하기 위해서였을 것이다. 이러한 이유는 마태복음 12장 17절에서 나타나고 있다. 또는 요한복음 6장 15절에서 볼 수 있듯이, 사람들이 억지로 데려다가 왕으로 삼는 것을 피하시기 위해서 그랬을 수도 있다. 그래야만 대제사장,

율법학자, 바리새인들의 화를 돋우지 않게 되었을 것이다. 이 사람들은 예수께 대하여 상당한 적개심을 품고 있었고 마태복음 16장 20-21절에서 보듯이 피하기 힘든 것이었다. **증거로 삼아라** – 내가 메시아라는 것을. 그들에게 – 제사장들에게. 그렇지 않으면 사람들은 증거가 부족하다고 따졌을 것이다(레 14:2).

5 한 백부장이 그에게 다가와서 – 로마 군인 백 명의 대장. 아마도 그는 조금 떨어진 곳에서 예수께로 왔고 또 그 길을 되돌아갔을 것이다. 그는 자기가 개인적으로 예수를 찾아와 만나기에는 자격이 부족하다고 생각했다. 그래서 그는 자기의 전령을 통해 다음에 나오는 말을 했었다. 모든 언어에서 그러하듯이, 어떤 행동이 이루어질 때 그것을 그 사람에게 돌리거나 어떤 사람의 명령으로 전해지는 말을 마치 그 명령을 내린 그 사람의 것으로 돌리는 것은 히브리어에서도 종종 있는 어법이다. 따라서 성 마태는 그 백부장이 부하에게 명령해서 전달한 그 메시지를 마치 그 백부장이 직접 말한 것처럼 기술하고 있다. 이와 비슷한 경우는 세배대의 아들들의 경우에서 찾아볼 수 있다. 마태복음 20장 20절에 따르면 그 말을 한 사람은 그 형제들의 어머니였는데, 마가복음 10장 35, 37절을 보면 그 형제들이 직접 말한 것처럼 기록하고 있다. 왜냐하면 그 어머니는 그 형제들의 입 노릇을 했을 뿐이기 때문이다. 그러나 네 집으로 가라고 하는 마태복음 8장 13절에 따르면 그 사람이 자기 친구를 통해서 두 번째 전갈을 보냈을 때 이미 예수께서 자기 집 가까이에 오셨다는 것을 듣고서 그는 직접 예수를 만나러 나온 것으로 보인다(눅 7:1).

8 백부장이 대답하였다 – 자기가 두 번째로 보낸 전령을 통해서.

9 나도 상관을 모시는 사람이고 – 나는 하급 장교에 불과하다. 그러나

내가 명령하는 것은 무엇이든 내가 없더라도 그대로 시행된다. 하물며 만물의 주님이신 당신께서 명하신 것이면 두말할 나위가 있겠는가?

10 나는 지금까지 이스라엘 사람 가운데서 아무에게서도 이런 믿음을 본 일이 없다 – 백부장은 이스라엘 사람이 아니었으니 이 말은 맞다.

11 이 땅 가장 먼 곳에서 온 많은 사람이 아브라함과 맺어진 복음의 계약을 받아들이고 그 복음의 보상을 누리게 될 것이다. 그러나 그들 가운데서 제일 우선에 있는 유대인들은 그 잔치 자리에서, 즉 이 땅에서는 은혜로부터 그리고 내세에서는 영광으로부터 밀려날 것이다(눅 13:29).

12 바깥 어두운 곳 – 우리 주님은 여기에서 고대 사람들이 밤중에 잔치를 벌이던 관습을 빗대어 말씀하신다. 아마도 예수께서 이 말씀을 하고 계셨을 때 그 백부장이 직접 찾아왔을 것이다(마 13:42, 50; 22:13; 24:51; 25:30).

14 베드로의 장모 – 성 베드로는 다른 사도들과 마찬가지로 그때 젊은 사람이었다(막 1:29; 눅 4:38).

16 마가복음 1장 32절; 누가복음 4장 40절.

17 이리하여 예언자 이사야가 한 말이 이루어졌다 – 그는 좀 더 고양된 의미로 이것을 말했었다. 복음서 저자는 여기에서 그 예언자의 말을 쓸 때 그 높은 의미뿐만 아니라 낮은 차원의 의미도 함께 포함하여 말했다. 이러한 사례는 성경 말씀에서 종종 있는 일인데, 이러한 것이 흠이 되기보다는 고상한 것이다. 그분께서는 십자가 위에서 자신의 몸에 우리의 죄를 짊어지심으로써 이 말씀의 의미를 높은 차원에서 성취하셨다. 저차원적인 의미에서 그분께서는 우리의 슬픔에 공감해주시고 죄의 열매인 질병으로부터 우리를 고쳐주셨다(사 53:4).

18 그는 건너편으로 가자고 말씀하셨다 – 그래서 예수님뿐만 아니라 사람들도 좀 쉴 수 있게 하시려고.

19 누가복음 9장 57절.

20 **인자** – 이 말은 다니엘 7장 13절에서 온 말이다. 이 말은 그리스도께서 일반적으로 자기 자신을 가리킬 때 사용하신 호칭이다. 예수께서 그렇게 하신 것은 이 세상에서 볼품없는 모습으로 나타나신 것과 연결하여 스스로 겸손해지려는 의도에서 하신 것이다.[46] **머리 둘 곳이 없다** – 따라서 나를 따르려고 할 때는 잠시 있다가 사라지는 어떤 이득을 바라고 따라나서면 안 된다.

21 **또 다른 사람이 말했다** – 나는 그런 생각으로 당신을 따라오지는 않으렵니다. 다만, 내 일을 먼저 처리하기는 해야겠습니다. 이 사람의 아버지가 이미 죽었는지는 확실하지 않다. 어쩌면 이 사람은 자기 아버지가 아주 많이 늙어서 죽을 때까지 아버지와 함께 있기를 바랐을 수도 있다.

22 **그러나 예수께서 말씀하셨다** – 하나님께서 부르실 때 이 세상일은 하나님에 대하여 죽은 자들인 세상 사람들에게 맡겨두어라.

23 마가복음 4장 35절; 누가복음 8장 22절.

24 **배가 뒤엎어질** – 이처럼 인간의 극한 상황은 도리어 하나님에게 있어서 기회가 된다.

26 **너희가 왜 무서워하느냐** – 그때 그분이 **바람을 꾸짖으셨다** – 첫째로 그분께서는 그들의 영혼을(마음을) 차분히 가라앉히셨고, 그다음에 바다를 잠잠히 가라앉히셨다.

28 **겔게사 지방** – 혹은 가다라 지방 – 겔게사와 가다라는 서로 가까이 있는 마을들이었다. 그래서 이 두 마을 사이에 있는 지역은 때로는 이쪽 마을 이름으로 또 어떨 때는 저쪽 마을 이름으로 가져다 붙여서 불렸다. **귀신 들린 사람 둘이 그분과 마주쳤다** – 성 마가와 성 누가는 한

사람만 만났다고 말하는데, 아마도 이 둘 중에서 더 사납게 굴던 사람, 먼저 우리 주님께 말을 건넸던 그 한 사람만 언급해서 그랬을 것이다. 그러나 그렇다고 해서 이것이 성 마태가 기술하고 있는 이야기와 일치하지 않는 것은 아니다. **무덤들** – 이 사악한 영들이 그런 죽음과 파멸을 상징하는 장소를 좋아하는 것은 당연하다. 그 당시에 무덤들은 마을에서 한참 떨어진 버려진 지역에 보통 있었다. 그리고 동굴, 바위나 산 같은 곳에 보통 만들었다. **아무도 길을 지나다닐 수 없었다** – 안전하게(막 5:1; 눅 8:26).

29 당신이 우리와 무슨 상관이 있습니까 – 이것은 히브리어의 표현 방식으로, 왜 우리 일에 끼어드느냐는 뜻이 있다(삼하 16:10). **때가 되기도 전에** – 심판의 날.

30 큰 돼지 떼가 있었다 – 유대인들은 돼지를 기를 수 없었다. 따라서 우리 주님은 그 돼지 떼를 죽게 하셔서 정의와 자비를 동시에 보이셨다.[47]

31[48] **가라고 명령하시니** – 이 말은 허락하셨다는 말이지 명령을 내리신 것은 아니다.[49]

34 그들이 예수께 자기네 지역을 떠나 달라고 간청하였다 – 그들은 자기들의 돼지를 영혼보다 더 소중히 여겼다! 오늘날에도 이런 생각을 하는 사람이 얼마나 많은가!

이제 산상수훈의 가르침이 끝났습니다. 산에서 내려오신 이후 예수님은 기적을 베푸십니다. 마태는 이 기적 이야기 단락을 8-9장에서 흥미로운 구도로 묶었습니다.

기적 A-1. 나병 환자를 깨끗하게 하심(8:1-4) - 소외당한 자

기적 A-2. 백부장의 종을 고침(8:5-13) - 이방인

기적 A-3. 베드로의 장모를 고침(8:14-17) - 여인

　부르심 A. 나를 따르라(8:18-22)

기적 B-1. 풍랑을 잔잔하게 하심(8:23-22) - 자기 계시

기적 B-2. 귀신들린 두 사람을 고침(8:28-34) - 악한 영의 권세

기적 B-3. 중풍 환자를 고침(9:1-8) - 인자의 권세

　부르심 B. 나를 따르라(9:9-13)

논쟁: 신랑을 빼앗길 날이 올 것이다(9:14-17)

기적 C-1. 여인들을 고침(9:18-26) - 믿음의 승리

기적 C-2. 눈먼 두 사람을 고침(9:27-31) - 믿음의 승리

기적 C-3. 말 못 하는 사람을 고침(9:32-34) - 악한 영의 권세

부르심 C. 추수꾼이 필요하다(9:35-38)

마태는 4장 23절에서 예수님의 사역을 가르침과 치유 두 가지로 분류했습니다. 그래서 5-7장에서 먼저 가르침을 소개하고, 이제 8-9장에서는 치유 사역을 소개합니다. A, B, C 각각의 부분은 특징이 있습니다. A부분의 사역은 사회적으로 소외당하던 불가촉 나병 환자, 사회에서 외부인으로 밀려나는 이방인, 무시당하던 여성을 대상으로 합니다. 당시 이스라엘은 차별적 구조 사회였습니다. 예를 들면 성전은 가장 안쪽부터 바깥으로 지성소, 성소, 제사장의 뜰, 이스라엘 (남성)의 뜰, 여인의 뜰, 이방인의 뜰로 구분됩니다. 이 각각의 장소는 대제사장, 제사장, 유대 남성, 여성, 이방인이 들어갈 수 있었고, 자기에게 정해진 경계를 넘어가면 죽임을 당했습니다(cf. 행 21:26-36). 나병 환자 같은 사람은 성전 경내에 발을 디딜 수조차 없었지요.[50]

하지만 예수님은 그 경계선을 넘으셨습니다. 1장 족보에서 암시되었던 것처럼, 이사야의 예언처럼(4:14-16), 이제 예수님은 경계를 무너뜨리고(엡 2:14) 그들을 모두 하나님의 천국 잔치로 초대하셨습니다(22:1-10). 그리고 그 초대에 응하는 동서남북에서 몰려든 모든 사람은 아브라함, 이삭, 야곱과 함께 잔치를 즐길 것이라고 하십니다(8:11). 이 천국 잔치에 초대받은 나병 환자는 예수님 앞에 나아와 바닥에 엎드려 절하며(proskynei - 직역하면 '개처럼 납작 엎드린다' 8:2) 간구합니다. 이방인 백부장은 자신이 감히 부탁드릴 자격조차 없는 사람임을 겸손히 고백합니다(8:8). 베드로의 장모는 치유 후에 예수님을 섬깁니다(kiekonei 8:15). 여기에서 사용된 섬긴다(디아코네오)는 동사는 뒤따른다(아콜루테오, 8:19, 22)는 동사와 함께 복음서에서는 제자도를 상징하는 특별한 단어입니다. 천국 잔치에 들어올 사람에게 요구되는 것은 가난한 마음(5:3, 『표준설교』, 16)이며, 이들은 그런 사람들이었습니다.

천국 잔치로의 초대는 저절로 되지 않습니다. 잔치의 주인은 일꾼을 사방으로 보내어 사람들을 초대합니다(22:3). 그래서 예수님은 자기를 따를 제자를 부르십니다. 예수님께서 제자를 부르신 것은 예수님 팬클럽 회원이 되어 환호하는 박수부대가 되라고, 와서 위대한 가르침을 배우라고 부르신 것이 아닙니다. 예수님께서 제자를 부르시는 것은 추수꾼으로 내보내기 위해서입니다(9:35-38). 즉, 예수님 자신을 위해 부르신 것이 아니라 세상을 위해 부르신 것입니다. 그러나 우리는 종종 변화산에서 텐트 치고 좋은 세월을 즐기려던 제자들처럼(17:4), 마치 예수님께서 우리를 부르신 목적이 여기에 와서 위로받고 좋은 시간 보내라고 부르신 것이라 착각합니다. 그러나 부르심은 눌러앉기 위함이 아니라 보내심을 받기 위한 목적에서 이루어진 것임을(28:19-20) 잊지 말아야겠습니다.

마태복음 9장

¹ 예수께서 배에 오르셔서, 바다를 건너 자기 마을에 돌아오셨다. ² 사람들이 중풍병 환자 한 사람을, 침상에 누인 채로, 예수께로 날라 왔다. 예수께서 그들의 믿음을 보시고, 중풍병 환자에게 말씀하셨다. "기운을 내라, 아이야. 네 죄가 용서받았다." ³ 그런데 율법학자 몇이 '이 사람이 하나님을 모독하는구나' 하고 속으로 말하였다. ⁴ 예수께서 그들의 생각을 아시고 말씀하셨다. "어찌하여 너희는 마음 속에 악한 생각을 품고 있느냐? ⁵ '네 죄가 용서받았다' 하고 말하는 것과 '일어나서 걸어가거라' 하고 말하는 것 가운데서, 어느 쪽이 더 말하기가 쉬우냐? ⁶ 그러나 인자가 땅에서 죄를 용서하는 권세를 가지고 있음을 너희들이 알게 하겠다." 그리고 예수께서 중풍병 환자에게 "일어나서, 네 침상을 거두어 가지고 집으로 가거라" 하시니, ⁷ 그가 일어나서, 자기 집으로 돌아갔다. ⁸ 무리가 이 일을 보고서, 두려움에 사로잡히고, 이런 권한을 사람들에게 주신 하나님께 영광을 돌렸다. ⁹ 예수께서 거기에서 떠나서 길을 가시다가, 마태라는 사람이 세관에 앉아 있는 것을 보시고 말씀하셨다. "나를 따라오너라." 그는 일어나서, 예수를 따라갔다. ¹⁰ 예수께서 집에서 음식을 드시는데, 많은 세리와 죄인이 와서, 예수와 그 제자들과 자리를 같이 하였다. ¹¹ 바리새파 사람들이 이것을 보고, 예수의 제자들에게 말하였다. "어찌하여 당신네 선생은 세리와 죄인

과 어울려서 음식을 드시오?" **12** 예수께서 그 말을 들으시고서 말씀하셨다. "건강한 사람에게는 의사가 필요하지 않으나, 병든 사람에게는 필요하다. **13** 너희는 가서 '내가 바라는 것은 자비요, 희생제물이 아니다' 하신 말씀이 무슨 뜻인지 배워라. 나는 의인을 부르러 온 것이 아니라, 죄인을 부르러 왔다." **14** 그 때에 요한의 제자들이 예수께 와서 물었다. "우리와 바리새파 사람은 자주 금식을 하는데, 왜 선생님의 제자들은 금식을 하지 않습니까?" **15** 예수께서 그들에게 말씀하셨다. "혼인 잔치의 손님들이 신랑이 자기들과 함께 있는 동안에 슬퍼할 수 있느냐? 그러나 신랑을 빼앗길 날이 올 터이니, 그 때에는 그들이 금식할 것이다. **16** 생베 조각을 낡은 옷에다 대고 깁는 사람은 없다. 그렇게 하면, 새로 댄 조각이 그 옷을 당겨서, 더욱더 크게 찢어진다. **17** 새 포도주를 낡은 가죽 부대에 담는 사람은 없다. 그렇게 하면, 가죽 부대가 터져서, 포도주는 쏟아지고, 가죽 부대는 못 쓰게 된다. 새 포도주는 새 가죽 부대에 담아야 둘 다 보존된다." **18** 예수께서 이 말씀을 하실 때에, 지도자 한 사람이 와서, 예수께 무릎을 꿇고 말하였다. "내 딸이 방금 죽었습니다. 그러나 오셔서, 그 아이에게 손을 얹어 주십시오. 그러면 살아날 것입니다." **19** 예수께서 일어나서 그를 따라가셨고, 제자들도 뒤따라갔다. **20** 그런데 열두 해 동안 혈루증으로 앓는 여자가 뒤에서 예수께로 다가와서, 예수의 옷술에 손을 대었다. **21** 그 여자는 속으로 말하기를 "내가 그의 옷에 손을 대기만 하여도 나을 텐데!" 했던 것이다. **22** 예수께서 돌아서서, 그 여자를 보시고 말씀하셨다. "기운을 내어라, 딸아. 네 믿음이 너를 구원하였다." 바로 그 때에 그 여자가 나았다. **23** 예수께서 그 지도자의 집에 이르러서, 피리를 부는 사람들과 떠드는 무리를 보시고, **24** 이렇게 말씀하셨다. "모두 물러가거라. 그 소녀는 죽은 것이 아니라, 자고 있다." 그들은 예수를 비웃었다. **25** 무리를 내보낸 다음에, 예수께서 들어가셔서, 그 소녀의 손을 잡으시니, 그 소녀가 벌떡 일어났다. **26** 이 소문이 그 온 땅에 퍼졌다. **27** 예수께서 거기에서 떠나가시는데, 눈 먼 사람 둘이 "다윗의 자손이여, 우리를 불쌍히 여겨 주십시오" 하고 외치면서 예수를 뒤따라 왔다. ²⁸ 예수께서 집 안으로 들어가셨는데, 그 눈 먼 사람들이 그에게 나아왔다. 예수께서 그들에게 말씀하셨다. "너희는 내가 이 일을 할 수 있다고 믿느냐?" 그들이 "예, 주님!" 하고 대답하였다. ²⁹ 예수께서 그들의 눈에 손을 대시고 말씀하셨다. "너희 믿음대로 되어라." ³⁰ 그러자 그들의 눈이 열렸다. 예수께서 그들에게 엄중히 다짐하셨다. "이 일을 아무에게도 알리지 말아라." ³¹ 그러나 그들은 나가서, 예수의 소문을 그 온 지역에 퍼뜨렸다. ³² 그들이 떠나간 뒤에, 귀신이 들려 말 못하는 한 사람을 사람들이 예수께 데리고 왔다. ³³ 귀신이 쫓겨나니, 말 못하는 그 사람이 말을 하게 되었다. 무리가 놀라서 말하였다. "이런 것은 이스라엘에서 처음 보는 일이다." ³⁴ 그러나 바리새파 사람들은 "그는 귀신의 두목의 힘을 빌어서 귀신을 쫓아낸다" 하고 말하였다. ³⁵ 예수께서는 모든 도시와 마을을 두루 다니시면서, 유대 사람의 여러 회당에서 가르치며, 하늘 나라의 복음을 선포하며, 온갖 질병과 온갖 아픔을 고쳐 주셨다. ³⁶ 예수께서 무리를 보시고, 그들을 불쌍히 여기셨다. 그들은 마치 목자 없는 양과 같이, 고생에 지쳐서 기운이 빠져 있었기 때문이다. ³⁷ 그래서 제자들에게 말씀하셨다. "추수할 것은 많은데, 일꾼이 적다. ³⁸ 그러므로 너희는 추수하는 주인에게 일꾼들을 그의 추수밭으로 보내시라고 청하여라."

웨슬리와 함께 읽기

1 **자기 마을에** – 가버나움(마 4:13; 막 5:18; 눅 8:37).

2 **그들의 믿음을 보시고** – 중풍 병자의 믿음과 그를 데려온 사람의 믿음. **아이야** – 다정하고 부드럽게 부르는 호칭(막 2:3; 눅 5:18).

3 **이 사람이 하나님을 모독하는구나** – 하나님께만 속한 그 능력(즉, 죄를 용서하는 권한)을 자기에게 속한 것으로 돌렸기 때문이다.

5 **어느 쪽이 더 쉬우냐** – 이 두 가지 말 모두 하나님의 능력에 대하여 논란을 벌이는 것은 아니다. 따라서 만약에 내가 이 병을 고친다고 하면, 나는 그의 죄도 용서할 수 있다. 특히 그 사람의 질병이 그가 지은 죄의 결과라고 본다면 더욱 그러하다. 따라서 그 사람의 질병이 그의 죄의 결과로 인한 것이라고 한다면 이 죄는 반드시 없어져야 한다.

6 **땅에서** – 비록 내가 인간이라는 모습으로 낮아진 상태에 있지만 그런 상태에서조차도.

8 그러므로 율법학자들이 보기에 이 사건은 신성모독이었지만, 사람들에게 있어서 이 사건은 하나님을 찬양하는 자극제가 되었다.

9 **마태라는 사람을 보시고** – 마태는 자기 자신을 이렇게 겸손하게 부른다. 다른 복음서 저자들은 그를 좀 더 명예로운 이름인 레위라고 부른

다. **앉아 있는** – 세금을 받는 그 자리에 앉아서. **세관** – 세무서나 세금을 받는 곳을 가리킨다(막 2:14; 눅 5:27).

10 예수께서 집에서 음식을 드시는데 – 마태의 집을 가리킨다. 그는 자기 친구들을 많이 초대해서 예수를 위해 잔치를 벌였다(막 2:15). 비록 마태가 여기에서 자기 입으로 말은 하지 않지만, 그 잔치는 아주 큰 잔치였다. 세리는 유대인이 로마인에게 바치는 세금을 걷는 사람이었는데, 이 사람들은 불법적으로 세금을 징수하여 악명이 높았다. **죄인들** – 악명 높은 죄인들이라고 널리 알려진 사람들을 가리킨다.

11 바리새파 사람들이 제자들에게 '왜 당신네 선생은 음식을 드시오'라고 말했다 – 이처럼 그들은 종종 우리 주님께 왜 당신의 제자들은 이렇게 하냐고 물었고 또한 그의 제자들에게는 왜 당신네 선생은 이렇게 하냐고 물었다.

13 너희는 가서 배워라 – 다른 사람들을 가르친다고 하는 너희가. **내가 바라는 것은 자비요, 희생제물이 아니다** – 이 말은 내가 희생 제사보다 자비를 더 원한다는 뜻이다. 나는 희생 제사 그 자체보다는 자비를 베푸는 행동을 더 좋아한다는 뜻이다(호 6:6).

14 그때 – 예수께서 식사하고 계실 때에(막 2:18; 눅 5:33).

15 신부의 방에 있는 아이들 – 신부의 친구들을 가리킨다. **슬퍼하다** – 애곡하는 행위는 보통 금식과 함께 이루어진다. 내가 그들과 함께 있는 동안이라는 말은 아마도 잔치를 벌이는 기간, 즉 애곡하는 기간이 아니라 기뻐해야 하는 기간을 말하는 것으로 보인다. 그러나 내가 떠난 후에는 내 제자들 모두가 자주 금식하게 될 것이라고 말씀하신다.

16 그러한 이유에서 – 지금은 그들이 금식할 때가 아니다. 다른 때에 금식할 것이며, 그들이 그때를 맞이하기에는 아직 이르다. **새 옷** – 이 말은

원래 직물을 다듬는 사람의 손을 아직 거치지 않은 천을 가리킨다. 따라서 이 천은 이미 빨아서 닳아버린 천보다 훨씬 거칠다. 이러한 이유에서 다른 천보다 신축성이 떨어져서 바느질한 끝부분을 찢어지게 하는 것이다.

17 **새로운** – 발효 중인 포도주는 거의 닳아버린 가죽 부대를 곧 터뜨리고 말 것이다. 부대는 염소의 살가죽으로 만든 것을 가리키는데, 옛날에는 사람들이 포도주를 이곳저곳으로 옮길 때 (오늘날에도 어떤 지역에서는 아직도 그렇게 한다) 거기에 포도주를 담았다. **새 포도주는 새 가죽 부대에 담아** – 과격한 가르침은 그런 가르침을 받을 수 있을 만큼 힘이 있는 사람에게 주어야 한다.

18 **방금 죽었습니다** – 그는 그 딸이 막 죽으려고 했을 때 떠나왔다(막 5:23). 아마도 소식을 전해주는 사람이 그 아이가 죽었다고 알려주었을 것이다(막 5:22; 눅 8:41).

20 **뒤에서 다가와서** – 쑥스럽기도 하고 겸손한 마음으로 그렇게 했다.

22 **기운을 내어라** – 아마도 그녀는 예수께서 뒤돌아서 자기를 보셨을 때 두려움에 사로잡혔을 것이다(막 5:33; 눅 8:47). 그녀는 예수의 기분을 상하게 하지 않으려고 살그머니 옷만 만졌다. 그리고 이보다 더 큰 이유는 그녀가 율법에 따르면 부정한 사람이었기 때문이었다(레 15:25).

23 **악사들** – 음악가들을 가리킨다. 원어의 뜻은 피리를 연주하는 사람이라는 뜻이다. 다른 민족들처럼 유대인들도 사람이 죽어서 애도할 때 살아남아 있는 친구들의 우울한 마음을 달래주기 위해 부드럽거나 엄숙한 곡조의 노래를 악기로 연주하였다. 그래서 노래를 그냥 음악으로 부르는 사람도 있지만, 아예 이런 연주를 자기 직업으로 삼는 사람들도 있었다. 피리는 특히 어린이가 죽었을 때 사용되었다. 더 큰 소리를 내

는 악기들은 어른이 죽었을 때 연주했다.

24 물러가거라 - 너희는 이제 필요 없다. 소녀가 죽은 것이 아니기 때문이다 - 소녀의 인생이 끝난 것이 아니다. **그게 아니라 자고 있다** - 이것은 감각이나 동작이 일시적으로 정지된 상태를 가리키는 것으로서, 죽었다는 단어보다는 자고 있다는 말로 표현되어야 한다.

25 소녀가 벌떡 일어났다 - 그리스도께서는 세 명의 사람을 살려내셨는데, 하나가 이 소녀이고 또 하나는 과부의 아들 그리고 나사로였다. 이 소녀는 이제 막 죽었지만, 과부의 아들은 죽어서 관에 있었으며, 나사로는 무덤에 들어가서 썩는 냄새까지 났던 상태였다. 이것은 우리에게 죽음의 어떤 단계에 있든지 상관없이 그분께 도움을 요청하는 것을 그냥 포기할 만큼 자포자기해서는 안 된다는 것을 보여준다.

32 누가복음 11장 14절.

33 이스라엘에서 - 이스라엘에 사는 사람들이 지금껏 놀라운 기적을 많이 보았지만.

36 그들이 기운이 빠져 있었기 때문이다 - 육신이 피곤하다기보다는 영혼이 피곤했다. **목자 없는 양과 같이** - 그래도 그들에게는 많은 선생이 있는데도. 그들에게는 어느 마을이나 율법학자들이 있었다. 그러나 그들은 그 사람들의 영혼을 돌보지 않았고, 설령 가르침을 주려고 했더라도 사실 그렇게 할 능력이 없었다. 그들에게는 하나님의 마음을 가진 목자들이 없었다.

37 추수할 것은 많은데 - 그리스도께서 이 세상에 오셨을 때 아마도 추수할 때였을 것이다. 그러나 그때까지도 세상은 여전히 씨를 뿌리는 시기에 머물러 있었다. **일꾼이 적다** - 하나님이 보내신 사람들을 가리킨다. 그들은 거룩한 사람들이며 죄인들을 회개시키는 자들이다. 그러나

그렇지 않은 사람들은 많았다(눅 10:2).

38 추수하는 주인 – 이 사람만의 특별한 일과 임무는 바로 추수하는 것이다. 다른 사람은 할 수 없고 오직 이 사람만이 그것을 할 수 있다. **보내시라고** – 살과 피를 가진 사람들을 즐겁게 하라고 고용된 사람들이 아니다. 이들은 보냄을 받은 세상에서 그들은 욕을 먹고 고생하며 위험을 무릅쓰고 온갖 종류의 시험을 받는다. 이들은 당연히 세상과 부딪히게 된다. 만일 여러분이 이러한 것을 느끼지 못했다면, 여러분은 그리스도의 추수를 맡은 일꾼이 된다는 것이 무엇인지 아직 모르는 것이다. 그분은 그들을 파송하신다. 그분께서 자신의 성령으로 그들을 부르실 때 그분은 그들을 이 일을 위해서 은혜와 은사로 준비시켜 주신다. 그리고 그들이 거기에서 일할 수 있도록 길을 마련해 주신다.

역자 해설

앞서 살폈듯이, 첫째 기적 단락이 소외당한 사람들을 향한 것이었다면, 둘째 기적 단락은 예수님에 관한 것입니다.

기적 B-1. 풍랑을 잔잔하게 하심(8:23-22) - 자기 계시
기적 B-2. 귀신들린 두 사람을 고침(8:28-34) - 악한 영의 권세 굴복
기적 B-3. 중풍 환자를 고침(9:1-8) - 인자의 권세
 부르심 B. 나를 따르라(9:9-13)

논쟁: 신랑을 빼앗길 날이 올 것이다(9:14-17)

기적 C-1. 여인들을 고침(9:18-26) - 믿음의 승리
기적 C-2. 눈먼 두 사람을 고침(9:27-31) - 믿음의 승리
기적 C-3. 말 못 하는 사람을 고침(9:32-34) - 악한 영의 권세 굴복
 부르심 C. 추수꾼이 필요하다(9:35-38)

먼저 풍랑을 잠잠하게 하신 이야기는 상징적입니다. 8장 26절에서 바람과 바다를 꾸짖으셨다('에피티메센')고 표현합니다. '꾸짖다'라는 단어는 살아 있는 생명체에게 할 수 있는 행동이지 바람이나 바다를 꾸짖는다는 것은 사실 말이 안 됩니다. 그런데 예수님은 그렇게 꾸짖으셨고 바

람과 바다는 그 꾸지람을 듣고 조용해집니다. 바다가 그저 자연물이 아닌 어떤 인격적인 존재를 상징하기 때문입니다. 먼저 이 장면은 자연을 다스리시는 신적 존재로서 예수님의 자기 계시를 보여줍니다. 더 나아가서 바다의 상징적 의미도 눈여겨볼 필요가 있습니다. 바다는 전통적으로 악한 세력의 거점을 상징합니다(욥 7:12; 26:13; 시 148:7; 암 9:3). 하나님은 바다 괴물의 등을 짓밟으시는 분이시며(욥 9:8) 따라서 신적인 존재로서 예수님은 갈릴리 바다 위를 걸으십니다(등을 짓밟으십니다). 예수님의 명령에 군대 귀신들은 자신들의 고향인 '바다'로 쫓겨갑니다(8:32). 그래서 하나님이 친히 다스리시는 새 하늘과 새 땅에는 특이하게도 바다가 없는데(계 21:1), 이렇게 보면 이것은 아주 당연한 일입니다. 예수님의 기적을 본 제자들은 질문을 던집니다. "이분이 누구시기에…"(8:22) 이 질문은 우리에게 던지는 질문이기도 합니다. 예수님은 누구신가요?

둘째 단락도 악한 영의 세력을 굴복시키시는 예수님을 보여줍니다. 악령들은 예수님이 누구인지 정확히 파악하고 있습니다. "하나님의 아들이여"(8:29). 그러나 사람들은 그분이 누구신지 제대로 보지 못하고 예수님에게 떠나 달라고 말합니다(34절). 셋째 단락도 단순히 환자를 고치는 이야기가 아닌 "예수님은 누구신가?"라는 질문에 관한 이야기입니다. 바로 앞에서 악한 영의 권세를 말했다면, 여기에서는 인자의 권세를 보여줍니다. 예수님의 정체에 관한 이야기가 끝나고 예수님은 자기를 따르라고 마태를 부르십니다. 그 부르심은 죄인을 향한 것입니다(9:13). 인자가 이 땅에 오신 목적을 잘 보여줍니다.

18절부터 이어지는 세 번째 기적 이야기 단락은 믿음에 관해 말합니다. 혈루증 여인을 치유하시고 소녀를 살리시는 이야기에서 중요한 키워드는 '믿음'이라는 것입니다(22절). 귀신들린 두 사람을 고치신 것처럼

(B-2 단락, 8:28-34), C-2 단락에서는 눈먼 두 명을 고치십니다(9:27-31). 그런데 여기에서도 예수님은 그들의 믿음을 확인하시고(28절), 그들의 믿음이 문제를 해결합니다(29절). 그리고 세 번째 기적(C-3)은 악한 영이 예수님의 권세 앞에 굴복하는 이야기를 전합니다.

세상은 악한 영의 권세로 신음하고 있습니다(엡 2:2). 이로 인해 사람들은 목자 없는 양처럼 고통당하고 있습니다(9:36). 그러나 예수님께서는 그 세상의 주권 세력을 심판하여 쫓아내시고(요 12:31) 사람들을 그 권세에서 해방하십니다. 그리고 그 사역을 위해 일꾼을 부르십니다(9:37-38). 하늘나라의 복음이 선포되는 곳에서 악한 영의 세력은 굴복하여 쫓겨납니다. 그러나 그들의 저항은 만만치 않습니다. 결국 사람들은 신랑을 빼앗길 날을 맞이하게 될 것이고 그때 그들은 금식하며 슬퍼할 것입니다(9:15). 그러나 복음은 십자가 죽음에서 끝나지 않고 부활 승리로 다시 살아날 것입니다. 그러하기에 새 술을 새 부대에 담는(9:16-17) 이 하늘나라의 복음 사역은 어떤 저항 앞에서도 굴하지 않고 꿋꿋하게 나아갈 것입니다.

마태복음 10장

1 예수께서 열두 제자를 부르셔서, 더러운 귀신을 제어하는 권능을 주시고, 그들이 더러운 귀신을 쫓아내고 온갖 질병과 온갖 허약함을 고치게 하셨다. **2** 열두 사도의 이름은 이러하다. 첫째로 베드로라고 부르는 시몬과, 그의 동생 안드레와 세베대의 아들 야고보와 그의 동생 요한과 **3** 빌립과 바돌로매와 도마와 세리 마태와 알패오의 아들 야고보와 다대오와 **4** 열혈당원 시몬과 예수를 넘겨준 가룟 사람 유다이다. **5** 예수께서 이들 열둘을 내보내실 때에, 그들에게 이렇게 명하셨다. "이방 사람의 길로도 가지 말고, 또 사마리아 사람의 고을에도 들어가지 말아라. **6** 오히려 길 잃은 양 떼인 이스라엘 백성에게로 가거라. **7** 다니면서 '하늘 나라가 가까이 왔다'고 선포하여라. **8** 앓는 사람을 고쳐 주며, 죽은 사람을 살리며, 나병 환자를 깨끗하게 하며, 귀신을 쫓아내어라. 거저 받았으니, 거저 주어라. **9** 전대에 금화도 은화도 동전도 넣어 가지고 다니지 말아라. **10** 여행용 자루도, 속옷 두 벌도, 신도, 지팡이도, 지니지 말아라. 일꾼이 자기 먹을 것을 얻는 것은 마땅하다. **11** 아무 고을이나 아무 마을에 들어가든지, 거기서 마땅한 사람을 찾아내서, 그 곳을 떠날 때까지 거기에 머물러 있어라. **12** 너희가 그 집에 들어갈 때에, 평화를 빈다고 인사하여라. **13** 그래서 그 집이 평화를 누리기에 알맞으면, 너희가 비는 평화가 그 집에 있게 하고, 알맞지 않으면 그 평

화가 너희에게 되돌아오게 하여라. **14** 누구든지 너희를 영접하지 않거나 너희의 말을 듣지 않거든, 그 집이나 그 고을을 떠날 때에, 너희 발에 묻은 먼지를 떨어 버려라. **15** 내가 진정으로 너희에게 말한다. 심판 날에는 소돔과 고모라 땅이 그 고을보다는 견디기가 쉬울 것이다." **16** "보아라, 내가 너희를 내보내는 것이, 마치 양을 이리 떼 가운데로 보내는 것과 같다. 그러므로 너희는 뱀과 같이 슬기롭고, 비둘기와 같이 순진해져라. **17** 사람들을 조심하여라. 그들이 너희를 법정에 넘겨주고, 그들의 회당에서 매질을 할 것이다. **18** 또 너희는 나 때문에, 총독들과 임금들 앞에 끌려나가서, 그들과 이방 사람 앞에서 증언할 것이다. **19** 사람들이 너희를 관가에 넘겨줄 때에, 어떻게 말할까, 또는 무엇을 말할까, 하고 걱정하지 말아라. 너희가 무슨 말을 해야 할지, 그 때에 지시를 받을 것이다. **20** 말하는 이는 너희가 아니라, 너희 안에서 말씀하시는 아버지의 영이시다. **21** 형제가 형제를 죽음에 넘겨주고, 아버지가 자식을 또한 그렇게 하고, 자식이 부모를 거슬러 일어나서 부모를 죽일 것이다. **22** 너희는 내 이름 때문에 모든 사람에게서 미움을 받을 것이다. 그러나 끝까지 견디는 사람은 구원을 얻을 것이다. **23** 이 고을에서 너희를 박해하거든, 저 고을로 피하여라. 내가 진정으로 너희에게 말한다. 너희가 이스라엘의 고을들을 다 돌기 전에 인자가 올 것이다. **24** 제자가 스승보다 높지 않고, 종이 주인보다 높지 않다. **25** 제자가 제 스승만큼 되고, 종이 제 주인만큼 되면, 충분하다. 그들이 집주인을 바알세불이라고 불렀거든, 하물며 그 집 사람들에게야 얼마나 더 심하겠느냐!" **26** "그러므로 너희는 그들을 두려워하지 말아라. 덮어 둔 것이라고 해도 벗겨지지 않을 것이 없고, 숨긴 것이라 해도 알려지지 않을 것이 없다. **27** 내가 너희에게 어두운 데서 말하는 것을, 너희는 밝은 데서 말하여라. 너희가 귓속말로 듣는 것을, 지붕 위에서 외쳐라. **28** 그리고 몸은 죽일지라도 영혼은 죽이지 못하는 이를 두려워하지 말고, 영혼도 몸도 둘 다 지옥에 던져서 멸망시킬 수 있는 분을 두려워하여라.

²⁹ 참새 두 마리가 한 냥에 팔리지 않느냐? 그러나 그 가운데서 하나라도 너희 아버지께서 허락하지 않으시면, 땅에 떨어지지 않을 것이다. ³⁰ 아버지께서는 너희의 머리카락까지도 다 세어 놓고 계신다. ³¹ 그러니 두려워하지 말아라. 너희는 많은 참새보다 더 귀하다." ³² "누구든지 사람들 앞에서 나를 시인하면, 나도 하늘에 계신 내 아버지 앞에서 그 사람을 시인할 것이다. ³³ 그러나 누구든지 사람들 앞에서 나를 부인하면, 나도 하늘에 계신 내 아버지 앞에서 그 사람을 부인할 것이다." ³⁴ "너희는 내가 세상에 평화를 주려고 온 줄로 생각하지 말아라. 평화가 아니라 칼을 주려고 왔다. ³⁵ 나는, 사람이 자기 아버지와 맞서게 하고, 딸이 자기 어머니와 맞서게 하고, 며느리가 자기 시어머니와 맞서게 하려고 왔다. ³⁶ 사람의 원수가 자기 집안 식구일 것이다. ³⁷ 나보다 아버지나 어머니를 더 사랑하는 사람은 내게 적합하지 않고, 나보다 아들이나 딸을 더 사랑하는 사람도 내게 적합하지 않다. ³⁸ 또 자기 십자가를 지고 나를 따르지 않는 사람도 내게 적합하지 않다. ³⁹ 자기 목숨을 얻으려는 사람은 목숨을 잃을 것이요, 나를 위하여 자기 목숨을 잃는 사람은 목숨을 얻을 것이다." ⁴⁰ "너희를 맞아들이는 사람은 나를 맞아들이는 것이요, 나를 맞아들이는 사람은 나를 보내신 분을 맞아들이는 것이다. ⁴¹ 예언자를 예언자로 맞아들이는 사람은, 예언자가 받을 상을 받을 것이요, 의인을 의인이라고 해서 맞아들이는 사람은, 의인이 받을 상을 받을 것이다. ⁴² 내가 진정으로 너희에게 말한다. 이 작은 사람들 가운데 하나에게, 내 제자라고 해서 냉수 한 그릇이라도 주는 사람은, 절대로 자기가 받을 상을 잃지 않을 것이다."

웨슬리와 함께 읽기

1 **그의 열두 제자들** - 이제 여기에서는 예수께서 자신의 열두 제자를 이미 선택하신 것으로 나오는데, 이후로 예수께서는 그들을 사도들이라 부르신다. 열둘이라는 숫자는 이스라엘의 열두 지파나 열두 족장들과 관련 있는 것처럼 보인다(막 3:14; 6:7; 눅 6:13; 9:1).

2 **첫째로 시몬** - 비록 안드레가 시몬보다 먼저 예수님을 봤지만, 그리스도 곁에서 꾸준히 그분을 돕기 위해 처음으로 부르심을 받은 사람은 시몬이다(행 1:13).

3 **레베우스** - 흔히 야고보의 형제 유다라고 불린다.[51]

4 **가룟** - 이스카리옷(Iscarioth)이라고 하는 에브라임 지파의 한 도시에서 따온 말로, 이 도시는 사마리아 근처에 있는 도시였다. 이곳은 그의 출생지이다.[52]

5 **이들 열둘을 내보내실** - 여기에서 예수께서는 만물을 다스리시는 하나님으로서 최고의 권위를 행사하고 계신다. 하나님을 제외하고는 누구도 사람들에게 그분의 말씀을 선포할 권한을 부여할 수 없다. **가지 말아라** - 따라서 그들의 사역은 제한을 받고 있는데, 오순절에 성령을 넘치도록 부어주시기까지 이방인을 부르시는 것이 연기되었기 때문이다.

들어가지 말아라 – 가서 말씀을 전하지 말라는 뜻이다. 그러나 제자들은 그곳에 가서 필요한 물품은 살 수 있었다(요 4:9).

8 귀신을 쫓아내어라 – 매우 다행스럽게도 믿지 않는 영들은 공포에 질려있다. 학식이 있는 한 형제가 연구한 바에 따르면 (복음서도 그렇게 본다) 복음서에 나오는 질병은 귀신들이 한 짓으로 보이는데, 이러한 질병은 정신병, 간질 혹은 경련과 같은 자연적인 질병과 똑같은 증상을 보인다. 그래서 그 형제는 귀신은 손을 가지고 있지 않다는 결론을 서슴지 않고 내렸다. 그러나 잠시 멈추고 좀 더 생각해 볼 필요가 있다. 만약에 하나님께서 마치 사람들이 자기 몸을 좌지우지하듯이 마귀도 사람들의 몸에 똑같은 영향력을 미치도록 내버려 두셨다면 어땠을까? 그리고 실제로 마귀가 그렇게 힘을 미치고 있다면 어떨까? 마치 사람이 자기 몸을 자연스럽게 구부리는 것처럼 마귀도 똑같이 그렇게 구부릴 수 있어서 마귀는 팔을 갖고 있지 않다고 결론을 내릴 수 있을까? 하나님께서 마귀에게 큰 힘을 주셔서 두뇌에 있는 신경 기관에 지금 당장 영향을 미치고, 그래서 사람들이 격렬하게 경련을 일으키도록 한다고 생각해보라. 혹은 반대로 경련을 조금만 하거나 거의 안 하도록 사람을 좀 늦추어준다고 생각해보라. 그래도 그 증상은 여전히 정신병에 걸리거나 간질을 하거나 경련을 하는 것과 같이 강렬한 신경증적인 것이 될 것이다. 혹은, 마비 증세와 같이 완화된 신경증적 증세가 될 수도 있다. 그러나 그런 이유로 마귀에게는 손이 없다고 결론을 내릴 수 있을까? 하나님께서는 어떤 경우가 되었든지 이러한 능력을 악한 영에게 주실 수 없다고, 혹은 주시려고 하지 않는다고 확신할 수 있는 사람이 있을까? 혹은 자연적인 원인에 의해서 생기는 결과처럼, 그러한 결과들이 불가사의한 것에 의해 생겨날 수는 없을까? 만약에 이러한 일들이 가능하다

면, 그렇다고 해서 그것이 어떤 경우에서였든지 상관없이 그가 단지 일어날 수 있는 사실에 대해 확신을 했다는 이유로 그 사람을 가리켜서 잘못 생각한 사람이라고 말할 수 없다. 그런데 무엇보다도 복음서의 진실을 두려워하는 이런 불만이 있는 사람들은 복음서 저자들을 이러한 방식으로 취급해버린다. 그들이 그렇게 하는 이유는, 만일 그것이 사실이라면, 그들이 세상에서 가장 불쌍한 사람들이기 때문이다. **네가 거저 받았으니** - 모든 것을. 특히 기적을 행할 수 있는 능력을 거저 받았으니. **거저 주어라** - 네가 어디를 가든지 그 능력을 행사하라(막 6:7; 눅 9:2).

9 **가지고 다니지 말아라** - 여기에서 강조하는 말이 바로 이것이다. 그들은 자기들이 가지고 있는 것을 사용할 수 있다. 그렇지만 그들은 그 이상의 것을 공급해주는 곳에는 한 시라도 머물러 있어서는 안 되며, 그런 생각조차 하면 안 된다. 또한, 그들은 꼭 필요한 것이 아니라면 절대로 어떤 것이든 가지고 다녀서는 안 된다. 만일 그렇지 않으면 그들은 그것들에 의해 방해를 받게 된다. 그들이 필수적인 것 이상을 지녀서는 안 되는 이유는 이렇게 해야 앞으로 혹시 급한 일이 생길 때 하나님을 의지하는 법을 배울 수 있기 때문이다.

10 **자루도** - 이것은 지갑이나 물건을 담을 가방을 의미한다. **지팡이도** - 마가복음 6장 8절을 보면 아무것도 가져가지 말고 지팡이 하나만 가져가라고 나온다. 하나만 가진 사람이라면 이 지팡이를 가져갔을 것이다. 아무것도 안 가진 사람이라면 당연히 아무것도 안 가져갔을 것이다. **일꾼이 자기 먹을 것을 얻는 것은 마땅하다** - 여기에 9절과 10절에서 말하는 모든 것이 포함되어 있다. 이 두 구절에는 그들이 자기를 위해서 필요하다고 해서 가져가서는 안 되는 것들을 말하고 있다(눅 10:7).

11 **마땅한 사람을 찾아내서** - 그래서 그와 함께 지낼 수 있도록. 이 사람

은 복음을 받아들일 사람이다. **거기에 머물러 있어라** - 그 집에서 네가 그 마을을 떠날 때까지(막 6:20; 눅 9:4).

12 인사하여라 - 일상적인 유대인들의 방식으로는 "평화가(즉 모든 복이) 이 집에 있기를"이라고 한다.

13 그 집이 알맞으면 - 그 평화를 받기에 알맞으면 하나님께서 네가 그들을 위해 빌었던 평화를 그들에게 주실 것이다. 만일 그들이 합당하지 않다면 하나님께서는 그들이 거절했던 그것을 너희에게 주실 것이다. 우리가 남을 위해서 기도할 때도 마찬가지로 그 사람이 그 간구한 것에 적합하지 않은 사람이라면 하나님께서 그것을 우리에게 선물로 주실 것이다.

14 네 발에 묻은 먼지를 떨어 버려라 - 유대인들은 이스라엘 땅이 특별히 거룩하다고 생각했다. 그래서 그들이 이방인 지역에서 자기 집으로 돌아올 때는 경계에 멈춰 서서 자기 발에 묻은 먼지를 털고 들어왔다. 왜냐하면 그렇게 해야만 그 거룩한 땅이 오염되지 않으리라 생각했기 때문이다. 따라서 여기에서 말하는 이 행동에는 복음을 거절한 유대인들이 더는 거룩하지 않고 이교도나 우상 숭배자와 같은 수준의 사람이라는 것이 생생하게 암시되어 있다.

16 누가복음 10장 3절.

17 여러분이 아무리 죄가 없다고 하더라도, 여러분이 아무리 지혜롭다고 하더라도 그것 덕분에 여러분이 박해를 피할 수 있을 것으로 생각하지 말라. **그들이 회당에서 매질할 것이다** - 유대인들은 자기들만의 법정이 있어서 일반적인 재판과 교회 재판을 모두 그곳에서 다루었다(마 24:9).

19 생각하지 말아라 - 또한 지금 당장 어떤 갑작스러운 질문을 받더라

도 우리는 무엇을 어떻게 답변해야 할 것인지 깊이 생각할 필요가 없다(눅 12:11).

21 누가복음 21장 16절.

22 **모든 사람에게서** – 하나님을 알지 못하는(마 24:13).

23 **이스라엘의 고을들을 다 돌기 전에** – 여러분이 하려는 것을 서둘러하라. **인자께서 오실 때까지** – 그들의 성전과 나라를 무너뜨리시려고 오시는 그 시간.

24 누가복음 6장 30절; 요한복음 15장 20절.

25 **하물며** – 이것은 얼마나 많이 욕을 먹고 박해를 받을 것인지 그 분량을 가리키는 말이 아니다. (이 점에 있어서 종이 그 주인보다 더 위에 있을 수 없다.) 도리어 이것은 반드시 그렇게 될 것이라는 점을 말하는 것이다(마 12:24).

26 **그러므로 그들을 두려워하지 말아라** – 왜냐하면 여러분이 박해를 받아봤자 여러분의 주님이 당하신 것 이상 받지는 않을 것이기 때문이다. **벗겨지지 않을 것이 없고** – 따라서 그들이 제아무리 지금 여러분을 중상모략한다 해도 여러분의 무죄는 결국 밝혀지게 될 것이다(막 4:22; 눅 8:17; 12:2).

27 **내가 너희에게 어두운 데서 말하는 것을 너희는 밝은 데서 말하여라. 따라서 너희가 귓속말로 듣는 것을 집 위에서 외쳐라** – 지붕을 가리킨다. 유대인의 관습 두 가지가 여기에 나타난다. 유대인의 선생들은 제자들이 다른 사람들에게 크게 외쳐서 알려야 할 것들은 그 제자들의 귀에 속삭여서 말해주곤 했었다. 또한, 유대인들의 집은 낮고 천장은 평평해서 그들은 종종 지붕에 올라가서 사람들에게 연설하곤 했다(눅 12:3).

28 **두려워하지 말고** – 여러분이 선포한다는 이유로 당할 어떠한 고난이라도. **영혼도 몸도 둘 다 지옥에 던져서 멸망시킬 수 있는 분을 두려워하**

여라 – 눈여겨볼 것은, 우리 주님께서 하나님을 사랑하는 사람들, 그러면서도 이미 그분을 두려워하고 있는 사람들인데도 그들에게 이 이야기 가운데서 이러한 의미로 명하고 계신다는 점이다.

29,30 하나님께서 특별히 돌봐주시기 때문에 여러분은 사람들을 두려워할 필요가 없다. 그분께서는 아주 작은 것들까지 모두 돌봐주신다. 하나님께서 가장 보잘것없는 생물까지 그토록 돌보신다면, 하물며 여러분은 얼마나 더 돌보시겠는가? (다만 여러분이 사람들, 즉 진리를 거스르는 강한 원수들 앞에서조차 그분을 부인하지 않는다면) 그 돌보심은 단지 이 땅에서 사는 동안뿐만 아니라 내세에서도 그러하다.

30 마태복음 10장 29절 주석을 보라(눅 12:7).

32 누구든지 나를 시인하면 – 내가 약속대로 온 메시아임을 사람들 앞에서 공개적으로 인정한다면. 그러나 이러한 고백은 또한 그분의 모든 가르침을 받아들인다는 의미도 내포한다(막 8:38). 또한, 그것은 그분의 모든 계명을 준수한다는 것도 의미한다(눅 9:26).

33,34 누구든지 사람들 앞에서 나를 부인하면 – 너희는 이런 유혹을 강하게 받을 것이다. **내가 온 줄로 생각하지 말아라** – 이 말은 내가 왔기 때문에 곧바로 우주적인 평화가 올 것으로 생각하지 말라는 것이다. 도리어 그 반대이다. 내 복음이 권능으로 임하는 곳마다 개인이든 사회든 분열이 일어나게 되어 있다. **너희는** – 그분이 오셨기 때문에 이러한 일이 일어나기는 하지만 이 일은 사실 의도된 것이 아니다. 이러한 현상은 마귀와 사람들이 저항하므로 생기는 것이다.

34 마태복음 10장 33절을 보라(눅 12:51).

36 사람의 원수 – 나를 사랑하고 따르는 자들의 원수(미가 7:6).

37 나보다 아버지나 어머니를 더 사랑하는 사람 – 자기가 해야 할 임무

를 완수할 때에 이 모두를 포기할 준비가 되어있지 않은 사람.

38 자기 십자가를 지지 않는 사람 – 이 말은, 고통이나 불편을 겪지 않는 방법은 악을 행하거나 선을 행하지 않는 것뿐이라는 말이다(마 16:24; 눅 14:27).

39 자기 목숨을 얻으려는 사람은 잃을 것이요 – 나를 부인하여 자기 목숨을 건지는 사람은 결국 그 목숨을 영원히 잃게 될 것이다. 그러나 나를 시인하다가 자기의 목숨을 잃은 사람은 영원히 생명을 얻게 될 것이다. 너희는 그에 따른 보상을 얻게 될 것이며, 마찬가지로 나로 인하여 너희를 대접하는 사람도 그만큼 보상을 얻게 될 것이다(마 16:25; 요 12:25).

40 마태복음 18장 5절; 누가복음 10장 16절; 요한복음 13장 20절.

41 예언자를 맞아들이는 사람은 – 즉, 복음 전파자를. **예언자의 이름으로** – 즉, 그 사람이 예언자이기 때문에 그렇게 한 사람은 그가 받을 상을 나눠 갖게 될 것이다.

42 이 작은 사람들 가운데 하나 – 아주 보잘것없는 그리스도인(막 9:41).

역자 해설

마태복음 안에는 다섯 개의 가르침 묶음 단락이 있습니다. 첫째가 산상수훈(5-7장), 둘째가 전도 사역(10장), 셋째가 천국(13장), 넷째가 교회(18장), 다섯째가 종말(23-25장)입니다. 마태는 이 다섯 개의 가르침 묶음이 끝날 때마다 "예수께서 이 말씀을 마치시고…"라는 정형화된 표현으로 표시를 해둡니다. 그래서 우리는 마태가 이 다섯 묶음의 가르침을 일부러 만들어놓았다는 것을 알 수 있습니다.

10장의 전도사역에 대한 파송은 9장 마지막 부분과 이어집니다. 앞서 우리가 살펴보았듯이, 예수께서는 기적을 통해 하나님 나라가 임했음을 보이셨고, 그 기적 이야기 뒤에 자기를 따르라고 사람들을 불러 모으시는 이야기 단락을 붙여놓았습니다. 사람을 불러 모으시는 이유는 자기를 따라다니며 떠받들 추종자를 모집하기 위함이 아니었습니다. 하늘나라의 복음을 선포하고 널리 알릴 일꾼을 내보내시기 위해 부르신 것이었습니다(9:38). 이제 10장에서 예수님은 추수할 일꾼들을 내보내십니다. 그들은 열두 명의 '사도'(아포스톨로스)라고 부르십니다(10:2). 마태복음에서는 이 열두 명을 '제자'라고 부르는데, '사도'라는 표현은 이곳에서 딱 한 번만 사용되는 단어입니다. 이 말은 '보낸다'는 말을 그 뿌리로 삼는 말입니다.

요즘 한국에서 기독교는 소수 세력이 아닙니다. 처음 복음이 조선에 들어왔을 때는 많은 박해를 받았지만, 요즘에는 어딜 가나 교회가 쉽게 눈에 띄고 교인도 많습니다. 하지만 예수님 당시나 마태복음이 기록되던 1세기만 해도 예수를 믿는 것은 목숨이 달린 문제였습니다. 당시 로마인들 보기에 기독교인들은 황제 숭배를 거부하는 반역자였습니다. 황제는 곧 국가였기 때문에 로마인 생각에는 황제 제단에 향을 피우는 것은 국가에 충성하는 애국심이었습니다. 그러나 기독교인은 그것을 우상숭배로 보고 거부했습니다. 그러니 그들이 박해받는 것은 당연한 것이었습니다.

그들은 유대교인들로부터도 버림을 받았습니다. 처음에는 자기들과 같은 부류라고 생각했었는데, 시간이 흐르면서 가만히 보니 예수라는 인간을 하나님이라고 숭배하니 당연히 지옥 불에 던져넣을 이단으로 생각한 것입니다. 그래서 셰모네 에스레라고 하는 18개의 유대교 기도문 중에 12번째 기도문(비르캇 하 미님)에서 예수 믿는 자들을 저주합니다. "나사렛 도당들과 이단자들이 속히 멸망하게 하시고 그들을 생명책에서 지우사 그들이 의인들과 함께 기록되지 않게 하옵소서." 그래서 그들은 회당에서도 쫓겨납니다. 회당에서 쫓겨난다는 것을 '내가 싫다고? 그럼 다른 데 가면 되지' 하는 식으로 간단하게 생각하면 안 됩니다. 당시 유대교 공동체에서 축출당하는 것은 삶의 터전을 잃고 생존의 위협을 받는 것을 의미했습니다.

그러나 주님은 하늘나라 복음을 위해 그런 위협을 두려워 말라고 하십니다(16절 이하). 예수님은 사도들에게 악한 귀신을 제어하는 권세, 기적을 일으킬 능력을 주셨기 때문입니다(1-2절). 그들은 무엇을 먹고 마시고 입을까 염려할(6:25-32) 필요가 없습니다(10:8-14). 왜냐하면 그들이 하나님의 나라와 의를 구할 때 구하기도 전에 그들의 필요를 이미 아시는 하나님이 그들을 돌보실 것이기 때문입니다(6:32-33; 10:29-31). 그들이 승리를 의심할 필요가 없는 것은 이미 자신들의 스승께서 이미 일을 이루셨기 때문입니다(8-9장, 10:24-25, 40-42).

　기성세대 한국 기독교인들은 한국 기독교 역사의 전성기를 보냈습니다. 그러나 21세기 지금의 젊은 기독교인들은 믿음을 지키기 참으로 어려운 시대를 보낼 것입니다. 이전처럼 박해를 받지는 않지만, 그들의 믿음을 흔드는 많은 유혹의 권세가 너무나 강하기 때문입니다. 앞으로 30년 후, 한국 사회에서 과연 얼마나 많은 "믿는 자를 볼 수 있을까요?"(눅 18:8) 한국교회는 후속 세대에 복음을 전하는 일에 힘쓰고 믿음의 후속 세대를 위해 기도할 때입니다.

마태복음 11장

¹ 예수께서 열두 제자에게 지시하기를 마치고, 거기에서 떠나셔서, 유대 사람들의 여러 고을에서 가르치며 복음을 전하셨다. ² 그런데 요한은, 그리스도께서 하신 일들을 감옥에서 전해 듣고, 자기의 제자들을 예수께 보내어, ³ 물어 보게 하였다. "오실 그분이 당신이십니까? 그렇지 않으면, 우리가 다른 분을 기다려야 합니까?" ⁴ 예수께서 그들에게 대답하셨다. "가서, 너희가 듣고 본 것을 요한에게 알려라. ⁵ 눈 먼 사람이 보고, 다리 저는 사람이 걸으며, 나병 환자가 깨끗하게 되며, 듣지 못하는 사람이 들으며, 죽은 사람이 살아나며, 가난한 사람이 복음을 듣는다. ⁶ 나에게 걸려 넘어지지 않는 사람은 복이 있다." ⁷ 이들이 떠나갈 때에, 예수께서 무리에게 요한을 두고 말씀하셨다. "너희는 무엇을 보러 광야에 나갔더냐? 바람에 흔들리는 갈대냐? ⁸ 아니면, 무엇을 보러 나갔더냐? 화려한 옷을 입은 사람이냐? 화려한 옷을 입은 사람은 왕궁에 있다. ⁹ 아니면, 무엇을 보러 나갔더냐? 예언자를 보려고 나갔더냐? 그렇다. 내가 너희에게 말한다. 그렇다. 그는 예언자보다 더 훌륭한 사람이다. 이 사람을 두고 성경에 기록하기를, ¹⁰ '보아라, 내가 내 심부름꾼을 너보다 앞서 보낸다. 그가 네 앞에서 네 길을 닦을 것이다' 하였다. ¹¹ 내가 진정으로 너희에게 말한다. 여자가 낳은 사람 가운데서 세례자 요한보다 더 큰 인물은 없었다. 그런데 하늘 나라에서는

아무리 작은 이라도 요한보다 더 크다. [12] 세례자 요한 때로부터 지금까지, 하늘 나라는 힘을 떨치고 있다. 그리고 힘을 쓰는 사람들이 그것을 차지한다. [13] 모든 예언자와 율법서는, 요한에 이르기까지, 하늘 나라가 올 것을 예언하였다. [14] 너 희가 그 예언을 기꺼이 받아들이려고 하면, 요한, 바로 그 사람이 오기로 되어 있는 엘리야이다. [15] 들을 귀가 있는 사람은 들어라." [16] "이 세대를 무엇에 비길 까? 마치 아이들이 장터에 앉아서, 다른 아이들에게 이렇게 말하는 것과 같다. [17] '우리가 너희에게 피리를 불어도 너희는 춤을 추지 않았고, 우리가 곡을 해 도, 너희는 울지 않았다.' [18] 요한이 와서, 먹지도 않고 마시지도 않았다. 그러니 까 사람들이 말하기를, '그는 귀신이 들렸다' 하고, [19] 인자는 와서, 먹기도 하고 마시기도 하니, 그들이 말하기를 '보아라, 저 사람은 마구 먹어대는 자요, 포도 주를 마시는 자요, 세리와 죄인의 친구다' 한다. 그러나 지혜는 그 한 일로 옳다 는 것이 입증되었다." [20] 그 때에 예수께서는, 자기가 기적을 많이 행한 마을들 이 회개하지 않으므로, 꾸짖기 시작하셨다. [21] "고라신아, 너에게 화가 있다. 벳 새다야, 너에게 화가 있다. 너희 마을들에서 행한 기적들을 두로와 시돈에서 행 했더라면, 그들은 벌써 굵은 베 옷을 입고, 재를 쓰고서, 회개하였을 것이다. [22] 나는 너희에게 말한다. 심판 날에 두로와 시돈이 너희보다 견디기 쉬울 것이다. [23] 화가 있다. 너 가버나움아, 네가 하늘에까지 치솟을 셈이냐? 지옥에까지 떨 어질 것이다. 너 가버나움에서 행한 기적들을 소돔에서 행했더라면, 그는 오늘 까지 남아 있을 것이다. [24] 나는 너희에게 말한다. 심판 날에 소돔 땅이 너보다 견디기 쉬울 것이다." [25] 그 때에 예수께서 이렇게 말씀하셨다. "하늘과 땅의 주 님이신 아버지, 이 일을 지혜 있고 똑똑한 사람들에게는 감추시고, 어린아이들 에게는 드러내어 주셨으니, 감사합니다. [26] 그렇습니다. 아버지, 이것이 아버지 의 은혜로운 뜻입니다. [27] 내 아버지께서 모든 것을 내게 맡겨주셨습니다. 아버 지 밖에는 아들을 아는 이가 없으며, 아들과 또 아들이 계시하여 주려고 하는 사람 밖에는 아버지를 아는 이가 없습니다." **28** "수고하며 무거운 짐을 진 사람은 모두 내게로 오너라. 내가 너희를 쉬게 하겠다. **29** 나는 마음이 온유하고 겸손하니, 내 멍에를 메고 나한테 배워라. 그리하면 너희는 마음에 쉼을 얻을 것이다. **30** 내 멍에는 편하고, 내 짐은 가볍다."

웨슬리와 함께 읽기

1 그들의 마을에서 - 이스라엘의 다른 도시들.

2 그는 자기의 제자 둘을 보냈다 - 요한이 그분을 의심해서가 아니라 그들의 믿음을 확인하기 위해서였다(눅 7:18).[53]

3 오실 그분 - 메시아.

4 가서 너희가 듣고 본 것을 요한에게 알려라 - 말로 메시아라는 것을 단언하는 것보다 직접 보고 듣는 것이 내가 메시아라는 것에 대한 더 강한 증거가 된다.

5 가난한 사람이 복음을 듣는다 - 무엇보다도 가장 위대한 자비(사 29:18; 35:5).

6 나에게 걸려 넘어지지 않는 사람은 복이 있다 - 내가 메시아라는 것을 증명해주는 이 모든 것에도 불구하고.

7 이들이 떠나갈 때 그가 요한에 대해 말씀하셨다 - 그 사람들이 있었을 때는 아마도 예수께서 요한에 대해 말씀하지 않으셨을 것이다. 바람에 흔들리는 갈대 - 세례자 요한이 진리에 대해 증거했을 때 어떤 것도 요한을 흔들 수 없었다. 이 표현은 속담과 같은 것이다.[54]

8 부드럽고 좋은 의복 - 궁정에 드나드는 유약한 사람들로서, 그들은 아

첨과 입에 발린 소리가 몸에 밴 사람들이다. 그런 사람들은 광야가 아니라 궁전에서 찾아볼 수 있다.

9 예언자보다 더 훌륭한 – 예언자들은 그저 멀찌감치 떨어져서 나를 가리켰을 뿐이다. 그러나 요한은 내 바로 앞에 있던 사람이었다.

10 말라기 3장 1절.

11 하늘나라에서 가장 작은 사람도 그 사람보다는 크다 – 옛날에 어떤 작가가 우리에게 이렇게 설명해준 적이 있다. "세례자 요한과 같이 율법에서 완벽한 사람조차도 그리스도의 죽으심에 연합하여 세례를 받은 사람보다는 부족한 사람이다. 이것이 하늘나라이기 때문에 그리스도와 함께 묻힌다고 하더라도 그와 함께 부활할 것이다. 여자가 낳은 사람 가운데서 세례자 요한이 가장 위대했다. 그러나 그는 하늘나라가 주어지기 전에 잘려 나갔다." (아마도 그분께서는 지금 임한 내적인 하늘나라를 구성하는 의와 화평과 희락을 말씀하시는 것 같다.) "그는 율법에 따른 의에 대하여는 흠이 없었다. 그러나 그리스도 안에 있는 생명의 영으로써 완전해진 사람보다는 못하였다. 그러므로 누구든지 그리스도로 거듭난 사람은 천국에서 가장 작다고 할지라도 그저 율법에 따른 의만 가진 사람보다는 더 위대하다. 왜냐하면 율법은 아무것도 완전하게 할 수 없기 때문이다." 이 말은 더 나아가서 진정으로 믿는 그리스도인 중 가장 미약한 사람이라 할지라도 복음이 완전하게 드러나기 전에 죽었던 세례자 요한보다 예수 그리스도에 대한 지식에 있어서, 그분의 구속과 나라에 대한 지식에 있어서 훨씬 더 완벽하다는 것을 의미할 수 있다.

12 요한의 때로부터 – 즉, 요한이 자신의 사역을 완수했을 그때로부터, 사람들은 도시를 차지하는 사람이 사용하는 것과 같은 폭력으로 내 나라로 격렬하게 밀고 들어온다.

13 **모든 예언자와 율법서는 요한에 이르기까지 예언하였다** – 율법서와 예언서에 기록된 모든 말씀은 그저 기껏해야 지금 성취된 것까지만 예언했다. 요한의 때까지 옛날의 체제는 만료되었고 이제는 새로운 것이 시작되었다(눅 16:16).

14 말라기 4장 5절.

15 **들을 귀가 있는 사람은 들어라** – 속담과 같은 표현이다. 이 말은 지금 하는 소리를 귀 기울여 들으라는 뜻이다.

16 **이 세대** – 즉, 이 시대의 사람들을 가리킨다. 그들은 마치 자기 친구들의 불평거리가 되는 고집 센 아이들 같아서, 아무리 해도 절대로 그들의 기분을 달래줄 수 없다.

18 **요한이 와서 먹지도 않고 마시지도 않았다** – 마치 엘리야처럼 매우 엄숙하게 사는 모습. 그러니까 **사람들이 그가 귀신이 들렸다고 말한다** – 그렇게 우울하게 있는 것은 그가 악한 영의 영향을 받았기 때문이라고 사람들은 생각한다.

19 **인자가 와서 먹기도 하고 마시기도 하니** – 정반대로 자유롭고 편안한 방식으로 살면서. **지혜는 그 한 일로 옳다는 것이 입증되었다** – 즉, 정말로 지혜로운 사람들은 내 지혜를 알아차린다는 뜻이다.

20 **그때 예수께서 마을들을 꾸짖기 시작하셨다** – 예수께서는 이전에 마을을 꾸짖으신 적이 없다는 것을 눈여겨보라. 처음에 그들은, 특히 가버나움이, 예수를 기쁨으로 영접했었다.

21 **화 있으라, 고라신아** – 이 말은 네가 참 불쌍하게 되었다는 뜻이다. 일반적으로 사람들은 이 말을 저주나 욕으로 생각하는데 사실 그렇지 않다. 이 말은 이 도시들이 자기가 자초한 불행에 대하여 엄숙하게, 동정심을 가지고 선언하신 말씀이다. 고라신과 벳새다는 갈릴리에 있는

마을들로, 게네사렛 호수 옆에 있었다. 두로와 시돈은 바닷가에 있는 페니키아의 마을들이었다. 거기에 사는 주민들은 이교도들이었다(눅 10:13).

22,24 **나는 너희에게 말한다** – 완고한 불신자들을 향해 화를 표현하는 일반적인 선포라는 의미 외에도 그들이 겪게 될 그 불행의 정도가 두로와 시돈, 소돔보다도 더 심할 것이라는 의미도 있다.

23 **하늘까지 올라갔던 너 가버나움아** – 즉, 내가 그곳에 갔고 거기에서 기적도 행했기 때문에 큰 명예를 얻었던 가버나움.

24 마태복음 11장 22절의 주석을 보라.

25 **예수께서 대답하시길** 이 단어가 무엇을 말씀하셨거나 어떤 것에 대해 지금 답변을 주신다는 것을 항상 의미하지는 않는다. 이 말은 그저 앞서 나왔던 어떤 행동이나 상황에 대하여 무엇인가 말씀하셨다는 것 이상을 의미하지는 않는다. 다음에 그리스도께서 말씀하신 것들은 위에서 언급했던 마을들의 경우에 대한 것이다. **감사합니다** – 즉, 당신께서 베푸신 정의와 자비를 내가 인정하고 기쁨으로 사모한다는 뜻이다. **왜냐하면 당신께서는 감추시고** – 이 말은 '당신께서는 기꺼이 이것들이 다른 면에서 볼 때는 지혜롭고 신중하다고 하는 사람들에게는 감추어지도록 그러나 다른 한편으로는 지혜가 없고 오직 하나님을 향해서만 지혜가 있는 사람들에게는 드러나도록 하셨기 때문에'라는 뜻이다 (눅 10:21).

27 **모든 것을 내게 맡겨주셨습니다** – 우리의 주님께서는 여기에서 자신의 제자들에게 자기 자신에 대하여 말씀하고 계신다. 그분께서는 다른 데에는 그토록 지혜로운 사람들이 왜 이것은 알지 못하는지에 대해 설명하신다. 그 이유는 누구도 자연적인 논리로써 그것을 알아낼 수 없기 때문이다. 오직 그분께서 드러내 주시는 사람들만 그것을 알 수 있다.

28 **내게로 오너라** – 여기에서 그분께서는 이것들을 드러내 보여주시기를 기꺼이 원하시는 사람들에게, 즉 지치고 무거운 짐을 진 사람들에게 보여주신다. **너 수고한 사람아** – 그러나 이후에 하나님 안에서 쉬는 너는. **무거운 짐을 진 너** – 죄책감과 죄의 권세로 인하여. **내가 너희를 쉬게 하겠다** – (다른 그 누구도 아닌) 오직 나만이 너에게 칭의(justification)로써 죄책감으로부터의 안식을, 성화(sanctification)로써 죄의 권세로부터의 안식을 거저 주겠다(너는 이것을 돈으로 살 수 없다).

29 **내 멍에를 메고** – 나를 믿으라. 나를 너희의 예언자요 제사장이요 왕으로 모셔 들여라. **나는 마음이 온유하고 겸손하니** – 모든 사람에게 온유하고 하나님께는 겸손하니. **네가 안식을 얻을 것이다** – 그러므로 누구든지 영혼의 안식을 찾지 못한 사람은 온유하고 겸손한 사람이 아니다. 이에 대한 잘못은 그리스도의 멍에에 있는 것이 아니라 그것을 자기 등에 메지 않은 여러분에게 있다. 그 누구도 만족함을 얻을 수 없다. 오직 온유와 겸손을 갈급함으로써만 그것을 얻을 수 있다.

30 **내 멍에는 쉽고** – 혹은 은혜롭고, 부드럽고, 친절하고, 기쁨을 주고. **내 짐은** – 사람의 짐과는 달리 이것은 쉽고 자유로우며 영예롭다.

역자 해설

하늘나라 복음 선포 사역 앞에는 많은 어려움이 있습니다(10:16-22). 그러나 주님께서는 이미 당신의 사역자들에게 악한 영의 세력을 짓밟을 권세와 능력을 주셨습니다(10:1). 그 악한 세력은 우리 삶을 위협하며 겁박합니다(10:28). 그러나 하늘 아버지께서는 당신의 일꾼들을 돌보고 지키십니다(10:29-31). 하나님의 일꾼들이 분투하는 하늘나라 사역의 길에는 많은 어려움이 도사리고 있습니다. 11장은 이 일꾼들을 낙심하게 하는 사례를 보여줍니다.

그 대표적인 예가 세례요한입니다. 요한은 예수님께서 열어놓으신 하늘나라의 문 앞에서 먼저 길을 닦아놓은 사람입니다. 그는 위대한 예언자였고 존경받는 인물이었습니다. 그러나 그런 사람에게도 의심의 순간은 찾아옵니다. 감옥에 갇힌 그는 정말 자기가 간 길이 맞는 길이었는지 회의가 들어서 확인을 위해 자기 제자들을 예수님께로 보내 물어봅니다(2-4절). 세례요한에게조차도 그런 순간이 찾아오는데, 하물며 우리는 두말할 나위도 없겠지요. 이렇듯 하늘나라 사역에는 의심의 수렁에 빠지게 하는 사건이나 시간이 찾아옵니다. 주님의 길을 따르는 우리에게도 언제든지 이런 낙심과 의심의 순간이 올 수 있다는 것을 늘 염두에 두어야겠습니다.

하늘나라 일꾼들을 낙심하게 하는 또 다른 것은 계속되는 저항과 실패입니다. 악의 세력은 끊임없이 하늘나라를 무너뜨리려고 엿보고 있으며, 이로 인해 하늘나라는 고통을 받고 있습니다(12절). 이런 어려운 상황 속에서도 하늘나라 일꾼들은 영적 전투를 힘겹게 벌이고 있는데, 안타깝게도 많은 사람이 전혀 귀를 기울이지 않습니다. 피리를 불어도 춤을 안 추고, 곡을 해도 울지 않습니다(16-17절). 도리어 이렇게 하면 이렇다고 비난하고, 저렇게 하면 또 저렇게 한다고 비방합니다(18-19절). 애초부터 받아들일 마음이 없었던 것이지요. '밑 빠진 독에 물 붓기'라는 우리 속담에 딱 들어맞는 상황입니다.

우리를 오라고 부르시는 음성에 응답하여 하늘나라의 일꾼으로 길을 나섰지만, 그 사역의 현실은 사실 녹록지 않습니다. "우리가 마게도냐에 이르렀을 때도 우리 육체가 편하지 못하였고, 사방으로 환란을 당하여 밖으로는 다툼이요 안으로는 두려움이었노라"(고후 7:5). 바울 사도가 자신의 복음 사역 중에 했던 이 고백이 이런 사역의 현실을 잘 보여줍니다. 10장이 밖으로부터의 환란을 말한다면, 이 11장에서는 우리 마음 안에서 생기는 두려움과 낙심을 말해줍니다.

그러하기에 예수님께서는 당신 일꾼들의 필요를 미리 아시고(6:8) 이들에게 위로의 말씀을 주십니다. "수고하고 무거운 짐을 진 사람은 모두 내게로 오너라. 내가 너희를 쉬게 하겠다"(11:28). 이러한 위로와 쉼은 잠시 사역을 벗어던지고 떠나는 데서 생기는 것이 아니라, 도리어 주님의 멍에를 메고 주님으로부터 배울 때 생깁니다(11:29). 안팎의 고난 중에 바울 사도가 받았던 하나님께서 주시는 하늘의 위로는 다른 것에서 온 것이 아니라, 그 사역을 통해 주어지는 위로였습니다(고후 7:6). 감리교 찬송 작사자 크로스비가 1875년에 남긴 고백처럼, 우리가 믿음의 길을 걷다 지칠 때 반석에서 샘물을 나게 하시는 하늘의 은총과 위로를 기대해봅니다.

나의 갈길 다가도록

나의 갈길 다가도록 내 구세주 날 인도하시고

내가 굽은 길을 걸을 때마다 그분 나를 격려하사

모든 시험을 이길 힘을 주시고

그분 생명의 떡으로 나를 먹이시네

비록 내 지친 발걸음 휘청거리고

내 영혼 매우 목마르나

내 앞의 반석에서 물이 솟아나게 하시니

오! 기쁨의 샘물을 내가 보는도다!

- 패니 크로스비(1820~1915)

마태복음 12장

¹ 그 무렵에 예수께서 안식일에 밀밭 사이로 지나가셨다. 그런데 제자들이 배가 고파서, 밀 이삭을 잘라서 먹기 시작하였다. ² 바리새파 사람이 이것을 보고 예수께 말하였다. "보십시오. 당신의 제자들이 안식일에 해서는 안 되는 일을 하고 있습니다." ³ 예수께서 그들에게 말씀하셨다. "다윗과 그 일행이 굶주렸을 때에, 다윗이 어떻게 했는지를, 너희는 읽어보지 못하였느냐? ⁴ 다윗이 하나님의 집에 들어가서, 제단에 차려 놓은 빵을 먹지 않았느냐? 그것은 오직 제사장들 밖에는, 자기도 그 일행도 먹어서는 안 되는 것이었는데 말이다. ⁵ 또 안식일에 성전에서 제사장들이 안식일을 범해도 그것이 죄가 되지 않는다는 것을, 율법책에서 읽어보지 못하였느냐? ⁶ 내가 너희에게 말한다. 성전보다 더 큰 이가 여기에 있다. ⁷ '나는 자비를 원하고, 제사를 원하지 않는다' 하신 말씀이 무슨 뜻인지 알았더라면, 너희가 죄 없는 사람들을 정죄하지 않았을 것이다. ⁸ 인자는 안식일의 주인이다." ⁹ 예수께서 그 곳을 떠나서, 그들의 회당에 들어가셨다. ¹⁰ 그런데 거기에 한쪽 손이 오그라든 사람이 있었다. 사람들은 예수를 고발하려고 "안식일에 병을 고쳐도 괜찮습니까?" 하고 예수께 물었다. ¹¹ 예수께서 그들에게 말씀하셨다. "너희 가운데 어떤 사람에게 양 한 마리가 있다고 하자. 그것이 안식일에 구덩이에 빠지면, 그것을 잡아 끌어올리지 않을 사람이 어디

에 있겠느냐? ¹² 사람이 양보다 얼마나 더 귀하냐? 그러므로 안식일에 좋은 일을 하는 것은 괜찮다." ¹³ 그런 다음에, 손이 오그라든 사람에게 말씀하셨다. "네 손을 내밀어라." 그가 손을 내미니, 다른 손과 같이 성하게 되었다. ¹⁴ 그래서 바리새파 사람들은 밖으로 나가서, 예수를 없앨 모의를 하였다. ¹⁵ 그러나 예수께서 이 일을 아시고서, 거기에서 떠나셨다. 그런데 많은 무리가 예수를 따라왔다. 예수께서는 그들을 모두 고쳐 주셨다. ¹⁶ 그리고 자기를 세상에 드러내지 말라고, 단단히 당부하셨다. ¹⁷ 이것은 예언자 이사야를 시켜서 하신 말씀을 이루시려는 것이었다. ¹⁸ "보아라, 내가 뽑은 나의 종, 내 마음에 드는 사랑하는 자, 내가 내 영을 그에게 줄 것이니, 그는 이방 사람들에게 공의를 선포할 것이다. ¹⁹ 그는 다투지도 않고, 외치지도 않을 것이다. 거리에서 그의 소리를 들을 사람이 없을 것이다. ²⁰ 정의가 이길 때까지, 그는 상한 갈대를 꺾지 않고, 꺼져 가는 심지를 끄지 않을 것이다. ²¹ 이방 사람들이 그 이름에 희망을 걸 것이다." ²² 그 때에 사람들이, 귀신이 들려서 눈이 멀고 말을 못하는 사람 하나를, 예수께 데리고 왔다. 예수께서 그를 고쳐 주시니, 그가 말을 하고, 보게 되었다. ²³ 그래서 무리가 모두 놀라서 말하였다. "이 사람이 다윗의 자손이 아닌가?" ²⁴ 그러나 바리새파 사람들은 이 말을 듣고 말하였다. "이 사람이 귀신의 두목 바알세불의 힘을 빌지 않고서는, 귀신을 쫓아내지 못할 것이다." ²⁵ 예수께서 그들의 생각을 아시고, 이렇게 말씀하셨다. "어느 나라든지 서로 갈라지면 망하고, 어느 도시나 가정도 서로 갈라지면 버티지 못한다. ²⁶ 사탄이 사탄을 쫓아내면, 스스로 갈라진 것이다. 그러면 그 나라가 어떻게 서 있겠느냐? ²⁷ 내가 바알세불의 힘을 빌어서 귀신을 쫓아낸다고 하면, 너희의 아들들은 누구의 힘으로 귀신을 쫓아낸다는 말이냐? 그러므로 그들이야말로 너희의 재판관이 될 것이다. ²⁸ 그러나 내가 하나님의 영을 힘입어서 귀신을 쫓아내는 것이면, 하나님의 나라는 너희에게 왔다. ²⁹ 사람이 먼저 힘 센 사람을 묶어 놓지 않고서, 어떻게 그 사람의 집에 들어가서 세간을 털어 갈 수 있느냐? 묶어 놓은 뒤에야, 그 집을 털어 갈 수 있다. **30** 나와 함께 하지 않는 사람은 나를 반대하는 사람이요, 나와 함께 모으지 않는 사람은 헤치는 사람이다. **31** 그러므로 내가 너희에게 말한다. 사람들이 무슨 죄를 짓든지, 무슨 신성 모독적인 말을 하든지, 그들은 용서를 받을 것이다. 그러나 성령을 모독하는 것은 용서를 받지 못할 것이다. **32** 또 누구든지 인자를 거슬러 말하는 사람은 용서를 받겠으나, 성령을 거슬러 말하는 사람은, 이 세상에서도 오는 세상에서도, 용서를 받지 못할 것이다." **33** "나무가 좋으면 그 열매도 좋고, 나무가 나쁘면 그 열매도 나쁘다. 그 열매로 그 나무를 안다. **34** 독사의 자식들아! 너희가 악한데, 어떻게 선한 것을 말할 수 있겠느냐? 마음에 가득 찬 것을 입으로 말하는 법이다. **35** 선한 사람은 선한 것을 쌓아 두었다가 선한 것을 내고, 악한 사람은 악한 것을 쌓아두었다가 악한 것을 낸다. **36** 내가 너희에게 말한다. 사람들은 심판 날에 자기가 말한 온갖 쓸데없는 말을 해명해야 할 것이다. **37** 너는 네가 한 말로, 무죄 선고를 받기도 하고, 유죄 선고를 받기도 할 것이다." **38** 그 때에 율법학자들과 바리새파 사람들 가운데 몇 사람이 예수께 말하였다. "선생님, 우리는 선생님에게서 표징을 보았으면 합니다." **39** 예수께서 그들에게 말씀하셨다. "악하고, 음란한 세대가 표징을 요구하지만, 예언자 요나의 표징 밖에는, 이 세대는 아무 표징도 받지 못할 것이다. **40** 요나가 사흘 낮과 사흘 밤 동안을 큰 물고기 뱃속에 있었던 것 같이, 인자도 사흘 낮과 사흘 밤 동안을 땅 속에 있을 것이다. **41** 심판 때에 니느웨 사람들이 이 세대와 함께 일어나서, 이 세대를 정죄할 것이다. 니느웨 사람들은 요나의 선포를 듣고 회개하였기 때문이다. 그러나 보아라, 요나보다 더 큰 이가 여기에 있다. **42** 심판 때에 남방 여왕이 이 세대와 함께 일어나서, 이 세대를 정죄할 것이다. 그는 솔로몬의 지혜를 들으려고, 땅 끝에서부터 찾아왔기 때문이다. 그러나 보아라, 솔로몬보다 더 큰 이가 여기에 있다." **43** "악한 귀신이 어떤 사람에게서 나왔을 때에, 그는 쉴 곳을 찾느라고 물 없는 곳을 헤맸으나 찾지 못하였다. ⁴⁴ 그래서 그는 말하기를 '내가 나온 집으로 되돌아가겠다' 하고, 돌아와서 보니, 그 집은 비어 있고, 말끔히 치워져서 잘 정돈되어 있었다. ⁴⁵ 그래서 그는 가서, 자기보다 더 악한 딴 귀신 일곱을 데리고 와서, 그 집에 들어가 거기에 자리를 잡고 살았다. 그래서 그 사람의 나중 형편이 처음보다 더 비참하게 되었다. 이 악한 세대도 그렇게 될 것이다." ⁴⁶ 예수께서 아직도 무리에게 말씀하고 계실 때에, 예수의 어머니와 형제들이 예수와 말을 하겠다고 바깥에 서 있었다. ⁴⁷ [어떤 사람이 예수께 와서 말하였다. "보십시오, 선생님의 어머니와 형제들이 선생님과 말을 하겠다고 바깥에 서 있습니다."] ⁴⁸ 그 말을 전해 준 사람에게 예수께서 말씀하셨다. "누가 나의 어머니이며, 누가 나의 형제들이냐?" ⁴⁹ 그리고 손을 내밀어 제자들을 가리키고서 말씀하셨다. "보아라, 나의 어머니와 나의 형제들이다. ⁵⁰ 하늘에 계신 내 아버지의 뜻을 따라 사는 사람이 곧 내 형제요 자매요 어머니이다."

웨슬리와 함께 읽기

1 **그의 제자들이 밀 이삭을 잘라서 먹었다** – 지금 당장 필요한 만큼만. 말린 이삭은 유대인들이 흔히 먹는 음식이었다(막 2:23; 눅 6:1).

3 **다윗이 한 일을 읽지 못하였느냐?** – 더 위중한 경우 꼭 필요해서 어쩔 수 없이 한 것은 율법을 어기는 것을 참작해주는 충분한 사유가 된다.

4 **그가 하나님의 집에 들어가서** – 장막 안으로 들어가서. 성전은 아직 세워지기 전이다. **진설병** – 이 빵은 그 일주일을 맡아서 섬기는 제사장이 매주 안식일에 지성소에 있는 황금 식탁에 올려놓아서 주님 앞에 펼쳐 보이는 빵을 가리킨다. 그 빵은 열두 덩어리인데, 이것은 이스라엘의 열두 지파를 상징한다. 새로운 빵이 나오면 이전 것은 치웠고 이 치운 빵은 오직 제사장만이 먹을 수 있었다(삼상 21:6).

5 **제사장들이 성전에서 안식일을 범해도** – 이 말은 제사장들이 평일에 하듯이 물건을 닦고 희생 제사를 준비하는 등 일상적인 일을 하는 것을 가리킨다. **성전보다 더 위대한** – 따라서 안식일보다 성전이 더 중요하다고 한다면, 하물며 나는 더 중요하지 않으냐?

7 **나는 자비를 원하고 제사를 원치 않는다** – 이 말은 그들이 서로 갈등을 벌일 때 나는 어떤 형식적인 것을 잘하는 것보다 자비로운 행동을

더 선호한다는 뜻이다. 그렇다. 어떠한 의식적 절차보다도 더욱. 왜냐하면 이러한 것들은 그저 종교의 수단에 지나지 않는 것이며, 따라서 어떤 특별한 상황이 벌어져서 이러한 수단이 사랑이라는 것과 충돌을 일으키게 되었을 때는 당연히 이 수단은 뒤로 밀려나야 하는 것이기 때문이다. 사랑은 이 수단이 추구하는 궁극적인 목적이다(마 9:13).

8 인자는 – 그러므로 이 경우에 있어서 그들은 죄가 없다. 그들은 내 권위에 따라 행동했으며, 제사장들이 성전에서 하나님을 섬겼듯이 그들도 내가 사역하는 데 나를 도와서 일했다. 안식일의 주인이다 – 이 말은 안식일이 매우 특별하고도 중요한 제도라는 의미를 분명히 담고 있다. 이 말은 어쩌면 이후에 그리스도께서 안식일을 일주일의 마지막 날에서 첫째 날로 바꾸실 때 안식일과 관련하여 가지시는 권위를 표시해주는 행동을 가리킬 수도 있다.[55] 우리가 여기에서 7절과 8절이 서로 치환되었다는 것을 생각한다면, 8절은 6절을 증명해주는 구절이 된다(마 12:7, 8, 6).

9 마가복음 3장 1절; 누가복음 6장 6절.

12 안식일에 좋은 일을 하는 것은 괜찮다 – 가축을 건져주는 것이 그렇다면, 사람은 두말할 나위도 없다.

18 그는 이방 사람들에게 공의를 선포할 것이다 – 이 말은 그분께서 그들에게도 자비로운 복음을 공포하실 것이라는 뜻이다. 히브리어는 자비 혹은 공의를 뜻한다(사 42:1 등).

19 이 말은 그가 논쟁을 벌이지도 않고 시끄럽게 하거나 허세를 부리지도 않을 것이라는 뜻이다. 오히려 그분은 신사적이며 조용하고 겸손하실 것이다. 우리는 여기에서 각 단어가 점층법을 사용하여 점점 고조되면서 도리어 더욱 높은 수준의 겸손과 신사적인 태도를 표현한다는 것

을 볼 수 있다.

20 상한 갈대 – 자기 죄를 자각한 죄인, 죄의 무게로 인해 상처를 입은 사람을 가리킨다. **꺼져가는 심지** – 가장 최소한의 선한 욕구, 가장 희박한 은혜의 불꽃만을 겨우 가지고 있는 사람을 가리킨다. **정의가 이길 때까지** – 이 말은 그분께서 모든 의의 원수들을 완전히 물리치시고 의가 완전히 승리하도록 하실 때까지라는 뜻이다.

21 그 이름에 – 즉, 그분께.

22 귀신이 들려서 눈이 멀고 말을 못 하는 사람 – 많은 사람이 이러한 장애는 그저 자연적인 것이라고 아무런 의심 없이 생각한다. 그러나 하나님의 영은 다르게 보신다. 그래서 이 장애인의 모습과 그가 치유 받은 모습 모두에 대한 올바른 설명을 주신다.[56] 오늘날에도 많은 사람이 이러한 장애들이 그저 자연적 장애라고 생각한다(눅 11:14).

23 이 사람이 다윗의 자손이 아닌가 – 즉, 메시아.

24 마가복음 3장 22절.

25 예수께서 그들의 생각을 아시고 – 그들이 아직은 자기들 마음속으로만 말했던 것으로 보인다.

26 그 나라가 어떻게 서 있겠느냐 – 이 교활한 영이 그렇게 하면 자기 왕국이 제대로 설 수 없다는 사실을 모르겠느냐?

27 너희의 아들들은 누구의 힘으로 – 즉, 제자들이.[57] **그것들을 쫓아낸다** – 그들 가운데 몇 명은 실제로 그렇게 했던 것처럼 보인다. 하지만 스게와의 아들들은 그렇게 못했다.[58] **그러므로 그들이야말로 너희의 재판관이 될 것이다** – 그들에게 사탄이 사탄을 쫓아낼 것인지 물어보라. 그들조차도 이 문제와 관련해서는 너희들을 심판하는 재판관이 될 것이다. 너희는 내 안에 있는 것은 바알세불 편으로 몰아넣고 그들 안

에 있는 바알세불은 하나님 편에 몰아넣는데, 이러한 너희들의 완악함과 편협함을 그들이 정죄할 것이다. 이뿐만 아니라 내가 그를 정복하기도 전에 어떻게 그에게서 그의 부하들을 빼앗아 오겠느냐? **하나님의 나라는 너희에게 임했다** – 이 말은 너희도 모르는 사이에, 너희가 예상하기도 전에라는 의미를 담고 있다.

29 **사람이 먼저 힘센 사람을 묶어 놓지 않고서, 어떻게 그 사람의 집에 들어가서 세간을 털어 갈 수 있느냐** – 그래서 그리스도께서 강한 자, 즉 사탄의 집이 분명하던 이 세상에 오셔서 먼저 그를 결박하신 후에 그가 망쳐놓았던 것들 취하셨다.[59]

30 **나와 함께 하지 않는 사람은 나를 반대하는 사람이요** – 이 전쟁에서 중간 지대라는 것은 없다. 모든 사람은 그리스도의 편이 되든지 그를 대적하든지 해야 한다. 그분의 충성스러운 백성이 되든지 아니면 반역자가 되어야 한다. 이 세상에는 그분의 나라가 커지도록 하지도 않으면서 동시에 방해하지도 않는 그런 사람이란 없다. 왜냐하면 하나님께로 영혼을 모아들이지 않는 사람은 그분으로부터 그들이 멀어지도록 하는 사람이기 때문이다.

31 **성령을 모독하는 것** – 이 문제에 대해서 얼마나 많은 논란이 있었던가! 얼마나 많은 설교가 행해졌고, 얼마나 많은 책이 이것에 관해서 쓰고 있는가! 하지만 아직도 모든 성경 안에서 이보다 더 분명한 것은 없다. 성령을 모독한다는 것은 그리스도께서 성령의 능력으로 행하신 기적을 가리켜서 악한 영이 한 것이라고 하는 것 그 이상도 그 이하도 아니다(막 3:28; 눅 12:10).

32 **누구든지 인자를 거슬러 말하는 사람은** – 다른 것에 대해서는 어떤 것이든지. **용서를 받겠으나** – 만일 그가 진심으로 회개한다면. 그러나

성령을 거슬러 말하는 사람은 누구든지 이 세상에서도 오는 세상에서도 용서를 받지 못할 것이다 – 이것은 절대로 일어나지 않을 일을 가리킬 때 사용하는 유대인들의 관용적 표현이다. 이것은 이보다 더 나아가서 이 사람은 이 세상이든 오는 세상에서든 형벌을 면치 못하리라는 것을 뜻한다. 하나님의 심판은 이 세상에서도 이후의 세상에서도 모두 그에게 임할 것이다.

33 이 말은, 나무와 열매가 모두 좋든지 이 둘이 모두 나쁘든지 하다는 것을 생각하라는 것이다. 만일 열매가 좋으면 그 나무도 좋다. 만일 열매가 나쁘면 그 나무도 나쁘다. **그 열매로 그 나무를 안다** – 그분께서 앞서 "그러므로 너희는 내 열매로 나를 알 수 있다"라고 말씀하셨던 것처럼. 내가 죄인들을 하나님께로 돌아오도록 했기 때문에 너희들은 하나님이 나를 보내셨다는 것을 알 수 있다(마 7:16; 눅 6:43).

34 열매를 보면 그 나무를 알 수 있다는 사실은 다른 것에서도 마찬가지로 적용할 수 있다. – 즉, 대화를 나누어보면 그 마음을 알 수 있다.

36 너희는 하나님께서 너희가 하는 말에 대해 그다지 신경 쓰시지는 않으리라 생각할는지 모른다. **그러나 내가 너희에게 말한다** – 단지 신성모독적인 말이나 불경스러운 말뿐만 아니라 사람이 하는 **모든 쓸데없는 말도** – 즉, 진지하지도 않고 부주의한 언행이나 하나님의 영광으로 이어지지 않는 모든 대화에 대해서 그들은 심판 날에 해명해야만 할 것이다.

37 **너는 네가 한 말로** (네가 부린 성질이나 네가 한 행동뿐만 아니라) **무죄를 선고받거나 유죄를 선고받을 것이다.** 그분께서는 너희의 행동뿐만 아니라 너희가 했던 말을 증거로 제시하셔서 과연 너희가 참된 신자였는지 아니었는지 증명해 내실 것이다. 그래서 그 증거에 따라서 너희는 마지막

심판의 날에 무죄를 선고받거나 유죄를 선고받을 것이다.

38 우리는 표징을 보았으면 합니다 – 만일 못 본다면 우리는 이것을 믿지 않겠습니다(마 16:1; 눅 11:16, 29).

39 음란한 세대 – 하나님을 가리켜서 자기들의 남편이라고 말은 하지만 그 마음이 하나님을 떠난 사람. 이러한 간음을 하는 사람들은 모두 세상을 사랑하는 사람들이고 세상과 친구가 되려고 하는 사람들이다. **표징을 구하지만** – 결국 자신들에게 확신을 줄 만한 증거를 충분히 받았음에도 그들은 자기들의 마음을 하나님에게서 멀어지게 하여서 결국 진리를 대적하였다. **요나의 표징** – 여기에서는 그리스도의 모형이다.

40 사흘 낮과 사흘 밤 – 근동 지방에서는 하루 24시간 단위로 이루어지는 날의 일부분을 가지고 하루 전체를 말하는 관습이 있다. 따라서 만약에 어떤 일이 3일째 혹은 7일째 되는 날에 이루어졌다면 그들은 보통 3일 후에 혹은 7일 후에라는 식으로 말하곤 했다. 이러한 예는 열왕기상 20장 29절이나 다른 많은 곳에서 찾아볼 수 있다. 히브리어에서는 자연적인 날을 표현하는 말이 없으므로 그들은 밤과 낮, 혹은 낮과 밤이라는 말을 날을 가리키는 용어로 사용했다. 따라서 사흘 낮과 사흘 밤 이후에 어떤 일이 일어났다고 말하는 것은 그들에게 있어서 그 일이 3일 후에 일어났다거나 3일째 되는 날에 일어났다고 말하는 것과 똑같다(에 4:16; 5:1; 창 7:4, 12; 출 24:18; 34:28; 욘 2:1).

42 땅끝에서부터 찾아왔다 – 그녀가 떠나온 지역은 아라비아를 가리키는데, 이 지역은 바다로 둘러싸인 가장 먼 지역이었다(왕상 10:1).

43 그들이 나를 거부할 때 맞이하게 될 결과는 얼마나 끔찍한가! **더러운 영이 떠나갈 때** – 가고 싶어서 가는 것이 아니라 그보다 더 강한 분에게 쫓겨나는 것이다. **그가 걸어다녔다** – 여기저기 헤매고 다녔다는 뜻이다.

물 없는 곳 - 메마르고 황량하고 버려진 곳. 혹은 아직 복음의 물로 적셔지지 않은 곳. 쉴 곳을 찾았으나 찾지 못하고 - 이 더러운 영은 자기의 지옥을 짊어지고 다니는데 어찌 찾을 수 있겠는가? 그렇다면 그 더러운 영의 자녀들 또한 그러하지 않겠는가? 독자 여러분! 혹시 이것이 여러분의 이야기는 아닙니까?(눅 11:24)

44 그가 나왔던 곳 - 그는 마치 자기가 제 발로 걸어서 나왔던 것처럼 말한다. 그가 얼마나 교만한지 보라! 그가 그 집이 비어 있는 것을 보고 - 하나님도, 그리스도도, 성령도 없는 것을 보고. 치워져서 - 사랑도 치워졌고, 겸손, 온유 그리고 모든 성령의 열매들이 말끔히 치워져 없어진 것을 보고. 정돈되어 있었다 - 경망스러움과 안도감으로 잘 정돈되어 있었다. 그래서 그 더러운 영을 쫓아낼 것도 없었고 도리어 그를 맞아들이기에 좋은 상태가 되어있었다.

45 다른 일곱 영들 - 즉, 아주 많이. 확실하지 않은 숫자를 말할 때 이렇게 표현한다. 자기보다 더 악한 - 이것을 보면 귀신들 사이에서도 사악한 정도가 각기 다른 것처럼 보인다. 그들이 들어가서 살았다 - 하나님을 저버린 사람 속에 들어가서 영원히. 이 악한 세대도 그렇게 될 것이다 - 그렇다. 하나님을 저버리는 모든 세대도 그렇게 될 것이다.

46 그의 형제들이 - 그의 친척들을 가리킨다. 이들은 글로바의 아내인 마리아의 아들들 혹은 그의 어머니의 자매이자 알패오의 아내인 마리아의 아들들을 가리킨다. 찾아와서 그가 미쳤다고 하면서 그를 데려가려고 하였다(막 3:21; 3:31; 눅 8:19).[60]

48 그가 대답하여 말씀하셨다 - 우리의 주님께서는 그들이 왜 왔는지 아시고 그들을 무시하시는 자신의 행동을 정당화하신다.

49,50 그분의 지극한 엄격하심과 지극한 선하심을 보라! 자신의 인간적

인 관계에 대하여는 엄격하시고, 자신의 영적인 관계에 대해서는 선하시다! 하늘 아버지의 뜻을 반대하는 사람들에 대하여는 인간적인 관계를 부인하는 방식으로 대하시고, 그분의 뜻에 순종하는 사람들에 대하여는 영적인 관계에 너그러우신 모습을 보여주신다.

50 마태복음 12장 49절 주석을 보라.

역자 해설

———

예수님이 세상에 오신 뜻은 죄와 사망의 권세 아래서 고통당하며 신음하는 사람들을 구하시기 위함입니다. 악한 영의 권세는 사람들의 삶 속에 파고 들어가 그들의 삶을 파괴하며 그들에게 고통을 줍니다. 그래서 예수님은 하늘나라 복음을 선포하시고 가르치시며, 사람들의 아픔을 고쳐주십니다(4:23). 그리고 사람들에게 함께 그 일을 하자고 부르십니다. 그러나 그 천국 사역은 큰 저항을 맞닥뜨립니다(11:12). 12장은 그 천국으로의 초대 사역을 거부하며 맞서는 악한 세력들의 모습을 보여줍니다.

악한 세력들은 예수님께서 하시는 사역에 딴죽을 겁니다. 왜 안식일 규범에 어긋나게 행동하느냐고 트집을 잡아 예수님의 그 사역을 공격합니다. 이에 예수님은, "하나님께서 원하시는 것은 제사가 아니라 자비"(12:7)라고 하시면서, 무엇보다 사람이 가장 소중함을 지적하시며(12:12) 그들에 맞서십니다. 예수님의 이런 정신 밑바탕에는 하나님의 사랑이 깔려있습니다.

그러나 그 악한 세력의 훼방은 그칠 줄을 모릅니다. 그들은 예수님의 사역이 악령들의 우두머리인 바알세불의 힘으로 이루어진 것이라면서 예수님의 사역을 모독하고 거부합니다. 특히 바리새파 사람들이 그런 일에 앞장섰습니다. 바리새파 사람들은 자기 의가 매우 강한 사람들이었습니다. 그들은 율법과 그 율법의 실천을 위한 구체적 규범인 장로들의 전통을 철저하게 지키던 사람들이었습니다. 이들의 종교적 열심은 목숨과도 기꺼이 맞바꿀 정도로 강했습니다.

그러다 보니 그들의 처음 의도와는 달리 문제가 생겼습니다. 하나님을 향한 그들의 열정이 더욱 철저하고 강해지자, 알맹이는 빠지고 껍데기만 남는 방향으로 흘러가기 시작했습니다. '하나님을 섬기는 일'에서 '하나님'은 어디론가 사라지고 '섬기는 일'만 남은 것입니다. 그래서 신앙은 사라지고 종교적 열심만 남았습니다. 정작 하나님이 원하시는 것이 무엇인지, 그 계명을 왜 지켜야 하는지는 관심 밖으로 사라지고, 그런 행위나 절차, 방법 등을 얼마나 정교하고 정확하게 수행했는지에만 집착하게 되었습니다.

종교적 열심의 또 다른 부작용은 교만입니다. 누가복음에 기록된 예수님의 비유처럼 바리새파 사람은 자기의 의로움을 자랑스레 여깁니다. 그런데 자기 혼자 속으로 만족하지 않고, 다른 사람의 못난 모습과 비교합니다. "나는 남의 것을 빼앗는 자나, 불의한 자나, 간음하는 자와 같은 다른 사람들과 같지 않으며, 더구나 이 세리와는 같지 않습니다"(눅 18:11). 남의 못남을 통해 나의 잘남이 돋보인다고 생각하기 때문입니다. 그래서 남을 무시합니다. 그래서 이들 눈에 사람의 고통은(12:1, 12) 안중에도 없습니다. 율법의 본질, 참된 정신을 회복하시려는 예수님의 행동을 보고 그들은 뉘우치기는커녕 예수님을 제거하려는 음모를 꾸밉니다(12:14). 이들은 자신의 의로움, 자기 교만 때문에 하나님의 나라가 이 땅에 임하는 것을(6:10) 거부합니다.

이제 기독교는 한국 사회에서 약자가 아닌 기득권 세력입니다. 정치와 경제 등 다양한 영역에서 힘을 갖고 있습니다. 예수님의 하나님 나라 사역은 율법의 정신은 사라지고 껍데기만 남은, 그런데도 자기만 의롭다고 착각하며 남을 정죄하고 무시하는 유대인들의 신앙을 지적하십니다. 혹시 한국교회도 이런 바리새인들처럼 되어버린 것은 아닌지 돌아봐야겠습니다.

마태복음 13장

¹ 그 날 예수께서 집에서 나오셔서, 바닷가에 앉으셨다. ² 많은 무리가 모여드니, 예수께서는 배에 올라가서 앉으셨다. 무리는 모두 물가에 서 있었다. ³ 예수께서 그들에게 비유로 여러 가지 일을 말씀하셨다. 그는 이렇게 말씀하셨다. "보아라, 씨를 뿌리는 사람이 씨를 뿌리러 나갔다. ⁴ 그가 씨를 뿌리는데, 더러는 길가에 떨어지니, 새들이 와서, 그것을 쪼아먹었다. ⁵ 또 더러는 흙이 많지 않은 돌짝밭에 떨어지니, 흙이 깊지 않아서 싹은 곧 났지만, ⁶ 해가 뜨자 타버리고, 뿌리가 없어서 말라버렸다. ⁷ 또 더러는 가시덤불에 떨어지니, 가시덤불이 자라서 그 기운을 막았다. ⁸ 그러나 더러는 좋은 땅에 떨어져서 열매를 맺었는데, 어떤 것은 백 배가 되고, 어떤 것은 육십 배가 되고, 어떤 것은 삼십 배가 되었다. ⁹ 귀 있는 사람은 들어라." ¹⁰ 제자들이 다가와서 예수께 말했다. "어찌하여 그들에게는 비유로 말씀하십니까?" ¹¹ 예수께서 그들에게 대답하셨다. "너희에게는 하늘 나라의 비밀을 아는 것을 허락해 주셨지만, 다른 사람들에게는 그렇게 해주지 않으셨다. ¹² 가진 사람은 더 받아서 차고 남을 것이며, 가지지 못한 사람은 가진 것마저 빼앗길 것이다. ¹³ 내가 그들에게 비유로 말하는 이유는, 그들이 보아도 보지 못하고, 들어도 듣지도 못하고 깨닫지도 못하기 때문이다. ¹⁴ 이사야의 예언이 그들에게서 이루어지는 것이다. '너희가 듣기는 들어도 깨

닫지 못하고, 보기는 보아도 알아보지 못할 것이다. **¹⁵** 이 백성의 마음이 무디어 지고 귀가 먹고 눈이 감기어 있다. 이는 그들로 하여금 눈으로 보지 못하게 하고 귀로 듣지 못하게 하고 마음으로 깨닫지 못하게 하고 돌아서지 못하게 하여, 내가 그들을 고쳐 주지 않으려는 것이다.' **¹⁶** 그러나 너희의 눈은 지금 보고 있으니 복이 있으며, 너희의 귀는 지금 듣고 있으니 복이 있다. **¹⁷** 그러므로 내가 진정으로 너희에게 말한다. 많은 예언자와 의인이 너희가 지금 보고 있는 것을 보고 싶어하였으나 보지 못하였고, 너희가 지금 듣고 있는 것을 듣고 싶어하였으나 듣지 못하였다." **¹⁸** "너희는 이제 씨를 뿌리는 사람의 비유가 무슨 뜻을 지녔는지를 들어라. **¹⁹** 누구든지 하늘 나라를 두고 하는 말씀을 듣고도 깨닫지 못하면, 악한 자가 와서, 그 마음에 뿌려진 것을 빼앗아 간다. 길가에 뿌린 씨는 그런 사람을 두고 하는 말이다. **²⁰** 또 돌짝밭에 뿌린 씨는 이런 사람이다. 그는 말씀을 듣고, 곧 기쁘게 받아들이기는 하지만, **²¹** 그 속에 뿌리가 없어서 오래 가지 못하고, 말씀 때문에 환난이나 박해가 일어나면, 곧 걸려 넘어진다. **²²** 또 가시덤불 속에 뿌린 씨는 이런 사람이다. 그는 말씀을 듣기는 하지만, 세상의 염려와 재물의 유혹이 말씀을 막아, 열매를 맺지 못한다. **²³** 그런데 좋은 땅에 뿌린 씨는 말씀을 듣고서 깨닫는 사람을 두고 하는 말인데, 이 사람이야말로 열매를 맺되, 백 배 혹은 육십 배 혹은 삼십 배의 결실을 낸다." **²⁴** 예수께서 또 다른 비유를 들어서 그들에게 말씀하셨다. "하늘 나라는 자기 밭에다가 좋은 씨를 뿌리는 사람과 같다. **²⁵** 사람들이 잠자는 동안에 원수가 와서, 밀 가운데에 가라지를 뿌리고 갔다. **²⁶** 밀이 줄기가 나서 열매를 맺을 때에, 가라지도 보였다. **²⁷** 그래서 주인의 종들이 와서, 그에게 말하였다. '주인 어른, 어른께서 밭에 좋은 씨를 뿌리지 않으셨습니까? 그런데 가라지가 어디에서 생겼습니까?' **²⁸** 주인이 종들에게 말하기를 '원수가 그렇게 하였구나' 하였다. 종들이 주인에게 말하기를 '그러면 우리가 가서, 그것들을 뽑아 버릴까요?' 하였다. **²⁹** 그러나 주인은 이렇게 대답하였다. '아니다. 가라지를 뽑다가, 가라지와 함께 밀까지 뽑으면, 어떻게 하겠느냐? [30] 추수 때까지 둘 다 함께 자라도록 내버려 두어라. 추수할 때에, 내가 추수꾼에게, 먼저 가라지를 뽑아 단으로 묶어서 불태워 버리고, 밀은 내 곳간에 거두어들이라고 하겠다.'" [31] 예수께서 또 다른 비유를 들어서, 그들에게 말씀하셨다. "하늘 나라는 겨자씨와 같다. 어떤 사람이 그것을 가져다가, 자기 밭에 심었다. [32] 겨자씨는 어떤 씨보다 더 작은 것이지만, 자라면 어떤 풀보다 더 커져서 나무가 된다. 그리하여 공중의 새들이 와서, 그 가지에 깃들인다." [33] 예수께서 또 다른 비유를 그들에게 말씀하셨다. "하늘 나라는 누룩과 같다. 어떤 여자가 그것을 가져다가, 가루 서 말 속에 살짝 섞어 넣으니, 마침내 온통 부풀어올랐다." [34] 예수께서 이 모든 것을 비유로 무리에게 말씀하셨다. 비유가 아니고서는, 아무것도 그들에게 말씀하지 않으셨다. [35] 이것은 예언자를 시켜서 하신 말씀을 이루시려는 것이었다. "나는 내 입을 열어서 비유로 말할 터인데, 창세 이래로 숨겨 둔 것을 털어놓을 것이다." [36] 그 뒤에 예수께서 무리를 떠나서, 집으로 들어가셨다. 제자들이 그에게 다가와서 말하였다. "밭의 가라지 비유를 우리에게 설명하여 주십시오." [37] 예수께서 말씀하셨다. "좋은 씨를 뿌리는 이는 인자요, [38] 밭은 세상이다. 좋은 씨는 그 나라의 자녀들이요, 가라지는 악한 자의 자녀들이다. [39] 가라지를 뿌린 원수는 악마요, 추수 때는 세상 끝 날이요, 추수꾼은 천사들이다. [40] 가라지를 모아다가 불에 태워 버리는 것과 같이, 세상 끝 날에도 그렇게 할 것이다. [41] 인자가 천사들을 보낼 터인데, 그들은 죄짓게 하는 모든 일들과 불법을 행하는 모든 사람들을 자기 나라에서 모조리 끌어 모아다가, [42] 불 아궁이에 처 넣을 것이다. 그러면 그들은 거기서 울며 이를 갈 것이다. [43] 그 때에 의인들은 그들의 아버지의 나라에서 해와 같이 빛날 것이다. 귀 있는 사람은 들어라." [44] "하늘 나라는, 밭에 숨겨 놓은 보물과 같다. 어떤 사람이 그것을 발견하면, 제자리에 숨겨 두고, 기뻐하며 집에 돌아가서는, 가진 것을 다 팔아서 그 밭을 산다." **45** "또 하늘 나라는, 좋은 진주를 구하는 상인과 같다. **46** 그가 값진 진주 하나를 발견하면, 가서, 가진 것을 다 팔아서 그것을 산다." **47** "또 하늘 나라는, 바다에 그물을 던져서 온갖 고기를 잡아 올리는 것과 같다. **48** 그물이 가득 차면, 해변에 끌어올려 놓고 앉아서, 좋은 것들은 그릇에 담고, 나쁜 것들은 내버린다. **49** 세상 끝 날에도 이렇게 할 것이다. 천사들이 와서, 의인들 사이에서 악한 자들을 가려내서, **50** 그들을 불 아궁이에 쳐 넣을 것이니, 그들은 거기서 울며 이를 갈 것이다." **51** 예수께서 제자들에게 "너희가 이것들을 모두 깨달았느냐?" 하고 물으시니, 그들이 "예" 하고 대답하였다. **52** 예수께서 그들에게 말씀하셨다. "그러므로, 하늘 나라를 위하여 훈련을 받은 율법학자는 누구나, 자기 곳간에서 새 것과 낡은 것을 꺼내는 집주인과 같다." **53** 예수께서 이 비유들을 말씀하신 뒤에, 그 곳을 떠나셨다. **54** 예수께서 자기 고향에 가셔서, 회당에서 사람들을 가르치셨다. 사람들은 놀라서 말하였다. "이 사람이 어디에서 이런 지혜와 그 놀라운 능력을 얻었을까? **55** 이 사람은 목수의 아들이 아닌가? 그의 어머니는 마리아라고 하는 분이 아닌가? 그의 아우들은 야고보와 요셉과 시몬과 유다가 아닌가? **56** 또 그의 누이들은 모두 우리와 같이 살고 있지 않은가? 그런데 이 사람이 이 모든 것을 어디에서 얻었을까?" **57** 그래서 그들은 예수를 달갑지 않게 여겼다. 예수께서 그들에게 말씀하셨다. "예언자는 자기 고향과 자기 집 밖에서는 존경을 받지 않는 법이 없다." **58** 예수께서는 그들의 믿지 않음 때문에, 거기서는 기적을 많이 행하지 않으셨다.

웨슬리와 함께 읽기

1 마가복음 4장 1절; 누가복음 8장 4절.

2 **배에 올라가셔서** – 이 배는 예수께서 바닷가에 계셨을 때 옆에서 대기하고 있었다.

3 **비유로** – 여기에서 사용된 이 단어는 유비나 비교에 해당하는 말이다. 이러한 말하기 방식은 고대 근동 국가에서는 아주 흔한 것이었는데, 이 방법을 통해서 많은 사람의 관심과 주의를 끌 수 있었다. 또한, 이 방식은 겸손하고 진지한 청중들에게 진리가 전달되어 더 깊숙하게 파고 들어가도록 한 것이었다. 이와 동시에 비유는 정의와 자비를 심하게 뒤섞어서 교만하고 사려 깊지 못한 사람들에게는 그것들이 감춰진 것이 되도록 하였다. 이 장에서 우리 주님께서는 일곱 개의 비유를 말씀하신다. 앞에 나오는 네 개의 비유들은 일반적인 관심거리로서 모든 사람에게 주어졌고, 나중에 나오는 세 개의 비유들은 그분의 제자들을 향한 것이다. 보라, **씨 뿌리는 자가** – 이 비유는 나머지 다른 비유들에 대한 서론으로서 참으로 절묘하게 되어 있다! 여기에서 우리 주님께서는 매우 명백하고도 매우 중요한 질문에 답을 주고 계신다. 똑같은 씨 뿌리는 사람, 즉 그리스도와 그분께서 보내신 똑같은 설교가들이 항상 똑같은 씨

를 뿌린다. 그런데 왜 그 결과는 항상 똑같지는 않을까? 들을 귀 있는 자들은 들어라!

4 여기에서 우리는 주님께서 우리가 열매를 맺는 데 방해되는 것들을 지금 나오는 순서대로 지적하고 계신다는 것을 알 수 있다. 첫 번째 장애물은 새들이 씨앗을 쪼아먹는다는 것이다. 다행히 이것에서 살아남은 씨앗에게는 또 다른 위험이 기다리고 있는데, 그것은 타서 시들어버리는 것이다. 여기에서 또 살아남은 씨앗은 한창 자라는데, 그때 가시덤불이 나와서 이 좋은 씨앗을 질식시켜 죽인다. 하나님의 말씀을 듣는 사람 중 대부분은 마치 큰길 가에 떨어진 씨앗처럼 말씀을 받아들인다. 이 말씀을 새들에게 빼앗기지 않는 사람들이 있지만, 그들 중 많은 사람이 여전히 돌밭에 떨어진 씨앗처럼 말씀을 받아들인다. 더 좋은 토양에 떨어진 씨앗도 있지만, 그나마 이들도 가시덤불에 질식하고 만다. 그래서 결국에는 이들 가운데서도 극소수가 겨우 끝까지 살아남아서 완전에 이르는 열매를 맺는 것이다. 이 모든 경우에 있어서 이런 장애물들은 하나님의 뜻이 아니라 사람들 자신이 자초한 것들이다.

8 **좋은 땅** - 큰길 가와 달리 부드러운 땅, 돌밭과 달리 깊은 땅, 가시덤불 밭과는 달리 깔끔한 땅.

11 **너희에게는 하늘나라의 비밀을 아는 것을 허락해 주셨지만** - 사람들이 드러낼 수도 없는 내면적이면서도 현재적인 하나님 나라의 심오한 일들. **그러나 다른 사람들에게는 그렇게 해주지 않으셨다** - 그래서 내가 비유로 말하여서 그들은 이해하지 못하지만, 너희는 이해할 수 있게 한 것이다.

12 **가진 사람은** - 즉, 자기가 가진 것을 개발하는 사람은 그것을 주신 분의 계획에 따라서 그 은사를 잘 사용한다. **주어질 것이요** - 자기가 개

발한 만큼 더 많이. **가지지 못한 사람은** - 그것을 개발하지 않은 사람은 **자기가 가진 것조차 빼앗기게 될 것이다** - 이것이 바로 하나님께서 사람들을 대하시는 큰 규칙이다. 이 규칙은 하늘의 기둥처럼 든든히 고정된 것이다. 이것이 바로 하나님께서 자신의 섭리에 따라 사람들에게 나누어주시는 방식이다. 그리고 이것은 그날에 사람들과 천사들에게 나타날 것이다(마 25:29; 막 4:25; 눅 8:18; 19:26).

13 그러므로 내가 그들에게 비유로 말하는 이유는 그들이 보아도 보지 못하고 - 위에서 말한 그 규칙에 따라서 나는 이 사람들에게 많은 지식을 주지 않는다. 왜냐하면 그들은 이미 자기들이 가지고 있는 것조차 사용하고 있지 않기 때문이다. 그들은 이 모든 것을 볼 수 있고, 들을 수 있고, 이해할 수 있는 수단을 가졌음에도 그것들을 하나도 활용하지 않는다. 그들은 그 어떤 것이든 효과적으로 보지도, 듣지도, 이해하지도 못한다.

14 듣기는 들어도 깨닫지 못하고 - 이 말은 너희는 분명히 듣기는 할 것이라는 뜻이다. 모든 할 수 있는 수단이 너희에게 주어질 것이다. 그렇지만 그들은 너희에게 아무런 소용이 없을 것이다. 왜냐하면 너희의 마음은 육감적이며 어리석고 무디기 때문이다. 너희의 영적인 감각은 닫혀 있다. 그렇다. 너희는 빛에 대하여 눈을 감아버렸다. 하나님의 것을 이해하려고 하지도 않으며 두려워하고 그분께서 너희를 고쳐주시는 것을 바라지도 않는다(사 6:9; 요 12:40; 행 28:26).

16 그러나 너희 눈은 복이 있으며 - 왜냐하면 너희는 보기도 하고 이해하기도 하기 때문이다. 너희는 너희에게 주어진 그 빛의 가치를 제대로 알아볼 줄 알기 때문이다(눅 10:23).

19 누구든지 그 말씀을 듣고도 그것을 생각하지 않으면 - 이것이 바로

사람들이 열매를 맺지 못하는 가장 첫째이면서도 가장 일반적인 원인이다. **악한 자가 와서** – 마음속에 찾아와서 다른 생각들이나 자기 하수인들로 그 마음을 채워놓는다. 사람들은 지금 자기가 들은 말씀을 생각해야 하는데 그 악한 자들은 그들 마음에 다른 이야기들을 속삭인다.

20 돌밭에 뿌려진 씨는 따라서 곧 말라버린다. 왜냐하면 뿌리를 깊게 내리지 못하기 때문이다(마 13:5). **기쁨으로 받아들이기는 하지만** – 아마도 열광적 감정에 빠져서, 진리의 아름다움에 감탄하여서 그리고 압도적인 하나님의 은혜에 이끌려서.

21 **그러나 그 속에 뿌리가 없어서** – 은총의 행위가 깊지 못해서, 그 마음이 근본적으로 변화를 일으키지 못해서, 아니 애초부터 그는 깊은 확신을 갖지 못해서. 이것이 없어서 선한 열망들이 곧바로 사그라드는 것이다. **어려움이 닥치면** – 이런 사람들은 이 좁고 험한 길을 떠나려고 수천 가지 핑계를 찾아낸다.

22 **가시덤불 속에서 씨앗을 받아들인 사람은 말씀을 듣고 그것을 생각하기는 하는 사람이다** – 사탄과 그의 하수인들[의 방해 공작]에도 불구하고. 그렇다. 그들은 마음속에 깊은 확신이 있고, 그래서 내면적으로 상당히 큰 변화를 받았다. 이런 사람들은 설령 고난이나 박해가 찾아온다고 해도 뒤로 물러서지는 않을 것이다. 하지만 이런 사람들에게조차도 좋은 씨앗과 더불어 가시도 솟아난다(마 13:7). (아마도 처음에는 인식을 못 하겠지만) 그들은 조금씩 질식해서 자기의 생명과 능력을 모두 파괴하고, 결국에는 아무런 열매도 맺지 못하게 된다. 가난한 사람들에게 있어서는 먹고 사는 것에 대한 염려가 가시라고 할 수 있다. 부자들에게 있어서는 도리어 재물이 그들의 가시이다. 다른 것들에 대한 욕심은 모든 사람에게 있어서 가시가 된다. **재물의 속임수가** – 그렇다, 정말로 속임수이다! 이

런 것들은 앞에서는 웃음을 짓지만 결국 우리를 배신한다. 그것들은 우리에게 입 맞추지만, 우리의 뒤통수를 때려서 지옥에 던져 넣는 것들이다. 그것들은 우리의 눈을 멀게 하고 우리의 마음을 굳어지게 하며, 하나님의 생명을 모두 훔쳐 간다. 그 대신 그것들은 우리의 영혼을 교만과 분노와 세상을 사랑하는 마음으로 채워놓는다. 그래서 사람들이 십자가의 원수가 되게 한다! 그런데 하나님이 계시다고 믿는 사람들조차도 이러한 것들을 간절히 열망하고 죽도록 쫓아다니고 있다!

23 어떤 것들은 백 배, 어떤 것들은 육십 배, 어떤 것들은 삼십 배 – 이 말은 각각 분량이 다르다는 뜻이다. 어떤 사람들은 다른 사람들보다 훨씬 더 많다.

24 그분께서 또 다른 비유를 들어서 – 이 새로운 비유에서 예수께서는 열매를 맺지 못하는 사람들의 사례를 더욱 자세히 설명하신다. 하늘나라(앞에서도 살펴본 것처럼)는 때때로 영원한 영광을 뜻한다. 때로는 그러한 곳으로 가는 길, 즉 내면의 종교를 뜻한다. 때로는 여기에 나온 것처럼 복음을 뿌리는 것이다. 이 표현은 마찬가지로 이러한 것들 가운데 어느 하나와 관계된 사람이나 일들을 가리킬 때 사용된다. 따라서 이 구절에서 이 말은 그리스도께서 마치 좋은 씨앗을 뿌리는 사람처럼 복음을 선포하시는 것을 의미한다. – 이러한 표현은 여기에서도 그러하고 다른 여러 곳에서도 그러하듯이, 선포되는 것이 다음의 비유로써 설명될 수 있다는 것을 의미한다. **자기 밭에 좋은 씨를 뿌린 사람** – 하나님께서는 자신이 창조하신 세계에 좋은 씨앗만을 뿌리신다. 그리스도께서는 자신의 교회에 좋은 진리의 씨앗만을 뿌리셨다.

25 그러나 사람들이 잠자는 동안에 – 그들은 깨어서 잘 지키고 있어야만 했다. 그러나 그 밭의 주님께서는 주무시지 않는다. **그분의 원수가**

와서 가라지를 뿌렸다 - 이것은 밀과 아주 비슷하게 생긴 것인데, 다른 곡식보다는 특히 밀 사이에서 흔히 자라나는 것들이다. 그러나 잡초(tare)나 살갈퀴(vetches)는 추가로 생기는 것들인데, 이것들은 밀과는 전혀 생김새가 다른 것들이다.

26 줄기가 날 때 가라지도 보였다 - 그전에는 구별할 수가 없다. 좋은 씨를 뿌렸을 때는 당장 나타나지는 않는다. 이것들도 처음에는 평화와 사랑과 기쁨의 모습으로 나타난다.

27 당신께서 밭에 좋은 씨를 뿌리지 않으셨습니까? 그런데 가라지가 어디에서 생겼습니까 - 선한 부모에게서 나온 것이 아니다. 이런 것은 이교도들도 분명히 말할 수 있다. "악한 것은 당신에게서 나올 수 없나니; 그것은 그저 겪는 것일 뿐, 신께서 내리신 것이 아니라네. 어둠이 태양에서 생겨난 것이 아니듯, 태양이 완전히 사라지기 전에는 어둠은 커지지 않는다네."

28 그가 말하기를 원수가 그렇게 하였구나 - 악의 기원과 관련한 아주 큰 질문에 대해 주어진 아주 쉬운 답변이다. 하나님께서는 인간을 지적인 존재로 만드셨다(천사들도 그렇게 만드셨다). 그래서 사람들은 선이든 악이든 자기 마음대로 선택할 수 있게 되었다. 그러나 그분께서는 인간의 영혼에 어떤 악도 심어두지는 않으셨다. 그렇게 한 것은 원수이고, 인간은 그 원수의 행위에 동조했다. 교회 안에서의 가라지는 외적인 그리스도인들, 예를 들면 경건의 모습은 있지만, 경건의 능력은 없는 사람들이다. 오히려 경건의 모양도, 경건의 능력도 전혀 없는 명백한 죄인들은 엉겅퀴나 검은 떨기이지 가라지는 아니다. 이러한 것들은 바로 뿌리째 뽑아내야 하며 그리스도 공동체는 이들을 용납해주어서는 안 된다. 실수가 많은 인간은 가라지를 뽑아내려다가 종종 밀도 함께 뽑아내기도

한다.

31 예수께서 또 다른 비유를 들어서 - 앞에서 나온 비유들은 주로 열매를 맺지 못하는 청중들과 관련된 것들이다. 이제 나올 비유들은 좋은 열매를 맺는 사람들과 관련한 것들이다. 하늘나라는 복음이 전파되는 것 그리고 내적인 나라(막 4:30; 눅 13:18).

32 가장 작은 것 - 즉, 가장 작은 것 가운데 하나. 이것은 유대인들이 지극히 일상적인 것을 말하는 방식이다. **나무가 되었다** - 그 나라에서는 이것은 덩치도 커지고 키도 크게 자란다. 마찬가지로 그리스도의 가르침은 세상에 퍼져나갈 것이며, 그리스도의 생명은 사람들의 영혼에 퍼져나갈 것이다.

33 서 말 - 이것은 사람들이 보통 한 번에 빵을 굽는 양이다. **전체가 부풀 때까지** - 마찬가지로 복음도 세상을 발효시킬 것이며, 주님의 은혜는 그리스도인들 속에서 부풀어 오를 것이다(눅 13:20).

34 비유가 아니고서는 아무것도 그들에게 말씀하지 않으셨다 - 즉, 한꺼번에. 다른 때는 그렇게 하셨다.

35 시편 78편 2절.

38 좋은 씨는 그 나라의 자녀들이요 - 즉, 하나님의 자녀들, 의로운 자들.

41 그들이 죄짓게 하는 모든 것을 모아다가 - 하나님의 자녀들을 방해하거나 슬프게 했던 모든 것. 그리스도께서 좋은 씨를 심으셨는데 이것을 방해하여서 뿌리를 내리지 못하게 하거나 열매를 맺지 못하도록 만들었던 모든 것이나 모든 사람을 가리킨다. 헬라어 원어로는 모든 것을 넘어지게 하는 것이다.

44 다음에 나오는 세 개의 비유는 군중에게 주신 것이 아니라 사도들에게 따로 주신 비유들이다. 처음 두 개는 복음을 받는 사람들에 대한 것

이고, 세 번째 것은 그 복음을 받고 그것을 선포하는 사람들에 대한 것이다. **하늘나라는 밭에 감추어진 보화 같으니** – 우리 안에 있는 하나님의 나라는 진실로 보화이다. 그러나 이 보화는 세상으로부터, 세상의 가장 똑똑하고 사려 깊은 사람들로부터 감추어져 있다. 이 보화를 찾는 사람은 (아마도 이때만 하더라도 그는 이 보화를 자신과 상관이 없는 것으로 생각했었을 수도 있다) 그것을 자기 마음속 깊이 감추어두고 이것을 위해서 다른 모든 행복을 다 포기한다.

45 하늘나라는 – 즉, 이것을 간절히 찾는 사람은. 마태복음 13장 47절에서 이것은 모든 것을 긁어모으는 그물과 같은 것으로 나타나는데, 그것은 선포되는 복음을 뜻한다. 복음은 그것이 어디에 선포되든지 비록 일시적이기는 하지만 선한 열망으로 따뜻해져서 좋다고 환영하는 사람들, 선한 사람들과 악한 사람들을 일단 모두 모아들인다. 그러나 그리스도인 제자들은 그리고 강도 높고 보다 세밀한 권면의 말씀들은 이 세상에서 분리되기 시작한다. 이러한 작업은 앞으로 다가올 세상에서 하나님의 천사들이 한다.

52 하늘나라를 위하여 훈련받은 율법학자 – 이 말은 복음을 선포하는 직책을 맡은 모든 준비된 선포자는 하나님 지혜의 보화를 가지고 있다는 말이다. 그들은 이러한 지혜를 가지고 모든 종류의 가르침을 전할 수 있다. 보화라는 단어는 이러한 모든 것을 모아놓는 것을 의미한다. 그리고 곳간은 그러한 보화들을 간직해서 모아놓은 장소를 뜻한다.

53 그곳을 떠나셨다 – 그분께서는 가버나움을 떠나서 호수를 건너가셨다. 그리고 자기 고향인 나사렛으로 다시 찾아오셨다. 그러나 이전에 여기에서 하셨던 것 이상의 좋은 결과를 이루지는 못하셨다.

54 이 사람이 어디에서 – 어느 부분을 강조해야 할지 모르기 때문에 많

은 본문이 제대로 이해되지 않는다. 어떤 본문들은 강조점을 전혀 다른 곳에 두기 때문에 아예 완전히 오해되기도 한다. 이러한 문제를 막기 위해서 나는 여기에서 강조해야 할 부분을 밑줄로 따로 표시해둔다(막 6:1; 눅 4:16, 22).

55 목수의 아들 – 헬라어로 이 단어는 목재나 철재 혹은 석재를 가지고 일하는 사람을 뜻한다. **그의 형제들** – 우리의 친척들. 그들은 처녀 마리아의 자매인 마리아이자 글로바 혹은 알패오의 아내인 마리아의 아들들을 가리킨다. **야고보** – 성 바울도 이 사람을 주님의 형제 야고보라고 말한다(갈 1:19). **시몬** – 가나안 사람의 성씨.[61)]

57 그들은 그를 달갑지 않게 여겼다 – 그들은 그분을 그저 평범하고 비천한 사람, 존경할 가치가 없는 사람으로 여겼다(요 4:44; 눅 7:23).

58 많은 놀라운 일이 오늘날 우리 가운데서 행해지지 않은 이유는 믿음이 모든 곳에 심어지지 않았기 때문이 아니라 불신앙이 모든 곳에서 넘쳐나고 있기 때문이다.

역자 해설

마태복음에 나오는 다섯 개의 가르침 덩어리 중에서 이 13장은 소위 '천국 비유'라고 하는 비유 모음 단락입니다. 마태복음을 연구하는 학자들 중에서 어떤 이는 13장을 마태복음의 가장 중심 단락으로 보기도 합니다. 그만큼 중요하다고 생각하는 것이겠지요. 13장의 구조는 아래와 같습니다.

I. 천국으로의 초대와 반응 1

1. 초청과 응답에 관하여 - 밭의 비유(1-9)

2. 비유 풀이의 배경(10-17)과 밭의 비유 풀이(18-23)

3. 심판에 관하여 - 알곡과 가라지 비유(24-30)

II. 커지는 천국

1. 커지는 천국 비유 1 - 겨자씨에서 큰 나무로(31-32)

2. 커지는 천국 비유 2 - 누룩에서 크게 부푼 반죽으로(33)

III. 천국으로의 초대와 반응 2

1. 심판에 관하여 - 알곡과 가라지 비유 풀이(36-43)

2. 초청 1 - 밭에 숨긴 보화의 가치를 알라(44)

   초청 2 - 값진 진주의 가치를 알라(45-46)

3. 심판에 관하여 - 선별되는 물고기(47-50)

IV. 결론: 응답인가 거부인가?

    1. 응답의 모델 - 하늘나라의 율법학자들(51-53)

    2. 거부의 모델 - 나사렛 사람들의 거부(54-57)

    13장은 천국에 관해 말합니다. 위의 구조에서 볼 수 있듯이 이 장은 천국으로 들어오라는 예수님의 초청 그리고 그 초청에 대한 사람들의 응답에 관한 것입니다. 이런 유사한 내용은 요한복음 서두의 '로고스 찬가'(요 1:1-18)에서도 찾아볼 수 있습니다. I-1은 흔히 씨 뿌리는 사람의 비유라고 알려졌지만, 사실 밭에 관한 비유입니다. 씨 뿌리는 사람이나 씨는 비유 안에서 딱히 다양한 의미 생산의 기능을 하지도 않고, 도리어 I-2의 비유 풀이에서 보듯이 어떤 밭이냐는 것이 중요한 변화를 만듭니다. I-3은 천국으로의 초대에 엉뚱한 반응을 보이는 것들에 대한 심판을 말합니다. 주인은 분명히 씨를 뿌렸는데(27) 이상한 것이 나온 것이지요. 원수가 그리한 것입니다(28). 어쨌든 그 결과는 불구덩이의 심판입니다. 따라서 I 부분은 천국으로의 초대와 거기에 제대로 응답하지 못한 이에 대한 심판을 말합니다.

    그런 방해에도 불구하고 천국은 자라납니다. 그 어떤 것도 성장을 막지 못합니다. II 단락에 나오는 짧은 두 비유는 모두 작은 것이 얼마나 커지는가에 관해 말합니다. III으로 가면 다시 천국으로의 초청과 반응을 말하는데요, I과 달리 이번에는 순서가 바뀝니다. 먼저 앞서 나왔던 가라지 비유를 다시 다루면서 심판을 말하고, 밭에 감춰진 보화와 진주의 비유를 통해 천국의 가치를 알아보고 어서 그것을 사들이라고, 천국을 맞아들이라고 다그칩니다. 그리고 천국을 맞아들이는 자는 그릇에 담기지만, 그렇지 못한 것은 내버려지는 심판을 받는다고 말합니다. 그래서 Ⅲ 단락 자체가 천국 초청을 중심으로 심판 주제가 바깥을 감싸는 구조로 되어있습니다.

마지막 Ⅳ 단락은 13장의 결론입니다. 비유는 모두 끝났습니다. 그리고 두 부류의 사람을 소개합니다. 제자들은 예수님의 가르침을 잘 알아듣고 그것을 받아들입니다(51-52). 그러나 나사렛 사람들은 예수님을 달갑지 않게 여기고 배척합니다(54-58). 그래서 이 두 부류는 각각 천국을 맞아들인 사람과 거부한 사람의 모델이 됩니다. 마태는 이렇게 천국을 소개하고 우리에게 천국을 받아들이라고 요청합니다. 마지막에 나오는 두 부류의 사람 중에서 누구의 뒤를 따를 것인지 우리에게 선택하라고 요구합니다.

신앙생활은 우리에게 늘 결단을 요구합니다. 매 순간 어떤 길로 갈 것인지 선택하라고 합니다. 어떤 이는 처음부터 복음에 귀를 막지만, 어떤 이는 잘 받아들입니다. 그러나 얼마 못 가서 뒤로 물러서기도 합니다(히 10:38). 근심하며 뒤돌아서는 이유는 많습니다. 재물이 많아서(19:22), 인간적인 관계로(8:21), 따돌림당하거나 먹고 사는 데 위협이 두려워서(요 9:22), 목숨을 잃을까 두려워(26:56, 69-75) 혹은 다른 여러 이유가 우리를 망설이게 합니다. 그러나 웨슬리의 말처럼 이것은 이유가 아니라 핑계이며, 이 핑계는 맘만 먹으면 얼마든지 찾아낼 수 있습니다. 천국을 소유하려면 가진 것을 다 팔아야 합니다(44, 46절). 천국을 소유하는 길은 많은 것을 포기하라고 요구합니다. 이것은 세상의 눈으로 보기에 어리석고 달갑지 않은 것입니다(고전 1:23). 그러나 비록 그 길은 좁고 험하지만, 생명의 길입니다(7:13-14). 그 길 끝에 참되고 영원한 생명이 있다는 사실과 그 모든 길을 하나님께서 주관하신다는 것을 기억한다면(『표준설교』 18.3.1-13), 우리는 천국을 소유할 수 있을 것입니다.

마태복음 14장

¹ 그 무렵에 분봉 왕 헤롯이 예수의 소문을 듣고서, 자기 신하들에게 말하였다. ² "이 사람은 세례자 요한이다. 그가 죽은 사람들 가운데서 살아났다. 그 때문에 그가 이런 놀라운 능력을 발휘하는 것이다." ³ 헤롯은 일찍이, 자기 동생 빌립의 아내 헤로디아의 일 때문에 요한을 붙잡다가 묶어서, 감옥에 가둔 일이 있었다. ⁴ 그것은, 요한이 헤롯에게 "그 여자를 차지하는 것은 옳지 않습니다" 하고 여러 차례 말하였기 때문이다. ⁵ 그래서 헤롯은 요한을 죽이려고 하였으나, 민중이 두려워서 그렇게 하지 못하였다. 그것은, 그들이 요한을 예언자로 여기고 있었기 때문이다. ⁶ 그런데 마침, 헤롯의 생일에 헤로디아의 딸이 손님들 앞에서 춤을 추어서, 헤롯을 즐겁게 해주었다. ⁷ 그리하여 헤롯은 그 소녀에게, 청하는 것은 무엇이든지 주겠다고, 맹세로써 약속하였다. ⁸ 소녀는 자기 어머니가 시키는 대로 말하였다. "세례자 요한의 머리를 쟁반에 담아서 이리로 가져다 주십시오." ⁹ 왕은 마음이 괴로웠지만, 이미 맹세를 하였고, 또 손님들이 보고 있는 앞이므로, 그렇게 해 주라는 명령을 내리게 되었다. ¹⁰ 그래서 그는 사람을 보내서, 감옥에서 요한의 목을 베게 하였다. ¹¹ 그 머리를 쟁반에 담아서 가져다가 소녀에게 주니, 소녀는 그것을 자기 어머니에게 가져갔다. ¹² 요한의 제자들이 와서, 그 시체를 거두어다가 장사 지내고 나서, 예수께 가서 알려드렸다.

¹³ 예수께서 그 말을 들으시고, 거기에서 배를 타고, 따로 외딴 곳으로 물러가셨다. 이 소문이 퍼지니, 무리가 여러 동네에서 몰려 나와서, 걸어서 예수를 따라왔다. ¹⁴ 예수께서 배에서 내려서, 큰 무리를 보시고, 그들을 불쌍히 여기시고, 그들 가운데서 앓는 사람들을 고쳐 주셨다. ¹⁵ 저녁때가 되니, 제자들이 예수께 다가와서 말하였다. "여기는 빈 들이고, 날도 이미 저물었습니다. 그러니 무리를 헤쳐 보내어, 제각기 먹을 것을 사먹게, 마을로 보내시는 것이 좋겠습니다." ¹⁶ 예수께서 그들에게 말씀하셨다. "그들이 물러갈 필요 없다. 너희가 그들에게 먹을 것을 주어라." ¹⁷ 제자들이 예수께 말하였다. "우리에게 있는 것이라고는, 빵 다섯 개와 물고기 두 마리밖에 없습니다." ¹⁸ 이 때에 예수께서 말씀하셨다. "그것들을 이리로 가져 오너라." ¹⁹ 그리고 예수께서는 무리를 풀밭에 앉게 하시고 나서, 빵 다섯 개와 물고기 두 마리를 들고, 하늘을 우러러 보시고 축복 기도를 드리신 다음에, 떼어서 제자들에게 주시니, 제자들이 이를 무리에게 나누어 주었다. ²⁰ 그들은 모두 배불리 먹었다. 남은 부스러기를 모으니, 열두 광주리에 가득 찼다. ²¹ 먹은 사람은 여자들과 어린아이들 외에, 어른 남자만도 오천 명쯤 되었다. ²² 예수께서는 곧 제자들을 재촉하여 배에 태워서, 자기보다 먼저 건너편으로 가게 하시고, 그 동안에 무리를 헤쳐 보내셨다. ²³ 무리를 헤쳐 보내신 뒤에, 예수께서는 따로 기도하시려고 산에 올라가셨다. 날이 이미 저물었을 때에, 예수께서는 홀로 거기에 계셨다. ²⁴ 제자들이 탄 배는, 그 사이에 이미 육지에서 멀리 떨어져 있었는데, 풍랑에 몹시 시달리고 있었다. 바람이 거슬러서 불어왔기 때문이다. ²⁵ 이른 새벽에 예수께서 바다 위로 걸어서 제자들에게로 가셨다. ²⁶ 제자들이, 예수께서 바다 위로 걸어오시는 것을 보고, 겁에 질려서 "유령이다!" 하며 두려워서 소리를 질렀다. ²⁷ [예수께서] 곧 그들에게 말씀하셨다. "안심하여라. 나다. 두려워하지 말아라." ²⁸ 베드로가 예수께 말하였다. "주님, 주님이시면, 나더러 물 위로 걸어서, 주님께로 오라고 명령하십시오." ²⁹ 예수께서

"오너라!" 하고 말씀하셨다. 베드로는 배에서 내려, 물 위로 걸어서, 예수께로 갔다. [30] 그러나 베드로는 [거센] 바람이 불어오는 것을 보고, 무서움에 사로잡혀서, 물에 빠져 들어가게 되었다. 그 때에 그는 "주님, 살려 주십시오" 하고 외쳤다. [31] 예수께서 곧 손을 내밀어서, 그를 붙잡고 말씀하셨다. "믿음이 적은 사람아, 왜 의심하였느냐?" [32] 그리고 그들이 함께 배에 오르니, 바람이 그쳤다. [33] 배 안에 있던 사람들은 그에게 무릎을 꿇고 말하였다. "선생님은 참으로 하나님의 아들이십니다." [34] 그들은 바다를 건너가서, 게네사렛 땅에 이르렀다. [35] 그 곳 사람들이 예수를 알아보고, 주위의 온 지방으로 사람을 보내어, 병자를 모두 그에게 데려왔다. [36] 그들은 예수께, 그의 옷술만에라도 손을 대게 해 달라고 간청하였다. 그리고 손을 댄 사람은 모두 나았다.

웨슬리와 함께 읽기

1 그 무렵에 – 우리 주님께서 공적 사역을 하신 지 1년쯤 되었을 때. 분봉 왕 – 자기 아버지의 통치 지역 가운데 4분의 1을 다스리는 왕이었다(막 6:14).

2 그가 죽은 사람들 가운데서 살아났다 – 헤롯은 사두개인이었다. 그리고 사두개인들은 죽은 자의 부활을 믿지 않았다. 그러나 사두개파의 신념도 양심 앞에서는 어쩔 수 없다.

3 그의 형제 빌립의 아내 – 빌립은 당시에 여전히 살아있었다(막 6:17).

4 당신이 그 여자를 차지하는 것은 옳지 않습니다 – 헤롯이든 빌립이든 이 사람들이 그녀를 차지하는 것은 옳지 않았다. 그녀의 아버지는 아리스토불루스였는데 이 사람은 헤롯과 빌립의 형제였다. 요한의 말은 그가 입고 있는 옷처럼 거칠었다. 그는 아무리 왕이라고 해도 개의치 않고 부드러운 말로써 진리의 힘에 제동을 걸려고 하지 않았다.

5 그가 요한을 죽이려고 하였으나 – 감정이 격해져서. 그러나 군중에 대한 두려움 때문에 꾹 참고 있었다. 나중에 그는 요한에 대한 존경심에서 꾹 참았다.

6 헤로디아의 딸 – 이 여자는 자신의 출생에 어울리는 악명 높은 인생

을 살았다.

8 자기 어머니가 시키는 대로 – 무엇을 어떤 식으로 청원할 것인지에 대해 지침을 받았다. **그녀는 그를 이곳으로 가져다 달라고 말했다** – 만일 헤롯이 생각할 시간이 있었더라면 그대로 해주지 않을까 봐 이렇게[62] 한 것이다. **세례 요한의 머리를 쟁반에 담아서** – 큰 접시나 그릇.

9 왕은 마음이 괴로웠지만 – 그는 요한이 선한 사람인 것을 알았다. **그렇지만 맹세 때문에** – 그래서 그는 그저 마음이 약해져서 무고한 사람을 살인했다.

10 그래서 그는 사람을 보내서 감옥에서 요한의 목을 베게 하였고, 그의 머리는 그 여자아이에게 가져다주었다 – 이렇게 거룩한 사람이 그토록 악명 높은 사람의 손에 의해 죽고 말다니, 참으로 알다가도 모를 섭리이다. 하나님은 이 구제 불능 악녀의 사악함, 허영심 많은 소녀의 보채는 소리에 그리고 예언자들의 머리를 춤을 구경하는 값이 되도록 만들었던 술 취한 귀족들, 그 어리석은 자들의 성급함에 희생제물이 되도록 하셨다! 하지만 우리는 전능하신 그분께서 자신의 종이 이 세상에서 당했던 것에 대한 보상을 저세상에서 반드시 해주실 것이라고 확신한다.

13 예수께서 외딴곳으로 물러가셨다 – 헤롯을 피해서. 마가복음 6장 32절에서는 군중이 몰려들었기 때문에 누가복음 9장 10절에서는 자신들의 사역을 마치고 돌아온 제자들과 따로 이야기를 나누기 위해서 이렇게 하신 것으로 나온다. **따로** – 사람들과 떨어져서, 그러나 제자들과는 함께(요 6:1).

15 시간이 지나서 – 식사 때가 되었다는 의미(막 6:35; 눅 9:12).

22 제자들을 재촉하여 – 제자들은 그분을 떠나려고 하지 않았다(막 6:45; 요 6:15).

24 저녁에 – 학자들은 유대인들은 두 가지 저녁을 생각했다고 말한다. 첫째로 저녁은 오후 3시경에 시작하고, 둘째로 해가 질 때부터 시작한다. 그렇다면 여기에서 말하는 저녁은 해가 질 때의 저녁을 가리킨다.

25 네 시 경에 – 유대인들(로마인들도 마찬가지다)은 밤을 각각 세 시간씩 묶어서 넷으로 나누었다. 제1경은 여섯 시에 시작한다. 제2경은 9시에, 제3경은 12시에 그리고 제4경은 새벽 3시에 시작한다. **만일 당신이시면** – 당연히 그분이 바로 똑같은 그분이시다. 우리 영어나 다른 모든 언어에서도 마찬가지로 조사(particle)는 종종 이런 의미를 지닌다.[63] 요한복음 13장 14, 17절에서도 이런 의미로 사용되었다. 성 베드로는 의심하지 않았다. 만일 의심했더라면 배에서 뛰어내리지 않았을 것이다.

30 그는 두려웠다 – 비록 베드로는 바다에 익숙한 사람이었고, 수영도 잘하는 사람이었지만, 이런 사람들도 종종 두려움에 빠진다. 은혜가 역사하기 시작하면, 그 앞에서는 자연의 힘과 용맹함도 수그러들고 만다.

33 당신은 하나님의 아들입니다 – 즉, 메시아라는 뜻이다.

35 마가복음 6장 45절.

역자 해설

앞서 11장에서 예수님은 하늘나라가 악한 세력에 의해 끊임없이 도전받고 있음을 말하셨습니다(11:12). 하늘나라의 길을 선택하라고 부르시는 음성에 응답한 사람들 역시 고통을 받습니다. 그 길은 좁고 험하기 때문입니다(7:14). 세례 요한을 포함해서 옛날 그리스도인들이 그러했듯이, 그 길을 걷는 것은 때로는 목숨을 걸어야 하는 일이었습니다. 11장에서 마태는 세례 요한이 옥에 갇힌 이야기를 하는데, 이제 14장에서는 그의 죽음을 전합니다. 그의 죽음은 참으로 허무합니다. 어린 여자아이의 재롱잔치 춤 값이 그런 위대한 인물의 목숨으로 매겨지다니, 너무 어이가 없습니다. 이처럼 하늘나라의 길을 따르다가 박해와 고난을 받은 사람은 기독교 역사에 너무나 많습니다. 수많은 사람 중 하나라고 생각하면 너무 보잘것없어 보이지만, 그 한 사람 한 사람 각자의 생명은 온 세상과도 바꿀 수 없는 귀한 것입니다(16:26). 그래도 수많은 신앙의 선배들은 하늘나라를 선택했습니다.

하지만 믿음으로 끝까지 경주를 마친 이들에게 하늘의 잔치가 마련되어 있습니다(5:10-12). 광야에서 예수님이 오천 명을 먹이신 오병이어의 기적은 바로 그 하늘의 위로, 천국 잔치를 미리 맛보는 시간입니다. 예수님은 오병이어를 받아 하늘을 우러러 감사 기도 하시고 떼어 광야에서 지쳐 주저앉은 무리에게 나눠주십니다(19절). 학자들은 이 오병이어의 기적이 천국 잔치를 미리 맛보게 해주는 예표(豫表)로 봅니다.

이 세상에서 믿음의 길을 꿋꿋하게 가기는 정말 쉽지 않습니다. 요즘 한국 사회에서 예수님의 길을 간다고 해서 순교를 당하거나 끔찍한 박해를 받는 일은 볼 수 없습니다. 그러나 우리 앞에는 수많은 장애물이 놓여있습니다. 돈, 권력, 안락한 삶, 쾌락, 명예 등 믿음의 길에서 벗어나도록 유혹하는 악의 세력은 너무나 강하고 많아서, 2천 년 전 박해받던 시절 못지않게 예수의 길을 끝까지 완주하는 것은 너무나 어렵습니다. 그러나 예수님께서는 우리를 그 길로 부르시고 그 길에서 승리할 수 있다는 것을 보여주십니다. 물 위를 걸으시는 예수님(22-33)의 모습은 앞서 8장과 9장에서 우리가 살펴보았듯이, 악의 권세를 짓밟으신 승리하신 그리스도의 모습입니다. 그리고 우리에게 이렇게 말씀하십니다. "이것을 너희에게 이르는 것은 너희로 내 안에서 평안을 누리게 하려 함이라 세상에서는 너희가 환난을 당하나 담대하라 내가 세상을 이기었노라."(요 16:33)

비록 믿음의 길, 하나님의 나라와 그의 의를 구하는 삶(6:33)은 쉽지 않지만, 승리하신 임마누엘(1:23)께서 세상 끝까지 우리와 함께 하시겠다고 약속하셨습니다(28:20). 이 길은 주님뿐만 아니라 우리보다 앞서 하늘 나라의 길을 믿음으로 완주한 하늘의 승리한 성도(Ecclesia Triumphans), 수많은 증인도 우리를 격려합니다(히 12:1). 그래서 아직 이 땅에서 싸우는 성도(Ecclesia Militans)는 비록 힘겹게 믿음의 싸움을 싸우지만 이미 승리한 교회로서 천국의 승리한 성도, 천군 천사와 함께 성찬을 통해 천국 잔치를 미리 맛보며 어린양을 찬양합니다. 따라서 1세기 로마 클레멘스의 기록에서 볼 수 있듯이,[64] 교회는 지난 2천 년 동안 성찬을 나눌 때마다 성찬의 자리가 이 땅의 성도와 하늘의 성도가 함께 천국 잔치를 맛보는 자리라는 것을 기억했습니다.[65] 그러기에 이 땅 위의 온 백성과 하늘의 거룩한 성도, 천군 천사들과 함께 주님의 이름을 소리 높여 찬양합니다.

거룩 거룩 거룩 전능하신 하나님
하늘과 땅에 가득한 그 영광,
지극히 높은 곳에서 호산나!
주님의 이름으로 오시는 분을 찬양합시다.
지극히 높은 곳에서 호산나!

Sanctus, Sanctus, Sanctus Dominus Deus Sabaoth
Pleni sunt cæli et terra gloria tua.
Hosanna in excelsis
Benedictus qui venit in nomine Domini
Hosanna in excelsis

- 감리교 성찬 예문

마태복음 15장

¹ 그 때에 예루살렘에서 바리새파 사람들과 율법학자들이 예수께 와서 말하였다. ² "당신의 제자들은 어찌하여 장로들의 전통을 어기는 것입니까? 그들은 빵을 먹을 때에 손을 씻지 않습니다." ³ 예수께서 그들에게 말씀하셨다. "그러면 너희는 어찌하여 너희의 전통 때문에 하나님의 계명을 어기느냐? ⁴ 하나님께서 말씀하시기를 '아버지와 어머니를 공경하여라' 하시고, 또 '아버지나 어머니를 욕하는 자는 반드시 죽을 것이다' 하셨다. ⁵ 그러나 너희는 말하기를, 누구든지 아버지나 어머니에게 '내게서 받으실 것이 하나님께 드리는 예물이 되었습니다' 하고 말만 하면, ⁶ 그 사람은 제 부모를 공경하지 않아도 된다고 한다. 이렇게 너희는 너희의 전통 때문에 하나님의 말씀을 폐한다. ⁷ 위선자들아! 이사야가 너희를 두고 적절히 예언하였다. ⁸ '이 백성이 입술로는 나를 공경해도, 마음은 나에게서 멀리 떠나 있다. ⁹ 그들은 사람의 훈계를 교리로 가르치며, 나를 헛되이 예배한다.'" ¹⁰ 예수께서 무리를 가까이 부르시고서 그들에게 말씀하셨다. "너희는 내 말을 듣고 깨달아라. ¹¹ 입으로 들어가는 것이 사람을 더럽히는 것이 아니라, 입에서 나오는 것, 그것이 사람을 더럽힌다." ¹² 그 때에 제자들이 다가와서 예수께 말하였다. "바리새파 사람들이 이 말씀을 듣고 분개하고 있다는 것을 아십니까?" ¹³ 예수께서 대답하셨다. "나의 하늘 아버지께서는 자기

가 심지 않으신 식물은 모두 뽑아 버리실 것이다. **14** 그들을 내버려 두어라. 그들은 눈 먼 사람이면서 눈 먼 사람을 인도하는 길잡이들이다. 눈 먼 사람이 눈 먼 사람을 인도하면, 둘 다 구덩이에 빠질 것이다." **15** 베드로가 예수께 "그 비유를 우리에게 설명해 주십시오" 하고 청하니, **16** 예수께서 말씀하셨다. "너희도 아직 깨닫지 못하느냐? **17** 입으로 들어가는 것은 무엇이든지, 뱃속으로 들어가서 뒤로 나가는 줄 모르느냐? **18** 그러나 입에서 나오는 것들은 마음에서 나오는데, 그것들이 사람을 더럽힌다. **19** 마음에서 악한 생각들이 나온다. 곧 살인과 간음과 음행과 도둑질과 거짓 증언과 비방이다. **20** 이런 것들이 사람을 더럽힌다. 그러나 손을 씻지 않고서 먹는 것은, 사람을 더럽히지 않는다." **21** 예수께서 거기에서 떠나서, 두로와 시돈 지방으로 가셨다. **22** 마침, 가나안 여자 한 사람이 그 지방에서 나와서 외쳐 말하였다. "다윗의 자손이신 주님, 나를 불쌍히 여겨 주십시오. 내 딸이, 귀신이 들려 괴로워하고 있습니다." **23** 그러나 예수께서는 한 마디도 대답하지 않으셨다. 그 때에 제자들이 다가와서, 예수께 간청하였다. "저 여자가 우리 뒤에서 외치고 있으니, 그를 안심시켜서 떠나보내 주십시오." **24** 예수께서 대답하셨다. "나는 오직 이스라엘 집의 길을 잃은 양들에게 보내심을 받았을 따름이다." **25** 그러나 그 여자는 나아와서, 예수께 무릎을 꿇고 간청하였다. "주님, 나를 도와주십시오." **26** 예수께서 대답하셨다. "자녀들의 빵을 집어서, 개들에게 던져 주는 것은 옳지 않다." **27** 그 여자가 말하였다. "주님, 그렇습니다. 그러나 개들도 주인의 상에서 떨어지는 부스러기는 얻어먹습니다." **28** 그제서야 예수께서 그 여자에게 말씀하셨다. "여자여, 참으로 네 믿음이 크다. 네 소원대로 되어라." 바로 그 시각에 그 여자의 딸이 나았다. **29** 예수께서 거기에서 떠나서, 갈릴리 바닷가에 가셨다. 그리고 산에 올라가서, 거기에 앉으셨다. **30** 많은 무리가, 걷지 못하는 사람과 지체를 잃은 사람과 눈 먼 사람과 말 못하는 사람과 그 밖에 아픈 사람을 많이 데리고 예수께로 다가와서, 그 발 앞에 놓았다. 그러자 예수께서는 그들을 고쳐 주셨다. **31** 그래서 무리는, 말 못하는 사람이 말을 하고, 지체 장애인이 성한 몸이 되고, 걷지 못하는 사람이 걸어다니고, 눈 먼 사람이 보게 된 것을 보고 놀랐고, 이스라엘의 하나님께 영광을 돌렸다. **32** 그 때에 예수께서 제자들을 가까이 불러 놓고 말씀하셨다. "저 무리가 나와 함께 있은 지가 벌써 사흘이나 되었는데, 먹을 것이 없으니, 가엾다. 그들을 굶주린 채로 돌려보내고 싶지 않다. 가다가 길에서 쓰러질지도 모른다."
33 제자들이 예수께 말하였다. "여기는 빈 들인데, 이 많은 무리를 배불리 먹일 만한 빵을 무슨 수로 구하겠습니까?" **34** 예수께서 그들에게 물으셨다. "너희에게 빵이 몇 개나 있느냐?" 그들이 대답하였다. "일곱 개가 있습니다. 그리고 작은 물고기가 몇 마리 있습니다." **35** 예수께서 무리에게 명하여 땅에 앉게 하시고 나서, **36** 빵 일곱 개와 물고기를 들어서 감사 기도를 드리신 다음에, 떼어서 제자들에게 주시니, 제자들이 무리에게 나누어주었다. **37** 사람들이 모두 배불리 먹었다. 그리고 나서 남은 부스러기를 주워 모으니, 일곱 광주리에 가득 찼다. **38** 먹은 사람은 여자들과 아이들 외에도, 남자만 사천 명이었다. **39** 예수께서 무리를 헤쳐 보내신 뒤에, 배에 올라 마가단 지역으로 가셨다.

웨슬리와 함께 읽기

1 마가복음 7장 1절.

2 장로들 – 박사들 혹은 유대인의 선생들.

3 그들은 빵을 먹을 때에 손을 씻지 않는다 – 히브리어에서는 빵이라 하면 일반적으로 음식을 가리킨다. 따라서 빵을 먹는다는 말은 식사한다는 의미와 같다.

4 아버지와 어머니를 공경하여라 – 부모들이 도움이 필요하므로 그들을 공양한다는 의미를 내포한다(출 20:12; 21:17).

5 내게서 받으실 것이 하나님께 드리는 예물이 되었습니다 – 이 말은 "원래 부모님께서 제게 받으셔야 할 물건인데 제가 안 드리고 대신에 그것을 성전 창고에 바쳤습니다" 혹은 적어도 "바칠 계획입니다"라는 뜻이다.

7 이사야가 너희를 두고 적절히 예언하였다 – 이 말은 이사야가 너희 조상들에게 했던 말이 정확하게 너희들에게도 해당이 된다는 뜻이다. 그러므로 이 말은 비록 그들의 모습에 대한 말이지만 너희에게는 예언의 말씀이다.

8 마음은 나에게서 멀리 떠나 있다 – 만일 이것이 없다면 모든 외적인

예배 행위는 하나님을 조롱하는 것에 지나지 않는다(사 29:13).

9 사람의 훈계를 가르치며 – 이 훈계를 하나님과 동등한 것으로 혹은 하나님보다 더 우선하는 것으로 가르치며. 이보다 더 끔찍한 죄가 어디 있겠는가?

13 모든 식물 – 즉, 모든 교리.

14 그냥 내버려 두어라 – 만일 그들이 진정으로 소경을 인도하는 소경이라면, 그들을 내버려 두라. 그들의 일에 관여하지 말라. 이러한 종류의 일과 관련해서 우리가 어떻게 행동해야 하는지 분명하게 잘 보여주는 구절이다(눅 6:39).

17 너희는 아직도 이해하지 못하느냐 – 거룩한 역사가들이 이 얼마나 공정하고도 솔직한가? 그들은 결코 자신의 결점을 감추거나 핑계를 대려 하지 않는다.

19 처음에는 악한 생각들이 – 그다음에는 살인이, 그다음에는 나머지 것들이 나온다. **나쁜 말** – 헬라어로는 모든 욕설, 험담 그리고 악담이라는 뜻이 있다.

21 마가복음 7장 24절.

22 가나안 여자 한 사람이 – 가나안은 또한 수로보니게(Syrophenicia)라고 불렸다. 왜냐하면 시리아(Syria)와 바닷가에 있는 페니키아(Phenicia) 사이에 있었기 때문이다. **그에게 외쳐** – 멀리서. **다윗의 자손이여** – 그녀는 약속된 메시아에 대해 그렇게 알고 있었다.

23 그는 그녀에게 아무 말도 하지 않으셨다 – 그분께서는 종종 이런 식으로 우리의 믿음을 시험해보신다.

24 나는 보내심을 받지 않았다 – 아직은 이것이 가장 우선순위에 있는 것이 아니다.

25 **그때 그 여자가 나아와서** – 그분께서 계시는 집으로.

28 **네 믿음이** – 하나님의 능력과 선하심에 대한 신뢰.

29 **갈릴리 바다** – 유대인들은 큰 호수를 가리켜서 바다라고 불렀다. 이 것의 길이는 20㎞ 정도이고 폭은 8㎞ 정도이다. 이 호수는 디베랴 바 다라고도 불렸다. 이 호수는 갈릴리 경계 지역에 붙어 있고, 디베랴라 는 도시가 서쪽 해안에 있었다. 이것은 또한 게네사렛 호수라고도 불렸 는데, 아마도 긴네렛이라는 말이 바뀌어서 그렇게 된 것 같다. 이 긴네 렛이라는 이름은 민수기 34장 11절에서처럼 옛날부터 부르던 이름이 다(막 7:31).

32 **그들은 사흘 동안 나와 함께 있었다** – 그들이 온 지 이제 삼 일째다(막 8:1).

36 **감사 기도를 드리시고, 혹은 음식에 축복하시고** – 이 말은, 이 음식을 두고 하나님께 찬양하고 그것들 위에 축복 기도를 하셨다는 뜻이다.

역자 해설

우리는 일주일 동안 수많은 예배를 드립니다. 예배 안에는 송영, 기도, 말씀 선포, 찬양, 봉헌, 축도 등 다양한 내용이 들어갑니다. 예배는 우리에게 너무나 익숙합니다만, 예배란 과연 무엇일까요? 예배는 교회 (ecclesia)가 하나님과 맺는 어떠한 사건입니다. 교회라는 말은 "따로 불러 냈다"라는 뜻에서 왔습니다. 즉, 아무나 교회가 아니라는 말입니다. 하나님으로부터 부르심을 받고 그분의 은혜로 거듭나 구원을 받게 된 사람이나 그들의 모임이 교회입니다. 그리고 예배는 교회가 하는 행위입니다. 그래서 2세기 말, 히폴리투스가 남긴 『사도전승』을 보면 아직 세례받지 않은 사람들(당시 세례는 곧 구원받았다는 것과 동의어라고 생각할 수 있습니다)은 교인들의 예배에 참석할 수도 없었고, 그들과 함께 기도도 할 수 없었습니다. 쉽게 말하면 예배를 드릴 자격도 없었습니다.[66]

그들이 예배에 참석할 수 없었던 이유를 생각하면 예배가 무엇인지 알 수 있습니다. 고대 교인들의 생각에 예배는 하나님께서 우리를 위해 하신 구원에 대한 감사의 응답이었습니다. 그러니 세례를 받지 않은, 아직 구원을 경험하지 못한 사람이 자신을 구원해주셔서 감사하다는 응답, 즉 예배에 참석한다는 것은 말이 안 되는 일이었습니다. 예배는 하나님의 구원 사역에 대한 우리의 반응이므로 예배의 기본적인 개념은 '감사'입니다. 그래서 찬양, 말씀, 봉헌, 성찬, 파송이 예배의 중요한 구성 요소입니다.

특히 성찬이 중요했습니다. 성찬(eucharist)이라는 단어의 뜻은 "감사한다"입니다. "하나님께서 아들 예수 그리스도를 통해 우리를 위해 하신 일"(『표준설교』 5.2.1) 곧 '칭의'의 은총을 기억하고 그 은총에 감사하는 것입니다. 또한, 교회는 예배와 말씀과 파송을 통해 성도가 믿음의 경주를 잘할 수 있도록 주님의 도우심을 구합니다. 이것은 "하나님께서 성령으로 우리 안에서 하시는 일"(『표준설교』 5.2.1) 곧 '성화'의 은총을 구하는 것입니다. 따라서 하나님의 구원에 대한 응답, 즉 감사와 거룩한 삶의 결단이 없다면 그것은 예배가 아닙니다.

바리새인들과 율법학자들은 당대에 경건의 행위와 경건의 지식이 출중한 사람들이었습니다. 그러나 예수님께서 이사야의 말씀으로 그들의 예배는 '헛된 예배'라고 꾸짖으십니다(9절). 이사야는 이스라엘 백성이 헛되이 '나의 뜰만 밟는다'라고 하나님께서 그들의 예배를 거부하시는 것을 말합니다(사 1:11-14). 왜냐하면 그들의 삶은 "못된 짓"(1:13)과 "손에 가득한 피"(1:15), "악한 행실"(1:16)로 얼룩졌기 때문입니다. 위에서 말한 예배의 개념에 비추어 볼 때 이들은 한참 어긋났습니다.

그러나 가나안 이방인 한 여성은 겸손히 예수님 앞에 나아옵니다(15:21-28). 예수님은 이 여인을 무시하시지만 그래도 이 여인은 바닥까지 낮아져서 주님의 은총을 구합니다. 가난한 마음은 천국을 얻기 위한 가장 첫걸음입니다(5:3, 『표준설교』 16.1.2-10). 옛날 이스라엘 사람들은 이방인을 부정한 사람으로 보았습니다. 그래서 그들을 무시하고 그들과 함께 식사도 하지 않았습니다(갈 2:11-13). 그러나 예수님은 도리어 유대 지도자들이 더럽다고 지적하십니다(15:11, 17-20).

하늘나라 잔치를 맛볼 수 있는 사람은 이런 경건의 능력은 없고 오직 경건의 모양만 갖춘 사람이 아니라(딤후 3:5), 겸손한 마음으로 주님의 도

우심을 구하며 나아오는 자들(15:21-28, 30)입니다. 이런 무리에게 예수님
은 하늘의 잔치로 배부르게 하십니다(15:32-38). 주님 앞에 나아와 예배할
이 누구이며, 예배를 통해 하늘에서 내리는 만나, 천국 잔치를 맛볼 이
는 누구입니까?

누가 주님의 산에 오를 수 있으며,
누가 그 거룩한 곳에 들어설 수 있느냐?
깨끗한 손과 해맑은 마음을 가진 사람,
헛된 우상에게 마음이 팔리지 않고,
거짓 맹세를 하지 않는 사람이다(시 24:3-4).

마음이 청결한 자는 복이 있나니,
그들이 하나님을 볼 것이요(마 5:8).

마태복음 16장

1 바리새파 사람들과 사두개파 사람들이 와서, 예수를 시험하느라고, 하늘로부터 내리는 표징을 자기들에게 보여 달라고 요청하였다. **2** 예수께서 그들에게 말씀하셨다. ["너희는 저녁 때에는 '하늘이 붉은 것을 보니 내일은 날씨가 맑겠구나' 하고, **3** 아침에는 '하늘이 붉고 흐린 것을 보니 오늘은 날씨가 궂겠구나' 한다. 너희는 하늘의 징조는 분별할 줄 알면서, 시대의 징조들은 분별하지 못하느냐?] **4** 악하고 음란한 세대가 표징을 요구하지만, 이 세대는, 요나의 표징 밖에는, 아무 표징도 받지 못할 것이다." 그리고 나서 예수께서는 그들을 남겨두고 떠나가셨다. **5** 제자들이 건너편에 이르렀는데, 그들은 빵을 가져 오는 것을 잊었다. **6** 예수께서 그들에게 말씀하셨다. "너희는 바리새파 사람들과 사두개파 사람들의 누룩을 주의하고 경계하여라." **7** 그들은 서로 수군거리며 말하였다. "우리가 빵을 가져오지 않았구나!" **8** 예수께서 이것을 아시고 말씀하셨다. "믿음이 적은 사람들아, 어찌하여 너희는 빵이 없다는 것을 두고 서로 수군거리느냐? **9** 너희는 아직도 깨닫지 못하느냐? 오천 명이 먹은 그 빵 다섯 개를 기억하지 못하느냐? 부스러기를 몇 광주리나 거두었더냐? **10** 또한 사천 명이 먹은 그 빵 일곱 개를 기억하지 못하느냐? 부스러기를 몇 광주리나 거두었더냐? **11** 내가 빵을 두고 너희에게 말한 것이 아님을, 너희는 어찌하여 깨닫지 못하느

냐? 바리새파 사람들과 사두개파 사람들의 누룩을 경계하여라." **12** 그제서야 그들은, 빵의 누룩이 아니라, 바리새파 사람들과 사두개파 사람들의 가르침을 경계하라고 하시는 말씀인 줄을 깨달았다. **13** 예수께서 빌립보의 가이사랴 지방에 이르르서, 제자들에게 물으셨다. "사람들이 인자를 누구라고 하느냐?" **14** 제자들이 대답하였다. "세례자 요한이라고 하는 사람들도 있고, 엘리야라고 하는 사람들도 있고, 예레미야나 예언자들 가운데에 한 분이라고 하는 사람들도 있습니다." **15** 예수께서 그들에게 물으셨다. "그러면 너희는 나를 누구라고 하느냐?" **16** 시몬 베드로가 대답하였다. "선생님은 살아 계신 하나님의 아들 그리스도십니다." **17** 예수께서 그에게 말씀하셨다. "시몬 바요나야, 너는 복이 있다. 너에게 이것을 알려 주신 분은, 사람이 아니라, 하늘에 계신 나의 아버지시다. **18** 나도 너에게 말한다. 너는 베드로다. 나는 이 반석 위에다가 내 교회를 세우겠다. 죽음의 문들이 그것을 이기지 못할 것이다. **19** 내가 너에게 하늘 나라의 열쇠를 주겠다. 네가 무엇이든지 땅에서 매면 하늘에서도 매일 것이요, 땅에서 풀면 하늘에서도 풀릴 것이다." **20** 그 때에 예수께서 제자들에게 엄명하시기를, 자기가 그리스도라는 것을 아무에게도 말하지 말라고 하셨다. **21** 그 때부터 예수께서는, 자기가 반드시 예루살렘에 올라가야 하며, 장로들과 대제사장들과 율법학자들에게 많은 고난을 받고 죽임을 당해야 하며, 사흘째 되는 날에 살아나야 한다는 것을, 제자들에게 밝히기 시작하셨다. **22** 이에 베드로가 예수를 따로 붙들고 "주님, 안됩니다. 절대로 이런 일이 주님께 일어나서는 안됩니다" 하고 말하면서 예수께 대들었다. **23** 그러나 예수께서는 돌아서서, 베드로에게 말씀하셨다. "사탄아, 내 뒤로 물러가라. 너는 나에게 걸림돌이다. 너는 하나님의 일을 생각하지 않고, 사람의 일만 생각하는구나!" **24** 그 때에 예수께서는 제자들에게 말씀하셨다. "누구든지 나를 따라오려거든, 자기를 부인하고, 제 십자가를 지고, 나를 따라 오너라. **25** 누구든지 자기 목숨을 구하고자 하는 사람은 잃을 것이요, 나 때문에 자기 목숨을 잃는 사람은 찾을 것이다. ²⁶ 사람이 온 세상을 얻고도 제 목숨을 잃으면, 무슨 이득이 있겠느냐? 또 사람이 제 목숨을 되찾는 대가로 무엇을 내놓겠느냐? ²⁷ 인자가 자기 아버지의 영광에 싸여, 자기 천사들을 거느리고 올 터인데, 그 때에 그는 각 사람에게, 그 행실대로 갚아 줄 것이다. ²⁸ 내가 진정으로 너희에게 말한다. 여기에 서 있는 사람들 가운데는, 죽음을 맛보지 않고 살아서, 인자가 자기 왕권을 차지하고 오는 것을 볼 사람들도 있다."

웨슬리와 함께 읽기

1 **하늘로부터 내리는 표징** – 자기들 생각에 사탄이 흉내 낼 수 없을 것이라고 여겨지는 것들(막 8:11; 마 12:38).

2 누가복음 12장 54절.

3 **시대의 징조** – 분명하게 나타나는, 그래서 지금이 메시아의 시대라는 것을 보여주는 표징들.

4 **악하고 음란한 세대** – 너희가 세상을 사랑하는 것, 즉 영적 간음을 범하는 사악함을 저지르고 있으므로 너희는 이해하지 못하는 것이고 그래서 지금 너희가 표징을 달라고 구하고 있다.

5 마가복음 8장 14절.

6 **바리새파 사람들의 누룩을 조심하라** – 즉, 그들의 잘못된 가르침을. 이런 식으로 표현한 것은 그나마 점잖게 말한 것이다. 사실 이들의 교훈은 효모가 음식에 번져가듯이 사람들의 영혼이나 교회에 번져나간다(눅 12:1).

7 **그들은 서로 수군거리며** – '우리가 빵을 안 가져왔는데 그러면 어떡하지?'라고 하면서.

8 **왜 너희가 수군거리느냐** – 왜 이것 때문에 고민하느냐? 만일 필요하

다면 내가 말로써 너희들에게 필요한 것을 만들어 줄 수 있지 않더냐?

11 너희가 어찌하여 깨닫지 못하느냐 – 그뿐만 아니라 내가 지금 바리새인들과 사두개인들의 누룩이라고 말할 때 빵을 말하려고 하는 것이 아니라는 점을 이해도 못 하느냐?

13 예수께서 오셔서 – 위에서 벌어진 사건과 이제 나오는 이야기 사이에는 시간이 많이 흘렀다. 이제 나오는 이야기는 우리 주님께서 고난을 겪으시기 바로 전에 벌어진 이야기이다(막 8:27; 눅 9:18).

14 예레미야나 예언자들 가운데 하나 – 그 당시에 유대인들 사이에서는 예레미야나 다른 옛날의 선지자들이 메시아가 오기 전에 다시 일어날 것이라는 전승이 있었다.

16 베드로 – 보통 베드로가 가장 앞에 나와서 대표로 말한다.

17 혈과 육 – 즉, 너 자신의 생각이나 다른 그 어떤 자연적인 능력.

18 이 반석 위에 – 그의 이름을 가리킨다. 그의 이름은 바위라는 뜻이 있는데, 조금 전에 베드로가 고백했던 믿음을 가리킨다. **내 교회를 세우겠다** – 우리 주님께서 이렇게 말씀하셨을 때는 아마도 성전을 자기 몸이라 뜻하신 것이었는데, 이것은 요한복음 2장 19절에서 이 성전을 허물라고 말씀하셨을 때와 같은 그런 방식으로 자기 자신을 가리켜서 하신 말씀이셨을 것이다. 분명한 것은, 그분에 대해 성경에서 말하고 있는 것처럼, 교회의 유일한 기초는 그분이시며, 바로 이것이 사도들과 복음서 저자들이 설교할 때 기초로 삼는 것이다. 이렇게 기초가 놓인 것처럼, 열두 사도들의 이름도 (성 베드로뿐만 아니라) 마찬가지로 하나님의 도시의 열두 주춧돌에 새겨져 있다(계 21:14). **지옥의 문** – 성문과 성벽은 그 도시의 힘이다. 따라서 유대인들은 재판을 성문에서 열었다. 이 구절은 사탄과 그 하수인 도구들의 힘과 전략을 가리킨다. **그것을 이기지 못할 것이다**

- 우주적 교회에 대항하여 그것을 무너뜨리지 못할 것이다. 실제로 그들은 그렇게 하지 못했다. 이러한 흔적들은 모든 세대에 걸쳐서 조금씩 남아 있다.

19 내가 너에게 하늘나라의 열쇠를 주겠다 - 단지 그에게만 주셨다는 것이 아니라(다른 사도들도 똑같이 받았다. 요 20:21-23), 베드로가 교리와 가르침의 열쇠를 첫 번째로 받았다는 뜻이다. 그래서 우리 주님께서 부활하신 후에 그가 처음으로 사도의 직을 수행했다(행 1:15). 베드로는 유대인과(행 2:14) 이방인에게(행 10:34) 모두 말씀을 전파하여 하늘나라를 열었던 첫 번째 사람이었다. 여는 행동과 닫는 행동 모두는 베드로와 그의 형제들이 사도로서 행했던 모든 가르침의 사역에 담겨있다. 그들이 이 땅에서 수행했던 것들은 하나님께서 하늘에서 확증해주시는 것이라는 점은 의심할 여지도 없다(마 18:18).

20 예수께서는 자신의 사도들에게조차 이런 말씀을 강하게 하지 않으셨다. 다만 제자들이 자신의 가르침과 기적을 통해서 추측해보도록 하셨다. 예수께서 그리스도시라는 이 사실이 대대적으로 증명되기도 전에, 즉 부활 사건이 일어나기도 전에 사도들이 이 사실을 드러내놓고 말하는 것은 적절하지 않았다.[67] 만약에 제자들이 떠벌리고 다녔더라면 사람들은 더욱 그분을 데려다가 왕으로 삼으려 열을 올렸을 것이다. 그리고 그들이 하는 말을 믿지 않는 사람들은 더욱 그분을 강렬하게 배격하고 그 메시아를 반대했을 것이다.[68]

21 그때부터 예수께서는 자기가 많은 고난을 받고 죽임을 당해야 한다는 것을 말하기 시작하셨다 - 아마도 '시작하셨다'라는 이 표현은 그분께서 어떤 진지하고도 엄숙한 대화를 하려고 하신다는 의미를 항상 내포하였다. 여기에서 그분께서는 제자들에게 단 한 가지 요점을 가르쳐주고

계시는데, 그것은 자기가 그리스도라는 점이다. 이때부터 그분께서는 그들에게 또 다른 것, 즉 그리스도가 자기 영광에 들어가기 위해서 고난과 죽음을 거쳐야 한다는 것을 가르치셨다. **장로들에게** – 가장 존경받고 경험이 많은 사람들. **대제사장들** – 가장 경건하다고 여겨지던 사람들. **율법학자들** – 그 나라에서 가장 학식이 높은 사람들. 마땅히 이런 사람들이 가장 먼저 그분을 맞아들여야 할 것이라고 기대하지 않겠는가? 그런데 지혜롭다고 하는 사람들, 신분이 높다고 하는 사람 중에 부르심을 받은 사람은 많지 않다. **자기를 돌보십시오** – 이것은 우리 주님을 따르는 사람들에게 세상이, 육신의 사람들이 그리고 마귀가 주는 충고이다(막 8:31; 눅 9:22).

23 내 뒤로 물러가라 – 내 눈에 안 보이도록. 베드로가 예수의 앞에 나서서 길을 막으셨을 것 같지는 않다. **사탄** – 우리 주님은 어떤 경우에서든지 자신의 사도들을 이토록 신랄하게 야단치신 적이 없다. 베드로는 조금 전에 받은 칭찬으로 인해 한껏 교만이 부풀어 올라 있다. 그래서 예수님께서는 베드로의 마음에 있는 교만을 없애주실 필요를 느끼셨다. 여기에서 사탄이라고 하는 단어는 '자기 자신을 내 친구의 모습으로 가장한 너 나의 원수여!'라는 의미로 하신 말씀이다. 그뿐만 아니라 이 말씀은 또한 인류를 구속하는 내 일을 방해함으로써 그리고 지옥의 불구덩이에서 흘러나오는 가장 끔찍한 충고를 내게 함으로써 '네가 다름 아닌 사탄이 하는 바로 그 역할을 하고 있다'라는 것도 의미한다. **너는 생각하지 않고** – 좋아하거나 바라지 않고. 우리는 여기에서 이러한 상황에서 우리에게 '너 자신을 돌보라'는 말을 하는 사람이 있다면 그가 누구든지 그는 지금 마귀가 하는 짓을 하고 있다는 것을 깨달아야 한다. 그러한 사람에게 우리가 해야 할 가장 알맞은 대답은 '내 뒤로 물러가

라'는 것이다. 만일 그렇게 하지 않으면 그 사람은 우리를 가로막을 것이며, 설령 우리가 쓰러지지는 않더라도 적어도 실족하여 비틀거리도록 만들 것이다. 이러한 교훈은 하나님의 것을 생각하는 데서 나오는 것이 아니라 사람의 일을 더 좋아하는 것에서 말미암는 것이다.

그렇다. '너 자신을 돌보라'는 충고는 그리스도인들이 주고받아야 할 충고와는 거리가 먼 것이다. 누구든지 그리스도의 뒤를 따르려거든, 그는 무엇보다도 먼저 자기 자신을 부인해야 한다. 자기 자신의 의지를 치워 버리고 그 대신에 하나님의 뜻을 자신의 모든 행동의 유일한 원칙으로 모셔다 놓아야 한다.

24 **누구든지 나를 따라오려거든** - 어느 사람도 강요받지는 않는다. 그러나 누구든지 그리스도인이 되려고 마음을 먹었다면, 그 사람은 **자기를 부인하고 자기의 십자가를 져야 한다** - 이 법칙은 아무리 지켜도 충분히 지켰다고 할 수 없다. 우리가 자기 뜻대로 하는 것이 제아무리 우리 자신을 기쁘게 하는 것이라 할지라도, 우리는 모든 것에서 자기 뜻을 부인해야 하며, 비록 고통스럽기는 하지만 하나님의 뜻을 수행해야 한다. 우리는 혈과 육에 고통이 되는 모든 십자가를 있는 말 그대로 고통스러운 것으로 받아들일 것이 아니라, 우리의 뜻을 버리고 하나님의 뜻을 끌어안는 기회로 삼아야 한다. 또한, 우리는 완전을 향해 나아가도록 도와주는 많은 과정으로서 이 십자가를 받아들여야 한다. 만일 우리가 이것을 성실히 잘 실천하면 우리는 영적 삶의 빠른 진보를 이룰 수 있다. 십자가라는 것은 너무 흔히 있는 것이라서 누구든지 이 십자가를 잘 활용한다면 머지않아 위대한 것을 이룰 수 있게 된다. 십자가가 클수록 더 많이 발전할 수 있게 된다. 비록 작은 십자가, 즉 매일, 심지어는 매시간 찾아오기도 하는 십자가 역시 비록 비중은 작지만, 이것들이

모이면 그 수가 만만치 않다. 우리는 이처럼 매일 혹은 매시간 찾아오는 십자가를 하나님께 우리의 뜻을 바치는 의미 있는 봉헌물로 삼아야 한다. 이러한 봉헌물은 매번 모이고 또 모이면 머지않아 아주 많아지게 된다. 그렇다면 하나님께서는 모든 사건을 주관하시는 분이라는 사실을 기억해보자(사실 그 모든 것을 다 헤아려 볼 수는 없다). 이 세상 그 어느 것도, 제 아무리 작거나 사소한 것일지라도 그분께서는 모르고 지나치시는 것이 없고, 그분께서 정하신 방향에서 벗어나는 것도 없다. 그러므로 이 세상에서 벌어지는 모든 사건은 우리에게 하나님의 뜻을 말해준다. 그리고 우리는 마음을 다해 그 뜻에 순복해야 한다. 우리는 자기 뜻을 접고 그분의 뜻을 받아들여야 한다. 우리는 그분께서 우리에게 가장 좋은 것이라고 보증해주시는 그분의 선택에 동의하고 따라야 한다. 우리는 이렇게 하도록 계속해서 연습해야 한다. 우리는 온종일 이런 식으로 살아야 한다. 우리는 그분께서 우리에게 허락하신 작은 십자가들을 겸손히 받아들여야 한다. 이 작은 십자가는 연약한 우리가 감당할 수 있는 가장 적당한 정도의 십자가이다. 적어도 하나님을 위해서라도 이 작은 십자가를 짊어지자. 그리고 아무리 사소한 것일지라도 모든 일에 있어서 자기 뜻보다는 그분의 뜻을 더 따르자. 그분께서는 선하시기 때문에 비록 우리가 드리는 것들이 보잘것없지만 그분께서는 받으실 것이다. 그분께서는 작은 것도 무시하지 않으시는 분이시다(마 10:38).

25 **누구든지 자신의 목숨을 건질 것이다** – 자신의 양심을 대가로 치르고. 누구든지, 가장 값진 것, 즉 그 목숨을 건지려고 자기 자신을 부인하지 않는다면, 그는 영원히 잃게 될 것이다. 그러나 가장 사소한 것에서조차 자기를 부인하지 못하는 사람이라면, 그렇게 자기 목숨을 버려가면서 자기를 부인할 수 있기를 바랄 수는 없을 것이다. **누구든지 자기**

목숨을 잃으면 찾게 될 것이다 – 그가 이 땅에서 잃어버린 것을 천국에 가서 찾게 될 것이다(마 10:39; 막 8:35; 눅 9:24; 17:33; 요 12:25).

27 인자가 올 때 – 하나님의 의로우신 심판을 피할 길은 없다.

28 이것에 대한 증표로서 여기에 있는 사람 중에 누구는 메시아가 큰 권능과 영광 가운데서 오셔서 자신의 교회를 번성하게 하심으로써 그리고 유대인들의 성전과 도시와 정권을 무너뜨리심으로써 자신의 왕국을 세우시는 것을 살아서 볼 것이다.

역자 해설

　예수님의 갈릴리 사역도 이제 반환점에 도달했습니다. 그간 많은 가르침도 주시고, 많은 병자도 고쳐주셨습니다. 그래서 수많은 무리가 예수님을 따라다녔고, 그 주변에는 항상 여러 부류의 사람이 몰려왔습니다. 그들은 무슨 생각으로 예수님을 찾아오고 따라다녔을까요? 몸이 아픈 이는 병을 고치려고 왔고, 배고픈 이는 배를 채우러 왔을 것입니다. 예수님이 해주시는 흥미로운 이야기에 끌려서 혹은 구약의 말씀을 새롭게 해석하시는 그 가르침에 마음이 끌려서 왔을 수도 있습니다. 예수님이 메시아는 아닌지 혹시나 하는 마음에 진위를 검증하고 싶어서 주변을 서성이는 사람도 있었습니다.

　오늘은 바리새인들과 사두개인들이 찾아왔습니다. 사실 이 두 부류의 사람들은 생각이 많이 다른 사람들입니다. 그래서 서로 다툼을 벌이기도 했습니다(행 23:6-9). 바리새인은 기원전 2세기, 안티오쿠스 에피파네스의 학정에 반기를 들었던 마카비 항전에서 경건을 추구하며 하나님을 향한 열심에 목숨을 아끼지 않았던 하시딤에서 기원을 찾을 수 있습니다. 하지만 이 시기 식민지 꼭두각시 정권에 빌붙어서 안위를 누렸던 귀족 계층도 있었는데, 이들이 사두개인이었습니다. 그러니 이 둘은 서로 사이가 안 좋았습니다.

　그런데 이들이 한패가 되어 예수님을 시험합니다. "하늘로부터 내리는 표적을 보여주십시오"(16:1). "하늘로부터 내린"이라는 말은 "하나님으로부터 말미암은"이라는 뜻입니다. 즉, 예수님이 하나님이 보내신 메시아인지, 혹시 귀신의 힘을 빌려서 재주를 부려 혹세무민하는 사기꾼은 아닌지 의심하는 것입니다(12:22-32). 이들은 왜 예수님 주변을 서성일까요? 이들은 예수님을 누구라고 생각할까요? 한편 예수님은 제자들과 함께 갈릴리 건너편에 오셨는데, 거기에서 제자들이 예수님을 오해하는 일이 벌어집니다(5-12절). 예수님은 하늘나라의 교훈을 말씀하시는데 제자들은 그 교훈에서 음식을 생각하고 있으니, 참으로 딱합니다. 이 제자들은 예수님을 어떻게 생각하고 있었을까요?

가이사랴 빌립보에서의 일화(13-28절)는 이런 면에서 매우 중요합니다. 가이사랴 빌립보는 현재 이스라엘의 바니아스(Banias)라고 하는 곳인데요, 갈릴리 북쪽 이스라엘과 레바논 경계, 단(Dan) 옆에 있습니다. 바니아스는 물도 많고 멋진 곳인데, 이 이름은 그리스 로마 신화의 '판'(Pan) 신에서 나왔습니다. 냇물이 흐르는 시작점에 큰 절벽이 있는데, 여기에 이교 신을 숭배하는 큰 신전이 있었습니다. 예수님께서 이곳에서 제자들에게 물으십니다. "너희는 내가 누구라고 생각하느냐?"(15절) 참으로 시의적절하면서도 도전적인 질문입니다. 온갖 우상에 제사를 드리는 이곳에서 자기가 누구인지 말해보라는 것이지요.

베드로의 고백은 정답이었습니다(16절). 모두가 다 나름대로 속셈이 있어 예수님께 접근하고 주변을 맴도는데, 베드로가 그리 고백하니 정말로 반갑고 위로가 됩니다. 그러나 그마저도 곧바로 실망스럽게 끝납니다. 베드로의 고백을 들으신 예수님은 자신의 고난과 죽음과 부활을 말씀하십니다(21절). 그러자 베드로가 강력하게 거부하고, 결국 예수님으로부터 '사탄'이라고 불리는 지경에 이릅니다. 조금 전까지만 해도 멋진 고백으로 천국의 열쇠까지 받았는데, 바로 그 자리에서 사탄의 자리까지 떨어집니다. 그렇다면 베드로도 '하나님의 아들 그리스도'(16절)라는 예수님의 정체에 대해 오해하고 있었던 것입니다.

그 옛날 예수님 마음이 어떠셨을까 생각하면 참으로 딱합니다. 수많은 사람이 몰려들고 따랐지만, 누구 하나 예수님을 제대로 알아주는 이 없으니 예수님은 얼마나 외로우셨을까요? 우리도 예수님의 뒤를 따른다고 하면서 교회를 출석하는 교인입니다. 그런데 우리는 왜 예수님의 뒤를 따르는 걸까요? 왜 교인이 되어 교회를 다닐까요? 새삼 예수님이 "여우도 굴이 있고 새도 집이 있지만, 나는 머리 둘 곳도 없다"(8:20)라고 말씀하실 때 어떤 마음이셨을지 잠시 헤아려봅니다.

마태복음 17장

1 그리고 엿새 뒤에, 예수께서는 베드로와 야고보와 그의 동생 요한을 따로 데리고서 높은 산에 올라가셨다. **2** 그런데 그들이 보는 앞에서 그의 모습이 변하였다. 그의 얼굴은 해와 같이 빛나고, 옷은 빛과 같이 희게 되었다. **3** 그리고 모세와 엘리야가 그들에게 나타나더니, 예수와 더불어 말을 나누었다. **4** 그 때에 베드로가 예수께 말하였다. "선생님, 우리가 여기에 있는 것이 좋습니다. 원하시면, 제가 여기에다가 초막을 셋 지어서, 하나에는 선생님을, 하나에는 모세를, 하나에는 엘리야를 모시도록 하겠습니다." **5** 베드로가 아직도 말을 하고 있는데, 갑자기 빛나는 구름이 그들을 뒤덮었다. 그리고 구름 속에서 "이는 내 사랑하는 아들이다. 나는 그를 좋아한다. 너희는 그의 말을 들어라" 하는 소리가 들려 왔다. **6** 제자들은 이 말을 듣고서, 얼굴을 땅에 대고 엎드렸으며, 몹시 두려워하였다. **7** 예수께서 가까이 오셔서, 그들에게 손을 대시고 말씀하셨다. "일어나거라. 두려워하지 말아라." **8** 그들이 눈을 들어서 보니, 예수 밖에는 아무도 없었다. **9** 그들이 산에서 내려올 때에, 예수께서 그들에게 명하셨다. "인자가 죽은 사람들 가운데서 살아날 때까지는, 그 광경을 아무에게도 말하지 말아라." **10** 제자들이 예수께 물었다. "그런데 율법학자들은 어찌하여 엘리야가 먼저 와야 한다고 합니까?" **11** 예수께서 대답하셨다. "확실히, 엘리야가 와서, 모든 것을 회

복시킬 것이다. ¹² 내가 너희에게 말한다. 엘리야는 이미 왔다. 그러나 사람들이 그를 알지 못하고, 그를 함부로 대하였다. 인자도 이와 같이, 그들에게 고난을 받을 것이다." ¹³ 그제서야 비로소 제자들은, 예수께서 세례자 요한을 두고 하신 말씀인 줄을 깨달았다. ¹⁴ 그들이 무리에게 오니, 한 사람이 예수께 다가와서 무릎을 꿇고 말하였다. ¹⁵ "주님, 내 아들을 불쌍히 여겨 주십시오. 간질병으로 몹시 고통받고 있습니다. 자주 불 속에 빠지기도 하고, 물 속에 빠지기도 합니다. ¹⁶ 그래서 아이를 선생님의 제자들에게 데리고 왔으나, 그들은 고치지 못하였습니다." ¹⁷ 예수께서 말씀하셨다. "아! 믿음이 없고 비뚤어진 세대여, 내가 언제까지 너희와 같이 있어야 하겠느냐? 내가 언제까지 너희에게 참아야 하겠느냐? 아이를 내게 데려오너라." ¹⁸ 그리고 예수께서 귀신을 꾸짖으셨다. 그러자 귀신이 아이에게서 나가고, 아이는 그 순간에 나았다. ¹⁹ 그 때에 제자들이 따로 예수께 다가가서 물었다. "우리는 어찌하여 귀신을 쫓아내지 못했습니까?" ²⁰ 예수께서 그들에게 대답하셨다. "너희의 믿음이 적기 때문이다. 내가 진정으로 너희에게 말한다. 너희에게 겨자씨 한 알만한 믿음이라도 있으면, 이 산더러 '여기에서 저기로 옮겨가라!' 하면 그대로 될 것이요, 너희가 못할 일이 없을 것이다." (21절 없음) ²² 제자들이 갈릴리에 모여 있을 때에, 예수께서 그들에게 말씀하셨다. "인자가 곧 사람들의 손에 넘어갈 것이다. ²³ 사람들은 그를 죽일 것이다. 그런데 그는 사흘째 되는 날에 살아날 것이다." 그렇게 말씀하시니, 그들은 몹시 슬퍼하였다. ²⁴ 그들이 가버나움에 이르렀을 때에, 성전세를 거두어들이는 사람들이 베드로에게 다가와서 물었다. "여러분의 선생은 성전세를 바치지 않습니까?" ²⁵ 베드로가 대답하였다. "바칩니다." 베드로가 집에 들어가니, 예수께서 먼저 말씀을 꺼내셨다. "시몬아, 네 생각은 어떠냐? 세상 임금들이 관세나, 주민세를 누구한테서 받아들이느냐? 자기 자녀한테서냐? 아니면, 남들한테서냐?" ²⁶ 베드로가 대답하였다. "남들한테서입니다." 예수께서 다시 그에게 말씀하셨다. "그러면 자녀들은 면제받는다. ²⁷ 그러나 우리가 그들을 걸려 넘어지지 않도록 해야 하니, 네가 바다로 가서 낚시를 던져, 맨 먼저 올라오는 고기를 잡아서 그 입을 벌려 보아라. 그러면 은전 한 닢이 그 속에 있을 것이다. 그것을 가져다가 나와 네 몫으로 그들에게 내어라."

웨슬리와 함께 읽기

1 **높은 산** – 아마도 다볼산(막 9:2; 눅 9:28).

2 **모습이 변하였다**(transfigured) – 혹은 형태가 변하였다(transformed). 내재하시는 신성이 육신의 장막을 뚫고 그 빛을 내뿜으셨다. 그리고 그러한 초월적인 빛으로, 그분은 더 이상 종의 형체를 지니지 않으셨다. 그분의 얼굴은 마치 태양이 그 힘을 발하듯이 신적 위엄으로 빛났다. 그분의 온몸은 그 광채로 둘러싸였다. 그리고 그분의 옷은 그 영광을 가릴 수 없어서 매우 밝은 빛으로 희게 되어 반짝거렸다. 그리고 그분은 이 빛을 자신의 옷으로 삼아 자기를 덮으셨다.

3 **그리고 모세와 엘리야가 나타났다** – 여기에서 율법을 주는 모세와 모든 선지자 중에서 가장 열정적이었던 엘리야가 예수를 믿었다는 것을 완벽하게 확증해주고 있다. 그리고 하나님께서는 하늘에서 자기를 증언하는 이들에게 말씀하신다.

4 **초막 셋을 지어서** – 이 말은 너무 기쁘고 놀란 나머지 나온 말이다. 그는 여섯이 아닌 셋이라고 말한다. 왜냐하면 이 사도들은 자신들의 주님과 함께 있고 싶어 했기 때문이다.

5 **그의 말을 들어라** – 모세와 선지자들보다 높으신 분께서 말씀하신다.

신명기 18장 17절을 보라.

7 두려워하지 말아라 – 그리고 의심하지 말아라. 그분께서는 그들에게 이런 말씀을 하심과 동시에 용기와 힘을 불어넣어 주신다.

9 본 것을 아무에게도 말하지 말아라 – 다른 사도들에게 말하지 말아라. 그들이 이 사실을 알게 되면 자기들이 그 자리에 함께 있도록 허락받지 못한 것에 대해 매우 슬퍼하고 실망할 것이기 때문이다. 또한, 다른 사람들에게도 말하지 말아라. 왜냐하면 그들이 더욱 분개할 것이기 때문이다. 그리고 예수께서 곧 당하실 고난에 관한 이야기를 알게 되면 사람들이 그것을 믿지 않게 될 것이기 때문이다. **인자가 부활할 때까지** – 그러나 부활의 사건이 벌어지면 사람들은 비로소 믿게 될 것이고, 그들이 했던 증언이 맞다는 것이 확증될 것이다.

10 율법학자들은 어찌하여 엘리야가 먼저 와야 한다고 합니까 – 메시아가 오기 전에. 만일 그 누구도 그분이 오신다는 것을 알지 못한다고 한다면(no man) 우리는 모든 사람에게(every man) 그분이 오셨다고, 그분이 메시아라는 것을 증언하면서 우리가 그분을 뵈었다고 말해야 하지 않겠는가?

11 모든 것들을 회복시킬 것이다 – 그리스도께서 오시도록.

12 엘리야는 이미 왔다 – 그러나 유대인들은 '당신이 엘리야인가?'라고 물었고, 이에 그는 '아니다'라고 답하였다(요 1:21). 여기에서 요한이 한 말의 의미는 '나는 이 세상에 다시 돌아온 디셉 사람 엘리야가 아니다'라는 것이다.[69] 그러나 그는 말라기가 엘리야가 올 것이라고 예언했을 때 말한 바로 그 엘리야이다.[70]

14 마가복음 9장 14절; 누가복음 11장 37절.

15 그는 정신병자이다(lunatic)[71] – 이 아이의 경우는 극심하게 기괴한 것

이었기 때문에 이런 식으로 표현한 이 단어는 그나마 그가 아주 점잖게 한 말일 것이다. 악한 영이 달의 변화가 두뇌와 신경에 미치는 영향을 잘 악용해서 장난을 친 것이 분명하다.[72]

17 아, 믿음이 없고 비뚤어진 세대여 – 우리 주님께서는 주로 제자들에게 이 말씀을 하신다. **내가 얼마나 너희와 함께 있어야 하겠느냐** – 너희들이 꾸준한 믿음을 가질 때까지.

20 네가 믿지 않기 때문에 – 이 장면에서 그들은 믿음을 가지고 있지 않았기 때문에. **만일 너희에게 겨자씨만 한 믿음이 있다면** – 즉, 적어도 그 정도 크기만큼이라도. 그러나 여기에서 말하는 믿음이 항상 구원하는 믿음을 가리키는 것은 아니라는 점은 확실하다. 많은 사람이 믿음을 가지고 귀신들을 내쫓았다. 그래도 그들은 자기들의 몫을 적어도 가지고 있을 것이다. 하나님께서 어떤 사람을 통해 바로 그 시각에 일하실 때는 그에게 주어진 초자연적인 신념을 통해서만 오로지 그렇게 하시는 것이다. 설령 내가 이 산들을 옮길 모든 믿음을 가지고 있어도 내게 사랑으로 역사하는 믿음이 없다면, 나는 아무것도 아니다. 산을 옮긴다는 것은 유대인들의 관용적 표현으로서, 몹시 어려운 것이나 불가능해 보이는 것을 표현할 때 사용하는 말이며, 그들의 문헌에서도 오늘날까지 사용하는 표현이다(마 21:21; 눅 17:6).

21 이러한 종류의 귀신들 – 이 귀신들은 **기도와 금식이 아니면 나가지 않는다** – 간절한 기도를 할 때 금식을 함께 하는 것이 얼마나 효과적인지 여기에 잘 나타나 있다. 앞서 다른 경우에서 사도들은 굳이 금식하지 않고서도 어떤 귀신들은 내쫓기도 하였다.

22 마가복음 9장 30절; 누가복음 9장 44절.

24 그들이 가버나움에 이르렀을 때 – 우리 주님께서 지금 그곳에 거주

하셨다. 그래서 예수께서 거기에 오실 때까지 그들이 기다리고 있다가 세를 내는 것에 관해서 물었던 것이었다. **여러분의 선생은 성전세를 바치지 않습니까** – 이 세금 혹은 특별한 납부금은 반 세겔을 바치는 것이었는데(대략 금액이 15펜스 정도 되었다), 모든 가정의 가장은 성전을 섬기기 위해 한 해에 한 번 냈다. 그 돈을 가지고 성전에서는 소금이나 기타 필요한 자질구레한 물품들을 구매하였다. 이것은 법으로 정해놓고 징수한 것이라기보다는 관습에 따라서 자발적으로 내던 돈이었던 것으로 보인다.

25 예수께서 말을 가로막으셨다[73] – 성 베드로가 예수님께 막 여쭤보려고 했을 때. **자기 자녀한테서냐, 아니면 남들한테서냐** – 즉, 자기 식구가 아닌 사람들에게서.

26 그러면 자녀들은 면제받는다 – 이 말의 이면에는 이 성전세가 하나님의 집을 이용하는 대가로 내는 것이라는 의미가 담겨 있다. 그러나 나는 하나님의 아들이다. 따라서 나는 내 아버지에게 어떠한 공과금도 낼 필요가 없다.

27 그러나 우리가 그들을 걸려 넘어지지 않도록 해야 하니 – 전혀 요구할 권리도 없는 사람들인데도 요구하고 있는 이 비합리적이고도 올바르지 않은 사람들임에도 불구하고.[74] 그래서 그들과 더불어 옥신각신하면서 평화와 사랑을 깨뜨리느니 차라리 그냥 그들의 요구대로 해주어라. 오, 이것이 바로 평화를 위해 사랑의 영이 하는 일이 아닌가! 하나님의 말씀에서 드러내놓고 금하고 있지 않은 모든 것들이 바로 이것이다. **동전 한 닢** – 원어로는 스타테르(stater)로서, 2실링 6펜스의 정도의 금액이다. 이것이 딱 필요한 만큼의 액수였다. **너와 나를 위해 주어라** – 베드로는 자기 가정이 있는 사람이었다. 다른 사도들은 예수의 가족이

었다. 우리 주님께서 여기에서 얼마나 뛰어난 이해력과 능력을 갖추셨는지 보라! 이 지식은 물속에 있는 이 동물에게로 들어갔다. 그리고 능력은 이 물고기가 자기와 멀리 떨어져 있는 베드로의 낚시에 걸리도록 이끌었다! 이 일을 보고 베드로와 그의 형제들이 하나님의 섭리를 굳건하게 의지할 수 있는 용기를 얼마나 많이 얻었겠는가!

역자 해설

구약과 신약성경의 목록이 정해져 자리를 잡게 되고, 교회는 창세기로부터 요한계시록에 이르는 성경의 순서를 정리했습니다. 유대인들의 성경인 히브리 성경(Hebrew Bible)의 순서는 창세기로 시작해서 역대기로 끝납니다. 반면에 기독교의 성경은 창세기로 시작해서 말라기로 끝나는 구약, 마태복음에서 시작해서 요한계시록으로 끝나는 신약으로 구성합니다. 이 성경 목록의 순서는 유대교와 기독교가 역사를 어떻게 바라보는지를 잘 반영합니다. 유대교는 성경을 역대기로 마무리하여서 다윗 왕조의 회복을 기대합니다.

그러나 기독교는 구약을 말라기로 마무리합니다. 창조와 타락 그리고 하나님께서 그 무너진 세계를 다시 회복시키신다는 것에 대한 기대를 담은 말라기로 끝납니다. 그리고 이어서 마태복음으로 시작합니다. 그 마지막 때의 회복이 예수님의 오심으로 성취되었다는 것입니다. 그리고 요한계시록, 즉 예수님의 다시 오시는 종말, 하나님께서 새 하늘과 새 땅으로 무너진 창조의 세상을 다시 회복하시는 것으로 마무리합니다. 따라서 이 모든 중심에는 예수님이 있습니다.

변화산에 모세와 엘리야가 등장합니다. 율법을 상징하는 모세와 선지자를 상징하는 엘리야는 구약의 시대를 상징합니다(5:17). 예수님의 오심은 구약의 시대를 완성하시는 메시아의 오심입니다. 마지막 때에 엘리야를 보내어 사람들의 마음을 돌이키고 메시아를 맞이할 준비를 하게 한다는 구약성경의 제일 마지막 말씀(말 4:5-6)이 이제 성취되었습니다(10-12절). 그러나 세상은 그를 알아보지도 못하고 맞아들이지도 않습니다(요 1:9-11). 도리어 메시아를 맞이하도록 준비시키는 엘리야, 즉 세례 요한도 함부로 대하면서(12절) 도래하는 새 시대를 거부합니다.

이 세상의 주인이 자기 집에 왔는데 그를 알아보지 못하고 그에게 세를 내라고 요구합니다(24-26절). 그분이 남의 땅이 아니라 '자기 땅'에 오셨는데도(요 1:11) 그 주인을 알아보지 못합니다. 왜 그들은 예수님을 알아보지 못했을까요? 그들은 예수를 귀신의 힘을 빌려서 신기한 묘기를 부리는 마술사(12:22-32), 동네에서 함께 지내던 평범한 마을 사람(13:54-57), 배고픈 사람 먹여주고 아픈 사람 고쳐주는 분(15:30-31), 이상한 사람들과 어울리며 놀고먹는 괴짜(11:19), 놀랍고 새로운 가르침을 주시는 선생님(막 1:22, 27) 등 제각기 맘에 드는 모습을 골랐습니다.

그러나 이 모든 모습은 예수님의 화려한 겉모습에 지나지 않습니다. 신기하고, 재미있고, 때로는 감동적이고, 실제로 내게 유익이 되기도 하니 예수님을 따라다니면 좋은 일이 생기지요. 그래서 사람들은 아예 그분을 모셔다가 우리 왕으로 삼으면 좋겠다고 합니다(요 6:15). 그러나 이런 마음은 상황이 바뀌면 금세 뒤집히는 사상누각입니다. 예수님의 기적과 가르침 때문에 자기 재산에 손해가 생기면 예수님을 버립니다(8:34; 19:22). 예수님을 따르기 때문에 자기에게 위험이 생기면 가차 없이 버립니다(26:56). 그들은 예수님과 함께하는 것을 화려한 것으로 생각했기에(20:20-24), 예수님께서 고난과 죽음을 말씀하셨을 때 강하게 거부합니다(16:22).

하지만 예수님은 자신의 참모습이 고난과 죽음과 부활에 있음을 거듭 보여주십니다(22-23절). 예수님께서 오신 참 목적과 이유, 우리와 함께

하시는(1:23) 하나님의 방식은 화려한 왕궁에도(2:1-12), 멋진 옷에도 있지 않습니다(11:7-9). 예수님의 오심과 우리와 함께하심은 자기를 비워 낮아짐(빌 2:6-8)과 섬김과 희생(20:28)의 모습으로 나타났습니다. 이것이 참된 예수님의 모습이었고, 이런 예수님을 고백하는 것이 참으로 예수님을 알고 고백하는 것입니다(16:16과 27:54를 비교해보십시오). 우리 믿음의 선배들은 이것이 참된 승리의 길이라는 진리를 깨닫고 그것을 고백하며 자신들도 이런 예수님의 길을 걸었습니다(빌 2:9-11).

마태복음 18장

¹ 그 때에 제자들이 예수께 다가와서 물었다. "하늘 나라에서는 누가 가장 큰 사람입니까?" ² 예수께서 어린이 하나를 곁으로 불러서, 그들 가운데 세우시고 ³ 말씀하셨다. "내가 진정으로 너희에게 말한다. 너희가 돌이켜서 어린이들과 같이 되지 않으면, 절대로 하늘 나라에 들어가지 못할 것이다. ⁴ 그러므로 누구든지 이 어린이와 같이 자기를 낮추는 사람이 하늘 나라에서는 가장 큰 사람이다. ⁵ 또 누구든지 내 이름으로 이런 어린이 하나를 영접하면, 나를 영접하는 것이다." ⁶ "나를 믿는 이 작은 사람 가운데서 하나라도 걸려 넘어지게 하는 사람은, 누구라도, 차라리 그 목에 큰 맷돌을 달고 깊은 바다에 빠지는 편이 낫다. ⁷ 사람을 걸려 넘어지게 하는 일 때문에 세상에는 화가 있다. 걸려 넘어지게 하는 일이 없을 수는 없으나, 걸려 넘어지게 하는 일을 일으키는 그 사람에게는 화가 있다." ⁸ "네 손이나 발이 너를 걸려 넘어지게 하거든, 그것을 찍어서 내버려라. 네가 두 손과 두 발을 가지고 영원한 불 속에 들어가는 것보다는, 차라리 손이나 발 없는 채로 생명에 들어가는 편이 낫다. ⁹ 또 네 눈이 너를 걸려 넘어지게 하거든, 빼어 버려라. 네가 두 눈을 가지고 불 붙는 지옥에 들어가는 것보다는, 차라리 한 눈으로 생명에 들어가는 편이 낫다." ¹⁰ "너희는 이 작은 사람들 가운데서 한 사람이라도 업신여기지 않도록 조심하여라. 내가 너희에게 말한

다. 하늘에서 그들의 천사들이 하늘에 계신 내 아버지의 얼굴을 늘 보고 있다. (11절 없음) **12** 너희는 어떻게 생각하느냐? 어떤 사람에게 양 백 마리가 있는데, 그 가운데 한 마리가 길을 잃었다고 하면, 그는 아흔아홉 마리를 산에다 남겨 두고서, 길을 잃은 그 양을 찾아 나서지 않겠느냐? **13** 내가 너희에게 말한다. 그가 그 양을 찾으면, 길을 잃지 않은 아흔아홉 마리 양보다, 오히려 그 한 마리 양을 두고 더 기뻐할 것이다. **14** 이와 같이, 이 작은 사람들 가운데서 하나라도 망하는 것은, 하늘에 계신 너희 아버지의 뜻이 아니다." **15** "네 형제가 [너에게] 죄를 짓거든, 가서, 단 둘이 있는 자리에서 그에게 충고하여라. 그가 너의 말을 들으면, 너는 그 형제를 얻은 것이다. **16** 그러나 듣지 않거든, 한두 사람을 더 데리고 가거라. 그가 하는 모든 말을, 두세 증인의 입을 빌어서 확정지으려는 것이다. **17** 그러나 그 형제가 그들의 말도 듣지 않거든, 교회에 말하여라. 교회의 말조차 듣지 않거든, 그를 이방 사람이나 세리와 같이 여겨라." **18** "내가 진정으로 너희에게 말한다. 무엇이든지, 너희가 땅에서 매는 것은 하늘에서도 매일 것이요, 땅에서 푸는 것은 하늘에서도 풀릴 것이다. **19** 내가 [진정으로] 거듭 너희에게 말한다. 땅에서 너희 가운데 두 사람이 합심하여 무슨 일이든지 구하면, 하늘에 계신 내 아버지께서 그들에게 이루어 주실 것이다. **20** 두세 사람이 내 이름으로 모여 있는 자리, 거기에 내가 그들 가운데 있다." **21** 그 때에 베드로가 예수께 다가와서 말하였다. "주님, 내 형제가 나에게 자꾸 죄를 지으면, 내가 몇 번이나 용서하여 주어야 합니까? 일곱 번까지 하여야 합니까?" **22** 예수께서 대답하셨다. "일곱 번만이 아니라, 일흔 번을 일곱 번이라도 하여야 한다. **23** 그러므로, 하늘 나라는 마치 자기 종들과 셈을 가리려고 하는 어떤 왕과 같다. **24** 왕이 셈을 가리기 시작하니, 만 달란트 빚진 종 하나가 왕 앞에 끌려왔다. **25** 그런데 그는 빚을 갚을 돈이 없으므로, 주인은 그 종에게, 자신과 그 아내와 자녀들과 그 밖에 그가 가진 것을 모두 팔아서 갚으라고 명령하였다. **26** 그랬더니 종이 그 앞에 무릎을 꿇고, '참아 주십시오. 다 갚겠습니다' 하고 애원하였다. ²⁷ 주인은 그 종을 가엾게 여겨서, 그를 놓아주고, 빚을 없애 주었다. ²⁸ 그러나 그 종은 나가서, 자기에게 백 데나리온 빚진 동료 하나를 만나자, 붙들어서 먹살을 잡고 말하기를 '내게 빚진 것을 갚아라' 하였다. ²⁹ 그 동료는 엎드려 간청하였다. '참아 주게. 내가 갚겠네.' ³⁰ 그러나 그는 들어주려 하지 않고, 가서 그 동료를 감옥에 집어넣고, 빚진 돈을 갚을 때까지 갇혀 있게 하였다. ³¹ 다른 종들이 이 광경을 보고, 매우 딱하게 여겨서, 가서 주인에게 그 일을 다 일렀다. ³² 그러자 주인이 그 종을 불러다 놓고 말하였다. '이 악한 종아, 네가 애원하기에, 나는 너에게 그 빚을 다 없애 주었다. ³³ 내가 너를 불쌍히 여긴 것처럼, 너도 네 동료를 불쌍히 여겼어야 할 것이 아니냐?' ³⁴ 주인이 노하여, 그를 형무소 관리에게 넘겨주고, 빚진 것을 다 갚을 때까지 가두어 두게 하였다. ³⁵ 너희가 각각 진심으로 자기 형제자매를 용서해 주지 않으면, 나의 하늘 아버지께서도 너희에게 그와 같이 하실 것이다."

웨슬리와 함께 읽기

1 **하늘나라에서 누가 가장 큰 사람입니까** – 우리 중에서 누가 당신의 총리가 되겠습니까? 그들은 여전히 이 땅의 나라를 꿈꾸고 있다.

2 **예수께서 어린이 하나를 곁으로 불러서** – 이 어린이는 지혜롭고 선한 황제로 알려진 트라얀 황제가 정죄하여 로마에서 야수들에게 던져넣었던 위대한 이그나티우스인 것으로 추정된다(막 9:36; 눅 9:47).

3 **돌이키지 않으면** – 은혜의 나라로 들어가는 첫걸음은 어린아이처럼 되는 것이다. 이것은 심령이 가난해지는 것, 자기 자신이 철저하게 무지하고 아무런 능력이 없음을(helpless) 자각하고, 하늘에 계신 당신의 아버지께서 당신들의 모든 필요한 것을 채워주시도록 그분을 온전히 의지하는 것이다. 우리는 더 나아가서 이 구절이 (이 본문이 이 정도까지 의미하는지는 의구심이 들지만) 만일 당신이 어둠에서 돌아서 빛으로, 사탄의 권세로부터 하나님께로 나아오지 않는다면, 당신이 내적으로 완전히 변화되어서 하나님의 형상으로 새롭게 되지 않는다면, 당신은 영광의 나라로 들어갈 수 없다는 것을 의미한다고 말할 수 있다. 따라서 모든 사람은 지금 이 땅에 사는 동안 돌이켜야 한다. 만일 그렇지 않으면 영원한 생명으로 절대 들어갈 수 없다. **너희는 절대로 들어가지 못할 것이다** – 그 나

라에 들어가서 위대해지는 것도 당연히 불가능하다(마 19:14).

5,6 위와 같은 의미에서 어린아이라고 하는 사람들은 누구나 말로 형용할 수 없을 정도로 내게 소중하다. 따라서 너희들이 할 수 있는 한 최대로 그들을 도와라. 마치 그들이 옥에 갇힌 나인 것처럼 도와주고, 행여 너희가 그들에게 상처를 주지 않았는지 살펴보아라. 즉, 혹시라도 너희가 그들에게 올바른 길에서 벗어나도록 하지는 않았는지 혹은 그들이 옳은 길로 가는 것을 방해하지는 않았는지 살펴보아라(마 10:40; 눅 10:16; 요 13:20).

6 마태복음 18장 5절 주석을 보라(막 9:42; 눅 17:1).

7 **사람을 걸려 넘어지게 하는 일 때문에 세상에는 화가 있다** – 이 말은 그런 일 때문에 말로 다 할 수 없는 불행이 세상에 임할 것이라는 뜻이다. **걸려 넘어지게 하는 일이 없을 수는 없으나** – 세상일이 보통 그러하다. 인간의 연약함, 어리석음 그리고 사악함과 같은 것들은 있기 마련이다. **그러나 그 사람에게는 화가 있다** – 즉, 실족하게 하는 일을 일으킨 그 사람은 비참하게 된다. 실족하게 하는 것들이란 사람들에게 하나님의 길에서 벗어나서 다른 길로 떠나가도록 하거나 하나님의 길을 가는 데 방해되는 모든 것을 가리킨다.

8,9 **만일 그대의 손이, 발이, 눈이 너를 실족하게 하거든** – 만약에 당신이 가장 즐기는 것이나 사랑하거나 당신에게 유익을 끼치는 사람이 당신에게 하나님의 길에서 벗어나도록 하거나 당신이 그 길을 가는 데에 방해가 된다면. 이것이 어려운 말이 아닌가? 그렇다. 만일 당신이 혈과 육을 의지하면 어려운 것이 된다(마 5:29; 막 9:43).

9 마태복음 18장 8절 주석을 보라.

10 **이 작은 사람들 가운데서 한 사람이라도 업신여기지 않도록 조심하여**

라 – 마치 그들이 네 눈에 보이지도 않는 것처럼 취급하지 않도록. 그리스도를 믿는 가장 연약한 신자를 조심해서 영접하고 그를 실족시키지 않도록 주의하라. 여러분 눈에는 이들이 아주 보잘것없는 사람으로 보일는지 모르나, 하나님의 천사들이 그들을 특별히 맡아서 돌본다. 그 천사 중에서 높은 이들은 가장 높으신 분의 왕좌 곁에 늘 있다. 하나님의 얼굴을 뵙는다는 말은 그분의 왕좌 가까이에서 섬긴다는 의미이다. 이것은 이 세상에서 중요한 자리에 있는 고관들이 왕궁에서 날마다 자기들의 군주와 대화를 나누는 그런 모습을 떠올리게 한다.

11 [75]) 너희가 그런 사람들을 함부로 무시하지 말아야 하는 또 다른 그러나 강력한 이유는 내가 그들을 구원하기 위하여 이 세상에 직접 왔다는 것이다(눅 19:10).

12 누가복음 15장 4절.

14 **너희 아버지의 뜻이 아니다** – 내 아버지께서도 그 가장 작은 자들을 무시하지 않으신다. 천사들, 아들 그리고 아버지의 순서로 점점 더 상승하는 기법을 잘 보라.

15 그런데 어떻게 하면 우리는 다른 사람을 실족하게 하지도 않고 다른 사람들에 의해 실족당하지 않을 수 있을까? 특히 그들이 아주 많은 잘못을 했을 때 어떻게 하면 될까? 그들이 고범죄를 저질렀다고 생각해 보자. 우리 주님께서는 여기에서 우리에게 어떻게 해야 할지 가르쳐주신다. 그분께서는 모든 실족하게 하는 것을 피하는 아주 확실한 수단을 펼쳐 보이신다. 이 3중 법칙을 자세히 관찰한 사람이라면 거의 남들에게 상처를 주지도 않고 자기 또한 상처를 입지도 않게 된다. "만약에 어떤 사람이 잘못을 저지르거나, 그렇게 한 것을 네가 보거나 들었다면"이라고 주님은 말씀하신다. **만일 네 형제가** – 같은 신앙 공동체에 속한

사람이. **너에게 죄를 짓거든 단둘이 있는 자리에서 그에게 충고하여라**
- 만일 그 잘못이 개인적인 것이라면 그렇게 하라. 만일 당신이 그렇게
직접 할 수 없다면 사람을 보내서 하게 하라. 혹은 글로 써서라도 하라.
우리 주님께서 이것을 그냥 생략하고 넘어가도록 허락하지 않으신다는
것을 주의하라. 혹은 이것을 안 하고 대신에 다음 단계에서 지시하고
있는 것으로 대체하도록 하지 않으신다. 만일 이렇게 했는데도 소용이
없다면, **한두 사람을 데리고 가라** - 그 사람은 존경받거나 사랑받는 사
람이어야 한다. 그래서 당신이 한 말에 힘을 실어주고 확증해줄 수 있어
야 한다. 그래서 나중에 혹시라도 필요하면 그때 오갔던 말에 대하여 증
언해줄 수 있어야 한다. 이렇게 했는데도 또 소용이 없다면, **그때에는 교
회의 장로들에게 말하라** - 당신의 영혼과 그 사람의 영혼을 지도하는 그
들에게 모든 문제를 완전히 공개하여 보여라. 그렇게 했는데도 소용이
없으면 더는 그와 말을 나누지 말라. 그저 이교도들에게 하듯이 하라.
형제가 악을 행하는 것을 본 모든 그리스도인에게 그리스도께서 주신
이 지침처럼 분명하고도 쉬운 것이 있을까? 이 가르침에서는 형제가 잘
못을 범했을 때 이런 식으로 혹은 저런 식으로 하라고 단계별로 설명을
해준다. 그래서 마치 우리가 부모님들을 공경하듯이 그런 방식으로 일
을 처리하도록 해준다. 그런데도 어떤 나라에서 그리스도인들이 이런
방식대로 살고 있는가? 우리가 사람들과 일대일의 개인적 관계에서 더
나아가 좀 더 공적인 영역으로 들어갔을 때, 어떤 기독교 국가에서 교
회의 이런 징계법이 원칙에 따라 운영되고 있는가? 교회 재판이 열리는
곳에서, 천주교회에서 혹은 개신교 세계에서 이러한 형태가 있기는 한
것인가? 심지어 자기들이 어떤 판결을 내릴 때 그리스도의 권위에 가장
합치해서 하고 있다고 아주 크게 떠벌리며 자랑하는 사람들조차 이러

한 방법을 사용하고 있는가? 그리스도인이라는 이름에 이토록 수치스러운 일이 모두 사라지도록, 그래서 이 보편적인 인류애 정신이 주님의 이름으로 이토록 조롱을 당하면서 무너지지 않도록 우리 이제 간절히 기도합시다! **그를 이방인과 같이 여기라** – 그래도 당신은 여전히 그에게 선한 뜻을 보여야 한다. 그리고 모든 인간적인 의무를 그에게 다 해야 한다(눅 17:3).

18 무엇이든지 땅에서 매는 것은 – 그리스도의 영과 능력으로 파문하고 선언하여서 묶어 놓은 것은. **무엇이든지 너희가 푸는 것은** – 파문 선고를 내렸던 것을 해제해주는 것.[76] 고대 교회에서는 교회에서 징계했던 것을 풀어주는 것 이상을 의미하지 않았다. **내가 다시 말한다** – 너희가 개인적으로 회개를 위하여 중보기도를 하는 것뿐만 아니라 너희가 모두 연합하여 함께 기도하는 모든 것이 응답받을 것이다. 그러하면 모두가 함께 연합하여 기도하는 것이 얼마나 대단한 것인가! **너희들 중 두 명이** – 남편과 아내가 함께 기도하는 것을 생각해보라(마 16:19).

20 두세 사람이 내 이름으로 모여 있는 자리 – 즉, 나를 예배하려고 모인. **내가 그들 가운데 있다** – 내 성령으로, 그들의 기도를 활기차게 만들기 위해서, 그들을 인도해주기 위해서 그리고 그들이 간구하는 것에 응답하기 위해서.

22 일흔 번씩 일곱 번 – 즉, 그런 일이 벌어질 때마다 매번. 여기에 언급된 숫자는 특정하여 제한하기 위해 한 말이 아니다.

23 그러므로 – 이런 의미에서.[77]

24 만 달란트 빚진 종 하나가 끌려왔다 – 일반적인 계산법에 따라서, 만약에 이 금액이 황금 달란트였다고 한다면 이 금액은 7,200만 실링에 해당하는 금액이다. 만약에 이 금액이 은 달란트라고 한다면 440만 파

운드에 해당하는 금액이다. 여기에서 우리 주님은 우리가 하나님께 대하여 얼마나 크고 무거운 죄를 저질렀는지 그리고 우리가 그분을 만족시켜 드리는 것이 얼마나 불가능한지 이해하기 쉽게 보여주신다.

25 그런데 그는 빚을 갚을 돈이 없으므로 주인은 종에게 팔라고 명령하였다 – 고대 몇몇 나라에서는 빚을 갚지 못하는 사람들에게 채권자가 이런 권한을 가지고 있었다.

30 그와 함께 치안 판사 앞으로 가서 그가 빚을 다 갚을 때까지 감옥에 있어야 한다고 주장하면서 그를 옥에 던져 넣었다.

34 그의 주인이 그를 형리에게 넘겨주었다 – 동방의 국가에서 옥에 갇히는 것은 요즘 우리가 옥에 넣는 것보다 더 혹독한 형벌이었다. 국가적 범죄자로 선고를 받으면, 이들은 그저 열악하고 비좁은 옥에 갇히는 것뿐만 아니라 또한 종종 수갑이나 무거운 차꼬에 채워져서 편하게 눕거나 앉지도 못하곤 했다. 그들은 종종 괴롭힘이나 고문을 당해서 결국 제명을 다 하지 못하고 죽기도 했다. **자기가 빚진 것을 다 갚을 때까지** – 이 말은 풀려날 소망이 없다는 것이다. 왜냐하면 그는 이 엄청난 금액을 다 갚을 수 없기 때문이다. 이 이야기는 우리가 눈여겨볼 필요가 있다. 우리 주님께서는 이 이야기를 통해 큰 가르침을 주고 계신다. 이 빚진 자는 아무런 대가도 치르지 않았는데 완전히 용서를 받았다. 그런데도 그 사람은 그분께 고의로 그리고 심하게 상처를 입혔다.[78] 그분의 용서는 철회되었고, 그 사람은 빚을 다 갚아야 한다. 그리고 그 사람은 형리들에게 넘겨져서 영원히 옥에 갇히게 되었다.

그런데도 우리가 일단 아무런 대가도 치르지 않고 거저, 완전히 용서를 받았다면 우리의 용서는 철회되지 않는다고 말할 수 있다. 진실로, 진실로 내가 네게 이르노니, 이처럼 만일 너희가 진심으로 너희 형제가 범한 잘못을 용서하지 않으면 내 하늘 아버지께서도 너희에게 똑같이 하실 것이다.

역자 해설

이 장은 마태가 편집한 예수님의 다섯 개 가르침 중 네 번째 가르침 입니다. 이 장은 교회법을 다룬다고 알려졌는데, 사실 18장의 내용은 교회법이 아닌, 지극히 보잘것없다고 여겨지는 사람을 소중하게 생각 하라는 것에 중점이 있습니다. 1-5절은 어린아이를 두고 하신 말씀입 니다. 이 부분은 어린이 주일 설교 본문으로 자주 올라오는 구절인데 요, 이 말씀은 종종 어린아이처럼 순수하고 깨끗한 마음을 가져야 천국 에 갈 수 있다는 식으로 풀이됩니다. 하지만 이 구절은 순수함이 아니 라 겸손할 것과 무시당하는 사람을 소중히 여기라는 말씀입니다. 당시 어린아이와 여성은 무시당하는 사람이었습니다. 그런데 예수님은 그런 사람이 되라고 하십니다. 그리고 그런 보잘것없는 사람을 예수님과 동 급으로 귀히 여기라 하십니다(5절).

이어지는 6-9절 가르침도 지극히 보잘것없는 사람이라도 절대로 무 시하거나 함부로 대하지 말라는 내용입니다. 예수님은 별 볼 일 없는 사람이니 나 때문에 신앙에 문제가 생겨도 별로 신경 안 쓸 정도로 그 들을 가볍게 생각하는 것을 경고하십니다(6-7절). 왜냐하면 그들의 천사 가 하나님 곁에서 늘 하나님을 뵐 정도로 그들은 대단한 존재이기 때문 입니다(10절). 이어지는 잃은 양의 비유도 이런 내용으로 초점이 맞춰집 니다.

목자는 100마리 중에서 한 마리를 잃으면 99마리를 내버려 두고 한 마리를 찾아 나섭니다. 우리는 이 비유를 듣고 99:1이라는 계산을 하며 양의 숫자를 저울질합니다. 그리고 이렇게 생각하지요. '어리석은 목자 같으니라고! 99를 선택하고 1을 버려야지. 그러다가 99마리 다 잃겠네!' 우리는 양을 양으로 보지 않고 숫자로 봅니다. 모두가 소중한 생명을 가진 생명체인데, 우리는 그 양이 가진 고유의 가치와 생명의 소중함을 보지 않고 그들을 숫자로 봅니다. 왜냐하면 우리는 너무나 자본주의적 계산법에 익숙하기 때문입니다. 그러나 예수님은 양이라는 존재가 가진 소중함을 말씀하십니다.

교회법(15-20절)을 보는 우리의 시각도 바뀌어야 합니다. 우리는 종종 이 구절이 "골칫거리 신자를 어떻게 해야 뒤탈 없이 잘 내보낼 수 있는가?"에 대한 '성경적' 방안을 주는 구절로 봅니다. 그러나 내용을 잘 살피고 여기에서 지시하는 방법대로 해보면, 이 일이 참으로 번거롭고 귀찮은 과정임을 알게 됩니다. 이 말은 "이렇게 하면 잘 쫓아낼 수 있어!"라고 도움을 주는 것이 아니라, 어떻게 해서든 검증하고 또 검증해서 남을 함부로 판단하거나 정죄하지 않도록, 그래서 결별보다는 용납을 종용하는 구절입니다. 예수님께서 이렇게 하라 가르치시는 것은 각 사람이 모두 소중한 하나님의 자녀들이기 때문입니다.

마지막 단락을 구성하는 예수님의 비유는 용서에 관한 것입니다. 만 달란트 빚진 종, 백 데나리온 빚진 종 그리고 왕이 주된 등장인물입니다. 첫째 종은 한 나라의 재정 수준으로 상상을 초월하는 엄청난 돈을 "조금만 참아주면 모두 갚겠다"라고 큰소리칩니다(26절). 왕을 기만하는 행동입니다. 괘씸죄로 가중처벌 해야 하는데, 도리어 왕은 아무런 이유 없이 용서합니다. 그러나 그 종은 동료 종에게는 무자비합니다. 왕이 첫째 종에게 자비를 베푼 것처럼 그가 자기 친구에게도 왕이 했던 행동을 모방하기를 기대했지만, 그는 그렇지 않습니다. 그러자 이번에는 첫째 종이 자기 친구 종에게 했던 행동대로 왕이 그를 모방합니다.

하나님의 죄 용서는 무조건적인 용서입니다. 하지만 용서에 대한 후속 반응이 적합하지 않으면 그 용서는 나중에 취소되는, '후조건적' 용서입니다.[79] 주님의 기도에 대한 결론에도 똑같이 적용되는 말씀입니다 (6:14-15). 예수님은 우리에게 작은 자를 귀히 여기라는 가르침을 주시고, 자신도 친히 낮아지셨으며, 우리도 그렇게 낮고 작은 자가 되라고 명하십니다. 그러나 우리가 남을 함부로 가벼이 생각하는 이유는 자신을 대단하게 생각하는 교만 때문입니다. "조금만 기다리면 모두 갚겠다"(26절)라고 큰소리치며 자기를 완벽한 존재로 생각하기에 남의 작은 흠결이 도무지 이해도 안 되고 용납이 안 되는 것입니다. 첫 인류의 타락이 바로 주제 파악을 못 하고 교만한 것에서 비롯되었음을 그리고 하나님께서 선행 은총으로 우리에게 열어주신 구원에 대한 우리의 반응은 우리 자신의 무능력함(helplessness)을 자각하는 것임을(『표준설교』 3.2.12; 6.2.7; 16.1.4-10) 기억해야겠습니다.

마태복음 19장

¹ 예수께서 이 말씀을 마치시고, 갈릴리를 떠나서, 요단 강 건너편 유대 지방으로 가셨다. ² 많은 무리가 예수를 따라왔다. 예수께서는 거기서 그들을 고쳐 주셨다. ³ 바리새파 사람들이 예수께 다가와서, 그를 시험하려고 물었다. "무엇이든지 이유만 있으면, 남편이 아내를 버려도 됩니까?" ⁴ 예수께서 대답하셨다. "사람을 창조하신 분이 처음부터 그들을 남자와 여자로 지으셨다는 것과, ⁵ 그리고 그가 말씀하시기를 '그러므로 남자는 아버지와 어머니를 떠나서, 자기 아내와 합하여서 둘이 한 몸이 될 것이다' 하신 것을, 너희는 아직 읽어보지 못하였느냐? ⁶ 그러므로 그들은 이제 둘이 아니라 한 몸이다. 하나님이 짝지어 주신 것을 사람이 갈라놓아서는 안 된다." ⁷ 그들이 예수께 말하였다. "그러면, 어찌하여 모세는, 이혼 증서를 써 주고 아내를 버리라고 명령하였습니까?" ⁸ 예수께서 대답하셨다. "모세는 너희의 마음이 완악하기 때문에 아내를 버리는 것을 허락하여 준 것이지, 본래부터 그랬던 것은 아니다. ⁹ 내가 너희에게 말한다. 음행한 까닭이 아닌데도 아내를 버리고 다른 여자에게 장가 드는 사람은, 누구나 간음하는 것이다." ¹⁰ 제자들이 예수께 말하였다. "남편과 아내 사이가 그러하다면, 차라리 장가 들지 않는 것이 좋겠습니다." ¹¹ 예수께서 그들에게 말씀하셨다. "누구나 다 이 말을 받아들이지는 못한다. 다만, 타고난 사람들만이 받아

들인다. **¹²** 모태로부터 그렇게 태어난 고자도 있고, 사람이 고자로 만들어서 된 고자도 있고, 또 하늘 나라 때문에 스스로 고자가 된 사람도 있다. 이 말을 받아들일 수 있는 사람은 받아들여라." **¹³** 그 때에 사람들이 예수께 어린이들을 데리고 와서, 손을 얹어서 기도하여 주시기를 바랐다. 그런데 제자들이 그들을 꾸짖었다. **¹⁴** 그러나 예수께서 말씀하셨다. "어린이들이 내게 오는 것을 허락하고, 막지 말아라. 하늘 나라는 이런 어린이들의 것이다." **¹⁵** 그리고 그들에게 손을 얹어주시고, 거기에서 떠나셨다. **¹⁶** 그런데 한 사람이 예수께 다가와서 물었다. "선생님, 내가 영원한 생명을 얻으려면, 무슨 선한 일을 해야 합니까?" **¹⁷** 예수께서 그에게 말씀하셨다. "어찌하여 너는 나에게 선한 일을 묻느냐. 선한 분은 한 분이다. 네가 생명에 들어가기를 원하면, 계명들을 지켜라." **¹⁸** 그가 예수께 물었다. "어느 계명들을 지켜야 합니까?" 예수께서 대답하셨다. "살인하지 말아라. 간음하지 말아라. 도둑질하지 말아라. 거짓 증언을 하지 말아라. **¹⁹** 아버지와 어머니를 공경하여라. 그리고, 네 이웃을 네 몸과 같이 사랑하여라." **²⁰** 그 젊은이가 예수께 말하였다. "나는 이 모든 것을 다 지켰습니다. 아직도 무엇이 부족합니까?" **²¹** 예수께서 그에게 말씀하셨다. "네가 완전한 사람이 되려고 하면, 가서 네 소유를 팔아서, 가난한 사람에게 주어라. 그리하면, 네가 하늘에서 보화를 차지하게 될 것이다. 그리고, 와서 나를 따라라." **²²** 그러나 그 젊은이는 이 말씀을 듣고, 근심을 하면서 떠나갔다. 그에게는 재산이 많았기 때문이다. **²³** 예수께서 제자들에게 말씀하셨다. "내가 진정으로 너희에게 말한다. 부자는 하늘나라에 들어가기가 어렵다. **²⁴** 내가 다시 너희에게 말한다. 부자가 하나님 나라에 들어가는 것보다 낙타가 바늘귀로 지나가는 것이 더 쉽다." **²⁵** 제자들이 이 말씀을 듣고, 깜짝 놀라서, 말하였다. "그러면, 누가 구원을 얻을 수 있습니까?" **²⁶** 예수께서 그들을 눈여겨보시고, 말씀하셨다. "사람은 이 일을 할 수 없으나, 하나님은 무슨 일이나 다 하실 수 있다." **²⁷** 이 말씀을 듣고, 베드로가 예수께 말하였다. "보십시오, 우리는 모든 것을 버리고, 선생님을 따랐습니다. 그러니, 우리가 무엇을 받겠습니까?" **28** 예수께서 그들에게 말씀하셨다. "내가 진정으로 너희에게 말한다. 새 세상에서 인자가 자기의 영광스러운 보좌에 앉을 때에, 나를 따라온 너희도 열두 보좌에 앉아서, 이스라엘 열두 지파를 심판할 것이다. **29** 내 이름을 위하여 집이나 형제나 자매나 아버지나 어머니나 자식이나 땅을 버린 사람은, 백 배나 받을 것이요, 또 영원한 생명을 물려받을 것이다. **30** 그러나, 첫째가 된 사람들이 꼴찌가 되고, 꼴찌가 된 사람들이 첫째가 되는 경우가 많을 것이다."

웨슬리와 함께 읽기

1 **떠나서** – 그리고 그때부터 갈릴리를 다니시지 않으셨다(막 10:1).

2 이 말씀은 누구든지 예수를 따르는 자는 다 고쳐주셨다는 말이다.

3 **바리새파 사람들이 그를 시험하려고 왔다** – 예수께서 모세와 서로 모순이 되도록 만들려고 했다. **무엇이든지 이유만 있으면** – 즉, 무엇이든지 남편 눈에 보기에 아내에게 못마땅한 점이 있거든. 율법학자들은 이것을 허락해 주었다.

4 **그가 너희는 읽어보지 못했느냐고 말씀하셨다** – 우리 주님께서는 모세와 모순을 빚는 것이 아니라 도리어 모세가 한 바로 그 말을 가지고 그들에게 반박하신다. **사람을 창조하신 분이 그들을 남자와 여자로 지으셨다** – 모세가 전한 창조 이야기 시작 부분에 이렇게 되어 있다. 여기 말고 우리가 어디에서 이 이야기를 찾겠는가? 그 이야기에 따르면 하나님께서 자신의 원래 형상의 일부로서 하와를 만드신 것이지 아담이 타락하기 시작한 결과로 그녀를 지으신 것이 아니지 않은가? 하나님께서는 한 남자와 한 여자를 만드셔서 일부다처제를 정죄하신 것이다. 그리고 그들을 한 육체로 만드심으로써 이혼을 정죄하신 것이다.[80]

5 **그리고 말씀하시기를** – 말을 내뱉은 아담의 입을 통해서(창 2:24).[81]

7 왜 모세는 명령하였습니까 - 그리스도께서는 모세가 그렇게 하라고 허락한 (명령한 것이 아니라) 이유는 너희의 마음이 완악해서였다고 **말씀하신다** - 왜냐하면 너희의 조상들이나 너희들이나 모두 달리 더 좋은 방법을 갖고 있지 않았기 때문에(신 24:1 마 5:31; 막 10:2; 눅 16:18).

9 내가 너희에게 말한다 - 나는 오늘부터 앞으로 누구든지 이러한 방종의 행위를 하는 것을 금한다.

11 그러나 그들에게 말씀하셨다 - 이것이 우주 보편적 진리는 아니다. 이 가르침이 모든 사람에게 해당하는 것은 아니고, 하나님으로부터 뛰어난 은사를 받은 사람만 이 말씀이 해당한다. 본성적으로 이런 말씀에 해당하는 사람들은 세 종류의 사람이 있는데, 첫째로 자신의 의지적인 선택으로 그렇게 하는 것이 아닌 사람이 있다. 둘째로 그 외에 다른 사람들은 자신의 의지와는 달리 억지로 하는 것이다. 셋째로 어떤 사람들은 자신이 선택하고 은혜로 그렇게 하는 사람이 있다. 이런 사람들은 자신의 본능을 꾸준히 억제하는 사람들인데, 그들이 그렇게 하는 이유는 다른 것에 방해받지 않고 오로지 하나님만을 섬기는 데 집중하기 위한 것이다.

12 하늘나라 때문에 스스로 고자가 된 사람도 있다 - 결혼을 하지 않아서(결혼 제도를 무시하거나 나쁘게 보고 그렇게 한 것이 아니라) 하나님과 조금 더 가까이 동행할 수 있는 사람들은 얼마나 행복한가! **이 말을 받아들일 수 있는 사람은 받아들여라** - 이 은혜로운 명령은(이것은 의심할 여지 없이 은혜로운 것이다. 그런 사람이 혼자 사는 것은 말할 필요도 없는 당연하다) 모든 사람에게 주어진 것은 아니다. 이 명령은 그 말씀을 받아들일 수 있는 몇몇 사람들에게만 해당하는 것이다. 오, 그들이 이것을 기쁨으로 받아들이기를!

13 손을 얹어서 기도하여 주시기를 - 손을 얹는 것은 어린 사람들에게

축복 기도를 할 때 옛날부터 하던 의식이다. 창세기 48장 14, 20절을 보라. **제자들이 꾸짖었다** – 즉, 어린이들을 데려온 사람들을. 아마도 제자들은 자기 선생님의 권위를 빌어서 그렇게 했을 것이다(막 10:13; 눅 18:15).

14 하늘나라는 이런 자들의 것이다 – 어린이들을 가리킨다. 이것이 실제 어린이를 가리킬 수도 있고, 영적인 차원에서의 어린이들을 가리킬 수도 있다. 그들은 내 나라에 들어올 권리가 있다(마 18:3).

16 한 사람이 와서 – 가난한 사람들은 처음부터 예수를 따라다녔다. 어느 부자 한 사람은 마지막에 찾아왔다(막 10:17; 눅 18:18).

17 왜 나를 선하다고 부르느냐 – 네가 그저 한 인간에 지나지 않는다고 생각하는 나를.[82) **선한 이는 없다** – 최고의 선, 원초적인 선, 근본적인 선은 오직 하나님뿐이다. 네가 생명에 들어가기를 원한다면 **계명들을 지켜라** – 사랑의 믿음이라는 원칙에 따라서. 믿으라 그리고 그 믿음으로 사랑하고 순종하라. 의심의 여지 없이 이것은 영원한 생명으로 이끄는 길이다. 우리 주님께서는 따라서 반어적으로 답하지 않으시고(이런 것은 그분의 성품에 비하면 완전히 낮은 차원이다) 이 진지한 질문에 대하여 분명하고도 직설적이면서도 진지한 답을 주신다.

19 출애굽기 20장 12절 등.

20 그 젊은이가 말하였다. 나는 어렸을 때부터 이 모든 것을 다 지켰습니다 – 이것은 어디까지나 자기 생각이다. 어쩌면 그는 영적인 것까지는 아니고 단지 문자로 기록된 계명만을 생각했을지도 모른다. 그러나 우리 주님께서는 이 영적인 차원을 곧바로 설명하신다.

21 만일 네가 완전한 사람이 되려고 하면 – 즉, 진실로 그리스도인이 되려거든. **네 소유를 팔아서** – 마음을 꿰뚫어 보시는 그분께서는 그의 마음속에 있는 죄가 바로 이 세상을 사랑하는 것임을 보셨다. 또한, 그분

께서는 그가 그것을 말 그대로 내버림으로써 이것에서 벗어날 수 없다는 것도 아셨다. 따라서 예수께서는 그에게 이 특별한 가르침을 주신다. 이 가르침은 일반적인 규범이 아니다. 이 사람에게 있어서 그것은 구원을 이루는 데 필요한 것이었다. 그러나 우리에게까지 그런 것은 아니다. 모든 것을 다 파는 것은 그가 해야 할 임무였다. 그러나 우리 대부분에게 그것은 일종의 죄가 될 것이다. **젊은이는 떠나갔다** – 그렇게 큰 값을 치르고 구원을 얻으려 하지 않았기에.

24 **낙타가 바늘귀로 지나가는 것이**(이것은 속담 표현이다) 부자가 큰 문을 지나서 가기보다 더 쉽다. 즉, 인간적으로 말하자면 이것은 절대로 불가능하다. 부자들이여! 두려워 떨라! 이것이 불가능하다는 것을 느끼라! 이렇게 하지 않으면 당신은 영원히 잃어버린 자가 될 것이다!

25 **그의 제자들이 놀라서 그러면 누가 구원을 얻겠느냐고 말했다** – 만일 부자가 그러한 유리한 위치에 있음에도 불구하고 할 수 없다면,[83] 누가 하겠는가? 가난한 자이다. 거지, 수천 명이나 되는 거지들이 부자 한 명보다 더 빨리 구원을 받을 것이다.

26 **예수께서 그들을 보시고** – 그들의 조급한 마음을 헤아리셔서. 오, 이 대화 장면이 놀랍지 않은가! **그들에게 말씀하셨다** – 가장 부드러운 목소리로. **사람에게 이것은 불가능하다** – 예수께서는 조금 전에 자신이 하셨던 말씀을 철회하지 않으신다는 사실을 주의해보라. 아니, 조금 전에 하셨던 그 말씀을 약간 누그러뜨리지도 않으신다. 예수께서는 부자가 구원을 받는 것이 전능하신 분이 가장 애쓰셔야만 하는 것으로 말씀하심으로써 오히려 그 메시지를 더욱 분명히 해두신다.

28 **새롭게 될 때** – 모든 만물이 최후로 새롭게 될 때. **너희가 앉을 것이다** – 심판이 시작될 때에 그들이 일어설 것이다(고후 5:10). 그리고 그들은

심판을 면하고 심판자와 함께 앉게 될 것이다(고전 6:2). **열두 보좌** – 우리 주님께서는 어떠한 조건도 달지 않으시고 이렇게 하시겠다고 약속하셨다. 하지만 이 말씀이 절대적인 것만큼 다른 성경 구절에서와 마찬가지로 (거기에도 표현된 것은 없다) 분명하게 어떤 조건이 암시되어 있다. 그 결과 열두 명이 모두 그 열두 보좌에 앉은 것은 아니다. 유다의 자리는 다른 사람이 가져가서 그는 그 자리에 앉지 못했다.

29 **누구나** – 어느 시대, 어느 곳에 사는 사람이든지. 그러나 너희는 아니고 내 사도들만 해당된다. **집이나 형제나 아내나 자녀를 버린 사람** – 깨끗한 양심을 가지고서는 도저히 그것들을 가지고 있을 수 없다는 것을 느끼고 그것들을 모두 포기함으로써 혹은 그것들을 굳이 소유하려고 애쓰지 않음으로써. **백 배나 받을 것이요** – 비록 같은 종류의 것은 아니지만 그러한 가치를 가진 것을 이 세상에 사는 동안에 받을 것이다.

30 **그러나 첫째가 된 사람들이** – 먼저 부르심을 받은 사람들이 **꼴찌가 될 것이다** – 적은 보상을 받게 될 것이다. 나중에 온 사람들이 도리어 먼저 온 사람들보다 더 사랑을 받을 것이다. 그러나 비록 영광의 종류는 다르겠지만 어쨌든 여전히 첫째나 꼴찌나 모두 구원은 받을 것이다 (마 20:16; 막 10:31; 눅 13:30).[84]

마태복음 20장

¹ "하늘 나라는 자기 포도원에서 일할 일꾼을 고용하려고 이른 아침에 집을 나선 어떤 포도원 주인과 같다. ² 그는 품삯을 하루에 한 데나리온으로 일꾼들과 합의하고, 그들을 자기 포도원으로 보냈다. ³ 그리고서 아홉 시쯤에 나가서 보니, 사람들이 장터에 빈둥거리며 서 있었다. ⁴ 그는 그들에게 말하기를 '여러분도 포도원에 가서 일을 하시오. 적당한 품삯을 주겠소' 하였다. ⁵ 그래서 그들이 일을 하러 떠났다. 주인이 다시 열두 시와 오후 세 시쯤에 나가서 그렇게 하였다. ⁶ 오후 다섯 시쯤에 주인이 또 나가 보니, 아직도 빈둥거리고 있는 사람들이 있어서, 그들에게 '왜 당신들은 온종일 이렇게 하는 일 없이 빈둥거리고 있소?' 하고 물었다. ⁷ 그들이 그에게 대답하기를 '아무도 우리에게 일을 시켜주지 않아서, 이러고 있습니다' 하였다. 그래서 그는 '당신들도 포도원에 가서 일을 하시오' 하고 말하였다. ⁸ 저녁이 되니, 포도원 주인이 자기 관리인에게 말하기를 '일꾼들을 불러, 맨 나중에 온 사람들부터 시작하여, 맨 먼저 온 사람들에게까지, 품삯을 치르시오' 하였다. ⁹ 오후 다섯 시쯤부터 일을 한 일꾼들이 와서, 한 데나리온씩을 받았다. ¹⁰ 그런데 맨 처음에 와서 일을 한 사람들은, 은근히 좀 더 받으려니 하고 생각하였는데, 그들도 한 데나리온씩을 받았다. ¹¹ 그들은 받고 나서, 주인에게 투덜거리며 말하였다. ¹² '마지막에 온 이 사람들은 한 시간

밖에 일하지 않았는데도, 찌는 더위 속에서 온종일 수고한 우리들과 똑같이 대우하였습니다.' **13** 그러자 주인이 그들 가운데 한 사람에게 말하기를 '이보시오, 나는 당신을 부당하게 대한 것이 아니오. 당신은 나와 한 데나리온으로 합의하지 않았소? **14** 당신의 품삯이나 받아 가지고 돌아가시오. 당신에게 주는 것과 꼭 같이 이 마지막 사람에게 주는 것이 내 뜻이오. **15** 내 것을 가지고 내 뜻대로 할 수 없다는 말이오? 내가 후하기 때문에, 그것이 당신 눈에 거슬리오?' 하였다. **16** 이와 같이 꼴찌들이 첫째가 되고, 첫째들이 꼴찌가 될 것이다." **17** 예수께서 예루살렘으로 올라가시면서, 열두 제자를 따로 곁에 불러놓으시고, 길에서 그들에게 말씀하셨다. **18** 보아라, 우리는 지금 예루살렘으로 올라가고 있다. 인자가 대제사장들과 율법학자들에게 넘겨질 것이다. 그들은 그에게 사형을 선고할 것이며, **19** 그를 이방 사람들에게 넘겨주어서, 조롱하고 채찍질하고 십자가에 달아서 죽게 할 것이다. 그러나 그는 사흘째 되는 날에 살아날 것이다." **20** 그 때에 세베대의 아들들의 어머니가 아들들과 함께 예수께 다가와서 절하며, 무엇인가를 청하였다. **21** 예수께서 그 여자에게 물으셨다. "무엇을 원하십니까?" 여자가 대답하였다. "나의 이 두 아들을 선생님의 나라에서, 하나는 선생님의 오른쪽에, 하나는 선생님의 왼쪽에 앉게 해주십시오." **22** 예수께서 대답하셨다. "너희는 너희가 구하는 것이 무엇인지도 모르고 있다. 내가 마시려는 잔을 너희가 마실 수 있겠느냐?" 그들이 대답하였다. "마실 수 있습니다." **23** 예수께서 그들에게 말씀하셨다. "정말로 너희는 나의 잔을 마실 것이다. 그러나 나의 오른쪽과 왼쪽에 앉히는 그 일은, 내가 할 수 있는 것이 아니다. 그 자리는 내 아버지께서 정해 놓으신 사람들에게 돌아갈 것이다." **24** 열 제자가 이 말을 듣고, 그 두 형제에게 분개하였다. **25** 예수께서는 그들을 곁에 불러 놓고 말씀하셨다. "너희가 아는 대로, 이방 민족들의 통치자들은 백성을 마구 내리누르고, 고관들은 백성에게 세도를 부린다. **26** 그러나 너희끼리는 그렇게 해서는 안 된다.

너희 가운데서 위대하게 되고자 하는 사람은 누구든지 너희를 섬기는 사람이 되어야 하고, **²⁷** 너희 가운데서 으뜸이 되고자 하는 사람은 너희의 종이 되어야 한다. **²⁸** 인자는 섬김을 받으러 온 것이 아니라 섬기러 왔으며, 많은 사람을 위하여 자기 목숨을 몸값으로 치러 주려고 왔다." **²⁹** 그들이 여리고를 떠날 때에, 큰 무리가 예수를 따라왔다. **³⁰** 그런데 눈 먼 사람 둘이 길 가에 앉아 있다가, 예수께서 지나가신다는 말을 듣고, 큰 소리로 외쳤다. "다윗의 자손이신 [주님], 우리를 불쌍히 여겨 주십시오!" **³¹** 무리가 조용히 하라고 꾸짖었으나, 그들은 더욱 큰 소리로 외쳤다. "다윗의 자손이신 주님, 우리를 불쌍히 여겨 주십시오!" **³²** 예수께서 걸음을 멈추시고, 그들을 불러서 말씀하셨다. "너희 소원이 무엇이냐?" **³³** 그들이 예수께 말하였다. "주님, 눈을 뜨는 것입니다." **³⁴** 예수께서 가엽게 여기시고 그들의 눈에 손을 대시니, 그들은 곧 다시 보게 되었다. 그들은 예수를 따라갔다.

웨슬리와 함께 읽기

1 먼저 부르심을 받은 사람 중에 어떤 사람들은 꼴찌가 될 것이라는 가르침을 우리 주님께서는 아래에 나오는 비유를 통해서 확증해주셨다. 이 비유를 통해서 보여주려고 하는 내용은 첫째로 많은 유대인이 배척을 당하지만, 이에 반해 많은 이방인은 받아들여질 것이라는 점이다. 둘째로 이 비유는 이방인 중에서도 먼저 개종한 사람들 가운데 많은 이가 영광의 나라에 가서는 꼴찌가 되고 가장 낮은 자리를 차지하게 될 것이라는 점이다. 반면에 나중에 개종한 사람들 가운데 많은 사람이 도리어 첫째가 되고 거기에서 가장 높은 자리를 차지하게 될 것이라는 점이다. **천국은 이와 같으니** – 즉, 하나님께서 자신의 나라에서 일을 처리하시는 방식은 집주인이 처리하는 방식과 비슷하다는 것이다. **아침에** – 로마인들이나 유대인들은 아침 여섯 시를 제1시라고 불렀다. 이때로부터 저녁때까지 그들은 오전 9시는 제3시로, 낮 12시는 제6시로, 오후 3시는 제9시로 그리고 오후 5시는 제11시로 불렀다. **포도원에서 일할 일꾼을 고용하려고** – 그리스도인이라고 하는 모든 사람은 이런 의미에서 일꾼과 같다. 그리고 그들은 살아 있는 동안 하나님의 포도원에서 일하는 사람들로 생각할 수 있다.

2 로마의 잔돈은 약 7.5펜스 정도이다. 이것은 대략 미국 돈으로 13.75센트가량 된다. 이 정도의 금액이 당시 노동자의 통상적인 하루 품삯이었다.

6 제11시 경에 – 즉, 아주 늦게. 다른 사람들은 이미 다 불려간 한참 뒤에.

8 저녁이 되니 – 인생의 황혼이 되니. 혹은 세상의 마지막 때가 되니.[85]

9 제11시 경에 고용된 사람들 – 유대인들보다 훨씬 나중에 그리스도의 교회라는 포도원으로 부르심을 받은 이방인들일 수도 있고, 혹은 지금까지 살면서 복음에 대해 듣거나 복음이 부름을 이해하지 못했던 모든 시대의 사람들을 가리킬 수도 있다. 상황에 따라서 이 비유의 의미가 전자의 것일 수도 있고 후자의 의미에 더 적절할 수도 있다.[86]

10 처음에 온 사람들은 자기가 더 받을 줄로 알고 – 아마도 여기에서 언급된 처음에 온 사람들은 유대인들을 가리킬 것이다. 그들은 자기들이 이방인들보다 항상 더 하나님의 사랑을 받아야 한다고 생각했다.

12 당신께서는 저들을 우리와 똑같이 대우하였습니다 – 이러한 점은 성 베드로도 사도행전 15장 9절에서 분명히 밝혔다. 하나님께서는 이방인들의 마음을 믿음으로 정하게 하여서 우리(유대인)와 그들(이방인들)을 차별하지 않으신다. 언제 부르심을 받든지 상관없이 이곳에서 거룩한 사람들은 저세상에 가서도 그만큼 행복할 것이다.

14 유대인 중에서 처음에 부르심을 입은 사람들에게 주는 것만큼, 이교도들 가운데서 나중에 부름을 받은 사람들에게도 주는 것은 내 마음이다. 그렇다. 오래전에 부르심을 입었던 사람들에게 하듯이 나는 회개하고 돌아온 세리나 죄인들도 그렇게 대한다.

15 내 것을 가지고 내 뜻대로 할 수 없다는 말이오 – 그렇다. 나는 유대인이 되었든 이방인이 되었든 상관없이 그들에게 자기들이 받을 몫보

다 무한정 큰 보상을 해주는 것이 내 뜻이다. 그렇다면 이것으로 미루어볼 때, 자비로우신 영들의 아버지께서 "아직 태어나지도 않은 영혼들을 지옥에 보내거나 그 어머니의 뱃속에서부터 저주를 받도록" 한다고 말하는 것이 합당하다거나 그럴 수 있다고 할 수 있겠는가?[87] **내가 선하기 때문에 그것이 당신 눈에 거슬리오** - 내가 자비로우므로 네가 시기하느냐? 이기적이고 시기심이 많은 성품에 일반적으로 수반되는 악한 성품에 대한 분명한 언급이 여기에 나타난다.

16 단지 유대인이나 이방인과 관련한 것만이 아니라 다른 수천 가지의 경우에서도 이렇게 될 수 있다. **많은 사람이 부르심을 받았지만** - 복음을 듣는 사람은 많지만 **선택받은 사람은 적다** - 그 말씀에 순종하는 사람만이 선택을 받는다(마 19:30; 22:14).

17 마가복음 10장 32절; 누가복음 18장 31절.

20 **그때 세베대의 아들들의 어머니가 와서** - 예수께서 조금 전에 하셨던 말씀이 의미 있는 말씀이라고 생각하여서 찾아왔다. 아마도 세베대는 죽었거나 혹은 그리스도를 따르는 사람이 아니었을 것이다(막 10:35).

21 **당신의 나라에서** - 그들은 아직도 이 땅에서의 나라를 기대하고 있다.

22 너는 내 나라에서 높은 자리에 있다는 것이 무엇을 의미하는지, 그 자리에 있기 위해서 어떤 것이 먼저 필요한지 알지 못한다. 내 나라에서 나와 함께 나누고자 하는 자는 누구든지 먼저 내 고난도 함께 나눠야 한다. 너희가 이것을 할 수 있겠느냐? 잔과 세례라는 이 두 가지 표현은 그분의 고난과 죽음으로 이해되어야 한다. 이러한 것은 당시 유대인들 사이에서 일상적인 표현이었다.

23 **내 오른편에 앉는 것** - 그리스도께서는 하늘의 영광을 가리켜 말씀하신 것인데 그의 제자들은 너무나 어리석어서 그것을 이 땅에서의 영

광으로 이해하였다. 그러나 그분께서는 이것이 그분께서 주시려고 하는 그분의 것이라는 사실은 부인하지 않으신다. 더욱 정확히 말하자면 그분께서는 하나님으로서 그리고 인자로서 자신의 것을 주려고 하시는 것이다. 그분께서는 원래 받기로 준비된 사람들에게만 그것을 주시겠다는 말씀만 하실 뿐이었다. 사랑으로 역사하는 믿음 안에서 마지막까지 인내하는 사람이 그것을 받을 수 있다.

25 너희가 아는 대로 이방 민족들의 통치자들은 백성을 마구 내리누르고 – 이것을 보고 너희들은 내 나라에서 높은 자리를 차지하면 그들처럼 할 것으로 생각하지만, 사실 정반대이다.

26 너희를 섬기는 사람 – 즉, 너희들의 종(마 23:11).

29 마가복음 10장 46절; 누가복음 18장 35절.

30 눈먼 사람 둘이 외쳤다 – 성 마가와 성 누가는 이 둘 가운데 한 사람, 소경 바디매오만 언급한다. 그는 이 두 사람 가운데서 더 두드러진 사람이어서 아마도 자기와 자기 동료를 대표해서 말했을 것이다.[88]

31 무리가 조용히 하라고 꾸짖었다 – 사람들은 다윗의 자손에게 부르짖기 시작한 모든 사람에게도 마찬가지로 그렇게 행동할 것이다. 그러나 간절히 외칠 필요를 느끼는 사람이 있다면 그렇게 하도록 해주어야 한다. 그렇지 않으면 그들은 치유를 받지 못하게 될 것이다.

역자 해설[89]

마태복음 19장 13절부터 20장 28절은 하나의 흐름 속에 연결되어 있습니다. 그 구조는 다음과 같습니다.

1. 19:13-15 어린이를 가로막는 제자들
2. 19:16-22 근심하며 돌아간 부자
3. 19:23-30 우리 제자들이 얻을 몫은?.
   4. 20:1-16 포도원 품꾼의 비유 - 꼴찌가 첫째 되고…
   5. 20:17-19 수난과 죽음과 부활 예고
6. 20:20-28 우리 제자들이 얻을 몫은?
7. 20:29-34 못 보는 사람을 가로막는 무리들
   - 그리고 그들은 예수를 따랐다.

1. 어떤 사람들이 어린이들을 예수님께 데려옵니다. 그러나 제자들이 길을 가로막습니다. 그 모습을 본 예수님은 어린이들을 불러 축복하십니다.

2. 부자가 있습니다. 그는 영의 세계에도 관심이 많고(16절) 신앙적으로도 완벽해 보입니다(20절). 그러나 그는 재물을 포기하지 못해 근심하며 돌아갑니다. 이에 예수님은 부자가 천국에 들어가기 힘들다고 가르치십니다. 그러자 그 말씀을 들은 제자들이 깜짝 놀라면서 "[부자가 천

국에 못 간다면] 과연 누가 갈 수 있을까요?"라고 말합니다. 유대인들은 부자가 되는 것은 하나님으로부터 복을 받았기 때문이라고 믿었고, 하나님이 복을 주신 이유는 그가 바르게 잘 살았기 때문이라고 생각했습니다. 그러니 부자는 곧 하나님에게 인정받은 훌륭한 사람이라는 뜻입니다. 그런데 예수님은 부자가 천국에 들어가기 힘들다고 하시니 사람들이 놀랄 만도 합니다.

3. 그때 베드로가 당당하게 예수님께 힘주어 말합니다. "보십시오! 우리는 모든 것을 버리고 선생님을 따랐습니다."(27절) 베드로가 이렇게 말하는 것은 부자 청년과 자기를 비교하는 것입니다. '저 사람은 못 했지만 나는 했다'라는 겁니다. 참 훌륭합니다. 그런데 베드로는 뒤에 한 소절 덧붙입니다. "그러니 우리가 무엇을 받겠습니까?"(27절) 베드로는 공정을 말합니다. 적게 심은 자는 적게 거두고 많이 심은 자는 많이 거둬야 한다는 겁니다. 저 부자는 포기 못 했지만 나는 다 했으니, 이제 그 대가를 달라고 요구합니다. 이에 예수님께서는 그들에게 하늘의 축복을 약속하십니다(28-29절). 그러나 베드로처럼 예수님도 뒤에 한 소절 덧붙이십니다. "그러나 첫째가 꼴찌가 되고…"(30절) 그러면서 비유를 말씀하십니다.

4. 소위 포도원 소작인의 비유라 불리는 이 비유는 다양하게 해석되었습니다. 특히 "일찍 온 일꾼이나 끝물에 온 일꾼이나 하나님은 똑같이 구원해주신다"라는 식으로 교부 시대로부터 꾸준히 해석해 왔습니다. 그러나 이 비유는 앞선 1-3에 이어서 봐야 합니다(20:16과 19:30을 비교해보세요). 아침 6시부터 와서 일한 사람에게 주인은 약속한 임금을 제대로 다 주었습니다. 그런데도 그가 화가 난 이유는 뭘까요? 답은 12절에 있습니다. "똑같이 대우를 하시는군요!" 그렇습니다. 돈을 많이 받고 적게 받고의 문제가 아니라, 똑같은 대우를 받는 것이 문제입니다. 저 사

람은 적게 심었으니 적게 거두고 나는 많이 심었으니 많이 거둬야 하는데, 똑같이 거두게 된 것은 공정하지 못하고 그래서 화가 난 겁니다.

잠시 6으로 건너갑시다. 야고보와 요한의 어머니가 자식을 위해 높은 자리를 달라고 로비하는군요. 그런데 이 사실이 나머지 열 명에게 들통이 났습니다(24절). 그래서 그 열 명은 무척 화가 났습니다. "우리도 똑같이 모든 것을 버리고 따라와서 이 고생을 하는데, 저 녀석들이 얄미운 짓을 하네? 이건 공정하지 않지!" 이들도 똑같습니다. 심은 대로 거둬야 하고, 나는 많이 심었으니 권력을 누릴 자격이 있다는 겁니다. 그래서 1에서처럼 그들은 완장을 차고 사람들을 자기 맘대로 걸러냅니다. 3처럼 영광스러운 보좌도 탐냅니다. 2의 청년이나 4에 나온 5시에 출근해 고작 한 시간 일한 사람처럼 나보다 덜 심은 사람이 나와 똑같이 대접을 받는다면 그것은 견딜 수 없는 일입니다. 그래서 이들은 '특별 대접'을 누리고 싶어 합니다. 나보다 덜 심은 사람은 '차별 대우'를 받아야 한다고 주장합니다.

5로 돌아갑시다. 예수님께서 제자들에게 자신이 무시당하고 조롱당하고 맞다가 십자가에서 죽을 것이라고 예고하십니다. 6 끝자락에 예수님은 "인자는 섬김을 받으러 온 것이 아니라 섬기러 왔고, 많은 사람을 위해 자기 목숨을 대속물로 내주러 왔다"(20:28)라고 말씀하십니다. 제자들은 자기들이 많은 희생을 했으니 당연히 권리도 많이 누려야 한다고 생각합니다. 그러나 예수님의 가르침은 그렇지 않습니다. 예수님은 무시당하는 어린이를 불러서 축복하시는 분이시고, 오후 5시에 일을 시작한 사람도 똑같이 대우를 받아야 한다고 말씀하십니다. 하나님은 선인이나 악인이나 차별 없이 햇빛과 비를 내려주시는 분(6:45-46)이십니다.

우리는 공정이라는 이름으로 나보다 덜 노력한 사람은 무시당해도 괜찮다고 생각합니다. 많이 심었으니 많이 거두는 것이 당연하다고, 그래야 공정하다고, 그것이 정의라고 생각합니다. 그러나 과연 그것이 정의이고 공정일까요? 마이클 샌델 교수가 쓴 『공정하다는 착각』의 메시지는 어쩌면 예수님의 가르침을 잘 반영한 것 같습니다. 예수님은 사람들의 능력(만능)주의를 비판하시면서 군림하고 세도를 부리기보다는 낮아지고 섬겨야 한다고 말씀하십니다(20:25-27).

7. 모든 이야기가 끝나는 결론에 두 명의 소경이 등장합니다. 1처럼 여기에서도 사람들은 앞을 못 보는 두 사람을 가로막습니다. 그러나 어린이를 부르시고 축복하신 것처럼, 예수님은 그들을 부르시고(32절) 그들의 눈을 뜨게 하십니다. 그러자 그들은 제대로 보게 되었고 예수님을 따르는 사람이 됩니다(34절). '본다'와 '따른다'라는 단어는 참 깨달음과 제자도를 가리키는 중요한 단어입니다. 마태는 우리에게 종용합니다. "여러분, 이제 눈을 떠서 제대로 보십시오. 그리고 예수님을 따르십시오."

마태복음 21장

¹ 예수와 그 제자들이 예루살렘에 가까이 이르러, 올리브 산에 있는 벳바게 마을에 들어섰다. 그 때에 예수께서 두 제자를 보내시며 ² 그들에게 말씀하셨다. "맞은편 마을로 가거라. 가서 보면, 나귀 한 마리가 매여 있고, 그 곁에 새끼가 있을 것이다. 풀어서, 나에게로 끌고 오너라. ³ 누가 너희에게 무슨 말을 하거든, '주님께서 쓰려고 하십니다' 하고 말하여라. 그리하면 곧 내어줄 것이다." ⁴ 이것은, 예언자를 시켜서 하신 말씀을 이루시려는 것이었다. ⁵ "시온의 딸에게 말하여라. 보아라, 네 임금이 네게로 오신다. 그는 온유하시어, 나귀를 타셨으니, 어린 나귀, 곧 멍에 메는 짐승의 새끼다." ⁶ 제자들이 가서, 예수께서 지시하신 대로, ⁷ 어미 나귀와 새끼 나귀를 끌어다가, 그 위에 겉옷을 얹으니, 예수께서 올라타셨다. ⁸ 큰 무리가 자기들의 겉옷을 길에다가 폈으며, 다른 사람들은 나뭇가지를 꺾어다가 길에 깔았다. ⁹ 그리고 앞에 서서 가는 무리와 뒤따라오는 무리가 외쳤다. "호산나, 다윗의 자손께! 복되시다, 주님의 이름으로 오시는 분! 더없이 높은 곳에서 호산나!" ¹⁰ 예수께서 예루살렘에 들어가셨을 때에, 온 도시가 들떠서 물었다. "이 사람이 누구냐?" ¹¹ 사람들은 그가 갈릴리 나사렛에서 나신 예언자 예수라고 말하였다. ¹² 예수께서 성전에 들어가셔서, 성전 뜰에서 팔고 사고 하는 사람들을 다 내쫓으시고, 돈을 바꾸어 주는 사람들의 상

과 비둘기를 파는 사람들의 의자를 둘러엎으시고, **13** 그들에게 말씀하셨다. "성경에 기록한 바, '내 집은 기도하는 집이라고 불릴 것이다' 하였다. 그런데 너희는 그것을 '강도들의 소굴'로 만들어 버렸다." **14** 성전 뜰에서 눈 먼 사람들과 다리를 저는 사람들이 예수께 다가왔다. 예수께서는 그들을 고쳐 주셨다. **15** 그러나 대제사장들과 율법학자들은, 예수께서 하신 여러 가지 놀라운 일과, 또 성전 뜰에서 "다윗의 자손에게 호산나!" 하고 외치는 아이들을 보고, 화가 나서 **16** 예수께 말하였다. "당신은 아이들이 무어라 하는지 듣고 있소?" 예수께서 그들에게 말씀하셨다. "그렇다. '주님께서는 어린 아이들과 젖먹이들의 입에서 찬양이 나오게 하셨다' 하신 말씀을, 너희는 읽어보지 못하였느냐?" **17** 예수께서 그들을 남겨 두고, 성 밖으로 나가, 베다니로 가셔서, 거기에서 밤을 지내셨다. **18** 새벽에 성 안으로 들어오시는데, 예수께서는 시장하셨다. **19** 마침 길 가에 있는 무화과나무 한 그루를 보시고, 그 나무로 가셨으나, 잎사귀 밖에는 아무것도 없으므로, 그 나무에게 말씀하셨다. "이제부터 너는 영원히 열매를 맺지 못할 것이다!" 그러자 무화과나무가 곧 말라 버렸다. **20** 제자들은 이것을 보고 놀라서 말하였다. "무화과나무가 어떻게 그렇게 당장 말라버렸을까?" **21** 예수께서 그들에게 말씀하셨다. "내가 진정으로 너희에게 말한다. 너희가 믿고 의심하지 않으면, 이 무화과나무에 한 일을 너희도 할 수 있을 뿐 아니라, 이 산더러 '들려서 바다에 빠져라' 하고 말해도, 그렇게 될 것이다. **22** 또 너희가 기도할 때에, 이루어질 것을 믿으면서 구하는 것은, 무엇이든지 다 받을 것이다." **23** 예수께서 성전에 들어가서 가르치고 계실 때에, 대제사장들과 백성의 장로들이 다가와서 말하였다. "당신은 무슨 권한으로 이런 일을 하시오? 누가 당신에게 이런 권한을 주었소?" **24** 예수께서 그들에게 이렇게 대답하셨다. "나도 너희에게 한 가지를 물어 보겠다. 너희가 대답하면, 나도 무슨 권한으로 이런 일을 하는지를 말하겠다. **25** 요한의 세례가 어디에서 왔느냐? 하늘에서냐? 사람에게서냐?" 그러자 그들은 자기들끼리 의논하며 말하였다. "'하늘에서 왔다'고 말하면, '어째서 그를 믿지 않았느냐'고 할 것이요, ²⁶ 또 '사람에게서 왔다'고 하자니, 무리가 무섭소. 그들은 모두 요한을 예언자로 여기니 말이오." ²⁷ 그래서 그들은 예수께, 모르겠다고 대답하였다. 그러자 예수께서 말씀하셨다. "나도 내가 무슨 권한으로 이런 일을 하는지를 너희에게 말하지 않겠다." ²⁸ "너희는 어떻게 생각하느냐? 어떤 사람에게 아들이 둘 있는데, 아버지가 맏아들에게 가서 '애야, 너 오늘 포도원에 가서 일해라' 하고 말하였다. ²⁹ 그런데 맏아들은 대답하기를 '싫습니다' 하고 말하였다. 그러나 그 뒤에 그는 뉘우치고 일하러 갔다. ³⁰ 아버지는 둘째 아들에게 가서, 같은 말을 하였다. 그는 대답하기를, '예, 가겠습니다, 아버지' 하고서는, 가지 않았다. ³¹ 그런데 이 둘 가운데서 누가 아버지의 뜻을 행하였느냐?" 예수께서 이렇게 물으시니, 그들이 대답하였다. "맏아들입니다." 예수께서 그들에게 말씀을 하셨다. "내가 진정으로 너희에게 말한다. 세리와 창녀들이 오히려 너희보다 먼저 하나님의 나라에 들어간다. ³² 요한이 너희에게 와서, 옳은 길을 보여 주었으나, 너희는 그를 믿지 않았다. 그러나 세리와 창녀들은 믿었다. 너희는 그것을 보고도 끝내 뉘우치지 않았으며, 그를 믿지 않았다." ³³ "다른 비유를 하나 들어보아라. 어떤 집주인이 있었다. 그는 포도원을 일구고, 울타리를 치고, 그 안에 포도즙을 짜는 확을 파고, 망대를 세웠다. 그리고 그것을 농부들에게 세로 주고, 멀리 떠났다. ³⁴ 열매를 거두어들일 철이 가까이 왔을 때에, 그는 그 소출을 받으려고 자기 종들을 농부들에게 보냈다. ³⁵ 그런데, 농부들은 그 종들을 붙잡아서, 하나는 때리고, 하나는 죽이고, 또 하나는 돌로 쳤다. ³⁶ 주인은 다시 다른 종들을 처음보다 더 많이 보냈다. 그랬더니, 농부들은 그들에게도 똑같이 하였다. ³⁷ 마지막으로 그는 자기 아들을 보내며 말하기를 '그들이 내 아들이야 존중하겠지' 하였다. ³⁸ 그러나 농부들은 그 아들을 보고 그들끼리 말하였다. '이 사람은 상속자다. 그를 죽이고, 그의 유산을 우리가 차지하자.' ³⁹ 그러면서 그들은 그를 잡아서, 포도원 밖으로 내쫓아 죽였다. ⁴⁰ 그러니 포도원 주인이 돌아올 때에, 그 농부들을 어떻게 하겠느냐?" ⁴¹ 그들이 예수께 말하였다. "그 악한 자들을 가차없이 죽이고, 제 때에 소출을 바칠 다른 농부들에게 포도원을 맡길 것입니다." ⁴² 예수께서 그들에게 말씀하셨다. "너희는 성경에서 이런 말씀을 읽어 본 일이 없느냐? '집 짓는 사람이 버린 돌이 집 모퉁이의 머릿돌이 되었다. 이것은 주님께서 하신 일이요, 우리 눈에는 놀라운 일이다.' ⁴³ 그러므로 나는 너희에게 말한다. 하나님께서는 너희에게서 하나님의 나라를 빼앗아서, 그 나라의 열매를 맺는 민족에게 주실 것이다. ⁴⁴ [이 돌 위에 떨어지는 사람은 부스러질 것이요, 이 돌이 어떤 사람 위에 떨어지면, 그를 가루로 만들어 놓을 것이다.]" ⁴⁵ 대제사장들과 바리새파 사람들은 예수의 비유를 듣고서, 자기들을 가리켜 하시는 말씀임을 알아채고, ⁴⁶ 그를 잡으려고 하였으나, 무리들이 무서워서 그렇게 하지 못하였다. 무리가 예수를 예언자로 여기고 있었기 때문이다.

웨슬리와 함께 읽기

1 막 11:1; 눅 19:29; 요 12:12.

5 **시온의 딸** - 즉, 예루살렘 거주민들. 이 구절의 앞부분 말씀은 이사야 62장 11절에서 인용한 것이고, 뒷부분은 스가랴 9장 9절에서 인용한 말씀이다. 옛날의 유대 학자들은 이 예언의 말씀들을 메시아와 연관시키곤 하였다. **나귀 위에** - 평화의 왕은 전쟁에 어울리는 동물인 말을 타지 않으신다. 그러나 때에 따라서는 말을 타시기도 한다(계 19:11). 부족장 시절에는 뛰어난 사람들이 나귀를 타는 것을 수치스럽게 여기지 않았다. 그러나 이러한 생각이 널리 퍼졌다거나 이러한 관습이 티베리우스 통치 기간까지 계속 이어지지는 않은 것으로 보인다. 여기에서 우리 주님께서 나타나시는 그런 모습은 보잘것없는 모습이었다. 심지어는 경멸을 당할 정도로 보잘것없는 모습이었다. 나는 그것을 받아들인다. 나는 그 안에서 기뻐한다. 이것은 내 영혼을 위로하시기 위한 것이었으며, 그분의 겸손을 기리기 위한 것이고 또한 모든 세상의 교만과 잘남에 혼돈을 가져다주기 위해 하신 것이었다.

7 **그들이 그분을 위해 그 위에 자리를 마련하였다** - 즉, 옷을 깔았다.

8 **큰 무리가 자기들의 겉옷을 길에다가 폈으며** - 왕이 새로 선출될 때

흔히 이런 행동을 하였다(왕하 9:13).

9 무리가 소리 질렀다 - 아마도 신적인 자극을 받아서. 분명히 그들은 자기들이 내뱉은 말이 무슨 뜻인지 알지 못했다. **호산나** - (주여 우리를 구하소서)는 유대인들이 종종 사용하던 엄숙한 단어이다. 이 뜻은 "우리는 다윗의 자손께 호산나 노래를 드립니다. 메시아, 우리의 주님은 복되시도다. 구원해주소서. 가장 높은 하늘에 계신 분이시여!"라는 뜻이다. 우리의 주님께서는 지금까지 사람들로부터 어떠한 공적으로 드려지는 경의의 표를 억제하셨다. 그렇게 하신 것은 아직 때가 이르기도 전에 그분의 원수들이 시기심에 가득 차서 그분의 선포 사역을 방해하지 않도록 하시기 위함이었다. 그러나 그러한 것은 멈추고 이제 그분께서는 그들의 환호성을 받으신다. 그들의 환호성은 아마도 그들이 사악하다는 것을 공개적으로 증언해주는 것이 된다. 왜냐하면 불과 4~5일이 지나지 않아서 그들은 그분을 십자가에 못 박으라, 못 박으라고 외쳐댔기 때문이다. 다른 복음서 저자들이 기록한 것은 이것과 다소 차이를 보인다. 그러나 여기에 나온 표현은 의심할 여지 없이 이 군중 가운데 일부나 다른 군중이 했던 표현들이다.

11 그가 나사렛에서 나신 예수이다 - 이 말이 얼마나 걸림돌이 되는 말인가! 그가 나사렛 출신이라면 그는 메시아가 될 수 없다. 그러나 진실을 알기를 간절히 원하는 사람들은 이것에 걸려 넘어지지 않을 것이다. 자세히 살펴보면 (그렇게 하면 알 수 있다) 우리는 그분이 나사렛 출신이 아니라 베들레헴 출신임을 알 수 있다.

12 그분께서 모든 팔고 사는 사람들을 쫓으시고 - 희생제물로 드릴 비둘기나 소가 거래되었다. 그분께서는 3년 전에도 그렇게 하셨다(요 2:14).[90] 예수께서는 그들이 하나님의 집을 상인들의 집으로 만들지 못하도록

하셨다. 이렇게 공격을 반복하실 때에 그분께서는 이전보다 좀 더 신랄한 표현을 쓰신다. **성전에서** - 즉, 예루살렘 성전의 바깥 정원에서. 이방인들은 이곳에서 예배를 드렸다. **돈 바꾸는 사람들** - 외국 화폐를 현지화폐로 바꾸는 것이다. 먼 곳에서 찾아온 사람들은 성전을 섬기기 위해 헌금하기를 원했을 것이다(막 11:11, 15; 눅 19:45).[91]

13 **강도의 소굴** - 악당들의 집합소를 가리키는 관용적인 표현이다(사 56:7; 렘 7:11).

16 시편 8편 2절.

17 마가복음 11장 11-12절.

20 **제자들이 그것을 보고** - 다음날 그 곁을 지나가다가.

21 **예수께서 대답하여 말씀하시기를 만일 네게 믿음이 있다면** - 여기에서 우리는 이 기적을 일으키신 우리 주님의 한 가지 큰 목적은 그들의 믿음을 확증시키고 키워주시기 위함이라는 점을 알 수 있다. 또 다른 목적은 열매를 맺지 못하는 것에 대해 경고를 하시기 위함이다(마 17:20).

23 **그분께서 성전에 오셨을 때 대제사장들이 왔다** - 그들은 그분께서 자신들의 권리를 침해했다고 생각했다. **백성의 장로들이** - 아마도 산헤드린 구성원들이었을 것인데, 이들에게 그런 호칭은 적절한 것이었다. 그리스도께서 조금 전에 하신 성전을 정화하는 행동은 이 사람들에게 있어서는 신경 쓰이게 하는 것이었는데, 왜냐하면 아마도 그들이 의회의 구성원들이었기 때문에 더욱 그러했을 것이다. 이 사람들은 대제사장의 비중 있는 같은 패거리들로서 일부러 등장하는데, 이들은 이러한 모습은 그들이 말했던 것에 더 큰 무게를 실어주는 역할을 했고, 필요한 경우 한편이 되어서 예수를 대적하는 증언을 했다. **가르치고 계실 때에** - 그들은 예수께서 그렇게 할 권한이 없다고 생각했다. 왜냐하면 예수

께서는 제사장도 레위인도, 율법학자도 아니었기 때문이었다. 제사장들 가운데서 일부 사람들과 (제사장으로서 그런 것은 아니었지만) 모든 서기관은 선생으로서 자격을 부여받았었다. **네가 무슨 권한으로 이런 일을 하느냐 –** 회중들 앞에서 사람들을 가르치느냐? 그리고 바깥 성전 뜰에서 장사진을 쳐도 좋다는 우리의 허가를 받은 사람들을 무슨 권한으로 쫓아내느냐?(눅 20:1; 막 11:27)

24 나도 너희에게 한 가지를 물어보겠다 – 너희들은 내게 많은 것을 물어봤지만. 즉, 세례자 요한이 하는 사역인 **세례가 하늘로부터냐 아니면 사람으로부터 난 것이냐 –** 무슨 권한으로 그가 세례를 주고 가르치느냐? 사람이 그에게 그런 권한을 준 것이냐 아니면 하나님이 주신 것이냐. 하나님이 주신 것이 아니더냐? 만일 그렇다면 그 결과는 분명하다. 세례자 요한이 예수께서 그리스도라는 것을 증언했기 때문이다.[92]

25 어째서 그를 믿지 않았느냐 – 이것을 증언하면서.

27 나도 너희에게 말하지 않겠다 – 또다시 말로 표현하지 않겠다. 예수께서는 이전에도 그들에게 여러 번 말씀하셨다. 그런데도 그들은 그를 믿지 않았다.[93]

30 그는 대답하기를 예, 가겠습니다, 아버지 하고서는 가지 않았다 – 율법학자와 바리새인들도 이처럼 하였다. 그들은 하나님을 섬기는 일에 기꺼이 그리고 열심을 내겠다고 공공연하게 말했다. 그러나 그것은 그저 말뿐이었고 도리어 그들은 정반대로 행동했다.

32 요한이 의의 길로 왔다 – 의의 길을 걸으면서 의를 가르쳤다. **세리와 창녀들은 –** 가장 욕을 먹는 죄인들이, 물론 처음에는 그렇게 하기를 거부했지만, 변화되었다. 너희들은 처음에는 "예, 가겠습니다, 아버지"라고 말했지만, 그들 가운데 일어난 놀라운 변화를 보고서도 너희들은 끝내

뉘우치지 않았다 – 더는 믿지도 않았다. 오, 이 성경 말씀이 오늘날에도 그대로 이루어지고 있지 않은가!

33 어떤 집주인이 포도원을 일구고 – 하나님께서는 가나안에 교회를 세우셨다. 울타리를 치고 – 먼저 율법을 가지고, 그다음에는 자신의 특별한 섭리라는 것으로써 울타리를 치고. 포도즙을 짜는 확을 파고 – 아마도 이것은 예루살렘을 뜻하는 것일 것이다. 망대를 세웠다 – 성전을 가리킨다. 그리고 멀리 타국으로 떠났다 – 즉, 자신의 포도원 지기들을 어느 정도 남겨두어서 자기들이 보기에 좋을 대로 행하게 하셨다(막 12:1; 눅 20:9).[94]

34 그가 자기 종들을 보냈다 – 그분의 특별한 전령들인 선지자들을 보냈다. 농부들에게 – 유대인들의 일반적인 설교가나 사역자들.

41 그들이 말하였다 – 아마도 대제사장들이나 바리새인들이 아닌 곁에 서 있던 다른 몇몇 사람들이. 이 사람들은 성 누가가 전한 바에 따르면 하나님께서 그런 일이 일어나지 않도록 하시기를 바란다고 말했던 사람들이다(눅 20:16).

42 건축자들 – 율법학자들과 제사장들을 가리키는 것으로서, 이들이 맡은 직무는 교회를 세우는 것이었다. 모퉁이의 머릿돌이 되었다 – 혹은 주된 모퉁잇돌. 그분께서는 교회의 기초가 되셨다. 그리고 이 기초 위에 모든 건물이 세워지고, 주된 모퉁잇돌은 이방인들을 교회로 이어지도록 한다. 이것은 마치 집에 있어서 가장 중요한 모퉁잇돌이 양쪽을 지탱해주고 서로 연결해주는 역할을 하는 것과 같다(시 118:22).

43 그러므로 – 너희들이 이 모퉁잇돌을 배척하였으므로. 하나님의 나라 – 즉, 복음.

44 누구든지 이 돌 위에 떨어지면 부스러질 것이요 – 그리스도의 길을

가로막는 장애물들이 도리어 더 큰 해를 입을 것이다. 이 돌 위에 떨어지는 사람은 복음을 듣고도 믿지 않는 사람을 가리킨다. **누구든지 이 돌이 그 사람 위에 떨어지면** – 이것이 그 사람을 완전히 파괴하는 복수를 할 것이다. 이 돌은 그리스도께서 하늘에서 구름을 타고 오실 때에 모든 믿지 않는 사람 위에 떨어질 것이다(눅 20:18).

역자 해설

드디어 예수님은 예루살렘으로 입성하십니다. 마태는 스가랴의 예언을 빌려 예수님의 입성을 왕의 입성이라고 말합니다(5절). 웨슬리가 잘 보았듯이, 가시는 길에 옷을 깔아놓는 것은 왕으로 오신 예수님을 보여줍니다. 그런데 말이 아닌 나귀를 탄 왕의 행차는 일반적인 왕의 행진 모습이 아닙니다. 그 왕이 예루살렘에 입성하여 행하신 첫 번째 일은 성전을 뒤집어 놓는 일(12-13절)과 병자를 고쳐주시는 일이었습니다(14절).

이런 모습은 기득권자들 눈에는 달갑지 않았습니다. 게다가 아이들이 호산나를 외치니 더욱 화가 나서 예수님께 직접 따집니다(16절). 다음 날 새벽에 예수님은 무화과나무가 열매가 없다는 이유로 말라 죽게 하십니다. 그리고 성전에 들어가서 유대 지도자들과 논쟁을 벌이시고 두 아들에 관한 비유와 포도원 소작인에 관한 비유를 말씀하십니다.

이 장은 전체적으로 왕으로 오신 예수님과 그분의 오심을 거부하는 세력들의 대립을 보여줍니다. 예수님은 왕으로 오시지만, 예상 밖으로 나귀를 타고 오시고, 호산나를 외치는 것은 별 볼 일 없는 무리, 특히 아이들입니다(16절). 이러니 세도를 부리던 권력자들 눈에는 우습기 짝이 없는 한심한 처사로 보일 수밖에요. 그런데 예수님께서 자신들의 중요한 기반이 되는 성전을 그렇게 뒤집어 놓으셨으니 화를 낼 법도 합니다. 사람들은 보통 예수님께서 성전을 정화하셨다고 하는데, 사실 정화하신 것이 아니라 폐기하셨습니다.

환전과 비둘기는 성전 제사에서 필수적 요소입니다. 당시 화폐는 로마 황제의 초상이 새겨져있기 때문에 유대인들은 이런 우상을 헌금으로 드릴 수 없었습니다. 그래서 성전에서 헌금용 돈으로 환전을 했습니다. 말씀과 찬양 중심인 요즘 예배와 달리 당시 예배는 희생 제사, 즉 제물을 바치는 것이 중심이었습니다. 그러니 제물을 못 팔게 하신다는 것은 제사를 금지시킨 것이지요. 성전은 제사를 위해 존재하는 공간인데, 이렇게 되면 성전은 무용지물이 됩니다. 예수님께서는 성전 제사를 중시시킨 것입니다. 그 상징이 바로 무화과나무를 고사시킨 사건입니다. 열매 맺지 못하는 무화과나무는 예루살렘 성전 제의를 상징합니다.

정의와 선행은 없고 그저 권모와 술수만 남은 세속화된 성전은 더는 필요 없습니다. 그들은 말로는 "네, 네" 하면서도 정작 행동은 아무런 열매가 없는 비유 속의 작은아들 같습니다(30절). 그래서 그들은 회개를 촉구하는 예언자들을 죽이고, 마침내 구시대를 무너뜨리고 새 시대를 열라고 보내심을 받아 온 상속자 아들까지 거부합니다(33-41절). 예수님의 오심은 그들에게 기쁜 소식(복음)이 아니라 부담스럽고 달갑지 않은 소식이었습니다. 왜냐하면 새 시대는 그들이 놓고 싶지 않은 것을 내려놓으라고 요구하는 시대이기 때문입니다(19:22).

이 땅에 오신 예수님이 열어놓으신 생명의 길은 좁고 험한 길이라서 사람들은 그리로 가고 싶어 하지 않습니다(7:13-14). 기득권을 누리던 이들은 거부하고, 행여 자기에게 조금이라도 손해나는 일이라면 뒤돌아섭니다. 그나마 예수님을 따라 새 시대의 역군이 되겠다고 나선 사람들도 대부분 '이렇게 하면 나중에 나는 어떤 대가를 받을 수 있을까?' 생각하며 속으로는 나름대로 계산기를 두드립니다(19-20장). 예수님을 뒤따른다는 것은 매 순간 많은 포기를 우리에게 요구합니다. 그래도 자기 믿음을 지키며 성도는 그 뒤를 따릅니다.

마태복음 22장

¹ 예수께서 다시 여러 가지 비유로 그들에게 말씀하셨다. ² "하늘 나라는 자기 아들의 혼인 잔치를 베푼 어떤 임금에게 비길 수 있다. ³ 임금이 자기 종들을 보내서, 초대받은 사람들을 잔치에 불러오게 하였는데, 그들은 오려고 하지 않았다. ⁴ 그래서 다시 다른 종들을 보내며, 이렇게 말하였다. '초대받은 사람들에게로 가서, 음식을 다 차리고, 황소와 살진 짐승을 잡아서 모든 준비를 마쳤으니, 어서 잔치에 오시라고 하여라.' ⁵ 그런데 초대받은 사람들은, 그 말을 들은 척도 하지 않고, 저마다 제 갈 곳으로 떠나갔다. 한 사람은 자기 밭으로 가고, 한 사람은 장사하러 갔다. ⁶ 그리고 나머지 사람들은 그의 종들을 붙잡아서, 모욕하고 죽였다. ⁷ 임금은 노해서, 자기 군대를 보내서 그 살인자들을 죽이고, 그들의 도시를 불살라 버렸다. ⁸ 그리고 자기 종들에게 말하였다. '혼인 잔치는 준비되었는데, 초대받은 사람들은 이것을 받을 만한 자격이 없다. ⁹ 그러니 너희는 네 거리로 나가서, 아무나, 만나는 대로 잔치에 청해 오너라.' ¹⁰ 종들은 큰길로 나가서, 악한 사람이나, 선한 사람이나, 만나는 대로 다 데려왔다. 그래서 혼인 잔치 자리는 손님으로 가득 차게 되었다. ¹¹ 임금이 손님들을 만나러 들어갔다가, 거기에 혼인 예복을 입지 않은 사람이 한 명 있는 것을 보고 그에게 묻기를, ¹² '이 사람아, 그대는 혼인 예복을 입지 않았는데, 어떻게 여기에 들어왔는

가?' 하니, 그는 아무 말도 하지 못하였다. ¹³ 그 때에 임금이 종들에게 분부하였다. '이 사람의 손발을 묶어서, 바깥 어두운 데로 내던져라. 거기서 슬피 울며 이를 갈 것이다.' ¹⁴ 부름받은 사람은 많으나, 뽑힌 사람은 적다." ¹⁵ 그 때에 바리새파 사람들이 나가서, 어떻게 하면 말로 트집을 잡아서 예수를 올무에 걸리게 할까 의논하였다. ¹⁶ 그런 다음에, 그들은 자기네 제자들을 헤롯 당원들과 함께 예수께 보내어, 이렇게 묻게 하였다. "선생님, 우리는, 선생님이 진실한 분이시고, 하나님의 길을 참되게 가르치시며, 아무에게도 매이지 않으시는 줄 압니다. 선생님은 사람의 겉모습을 따지지 않으십니다. ¹⁷ 그러니 선생님의 생각은 어떤지 말씀하여 주십시오. 황제에게 세금을 바치는 것이 옳습니까, 옳지 않습니까?" ¹⁸ 예수께서 그들의 간악한 생각을 아시고 말씀하셨다. "위선자들아, 어찌하여 나를 시험하느냐? ¹⁹ 세금으로 내는 돈을 나에게 보여 달라." 그들은 데나리온 한 닢을 예수께 가져다 드렸다. ²⁰ 예수께서 그들에게 물으셨다. "이 초상은 누구의 것이며, 적힌 글자는 누구를 가리키느냐?" ²¹ 그들이 대답하였다. "황제의 것입니다." 그 때에 예수께서 그들에게 말씀하셨다. "그렇다면, 황제의 것은 황제에게 돌려주고, 하나님의 것은 하나님께 돌려드려라." ²² 그들은 이 말씀을 듣고 탄복하였다. 그들은 예수를 남겨 두고 떠나갔다. ²³ 같은 날 사두개파 사람들이 예수께 와서, 부활이 없다고 주장하면서, 예수께 말하였다. ²⁴ "선생님, 모세가 말하기를 '어떤 사람이 자식이 없이 죽으면, 그 동생이 형수에게 장가들어서, 그 후사를 세워 주어야 한다' 하였습니다. ²⁵ 그런데 우리 이웃에 일곱 형제가 있었습니다. 맏이가 장가를 들었다가, 자식이 없이 죽으므로, 아내를 그의 동생에게 남겨 놓았습니다. ²⁶ 둘째도 셋째도 그렇게 해서, 일곱이 다 그렇게 하기에 이르렀습니다. ²⁷ 맨 나중에는, 그 여자도 죽었습니다. ²⁸ 그러니 부활 때에 그 여자는 누구의 아내가 되겠습니까? 일곱이 모두 그 여자를 아내로 맞아들였으니 말입니다." ²⁹ 예수께서 그들에게 대답하셨다. "너희는 성경도 모르고, 하나님의 능력도 모르기 때문에, 잘못 생각하고 있다. ³⁰ 부활 때에는 사람들은 장가도 가지 않고, 시집도 가지 않고, 하늘에 있는 천사들과 같다. ³¹ 죽은 사람들의 부활을 두고 말하면서, 너희는 아직도 하나님께서 너희에게 하신 말씀을 읽어보지 못하였느냐? ³² 하나님께서는 '나는 아브라함의 하나님이요, 이삭의 하나님이요, 야곱의 하나님이다' 하고 말씀하셨다. 하나님은 죽은 사람의 하나님이 아니라, 살아 있는 사람의 하나님이시다." ³³ 무리는 이 말씀을 듣고, 예수의 가르침에 놀랐다. ³⁴ 바리새파 사람들이, 예수가 사두개파 사람들의 말문을 막아버리셨다는 소문을 듣고, 한 자리에 모였다. ³⁵ 그리고 그들 가운데 율법 교사 하나가 예수를 시험하여 물었다. ³⁶ "선생님, 율법 가운데 어느 계명이 중요합니까?" ³⁷ 예수께서 그에게 말씀하셨다. "'네 마음을 다하고, 네 목숨을 다 하고, 네 뜻을 다하여, 주 너의 하나님을 사랑하여라' 하였으니, ³⁸ 이것이 가장 중요하고 으뜸 가는 계명이다. ³⁹ 둘째 계명도 이것과 같은데, '네 이웃을 네 몸과 같이 사랑하여라' 한 것이다. ⁴⁰ 이 두 계명에 온 율법과 예언서의 본뜻이 달려 있다." ⁴¹ 바리새파 사람들이 모였을 때에, 예수께서 그들에게 물으셨다. ⁴² "너희는 그리스도를 어떻게 생각하느냐? 그는 누구의 자손이냐?" 그들이 예수께 대답하였다. "다윗의 자손입니다." ⁴³ 예수께서 다시 그들에게 말씀하셨다. "그러면 다윗이 성령의 감동을 받아, 그를 주님이라고 부르면서 말하기를, ⁴⁴ '주님께서 내 주께 말씀하셨다. 「내가 네 원수를 네 발 아래에 굴복시킬 때까지, 너는 내 오른쪽에 앉아 있어라」' 하였으니, 이것이 어찌된 일이냐? ⁴⁵ 다윗이 그리스도를 주라고 불렀는데, 어떻게 그리스도가 그의 자손이 되겠느냐?" ⁴⁶ 그러자 아무도 예수께 한 마디도 대답하지 못했으며, 그 날부터는 그에게 감히 묻는 사람도 없었다.

웨슬리와 함께 읽기

1 **예수께서 대답하여 말씀하셨다** - 즉, 방금 일어난 일과 관련하여 말씀하셨다.

2 **자기 아들을 위해 혼인 잔치를 베푼 어떤 임금** - 하나님께서도 자기의 맏아들을 이 세상에 태어나게 하셨을 때도 그렇게 하셨다.[95]

3 **그들을 초대하였다** - 즉, 유대인들을.

4 **살진 짐승** - 살진 육축과 가금류들.

5 **한 사람은 자기 밭으로, 다른 사람은 장사하러** - 한 사람은 자기가 소유한 것에 마음을 두었던 것이 틀림없다. 다른 한 사람은 자기가 원하던 것을 얻는 것에 마음을 두고 있다. 얼마나 많은 사람이 합법적이라고 하는 것들을 잘못 사용하여서 멸망하는가![96]

7 **왕이 자기 군대를 보내서** - 로마 군대는 이런 목적을 위해서 하나님께 고용되었다. **살인자들을 멸망시켰다** - 주로 유대인들을.[97]

8 **큰길로 나가서** - 이 단어는 보행로나 길모퉁이를 가리킨다.

10 **그들이 모두 모아왔다** - 곳곳에 나가서 말씀을 선포하여.[98]

11 **손님들** - 이 땅의 교회 교인들.

12 **혼인 예복** - 이것은 우선 그리스도의 의를 가리키며, 더 나아가서 사

람들에게 심어진 의를 가리킨다. 이 이야기는 주님의 최후의 만찬과는 아무런 상관이 없으며, 도리어 마지막 심판의 날에 하나님께서 오시는 것과 관련된 이야기라는 것은 쉽게 알 수 있다.

14 부름을 받은 사람은 많으나 - 많은 사람이 듣기는 하지만 믿는 사람은 적다. 그렇다. 많은 사람이 이 땅의 교회 교인들이지만 보이지 않는 교회의 교인들은 적다(마 20:16).

15 마가복음 12장 13절; 누가복음 20장 20절.

16 헤롯 당원들은 헤롯에게 붙어 있는 특정한 집단의 사람들을 가리킨다. 이 사람들은 따라서 로마 당국의 이익을 증진하는 데 지대한 열의를 가지고 있었는데, 이렇게 해야 헤롯 일가의 위엄과 왕권을 유지할 수 있었기 때문이었다. **당신은 사람의 겉모습을 따지지 않으십니다** - 당신께서는 사람이 부유하거나 위대한 사람이라고 해서 편애하지 않으십니다.

17 황제에게 바치는 것이 옳습니까 - 만일 예수께서 이에 대해 옳다고 말씀하시면 바리새인들은 예수가 이 나라의 해방을 반대하는 사람이라고 백성들에게 고소할 것이다. 만약에 예수께서 아니라고 말씀하시면 헤롯 당원들은 로마 당국에 예수를 고발할 것이다.

18 너희 위선자들아 - 양심을 속이는 자들이여.

20 돈 - 로마 동전을 가리키는데, 여기에는 황제의 얼굴이 새겨져 있으며 종종 납세할 때 내는 돈이었다.

21 그들이 그분께 "황제의 것입니다"라고 말했다 - 그들은 황제의 돈을 받아들임으로써 자신들이 그 황제의 통치 아래에 있다는 것을 분명하게 인정했다. 그리고 이것은 그 당시 엄연한 법이었다. 모든 나라마다 통용되는 화폐는 그 나라의 최고 통치권자가 누구인지 보여주고 있다.

그렇다면 너희 바리새인들이여, 너희가 황제의 것으로 생각하는 것은 황제에게 주어라. 그리고 너희 헤롯 당원들이여, 너희가 황제를 위해 열심을 내지만, 너희가 하나님의 것이라고 하는 것은 하나님께 드려야 한다는 것을 알아야 한다.

23 마가복음 12장 18절.

24 신명기 25장 5절.

25 **우리 이웃에 일곱 형제가 있었습니다** – 이 이야기는 일종의 무엇인가를 반대할 때 흔히 사용하던 종류의 이야기였는데, 그들은 의심할 여지없이 모든 경우에 이런 이야기를 들어서 말했다.

29 **너희는 성경도 모르고 잘못 생각하고 있다** – 이것은 부활을 가리켜서 말하는 것이 틀림없다. **하나님의 능력도 모르고** – 부활 사건을 일으킬 수 있는 능력. 똑같은 말씀을 읽는데도 얼마나 많은 오류가 생겨나는가!

30 **그들은 천사들과 같다** – 죽지도 않고 썩어 없어지지도 않는. 하나님의 능력은 이 천사들 가운데서 이렇게 볼 수 있다. 그들은 결혼할 필요도 없었다!⁹⁹⁾

31 **읽어보지 못하였느냐** – 사두개인들은 모세의 책에 대해 특별하게 의미를 부여했다. 그래서 우리 주님께서는 이것을 가지고 그들과 논쟁을 벌이신다.

32 **나는 아브라함의 하나님이다** – 이 논지의 전개는 이렇게 이어진다: 하나님은 죽은 자의 하나님이 아니라 산 자의 하나님이시다(너희 하나님이라고 하는 표현은 하나님에게서 나와서 인간으로 흘러가는 복과 인간에게서 나와 하나님께로 향해지는 의무, 이 둘 모두를 내포한다). 그러나 그분은 아브라함, 이삭, 야곱의 하나님이시다. 따라서 아브라함, 이삭, 야곱은 죽지 않고 살아 있다. 그러므로 영혼은 육체가 죽을 때 함께 소멸하지 않는다. 그래서 사두개인들은 이렇

게 생각했고, 바로 이러한 근거에서 그들은 부활을 부인했다(출 3:6).

33 그의 가르침에 – 그분께서 주시는 답변이 분명하고 확고한 것에.

34 마가복음 12장 28절; 누가복음 10장 25절.

35 율법 교사 하나가 예수를 시험하여 물었다 – 나쁜 의도를 가지고 그렇게 했던 것 같지는 않다. 그러나 그저 사두개인들의 입을 다물게 만드실 때 보여주셨던 그분의 지혜를 더 시험해보는 것이었다.

37 신명기 6장 5절.

39 레위기 19장 18절.

42 누가복음 20장 41절.

43 그렇다면 어떻게 다윗이 성령의 감동을 받아서 – 성령의 영감으로 – 그분을 주님이라고 불렀겠느냐? 만약에 그분이 그저 다윗의 아들(혹은 후손)에 불과했다면, 만약에 그가 너희가 생각하는 것처럼 그저 한 인간, 한 사람의 아들에 불과했다면, 그가 어떻게 그렇게 했겠느냐?

44 주께서 내 주께 말씀하셨다 – 그분께서 다스리시고 다윗은 그분 아래에서 섬긴다는 것은 이 왕이 가진 하늘의 위엄과 그 나라의 성격을 동시에 보여주는 것이다. **너는 내 우편에 앉아 있어라** – 즉, 가장 높은 권위와 능력으로 있어라(시 110:1).

46 더는 그에게 감히 묻는 사람도 없었다 – 예수께 올가미를 놓거나 그를 시험하여서 그렇게 하는 사람이 없었다.

역자 해설

마태는 천국에 가는 길의 중요한 항목으로 구원받은 자로서 삶의 응답을 중시합니다. 21장에 나온 성전은 열매 맺지 못하는 유명무실한 존재였기에 무화과나무처럼 말라 죽는 처지가 되었습니다. 두 아들의 비유에서도 말만 번지르르하게 하고 실제로는 행함이 없는 삶이 비판을 받습니다. 천국의 혼인 잔치 비유(22:1-14)도 마찬가지입니다. 이 비유는 사실 두 단계의 메시지를 담고 있습니다. 첫째, 전반부에서는 초청과 거부에 관한 이야기입니다. 임금은 잔치에 사람들을 초대했지만, 그들은 들은 척도 않고 제각기 일을 보러 가버리고 심지어 심부름꾼을 죽입니다. 그래서 심판이 이들에게 내려집니다(7절).

두 번째 단계는 8절부터 시작합니다. 왕은 종들에게 길에서 아무나 데려다가 잔치 자리에 앉히라고 합니다. 그래서 드디어 많은 사람이 잔치에 모입니다. 그러나 이야기는 여기에서 끝나지 않습니다. 왕이 잔치 자리를 둘러보다가 예복을 안 입은 사람을 보고 꾸짖습니다. 그리고 그를 바깥으로 쫓아냅니다. 초대 교인들은 옷이 의로운 행실을 뜻한다고 생각했습니다(계 19:8). 첫째 심판은 초대에 응하지 않아서 받은 심판이고, 둘째 심판은 초대에 응했어도 그 삶이 열매 맺지 못해서 받은 심판입니다. 처음에는 "네, 갈게요"라고 말만 번지르르하게 하고 결국 순종하지 않은 작은 아들처럼 말입니다(21:30-31).

예수님은 일전에 열매가 뒤따르는 삶에 대해 가르치셨습니다(7:15-20,

21-23). 사도 야고보도 편지에서 행함이 없는 자는 거울로 자기 얼굴을 보고도 금세 잊는 사람, 자기를 속이는 자와 같고(약 1:22-25), 행함이 없는 믿음은 죽은 믿음이라고 합니다(약 2:17). 22장에 나오는 유대 지도자들도 모두 경건의 모양만 있지 경건한 삶의 실천은 부족한 이들이었습니다. 사두개인은 부활을 믿지도 않는데 부활을 운운하며 예수님을 시험하는 위선을 보입니다. 바리새인과 헤롯 당원들은 예수님께 아부를 하면서 (16절) 예수님을 곤경에 빠뜨리려고 합니다. 35절에서 율법학자는 모두가 다 아는 하나님 사랑과 이웃 사랑에 관한 계명을 마치 모르는 척하며 예수님을 시험하는 이중적 모습을 보입니다. 웨슬리는 율법학자가 나쁜 의도로 한 것이 아니라고 보지만, 사실 시험하다(peirajo)라는 단어는 마태복음에서 모두 나쁜 의미로 사용됩니다(4:1, 3; 16:1; 19:3; 22:18).

웨슬리는 율법, 즉 태초에 하나님이 인간의 마음에 새겨주신 도덕법(『표준설교』 29.2)은 거룩하고, 옳으며, 선한 것으로서(『표준설교』 29.3.1-12), 우리를 그리스도게로 인도해주고 그리스도에 대해 살아있게 해주는 기능을 한다고 말합니다(『표준설교』 29.4.3). 그리하여 율법은 우리를 복음으로, 복음은 우리를 율법으로 인도해줍니다(『표준설교』 30.2.7). 우리의 궁극적인 신앙의 목표는 거룩함이고, 이 거룩함은 믿음으로 시작하여 하나님의 율법에 순종하는 삶, 즉 사랑으로 완성됩니다. 그래서 웨슬리는 믿음은 사랑의 시녀이며(『표준설교』 31.2.1), 믿음은 사랑이라는 모습으로 표현되어야 한다는(갈 5:6) 말씀으로 율법의 실천, 즉 사랑의 삶을 강조합니다.

예배는 하나님을 만나고(초청과 영접), 그분의 구원 사역을 기억하고 선포하면서(말씀, 기도, 세례[재다짐], 성찬), 그것을 감사하는 자리입니다(찬양). 또한, 은혜받은 자로서 거룩한 삶을 살아가도록 서로 격려하고(성도의 교제), 성령의 도우심을 구하며 결단하는 자리(파송)입니다. 그리하여 우리는 일주일 내내 예배의 자리에 있습니다. 사탄은 끊임없이 믿음을 흔들어 구원의 기쁨과 내적 평화, 거룩, 하나님을 향한 신뢰와 천국 소망을 없애려 합니다(『표준설교』 37.1-14; 40.1.1-5). 그러나 우리는 믿음, 평안, 소망, 기쁨, 거룩을 소유한 천국 백성이기에(『표준설교』 7.1-12) 고통과 낙심 중에도 이를 놓치지 않습니다(『표준설교』 41).

마태복음 23장

¹ 그 때에 예수께서 무리와 제자들에게 말씀하셨다. ² "율법학자들과 바리새파 사람들은 모세의 자리에 앉은 사람들이다. ³ 그러므로 그들이 너희에게 말하는 것은 무엇이든지 다 행하고 지켜라. 그러나 그들의 행실은 따르지 말아라. 그들은 말만 하고, 행하지는 않는다. ⁴ 그들은 지기 힘든 무거운 짐을 묶어서 남의 어깨에 지우지만, 자기들은 그 짐을 나르는 데에 손가락 하나도 까딱하려고 하지 않는다. ⁵ 그들이 하는 모든 일은 사람들에게 보이려고 하는 것이다. 그들은 경문 곽을 크게 만들어서 차고 다니고, 옷술을 길게 늘어뜨린다. ⁶ 그리고 잔치에서는 윗자리에, 회당에서는 높은 자리에 앉기를 좋아하며, ⁷ 장터에서 인사 받기와, 사람들에게 랍비라고 불리기를 좋아한다. ⁸ 그러나 너희는 랍비라는 호칭을 듣지 말아라. 너희의 선생은 한 분뿐이요, 너희는 모두 형제자매들이다. ⁹ 또 너희는 땅에서 아무도 너희의 아버지라고 부르지 말아라. 너희의 아버지는 하늘에 계신 분, 한 분뿐이시다. ¹⁰ 또 너희는 지도자라는 호칭을 듣지 말아라. 너희의 지도자는 그리스도 한 분뿐이시다. ¹¹ 너희 가운데서 으뜸가는 사람은 너희를 섬기는 사람이 되어야 한다. ¹² 자기를 높이는 사람은 낮아지고, 자기를 낮추는 사람은 높아질 것이다." ¹³ "율법학자들과 바리새파 사람들아! 위선자들아! 너희에게 화가 있다. 너희는 사람들이 들어오지 못하도록 하늘 나라

의 문을 닫기 때문이다. 너희는 자기도 들어가지 않고, 들어가려고 하는 사람도 들어가지 못하게 하고 있다. (14절 없음) **15** 율법학자들과 바리새파 사람들아! 위선자들아! 너희에게 화가 있다! 너희는 개종자 한 사람을 만들려고 바다와 육지를 두루 다니다가, 하나가 생기면, 그를 너희보다 배나 더 못된 지옥의 자식으로 만들어 버리기 때문이다." **16** "눈 먼 인도자들아! 너희에게 화가 있다! 너희는 말하기를 '누구든지 성전을 두고 맹세하면 아무래도 좋으나, 누구든지 성전의 금을 두고 맹세하면 지켜야 한다'고 한다. **17** 어리석고 눈 먼 자들아! 어느 것이 더 중하냐? 금이냐? 그 금을 거룩하게 하는 성전이냐? **18** 또 너희는 말하기를 '누구든지 제단을 두고 맹세하면 아무래도 좋으나, 누구든지 그 제단 위에 놓여 있는 제물을 두고 맹세하면 지켜야 한다'고 한다. **19** 눈 먼 자들아! 어느 것이 더 중하냐? 제물이냐? 그 제물을 거룩하게 하는 제단이냐? **20** 제단을 두고 맹세하는 사람은, 제단과 그 위에 있는 모든 것을 두고 맹세하는 것이요, **21** 성전을 두고 맹세하는 사람은, 성전과 그 안에 계신 분을 두고 맹세하는 것이다. **22** 또 하늘을 두고 맹세하는 사람은, 하나님의 보좌와 그 보좌에 앉아 계신 분을 두고 맹세하는 것이다." **23** "율법학자들과 바리새파 사람들아! 위선자들아! 너희에게 화가 있다! 너희는 박하와 회향과 근채의 십일조는 드리면서, 정의와 자비와 신의와 같은 율법의 더 중요한 요소들은 버렸다. 그것들도 소홀히 하지 않아야 했지만, 이것들도 마땅히 행해야 했다. **24** 눈 먼 인도자들아! 너희는 하루살이는 걸러내면서, 낙타는 삼키는구나!" **25** "율법학자들과 바리새파 사람들아! 위선자들아! 너희에게 화가 있다. 너희는 잔과 접시의 겉은 깨끗이 하지만, 그 안은 탐욕과 방종으로 가득 채우기 때문이다. **26** 눈 먼 바리새파 사람들아! 먼저 잔 안을 깨끗이 하여라. 그리하면 그 겉도 깨끗하게 될 것이다." **27** "율법학자들과 바리새파 사람들아! 위선자들아! 너희에게 화가 있다. 너희는 회칠한 무덤과 같기 때문이다. 그것은 겉으로는 아름답게 보이지만, 그 안에는 죽은 사람의 뼈와 온갖 더러운 것이 가득하다. ²⁸ 이와 같이, 너희도 겉으로는 사람에게 의롭게 보이지만, 속에는 위선과 불법이 가득하다." ²⁹ "율법학자들과 바리새파 사람들아! 위선자들아! 너희에게 화가 있다. 너희는 예언자들의 무덤을 만들고, 의인들의 기념비를 꾸민다. ³⁰ 그러면서, '우리가 조상의 시대에 살았더라면, 예언자들을 피 흘리게 하는 일에 가담하지 않았을 것이다' 하고 말하기 때문이다. ³¹ 이렇게 하여, 너희는 예언자들을 죽인 자들의 자손임을 스스로 증언한다. ³² 그러므로 너희는 너희 조상의 분량을 마저 채워라. ³³ 뱀들아! 독사의 새끼들아! 너희가 어떻게 지옥의 심판을 피하겠느냐? ³⁴ 그러므로 내가 예언자들과 지혜 있는 자들과 율법학자들을 너희에게 보낸다. 너희는 그 가운데서 더러는 죽이고, 더러는 십자가에 못박고, 더러는 회당에서 채찍질하고, 이 동네 저 동네로 뒤쫓으며 박해할 것이다. ³⁵ 그리하여 의인 아벨의 피로부터, 너희가 성소와 제단 사이에서 살해한 바라갸의 아들 사가랴의 피에 이르기까지, 땅에 죄 없이 흘린 모든 피가 너희에게 돌아갈 것이다. ³⁶ 내가 진정으로 너희에게 말한다. 이 일의 책임은 다 이 세대에게 돌아갈 것이다." ³⁷ "예루살렘아, 예루살렘아, 네게 보낸 예언자들을 죽이고, 돌로 치는구나! 암탉이 병아리를 날개 아래 품듯이, 내가 몇 번이나 네 자녀들을 모아 품으려 하였더냐! 그러나 너희는 원하지 않았다. ³⁸ 보아라, 너희 집은 버림을 받아서, 황폐하게 될 것이다. ³⁹ 내가 너희에게 말한다. 너희가 '주님의 이름으로 오시는 분은 복되시다!' 하고 말할 그 때까지, 너희는 나를 다시는 보지 못할 것이다."

웨슬리와 함께 읽기

1 **그때** – 예수를 대적하던 사람들은 마음이 굳어진 채로 떠나갔을 때.

2 **율법학자들이 모세의 자리에 앉았다** – 즉, 그들이 모세의 율법을 읽고 설명하는 일들을 맡은 교사들이다.

3 **그러므로 무엇이든지** – 그들이 율법책에서 읽은 것들과 그것을 통해서 강조한 것들.

4 누가복음 11장 46절.

5 **그들의 경문 곽** – 유대인들은 이 말을 문자적으로 이해했다. 그래서 자신들의 손과 양 눈 사이에 그런 표시로 붙이고 다녔다(출 13:16). "또 당신들은 그것을 손에 매어 표로 삼고, 이마에 붙여 기호로 삼으십시오"(신 6:8) 그래서 그들은 성경 구절을 몇 개 적어 놓은 종이로 된 작은 두루마리나 사본을 자기 손목이나 이마에 묶어서 차고 다녔다. 이것들은 일종의 부적 같은 것인데, 이것을 하면 위험으로부터 안전해질 수 있다고 생각했다. 그래서 이것들을 필락테리(phylacteries: 경문), 즉 보존제(preservatives)라는 의미가 있는 이름으로 불렀다. **옷술** – 하나님께서 입으라고 명하신 것으로서, 하나님의 모든 계명을 상기시켜주기 위한 것들이었다(민 15:38). 경문과 마찬가지로 바리새인들은 이것들을 다른 사람들의 것보

다 더 큰 것을 입고 싶어 했다(막 12:38).

8,9,10 유대인들은 랍비들을 아버지, 스승님이라고 불렀다. 제자들은 랍비들이 무슨 말을 하면 더는 따지지 않고 그냥 믿어야만 했다. 그들은 또한 스승이 무엇을 명하면 따로 이것저것 따져 묻지 않고 그냥 따라야 했다.

그러므로 우리 주님께서는 랍비, 스승님 혹은 아버지라는 말을 하거나 그런 말을 듣는 것을 금하신다. 그래서 우리가 그런 존경을 받거나 하나님이 아닌 다른 이에게 그런 존경을 돌리는 것을 금하신 것이다.

9 마태복음 23장 8절 주석을 보라.

10 마태복음 23장 8절 주석을 보라.

11 마태복음 20장 26절.

12 눈여겨볼 것은 이 구절과 같이 우리 주님께서 여러 번 반복해서 말씀하신 것이 없다는 사실이다. 이 구절이나 이와 유사한 말씀은 복음서들 가운데 적어도 열 번은 나온다(눅 14:11; 18:14).

13 **너희에게 화가 있다** – 우리 주님께서는 8개의 복을 산에서 말씀하셨다. 그분께서는 여기에서는 8개의 화에 대해 선포하신다. 그렇다고 그것이 저주는 아니다. 그저 엄중하지만, 긍휼히 여기는 마음을 담아서 불행한 모습에 대해 선언을 하신 것이다. 이러한 불행은 사실 고집스러운 죄인들이 자초하는 것이다. **너희는 들어가려 하지 않고** – 왜냐하면 너희들은 마음이 가난하지 않기 때문이다. 그리고 너희들은 들어가려고 하는 사람도 가로막는다.

14 마가복음 12장 40절; 누가복음 20장 47절.

16 **눈먼 인도자들아, 너희에게 화가 있다** – 그분께서 그들의 개인적인 성향을 근거로 그들을 가리켜서 위선자라고 말씀하신 적이 있다. 이제

그분께서는 그들이 다른 사람들에게 미치는 영향력을 존중해서 그들에게 이처럼 또 다른 이름을 붙여주신다. 위선자와 눈먼 인도자라는 두 호칭은 23장 23, 25절에 아주 신랄하게 언급된다. 그리고 이 신랄한 모습은 33절에서 더욱 고조된다. **성전의 금** – 보물이 성전에 보관되어 있었다. 그는 **얽매여 있다** – 자기가 맹세한 것을 지켜야 한다.

20 이 말은 제물뿐만 아니라 거룩한 불과 희생제물 등 모든 것을 두고 맹세한다는 말이다. 무엇보다도 이것은 이 모든 것들이 돌려지게 되는 하나님을 두고 맹세한다는 말이다. 따라서 어떤 피조물을 두고 맹세하는 것은 암묵적으로 다름 아닌 하나님께 호소하는 것이다.

23 **판단**(judgment) – 즉 정의. **신의** – 여기에서 이 말은 신용을 뜻한다.[100]

24 **다른 사람들에게 너희 자신들처럼 하라고, 하루살이를 걸러내라고 가르치는 너희 눈먼 인도자들아** – 자기들이 마시는 음료수에서 그것들을 걸러내라고! **낙타를 삼키는구나** – 이상하게도 모든 영어 성경 번역에서 이 구절을 하루살이를 잡아당긴다(strain at a gnat)고 잘못 번역하는데, 이것은 의미를 완전히 바꾸어 놓는 것이다.[101]

25 **탐욕과 방종으로 가득 차 있는** – 책망을 받는 것은 두 가지이다(방종을 통속적인 의미로 받아들인다면). 이 불쌍한 사람들은 무절제하게 사는데, 그런 방종의 삶을 위해 필요한 것 또한 올바르지 못한 방법으로 취득했다.[102] 많은 사람이 경험을 통해 알 수 있듯이, 잘 차려진 식탁이 사실 올무가 된다는 것은 놀랄만한 일이 아니다. 따라서 사치는 불의의 열매로써 사기꾼들에게 질병을 먹여주어서 그들을 벌주고 있다.[103] 그러나 넓은 의미에서의 방종은 특히 먹고 마시는 것과 같은, 겉으로 드러나는 종류의 방종만을 의미하지는 않는다. 방종에는 모든 종류의 무절제함, 명예나 물질이나 혹은 육체적인 쾌락 등에 대하여 갖는 부적절한 욕망

이 다 포함된다.

26 너 눈먼 선지자들의 무덤들아 – 이 말은, 그들의 말도 따르지 않고 그들이 보여준 모범적인 행동을 따라서 하려고 하지 않는 너희 모두라는 뜻이다.

30 우리는 가담하지 않았을 것이다 – 그런데 너희는 너희 조상들이 했던 것과 같이 똑같은 일을 한다.

31 이렇게 하여 너희는 너희 자신을 걸고넘어지는 증언을 하고 있다 – 말은 아주 부드럽게 하고 행동은 악마같이 하여서. 그래서 너희들은 이전 시대에 있던 사람들을 가장 존경한다고 말은 하면서도 정작 자신의 시대에 사는 선지자들은 죽인 사람들의 참 자식들임이 틀림없다는 것을 스스로 증명하고 있다.

마태복음 23장 3-30절 – 거짓된 태도들은 자기 자신들뿐만 아니라 다른 사람들도 하나님의 나라에 들어가지 못하도록 막는데, 이 구절들은 기독교 세계에서 흔히 간과하는 모든 것에 대하여 설명하고 있다. 그들은 하나님의 나라를 얻는 것도, 이러한 성품들을 추구하는 것조차 못하도록 가로막고 있는데, 사실 이러한 것들이야말로 참된 기독교의 모습을 구성하는 유일한 것이다. 이런 위선적인 태도들은 공적, 사적인 기도를 정기적으로 하는 것에서도 나타날 수 있고(마 23:4-14), 우리의 의견이나 우리의 성만찬에 참여하도록 **개종자들을** – 정작 그들의 신앙심은 이전보다 늘지 않는데 – 만드는 열심을 보이는 것에서도 나타날 수 있으며(마 23:15), 어떤 신성한 장소나 물건들은 하나님을 위해 거룩하게 구별된 것들인데, 정작 하나님은 쏙 빼놓고 이런 장소나 물건들에 대해 미신적인 공경을 보이는 것(마 23:16-22)에서도 찾아볼 수 있다. 이런 위선적인 태도들은 또한 아주 사소한 것들은 양심적으로 매우 정확하게 준수하면서도 정작 정의, 자비 그리고 신의를 저버리는 모습(23:23-24)에서도 나타 날 수 있다. 위선적 태도는 외적으로 드러나는 행동에 대해서는 아주 깨끗하게 하려는 훌륭한 조심성을 보이지만, 내적인 성결에 대해서는 그렇지 못한 모습에서도 나타나며(마 23:25-26), 미덕이나 경건에 대해서는 그럴듯한 표정을 짓지만, 뿌리 깊은 위선과 속물근성으로 뒤덮여 있는 것(23:27-28), 모든 선한 사람들에게는 존경을 표하지만, 자기들과 함께 살아가는 사람들에게는 그렇지 않은 모습을 보이는 것에서 찾아볼 수 있다.

32 **채워라** – 명령이 아니라 허락하는 말이다. 이것은 마치 나는 더는 너희와 입씨름하지 않겠다는 말투이다. 나는 너희들 하려는 대로 그냥 내버려 두겠다. 네가 이겼다. 그러니 이제 너희 마음대로 해도 좋다. **너희 조상들의 분량** – 사악함. 너희 조상들처럼 너희들도 이제 그렇게 사악해지려거든 마음대로 하라.

33 **너희 뱀들아** – 우리 주님께서는 이들의 마음을 돌이키시려는 모든 희망을 잃으셨다. 그래서 이렇게 말씀하심으로써 다른 사람들이 이러한 비슷한 죄를 무서워서라도 짓지 않도록 하시려는 것이다.

34 **그러므로** – 이제 너희들이 이 살인자들의 자식이라는 것이 드러났으니, 그래서 그들의 불의가 너희에게도 임할 수 있게 되었으니. 보라, **내가 보낸다** – 이것은 권위 있는 분의 말씀처럼 들리지 않는가! **예언자들** – 초자연적인 신임장을 가지고 있는 사람들. **지혜 있는 자들** – 자연적인 능력과 경험을 모두 갖춘 사람들. **율법학자들** – 학식이 있는 사람들. 그러나 이들을 보내더라도 결국 아무 소용이 없을 것이다(눅 11:49).

35 **너희에게 돌아갈 것이다** – 그들을 박해한 결과로 땅에 흘린 모든 의인의 피에 대한 복수가 너희들 머리로 돌아갈 것이다. **바라갸의 아들 사**

가랴 - 역대하 24장 20절에서는 여호야다라고 하는데, 거기에 이 이야기가 나온다. **너희가 살해한** - 너희들의 조상이 한 것을 그대로 따라 해서 너희 조상들처럼 살인자들이 되었다. **제단 사이에서** - 즉, 성전 안쪽 제단에서 - 이것은 성전 바깥뜰에 있었다. 우리 주님께서는 다름 아닌 바로 이 이야기를 말씀하신 것 같다. 왜냐하면, 여호야다의 아들 스가랴는 사람들의 사악함을 꾸짖다가 유대인들의 손에 죽임을 당한 마지막 선지자로 기록되기 때문이다. 또한, 아벨의 피뿐만 아니라 이 피도 하나님께서 찾으신다는 것이 특히 성경에서 주목을 받고 있기 때문이다.[104]

37 누가복음 13장 34절.

38 **보아라 너희 집은** - 하나님의 집이 아닌 이제 너희들의 집이 되어버린 성전. **너희에게 넘겨져서** - 우리 주님께서는 마지막으로 성전을 떠나가시면서 이 말씀을 하셨다. **황폐** - 하나님과 그리스도에게 버려져서 완전하게 파괴되도록 선고를 받았다.

39 **너희** - 유대인들, 특히 예루살렘에 사는 사람들을 가리킨다. **이제부터 나를 보지 못할 것이다** - 이 기간은 그분의 죽음의 때까지 짧은 기간을 포함하여, 황폐하고 처참하게 되는 긴 중간기 이후, **너희가 '주님의 이름으로 오시는 분은 복되시다'라고 말할 때까지** - 그때가 되면 너희는 기쁘고 감사한 마음으로 나를 맞이할 것이다. 이것 또한 이 기간 안에 다 이루어질 것이다.

역자 해설

겉으로는 경건하지만, 속으로는 성결하지 못하고 삶이 바르지 못한 위선자들과의 대립이 끝나자 예수님은 제자들과 군중에게 가르침을 주십니다. 예수님께서 유대 지도자들을 지적하신 이유는 그들의 위선적인 태도 때문입니다. 그들은 사랑과 자비를 외치지만 정작 자기는 남을 괴롭힙니다(3-4절). 그들은 남을 섬기기 보다는 높은 자리에 앉아서 대접을 받고 싶어 합니다(5-7절). 그들은 자기도 안 가면서 남도 못 가게 천국문을 가로막는 사람입니다(13절). 그들은 내용보다는 형식을 중시하고, 중요한 것은 가볍게 여기면서 중요하지 않은 것에 집착하는 위선적인 사람들입니다(16-24절). 그들은 겉으로 깨끗한 척하지만, 정작 속은 더럽고 추악합니다(25-28절). 온갖 악행은 다 저지르면서도 정작 자신은 의롭고 올바르다고 말합니다(29-31절).

이들은 왜 이런 삶의 태도를 보일까요? 우리는 그 답을 이미 살펴보았던 산상수훈, 6장에서 찾아볼 수 있습니다. 6장에서 우리는 예수님께서 유대인들의 세 가지 신앙적 의무인 구제, 기도, 금식에 대해 하신 말씀을 살펴보았습니다. 이 세 가지 행위를 할 때 예수님께서 공통적으로 하신 말씀이 있는데, 그것은 바로 "은밀히 보시는 하나님 앞에서"라는 것입니다(6:4, 6, 18). 위선자들은 사람들 앞에서 자기의 잘난 모습을 보이는 데 관심이 있습니다. 그러나 예수님은 은밀한 중에 보시는 하나님께만 보이도록 하라고 명하십니다.

이 유대 지도자들이 위선적으로 행동하는 이유는 결국 탐욕 때문입니다. 자신이 하나만큼 갖고 있으면 하나만큼 보이면 되고, 열을 갖고 있으면 열을 보이면 되는데, 자기는 고작 하나만 갖고 있으면서 남들에게는 열을 가진 사람처럼 보이고 싶은 욕심 때문입니다. 남들로부터 존경받고 싶은데, 존경을 받으려면 경건하고 성숙한 사람이 되어야 하고, 경건하고 성숙한 사람이 되려면 자기가 가진 많은 것을 내려놓고 양보하고 손해 봐야 합니다. 하지만 그렇게 하기에는 가진 것이 너무 많아서 내려놓지는 못합니다. 차라리 근심하며 돌아간 부자 청년처럼 뒤돌아서면 그만이지만(19:22), 그러기에는 존경과 명예가 너무 탐납니다. 그러니 결국 방법은 한 가지, 남을 속이는 것입니다. 어차피 남들은 내 속을 알아차리지 못하니, 남들은 나 혼자만 있는 시간을 알지 못하고, 그들 앞에서 그런 척 잘 보이기만 하면 사람들은 속아 넘어가니 얼마든지 위선을 통해 양손에 모든 것을 다 움켜쥘 수 있습니다.

그러나 이런 태도의 근본적 문제점은 하나님을 무시하는 데 있습니다. 나 홀로 있을 때 사람들은 나를 못 보니 아무런 상관이 없다고 하지만, 사실 하나님은 그 순간에도 "은밀한 중에 다 보고 계시는데"(6:6) 이것을 생각하지 못(안) 하는 것이지요. 즉, 위선적인 행동을 하는 끝에는 "하나님이 어디 있어?"(시 42:3, 10; 79:10; 115:2)라는 생각이 자리 잡고 있습니다. 사람들이 다 보고 있는 앞에서 함부로 행동하지 못하지만, 혼자 있을 때 마음대로 하는 이유는 그들이 나를 보지 못하기 때문입니다. 그러나 내가 어느 곳에 있든지 그분께서 나를 보시고 나와 함께하신다고 믿는다면(시 139:7-10) 우리의 행동은 달라질 것입니다. 그분은 우리의 행동이 아닌 마음을 보시는 분(롬 8:27; 대상 28:9; 살전 2:4; 히 4:12)이심을 기억한다면, 우리는 내적 거룩함과 내적 성결, 즉 의도의 순수성을 갖고 (『표준설교』 20.4.11-13; 21.2.2) 주님 앞에 바로 설 수 있을 것입니다.

마태복음 24장

¹ 예수께서 성전에서 나와서 걸어가시는데, 제자들이 다가와서, 성전 건물을 그에게 가리켜 보였다. ² 예수께서 그들에게 말씀하셨다. "너희는 이 모든 것을 보고 있지 않느냐? 내가 진정으로 너희에게 말한다. 여기에 돌 하나도 돌 위에 남아 있지 않고, 다 무너질 것이다." ³ 예수께서 올리브 산에 앉아 계실 때에, 제자들이 따로 그에게 다가와서 말하였다. "이런 일들이 언제 일어나겠습니까? 선생님께서 다시 오시는 때와 세상 끝 날에는 어떤 징조가 있겠습니까? 우리에게 말씀해 주십시오." ⁴ 예수께서 그들에게 말씀하셨다. "누구에게도 속지 않도록 조심하여라. ⁵ 많은 사람이 내 이름으로 와서 말하기를 '내가 그리스도이다' 하면서, 많은 사람을 속일 것이다. ⁶ 또 너희는 여기저기서 전쟁이 일어난 소식과 전쟁이 일어나리라는 소문을 들을 것이다. 그러나 너희는 당황하지 않도록 주의하여라. 이런 일이 반드시 일어나야 한다. 그러나 아직 끝은 아니다. ⁷ 민족이 민족을 거슬러 일어나고, 나라가 나라를 거슬러 일어날 것이며, 여기저기서 기근과 지진이 있을 것이다. ⁸ 그러나 이런 모든 일은 진통의 시작이다." ⁹ "그 때에 사람들이 너희를 환난에 넘겨줄 것이며, 너희를 죽일 것이다. 또 너희는 내 이름 때문에, 모든 민족에게 미움을 받을 것이다. ¹⁰ 또 많은 사람이 걸려서 넘어질 것이요, 서로 넘겨주고, 서로 미워할 것이다. ¹¹ 또 거짓 예언자들이 많이

일어나서, 많은 사람을 홀릴 것이다. ¹² 그리고 불법이 성하여, 많은 사람의 사랑이 식을 것이다. ¹³ 그러나 끝까지 견디는 사람은 구원을 얻을 것이다. ¹⁴ 이 하늘 나라의 복음이 온 세상에 전파되어서, 모든 민족에게 증언될 것이다. 그 때에야 끝이 올 것이다." ¹⁵ "그러므로 너희는 예언자 다니엘이 말한 바, 황폐하게 하는 가증스러운 물건이 거룩한 곳에 서 있는 것을 보거든, (읽는 사람은 깨달아라) ¹⁶ 그 때에 유대에 있는 사람들은 산으로 도망하여라. ¹⁷ 지붕 위에 있는 사람은 제 집 안에 있는 물건을 꺼내려고 내려오지 말아라. ¹⁸ 밭에 있는 사람은 제 겉옷을 가지러 뒤로 돌아서지 말아라. ¹⁹ 그 날에는 아이를 밴 여자들과 젖먹이를 가진 여자들은 불행하다. ²⁰ 너희가 도망하는 일이 겨울이나 안식일에 일어나지 않도록 기도하여라. ²¹ 그 때에 큰 환난이 닥칠 것인데, 그런 환난은 세상 처음부터 이제까지 없었으며, 앞으로도 없을 것이다. ²² 그 환난의 날들을 줄여 주지 않으셨다면, 구원을 얻을 사람이 하나도 없을 것이다. 그러나 선택받은 사람들을 위하여, 하나님께서 그 날들을 줄여 주실 것이다." ²³ "그 때에 누가 너희에게 말하기를 '보시오, 그리스도가 여기 계시오' 혹은 '아니, 여기 계시오' 하더라도, 믿지 말아라. ²⁴ 거짓 그리스도들과 거짓 예언자들이 일어나서, 큰 표징과 기적을 일으키면서, 할 수만 있으면, 선택받은 사람들까지도 홀릴 것이다. ²⁵ 보아라, 내가 너희에게 미리 말하여 둔다. ²⁶ 그러므로 그들이 너희에게 '보아라, 그리스도가 광야에 계신다' 하고 말하더라도 너희는 나가지 말고, '그리스도가 골방에 계신다' 하더라도 너희는 믿지 말아라. ²⁷ 번개가 동쪽에서 나서 서쪽에까지 번쩍이듯이, 인자가 오는 것도 그러할 것이다. ²⁸ 주검이 있는 곳에는 독수리가 모여들 것이다." ²⁹ "그 환난의 날들이 지난 뒤에, 곧 해는 어두워지고, 달은 그 빛을 잃고, 별들은 하늘에서 떨어지고, 하늘의 세력들은 흔들릴 것이다. ³⁰ 그 때에 인자가 올 징조가 하늘에서 나타날 터인데, 그 때에는 땅에 있는 모든 민족이 가슴을 치며, 인자가 큰 권능과 영광에 싸여 하늘 구름을 타고 오는 것을 보게 될 것이다. **31** 그리고 그는 자기 천사들을 큰 나팔 소리와 함께 보낼 터인데, 그들은 하늘 이 끝에서 저 끝까지 사방에서 그가 선택한 사람들을 모을 것이다." **32** "무화과나무에서 교훈을 배워라. 가지가 연하여지고, 잎이 돋으면, 너희는 여름이 가까이 온 줄을 안다. **33** 이와 같이, 너희도 이 모든 일을 보거든, 인자가 문 앞에 가까이 온 줄을 알아라. **34** 내가 진정으로 너희에게 말한다. 이 세대가 끝나기 전에, 이 모든 일이 다 일어날 것이다. **35** 하늘과 땅은 없어질지라도, 나의 말은 결코 없어지지 않을 것이다." **36** "그러나 그 날과 그 시각은 아무도 모른다. 하늘의 천사들도 모르고, 아들도 모르고, 오직 아버지만이 아신다. **37** 노아의 때와 같이, 이 인자가 올 때에도 그러할 것이다. **38** 홍수 이전 시대에, 노아가 방주에 들어가는 날까지, 사람들은 먹고 마시고 장가가고 시집가며 지냈다. **39** 홍수가 나서 그들을 모두 휩쓸어 가기까지, 그들은 아무것도 알지 못하였다. 인자가 올 때에도 그러할 것이다. **40** 그 때에 두 사람이 밭에 있을 터이나, 하나는 데려가고, 하나는 버려둘 것이다. **41** 두 여자가 맷돌을 갈고 있을 터이나, 하나는 데려가고, 하나는 버려둘 것이다. **42** 그러므로 깨어 있어라. 너희는 너희 주님께서 어느 날에 오실지를 알지 못하기 때문이다. **43** 이것을 명심하여라. 집주인이 도둑이 밤 몇 시에 올지 알고 있으면, 그는 깨어 있어서, 도둑이 집을 뚫고 들어오도록 내버려두지 않았을 것이다. **44** 그러므로 너희도 준비하고 있어라. 너희가 생각하지도 않는 시각에 인자가 올 것이기 때문이다." **45** "누가 신실하고 슬기로운 종이겠느냐? 주인이 그에게 자기 집 하인들을 통솔하게 하고, 제 때에 양식을 내주라고 맡겼으면, 그는 어떻게 해야 하겠느냐? **46** 주인이 돌아와서 볼 때에, 그렇게 하고 있는 그 종은 복이 있다. **47** 내가 진정으로 너희에게 말한다. 주인은 자기 모든 재산을 그에게 맡길 것이다. **48** 그러나 그가 나쁜 종이어서, 마음 속으로 생각하기를, '주인이 늦게 오시는구나' 하면서, **49** 동료들을 때리고, 술친구들과 어울려 먹고 마시면, **50** 생각하지도 않은 날에, 뜻밖의 시각에 그 종의 주인이 와서 ⁵¹ 그 종을 처벌하고, 위선자들이 받을 벌을 내릴 것이다. 거기서 슬피 울며 이를 가는 일이 있을 것이다."

웨슬리와 함께 읽기

1 마가복음 13장 1절; 누가복음 21장 5절.

2 **돌 하나도 돌 위에 남아 있지 않고** – 이 말씀은 아주 정확하게 성취되었다. 성전이 불에 탄 후에 로마 장군 티투스는 성전의 기초까지 파버리라고 명령하였다.[105] 그리고 투르누스 루푸스는 그 터를 갈아엎도록 하였다.

3 **올리브 산에 앉아 계실 때에** – 그곳에서 그들은 성전 전체를 내려다볼 수 있었다. 이런 일들이 언제 일어나겠습니까? **선생님께서 다시 오시는 때와 세상 끝 날에는 어떤 징조가 있겠습니까** – 제자들은 지금 뒤섞어서 질문하고 있다. 성전이 파괴되는 때에 대한 것과 그리스도께서 오시는 징조와 세상의 끝에 대한 것을 섞어서 묻고 있는데, 이것은 아마도 그들은 이 두 가지를 같은 것으로 생각했던 것 같다.

우리 주님께서는 이것들을 따로 구분하여 답변해주신다. 성전과 예루살렘 도서의 파멸에 대하여는 이에 앞선 징조들과 더불어 24장 4, 15절에서 답변하신다. 자신이 오시는 것과 세상의 끝에 대하여는 이에 따른 표징들을 가지고 24장 29-31절에서 답변하신다. 성전의 파괴 시점에 대하여는 24장 32절에서 말하고 있고 세상의 끝에 대하여는 24장

36절에서 말씀하고 있다.

4 누구에게도 속지 않도록 조심하여라 – 이러한 경고는 특히 제대로 된 그리스도인들에게 주신 것인데, 사도들이 그 대표적인 인물에 해당한다. 내가 오는 첫째 표징은 거짓 선지자들이 생겨난다는 것이다. 그러나 이러한 일 중 많은 경우 아직 일어나지 않은 더 중요한 사건들을 가리킬 가능성이 아주 크다.

5 많은 사람이 내 이름으로 와서 – 우선 거짓 그리스도가, 그다음에는 거짓 선지자들이 온다(마 24:11). 심지어 이 둘이 동시에 나타나기도 한다(마 24:24). 예루살렘이 무너지기 전 최근 몇 년 동안 세상에 그처럼 많은 사기꾼이 나타난 적이 없다. 그 이유는 그때가 일반적으로 유대인들이 생각하기에 메시아가 올 것이라 기대했던 시기였기 때문이었다.

6 전쟁들 – 근처에서. **전쟁의 소문** – 먼 곳에서. 이런 일들이 **반드시 일어나야 한다** – 평화가 지속하기 위한 기초로서. **그러나 끝은** – 너희가 물어보는 그 끝은 **아직 아니다** – 도리어 정반대로 이것은 그저 슬픔의 시작에 불과하다.

9 그때 사람들이 너희를 환난에 넘겨줄 것이며 – 마치 이 모든 나쁜 일들이 너희들 때문에 생긴 것처럼 여기고. **너희는 모든 민족에게 미움을 받을 것이다** – 다른 모든 당파나 무리로부터 잘 견뎌낸 사람들조차도. 그러나 마귀의 자녀들은 하나님의 자녀들을 견뎌낼 수 없을 것이다(마 10:17).

10 많은 사람이 걸려서 넘어질 것이요 – 그래서 믿음과 순결한 양심의 엄청난 파선을 당할 것이다. 그러나 너희는 거짓 선지자가 있더라도 너희의 믿음을 지켜라(마 24:11). 너희가 불의와 공격을 많이 당하더라도 사랑하라(마 24:12). 끝까지 소망을 가지라(마 24:13). 그렇게 잘하는 사람은 타

는 불길에서 건져질 것이다. 많은 사람이 사랑이 식을 것이다 – 하나님을 사랑했던 사람들의 대다수가(에베소 교회처럼. 계 2:4) 그들의 첫사랑을 저버릴 것이다.

13 마태복음 10장 22절; 마가복음 13장 13절; 누가복음 21장 17절.

14 이 복음이 온 세상에 전파될 것이다 – 두루 되지는 않는다. 이것은 아직 이루어지지 않았다. 그러나 유대 땅에서뿐만 아니라 이 세상 몇몇 곳에서는 그렇게 두루 전파되기도 하였다. 이것은 성 바울과 다른 사도들을 통해서 예루살렘이 파괴되기 전에 이루어졌다. 그제야 끝이 올 것이다 – 도시와 성전의 끝. 요세푸스의 유대 전쟁사는 이 장에 대해 가장 잘 해설을 해준다. 유대인으로 살다가 죽은 요세푸스가 직접 눈으로 목격한 증인이 되어 그렇게 비범한 방식으로 중요한 사건들을 잘 모으고 보존하여서 우리에게 전달해준 것은 하나님 섭리의 놀라운 예가 아닐 수 없다. 그의 기록은 거의 모든 상황 가운데서 이 영광스러운 예언을 아주 정확하게 설명해주고 있다(막 13:10).

15 황폐하게 하는 가증스러운 물건을 보거든 – 이것은 다니엘이 한 말인데, 폐허가 되도록 만드는 혐오스러운 것이라는 의미이다(단 11:31). 즉, 황폐하게 만드는 로마 군대의 표상을 가리키는 것으로서, 이 표상에는 그들이 섬기는 혐오스러운 우상들의 형상이 그려져 있었다. 거룩한 곳에 서 있는 – 단지 예루살렘 성전과 그 성전이 있는 산뿐만 아니라 모든 예루살렘 도시와 그 도시 근경에 있는 주변 지역은 거룩한 곳으로 여겨졌다. 특히 우리 주님께서 지금 앉아계신, 그리고 훗날 로마인들이 자신들의 기를 꽂았던 올리브 산은 거룩한 곳으로 여겨졌다. 읽는 자는 깨달아라 – 다니엘의 예언서를 읽는 자는 누구든지 이것을 깊이 생각하라(막 13:14; 눅 21:20; 단 9:27).[106]

16 **그때 유대에 있는 사람들은 산으로 도망하여라** – 그래서 그리스도인들은 그렇게 도망갔고 살아남게 되었다. 눈여겨볼 것은 케스투스 갈루스(Cestus Gallus)가 이끄는 로마군이 처음 예루살렘으로 진격해왔다가 갑자기 물러간 적이 있다. 이것은 전혀 예상치 못한 일이었고 정치적인 것도 아니었다. 그리스도인들은 이 사건을 도망치라는 신호로 받아들였다. 그래서 그때 그들은 펠라(Pella)로 도망쳤고 다른 사람들은 리바누스(Libanus) 산으로 도망쳤다.

17 유대인들의 집은 그 계단이 건물 바깥쪽에 나 있었다는 것을 기억하라.

19 왜냐하면 그들은 빨리 달아날 수 없기 때문이다.

20 **너희가 도망하는 일이 겨울에 일어나지 않도록 기도하라** – 그들은 그렇게 기도하였고, 그래서 도망가야 하는 일은 봄에 일어났다. **안식일에 일어나지 않도록** – 안식일에 일어나면 여러 가지로 불편하다. 그뿐만 아니라 많은 사람이 안식일에 먼 거리를 움직여야 한다는 것에 대해 양심의 가책을 받았을 것이다. 유대인들이 안식일에 2천 걸음(약 3km 정도) 이상 걷는 것은 법에 어긋나는 것이었다.

21 **그때 큰 환난이 닥칠 것인데** – 마가복음 13장 14절과 누가복음 21장 21절뿐만 아니라 이 장에서도 많은 것이 이제껏 성취된 것 이상의 더 확장된 의미를 말하지는 않는다.

22 **그날들이 줄어들지 않는다면** – 예상했던 것보다 더 빨리 예루살렘이 함락됨으로써. **누구도 살아남지 못할 것이다** – 나라 전체가 파괴될 것이다. 그러나 **선택받은 사람들을 위하여** – 즉, 그리스도인들을 위하여.

23 마가복음 13장 21절; 누가복음 17장 23절.

24 **그들은 할 수만 있다면 선택받은 사람들을 속일 것이다** – 그러나 하나님은 그리스도인들이 그렇게 속아 넘어가도록 내버려두지 않으신다.

27 **번개가 치듯이** – 그리스도의 재림도 번개처럼 빠를 것이다. 따라서 그렇게 미리 경고할 시간은 없을 것이다.

28 우리 주님께서는 왜 그들이 가짜 구원자들의 말에 귀를 기울여서는 안 되는지 그 이유를 구체적으로 설명해주시기 위해 이 예를 드셨다. 그분께서 말씀하셨듯이, 유대 나라를 구해줄 어떤 구원자도 기대하지 말라. 왜냐하면 이 나라는 망하게 되어있기 때문이다. 하나님 앞에서 이 나라는 이미 시체이다. 그리고 로마라는 독수리가 곧 날아와 뜯어먹을 것이다(눅 17:37).[107]

29 **그 환난의 날들이 지난 뒤에** – 여기에서 우리 주님께서는 자신이 마지막으로 오시는 것에 대해 말씀하시기 시작한다. 그러나 그분께서는 사람의 말보다는 하나님의 말로써 말씀하신다. 하나님께 있어서는 천 년이 하루와 같고, 한순간과도 같다. 초기 그리스도인들은 이것을 생각하지 못하고 그저 하신 말씀 액면 그대로 그분께서 곧 오실 것으로 생각했다. 성 바울은 이러한 오해를 없애려고 데살로니가후서에서 많은 애를 썼다. **하늘의 세력들** – 아마도 천상의 존재들이 미치는 힘을 가리킬 것이다(막 13:24; 눅 21:25).

30 **그때 인자가 올 징조가 하늘에서 나타날 것이다** – 이것은 그분께서 내려오시기 바로 전을 가리키는 것으로 보인다. 해, 달, 별이 빛을 잃을 것이고(어쩌면 우리의 태양계뿐만 아니라), **인자의 표징이**(아마도 십자가를 가리킬 것이다) 주님의 영광 가운데 나타날 것이다.[108]

31 **그들은 그가 선택한 사람들을 모을 것이다** – 즉, 사랑으로 역사하는 믿음 안에서 끝까지 인내한 모든 사람.

32 **비유를 배워라** – 우리 주님께서는 사도들이 질문한 것과 관련하여 앞에 나오는 두 개의 큰 사건의 징조를 말씀하신 후에 여기에서는 시간

에 대해 말씀하시기 시작한다. 마태복음 24장 3절에서 언급된 질문, 즉, 예루살렘 멸망의 때에 관한 질문에 대하여 그분께서는 마태복음 24장 34절에서 답을 주고 계신다. 이 세상의 마지막 시간에 대하여는 마태복음 24장 36절에서 대답하고 계신다(막 13:28; 눅 21:29).

34 이 세대가 끝나기 전에, 이 모든 일이 다 일어날 것이다 – 이 표현은 그 세대의 큰 부분은 다 지나가겠지만 전체가 끝나는 것은 아니라는 의미를 담고 있다. 실제로 그러했다. 예루살렘 도시와 성전은 이때로부터 39년 혹은 40년 후에 파괴되었다.

36 그러나 그날에 대하여는 – 심판의 날. **아무도 모른다** – 우리 주님께서도 이 땅에 계시는 동안에는 모르신다.[109] 그러나 이것은 훗날에 성 요한에게 그대로 잘 맞아떨어지도록 계시된다.[110]

37 누가복음 17장 26절.

40 하나는 데려가고 – 하나님의 즉각적인 보호막 속으로. **다른 하나는 버려둘 것이다** – 모두에게 벌어지는 재난을 당하도록. 우리 주님께서는 마치 자신의 눈앞에 모든 일이 펼쳐지는 것을 보고 계신 것처럼 말씀하신다.

41 두 여자가 맷돌을 갈 것이다 – 이것은 그 당시 여인들이 흔히 하던 일이었다.

42 너희는 너희 주님께서 어느 시각에 오실지 모른다 – 너의 영혼을 찾으려고 혹은 이 나라에 대해 복수를 직접 하시려고 오신다(막 13:33; 눅 12:35; 21:34).

45 누가 신실하고 지혜로운 종이겠느냐 – 너희 중에 누가 이러한 성품을 열망하는가? **지혜로운** – 이 사람은 지금 자기가 가지고 있는 모든 것이 청지기로서 자신에게 맡겨진 것일 뿐이라는 사실을 아주 분명하

게 순간마다 확신하고 있다. **신실한** – 이러한 확신에 적합한 방식으로 꾸준하게 생각하고 말하고 행동하는.

48 그러나 그 나쁜 종이 – 이 악한 종은 믿음과 선한 양심을 저버렸다.

51 위선자들이 받을 벌을 그에게 내린다 – 한때 올바르고 신실했던 만큼 아주 못된 죄인. 여기에서 말하고자 하는 주요 인물이 사역자들이라고 한다면, 이러한 표현은 아주 적절하다. 탐욕과 야망과 욕정의 노예인데도 자신을 가리켜서 그리스도의 사역자라고 부르는 것처럼 위선인 것이 없다. 만일 그런 사람들이 있다면 하나님께서 그들을 그분의 은혜로 새롭게 고쳐주시든지, 아니면 그들이 계속해서 불명예스럽게 악용하거나 계속해서 자신들이 받을 징벌을 쌓아두는 데 사용하는 그들의 능력과 영향력을 그들에게서 빼앗아 버리시기를!

마태복음 25장

¹ "그런데, 하늘 나라는 저마다 등불을 들고 신랑을 맞으러 나간 열 처녀에 비길 수 있을 것이다. ² 그 가운데서 다섯은 어리석고, 다섯은 슬기로웠다. ³ 어리석은 처녀들은 등불은 가졌으나, 기름은 갖고 있지 않았다. ⁴ 그러나 슬기로운 처녀들은 자기들의 등불과 함께 통에 기름도 마련하였다. ⁵ 신랑이 늦어지니, 처녀들은 모두 졸다가 잠이 들었다. ⁶ 그런데 한밤중에 외치는 소리가 났다. '보아라, 신랑이다. 나와서 맞이하여라.' ⁷ 그 때에 그 처녀들이 모두 일어나서, 제 등불을 손질하였다. ⁸ 미련한 처녀들이 슬기로운 처녀들에게 말하기를 '우리 등불이 꺼져 가니, 너희의 기름을 좀 나누어 다오' 하였다. ⁹ 그러나 슬기로운 처녀들이 대답을 하였다. '그렇게 하면, 우리에게나 너희에게나 다 모자랄 터이니, 안 된다. 차라리 기름 장수들에게 가서, 사서 써라.' ¹⁰ 미련한 처녀들이 기름을 사러 간 사이에 신랑이 왔다. 준비하고 있던 처녀들은 신랑과 함께 혼인 잔치에 들어가고, 문은 닫혔다. ¹¹ 그 뒤에 나머지 처녀들이 와서 '주님, 주님, 문을 열어 주십시오' 하고 애원하였다. ¹² 그러나 신랑이 대답하기를 '내가 진정으로 너희에게 말한다. 나는 너희를 알지 못한다' 하였다. ¹³ 그러므로 깨어 있어라. 너희는 그 날과 그 시각을 알지 못하기 때문이다." ¹⁴ "또 하늘 나라는 이런 사정과 같다. 어떤 사람이 여행을 떠나면서, 자기 종들을 불러서, 자기의 재산을

그들에게 맡겼다. **15** 그는 각 사람의 능력을 따라, 한 사람에게는 다섯 달란트를 주고, 또 한 사람에게는 두 달란트를 주고, 또 다른 한 사람에게는 한 달란트를 주고 떠났다. **16** 다섯 달란트를 받은 사람은 곧 가서, 그것으로 장사를 하여, 다섯 달란트를 더 벌었다. **17** 두 달란트를 받은 사람도 그와 같이 하여, 두 달란트를 더 벌었다. **18** 그러나 한 달란트 받은 사람은 가서, 땅을 파고, 주인의 돈을 숨겼다. **19** 오랜 뒤에, 그 종들의 주인이 돌아와서, 그들과 셈을 하게 되었다. **20** 다섯 달란트를 받은 사람은 다섯 달란트를 더 가지고 와서 말하기를 '주인님, 주인께서 다섯 달란트를 내게 맡기셨는데, 보십시오, 다섯 달란트를 더 벌었습니다' 하였다. **21** 그의 주인이 그에게 말하였다. '잘했다! 착하고 신실한 종아. 네가 적은 일에 신실하였으니, 이제 내가 많은 일을 네게 맡기겠다. 와서, 주인과 함께 기쁨을 누려라.' **22** 두 달란트를 받은 사람도 다가와서 '주인님, 주인님께서 두 달란트를 내게 맡기셨는데, 보십시오, 두 달란트를 더 벌었습니다' 하고 말하였다. **23** 그의 주인이 그에게 말하였다. '잘했다, 착하고 신실한 종아! 네가 적은 일에 신실하였으니, 이제 내가 많은 일을 네게 맡기겠다. 와서, 주인과 함께 기쁨을 누려라.' **24** 그러나 한 달란트를 받은 사람은 다가와서 말하였다. '주인님, 나는, 주인이 굳은 분이시라, 심지 않은 데서 거두시고, 뿌리지 않은 데서 모으시는 줄로 알고, **25** 무서워하여 물러가서, 그 달란트를 땅에 숨겨 두었습니다. 보십시오, 여기에 그 돈이 있으니, 받으십시오.' **26** 그러자 그의 주인이 그에게 말하였다. '악하고 게으른 종아, 너는 내가 심지 않은 데서 거두고, 뿌리지 않은 데서 모으는 줄 알았다. **27** 그렇다면, 너는 내 돈을 돈놀이 하는 사람에게 맡겼어야 했다. 그랬더라면, 내가 와서, 내 돈에 이자를 붙여 받았을 것이다. **28** 그에게서 그 한 달란트를 빼앗아서, 열 달란트 가진 사람에게 주어라. **29** 가진 사람에게는 더 주어서 넘치게 하고, 갖지 못한 사람에게서는 있는 것마저 빼앗을 것이다. **30** 이 쓸모 없는 종을 바깥 어두운 데로 내쫓아라. 거기서 슬피 울며 이를 가는 일이 있을 것이다." **31** "인자가 모든 천사와 더불어 영광에 둘러싸여서 올 때에, 그는 자기의 영광의 보좌에 앉을 것이다. **32** 그는 모든 민족을 그의 앞에 불러모아, 목자가 양과 염소를 가르듯이 그들을 갈라서, **33** 양은 그의 오른쪽에, 염소는 그의 왼쪽에 세울 것이다. **34** 그 때에 임금은 자기 오른쪽에 있는 사람들에게 말하기를 '내 아버지께 복을 받은 사람들아, 와서, 창세 때로부터 너희를 위하여 준비한 이 나라를 차지하여라. **35** 너희는, 내가 주릴 때에 내게 먹을 것을 주었고, 목마를 때에 마실 것을 주었으며, 나그네로 있을 때에 영접하였고, **36** 헐벗을 때에 입을 것을 주었고, 병들어 있을 때에 돌보아 주었고, 감옥에 갇혀 있을 때에 찾아 주었다' 할 것이다. **37** 그 때에 의인들은 그에게 대답하기를 '주님, 우리가 언제, 주님께서 주리신 것을 보고 잡수실 것을 드리고, 목마르신 것을 보고 마실 것을 드리고, **38** 나그네 되신 것을 보고 영접하고, 헐벗으신 것을 보고 입을 것을 드리고, **39** 언제 병드시거나 감옥에 갇히신 것을 보고 찾아갔습니까?' 하고 말할 것이다. **40** 임금이 그들에게 말하기를 '내가 진정으로 너희에게 말한다. 너희가 여기 내 형제자매 가운데, 지극히 보잘 것 없는 사람 하나에게 한 것이 곧 내게 한 것이다' 할 것이다. **41** 그 때에 임금은 왼쪽에 있는 사람들에게도 말할 것이다. '저주받은 자들아, 내게서 떠나서, 악마와 그 졸개들을 가두려고 준비한 영원한 불 속으로 들어가라. **42** 너희는 내가 주릴 때에 내게 먹을 것을 주지 않았고, 목마를 때에 마실 것을 주지 않았고, **43** 나그네로 있을 때에 영접하지 않았고, 헐벗었을 때에 입을 것을 주지 않았고, 병들어 있을 때나 감옥에 갇혀 있을 때에 찾아 주지 않았다.' **44** 그 때에 그들도 이렇게 말할 것이다. '주님, 우리가 언제 주님께서 굶주리신 것이나, 목마르신 것이나, 나그네 되신 것이나, 헐벗으신 것이나, 병드신 것이나, 감옥에 갇히신 것을 보고도 돌보아 드리지 않았다는 것입니까?' **45** 그 때에 임금이 그들에게 대답하기를 '내가 진정으로 너희에게 말한다. 여기 이 사람들 가운데서 지극히 보잘것 없는 사람 하나에게 하지 않은 것이 곧 내게 하지 않은 것이다' 하고 말할 것이다. ⁴⁶ 그리하여, 그들은 영원한 형벌로 들어가고, 의인들은 영원한 생명으로 들어갈 것이다."

웨슬리와 함께 읽기

이 장은 우리 주님께서 잡히시기 전에 많은 사람 앞에서 마지막으로 하셨던 담화를 담고 있다. 앞서 그분께서는 모든 불의를 행하는 자들이 당할 몫이 어떤 것인지 종종 말씀하곤 하셨다. 그러나 아무런 잘못도 하지 않은 사람들은 어떻게 될 것인가? 정직하고, 남을 해치지도 않고, 선한 사람들은 어찌 될 것인가? 우리는 여기에서 이 중요한 질문에 대한 분명하고도 충분한 답을 얻게 된다.

1 하늘나라는 - 즉, 그 나라에 들어갈 사람들은 **열 명의 처녀들과 같다** - 결혼식 날 밤 들러리들은 신부가 있는 집에서 등불이나 횃불을 손에 들고 신랑이 오기를 기다리게 되어있었다. 신랑이 가까이 오면, 그들은 자기들의 등불을 들고 신랑을 맞이하러 나가서 그를 신부에게로 인도하는 일을 하였다.

3 **어리석은 자들은 기름을 갖고 있지 않았다** - 그들은 그저 지금 당장 불을 밝힐 정도만 가지고 있었다. 그들은 자기들의 등불이 다 할 때를 대비해서 앞으로 쓸 것은 준비하지 않았다. 등불은 믿음이다. 기름을 채운 등불은 사랑으로 역사하는 믿음이다.[111]

4 슬기로운 자들은 자기 등에 기름을 채웠다 – 그들의 마음속에 있는 사랑을 가리킨다. 그들은 자신들의 믿음이 완전해질 때까지 날마다 영적인 힘을 새롭게 채워놓으려 하였다.[112]

5 신랑이 늦어지니 – 즉, 그들이 신랑을 맞이하도록 부름을 받기 전에, 그들은 모두 피곤하여 **잠이 들었다** – 편안하고 고요할 때 지혜로운 자들은 진리를 누리지만, 어리석은 자는 거짓 평화를 누린다.[113]

6 한밤중에 – 전혀 생각하지 못했던 시간에.

7 그들은 자기들의 등불을 손질하였다 – 그들은 자기 자신을 점검하고 자신들의 하나님을 만날 준비를 하였다.

8 우리 등불이 꺼졌으니 너희 기름을 다오 – 우리의 믿음은 죽었으니. 이 사실을 이제야 와서 깨닫다니! 이때가 죽음의 시간을 가리킬 수도 있고 심판의 때를 가리킬 수도 있다. 그때가 닥치면 여러분은 어느 성인(saints)에게 도움을 구할 수 있겠는가? 이러할 때 도대체 누가 여러분을 도울 수 있겠는가?

9 그러나 슬기로운 처녀들이 대답하였다. 그렇게 하면 우리나 너희나 모두 부족하게 된다 – 이 어리석은 자들에게 내려지는 선고는 무례하지 않게 시작된다. 이 슬기로운 사람들은 자기 자신들의 영혼뿐만 아니라 이 불쌍한 영혼들을 그토록 오랫동안 받아주었는데, 이 영혼들이 그런 처참한 상황에 이른 것을 보고 이 슬기로운 자들은 깜짝 놀란 모습을 보인다. **부족할지도 모르니** – 당연히 부족하다. 어떤 사람이든 자기 자신에게 충분한 만큼의 거룩함 정도만 가지고 있다. **차라리 기름 장수들에게 가라** – 돈도 없이, 값도 없이.[114] 즉, 하나님, 그리스도께로 가라. **사라** – 만일 네가 할 수 있다면. 오, 아니오! 시간은 이미 지나갔고 다시 돌아오지 않는다!

13 **그러므로 깨어 있어라** – 깨어 있는 사람은 등불만 준비하고 있는 것이 아니라 그 안에 기름도 준비하고 있다. 심지어 그는 자는 동안이라도 그의 마음만큼은 깨어 있다.[115] 그는 평온하지만 안전하지는 않다.[116]

14 우리 주님께서는 선한 사람이 마지막 때에 받을 보상에 대해서 아주 분명한(만일 비유라는 것이 이런 성질의 것이라고 할 수 있다면)[117] 비유로써 계속해서 말씀하신다. 바라건대 하나님께서 그들의 날에 그들이 들을 수 있는 귀와 이해할 수 있는 마음을 그들 모두에게 주시기를! **하늘나라** – 즉, 하늘의 임금이신 그리스도(막 13:34; 눅 19:12).

15 **한 사람에게는 다섯 달란트를, 다른 사람에게는 두 달란트를, 그리고 또 다른 사람에게는 한 달란트를** – 이보다 더 불평등한(모든 상황을 고려하더라도) 분배가 있겠는가? 어떤 사람은 가장 많은 달란트를 받았고, 어떤 사람은 가장 적게 받았지 않은가? **각자의 재능에 따라서** – 이 단어들을 좀 더 문자 그대로 번역한다면, 각자 가지고 있는 능력에 따라서. 곧바로 **여행을 떠났다** – 하늘로.

18 **한 달란트 받은 사람은** – 이 사람은 다른 사람들보다 적게 받았다는 이유로 아무런 개발을 하지 않을 핑계로 삼았다. **가서 자기 주인의 돈을 숨겼다** – 독자들이여, 그대도 이 사람과 똑같이 하고 있지 않은가? 당신도 하나님께서 당신에게 빌려주신 달란트를[118] 감추고 있지 않은가?

24 **나는 당신이 굳으신 분이라는 것을 알고** – 아니다. 그대는 그분을 알지 못한다. 하나님을 까다로운 주인으로 생각하는 그는 하나님을 알지 못한다. **당신은 심지 않은 곳에서 거두고** – 즉, 당신께서 우리에게 하라고 주신 능력으로 할 수 있는 것보다 더 많은 것을 요구하시는 분이라고 알고. 따라서 모든 완악한 죄인들은 항상 자기들이 지은 죄가 하나

님 때문이라고 그분을 탓한다.

25 내가 두려워서 – 만약에 내가 내 달란트를 개발했더라면 그만큼 더 많이 답변했어야만 할 뻔했다. 이게 두려워서 어떤 사람은 읽는 법을 배우려고 하지 않고 어떤 사람들은 설교를 들으려고 하지 않는다.[119]

26 네가 알았다 – 내가 불가능한 것을 요구하는 줄로 너는 알았다. 이것은 그저 한번 봐 달라고 하는 것이 아니라 자기의 혐의를 완전히 부인하는 것이다.[120]

27 그렇다면 너는 했어야 했다 – 바로 네가 말하는 논리대로 하더라도 너는 내가 맡긴 달란트를 최선을 다해 개발했어야 했다.

29 가진 자는 더 받게 될 것이고 – 하나님께서는 이 세상의 처음부터 끝날까지 이 법칙을 꾸준히 고수하신다(마 13:12).

30 이 무익한 종을 바깥 어두운 데로 내쫓아라 – 자기가 한 일에 대한 응보로서. 이 사람이 선한 일을 하지 않은 것은 사실이다. 그러나 이 사람이 나쁜 일을 한 것 또한 아니다. 그런데 왜, 악한 일을 하지도 않았는데 왜 이런 이유로 이 사람이 바깥 어두운 곳으로 쫓겨나야 하는가? 이 사람은 악한 사람이라고 불린다. 왜냐하면 그가 게으르고 아무런 열매도 맺지 못한 종이기 때문이었다. 많은 사람은 자기가 단지 악한 일을 하지 않았기 때문에 구원을 받을 수 있다고 희망을 품는다. 그러나 바로 그런 생각 때문에 화를 입는 것이다! **울게 될 것이다** – 부주의하고 생각 없는 죄인이었기 때문에. **이를 갈게 될 것이다** – 교만하고 완악했던 것 때문에. 아주 중요한 진리는 바로 부정적인 선(negative goodness)이라는 것은 없다는 것이다. 이 장은 이 진리를 세 번에 걸쳐서 말해주고 있다. 즉, 처녀들의 비유, 더욱 분명하게는 달란트를 받은 종들의 비유에서 그리고 우리 주님께서 마지막 날에 하실 일에 대해 비유적 언어가 아닌

직설적인 말씀을 하시는 부분에서 그러하다. 이 각각의 부분들은 서로에 대한 답을 내려주고 있으며, 그 각각은 자기 앞에 나오는 단락들을 발판으로 삼아 점진적으로 전개되고 있다.

31 인자가 모든 천사와 더불어 영광에 둘러싸여서 올 때 – 우리 주님께서 자신에 대하여 어떠한 위엄과 웅장함으로 말씀하시는지 보라! 그분께서는 참된 숭고함의 고상한 한 예를 여기에서 우리에게 보여주고 계신다. 거룩한 글들 가운데서 이와 같은 정도의 묘사를 하는 곳은 그리 많지 않다. 내 생각에는 이 구절이 무시무시한 재판정의 모습을 상상하게 만드는 것 같다.

34 나라를 차지하여라 – 사랑으로 역사하는 믿음을 가지고 나를 믿는 모든 사람을 위하여 내 피로 산 나라. **너희를 위하여 준비한** – 너희를 위하여 일부러 마련한. 바라건대 이러한 내용을 바탕으로 '사람은 오로지 타락한 천사들의 자리를 대신 채우기 위해서만 창조된 것이 아니다'라고 하는 생각을 하게 되는 일이 없기를![121]

35 내가 굶주렸고 너희가 내게 먹을 것을 주었다. 내가 목말랐고 그때 너희는 내게 마실 것을 주었다 – 이러한 외적으로 드러나는 자비의 행위는(works of outward mercy) 믿음과 사랑을 전제로 하며, 거기에는 반드시 영적인 자비의 행위(works of spiritual mercy)도 수반되어야 한다. 그러나 이러한 종류의 행위에 대하여 심판자께서는 같은 방식으로 말씀하실 수 없으셨다. 그분께서는 '내가 틀렸다. 그리고 너희 덕분에 내가 진리를 생각하게 되었다'라고 말씀하실 수 없다. '나는 죄 가운데 있었다. 그리고 너희 덕분에 나는 회개하게 되었다'라고 그분께서는 말씀하실 수 없다. **감옥에 있을 때** – 누구보다도 우리는 죄수들을 자주 찾아가 봐야 한다. 왜냐하면 그들은 종종 세상 사람들에게 잊혀 외로움을 느끼기 때문이다.

37 그때 의인들이 대답할 것이다 – 의로운 사람이든 악한 사람이든 모두가 다 이러한 말로 대답하게 될 것이다. 그러므로 우리가 여기에서 배울 점은 그들 가운데 누구도 자기들이 행한 일에 대한 평가를 똑같이 받지는 않게 되리라는 것이다.

40 너희가 여기 내 형제자매 가운데, 지극히 보잘것없는 사람 하나에 한 것이 곧 내게 한 것이다 – 믿음의 식구들을 돕도록 이처럼 장려하는 말씀이 어디에 있겠는가? 그러나 우리가 잊지 말아야 할 것은 우리가 이런 선행을 다른 모든 사람에게도 해야 한다는 것이다.

41 저주받은 자들아, 내게서 떠나서, 악마와 그 졸개들을 가두려고 준비한 영원한 불 속으로 들어가라 – 원래 너희들을 위해 준비된 것이 아니었다. 너희는 이 영원히 타는 불을 향해 가는 길 중간에 끼어들어 간 것이다.[122]

44 그때 그들이 대답할 것이다 – 심지어 오늘날에도 이런 식으로 자기 자신을 정당화하려고 애쓰는 사람들이 여전히 있다!

46 그러므로 형벌이 틀림없이 영원하거나 그렇지 않다면 보상이 영원하지 않든지 할 것이다. 형벌이 영원하다면 이와 똑같이 보상도 영원한 것이다. 심판자께서는 악인들이 듣는 자리에서 먼저 의인들에게 말씀하신다. 그다음에 악인들은 의인들이 보는 자리에서 영원히 타는 불로 보내지게 될 것이다. 따라서 이 저주받은 자들은 영원한 생명에 대해 아무것도 볼 수 없게 될 것이다. 그러나 의인들은 불경건한 자들이 벌을 받는 것을 보게 될 것이다. 보상이 영원한 것처럼 형벌도 영원하다는 것은 단지 이 구절에서만 나오지는 않는다. 이 형벌은 세상이 끝날 때 끝나는 것이 아니라 그때까지 아직 시작되지 않는 것이다.

역자 해설

마태복음에는 다섯 개의 가르침 묶음이 있음을 이미 우리는 알고 있습니다. 24-25장은 이 중에서 마지막에 해당하는 부분입니다. 이 두 장은 마지막 때에 대한 말씀으로 내용이 구성되어 있습니다. 구체적은 내용은 다음과 같습니다.

1. 도입(24:1-2)
2-1. 마지막 때의 시작 징조(24:3-14): 거짓 그리스도, 전쟁과 기근과 지진, 박해
2-2. 마지막 때의 지침(24:15-28): 도망하라. 거짓 그리스도에 속지 말라
3. 재림의 징조(24:29-31): 하늘의 징조와 인자의 재림
   A. 마지막 때의 특징(24:32-51): 예상치 못한 시각에 찾아옴
     - 비유 1(24:36-44), 비유 2(24:45-51)
   B. 마지막 때의 지침(24:32-51): 그러니 미리 준비하라
     - 비유 1(25:1-13), 비유 2(25:14-30)
 4. 심판의 내용과 교훈(25:31-46): 현재의 윤리적 삶
   - 상급의 이유(25:34-40)와 형벌의 이유(25:41-46)

종말에 관한 이 가르침은 그 내용이 도입부터 결론까지 자연스레 흐릅니다. "1. 도입"에 이어 2, 3에 이르는 본론에서는 마지막 때의 현상과 특징, 이때를 대비하여 무엇을 어떻게 해야 하는지 원론적인 지침을 각

각 비유 2개씩 넣어서 말합니다. 그리고 4에서 결론으로 어떻게 준비해야 하는지 구체적 지침을 말해줍니다.

2-1에서 마지막 때가 시작할 때는 거짓 그리스도가 나오고 각종 어려운 일이 나타납니다. 그러나 아직은 마지막 때가 아닙니다. 따라서 우리는 속지 말아야 합니다(2-2). 그렇다면 본격적으로 재림이 이루어질 때(3)는 어떨까요? 예수님은 두 가지 내용을 네 개의 비유로 말씀하십니다. 첫째, 마지막 때는 아무도 예상치 못한 시각에 찾아온다는 것입니다. 노아 홍수 시절 사람들이, 술친구들과 흥청망청 놀던 종이 그때를 알았더라면 그렇게 하지 않았겠지만, 그때는 누구도 모르기 때문에 그들은 준비를 안 했습니다. 마지막 때의 특징은 이렇듯 아무도 모르는 시간에 갑자기 들이닥친다는 것입니다.

B에서도 비유가 두 개 나옵니다. 이 두 비유에서는 초점이 살짝 변합니다. 열 처녀의 비유도 앞선 두 개의 비유처럼(24:42, 43, 50) 그 시각을 모른다는 점과 깨어 있으라는 경고는 똑같이 언급되지만(25:13), 초점은 "준비하라"라는 것으로 옮겨갑니다. 어리석은 다섯과 지혜로운 다섯 처녀 모두 잠에 빠졌다는 점에서 서로 차이가 없습니다(25:5). 이 둘의 차이는 미리 기름을 준비했느냐 그렇지 않냐에 있습니다. 즉, 두 집단 모두 깨어 있지도 않았고, 그 시각을 알지도 못했습니다. 다만 슬기로운 처녀들은 기름을 미리 준비하고 있었다는 점이 달랐습니다. 따라서 메시지의 초점은 준비하라는 것으로 살짝 변합니다.

B의 둘째 비유인 달란트 비유도 그 초점이 시각이나 깨어 있음이 아닌 준비에 놓여있습니다. 이 비유에서 주인이 갑작스레 들이닥치지 않고, 그로 인해 종들이 당황하는 것도 없습니다. 열 처녀 비유처럼 돌아오는 시간이 길었다는 점(25:5, 19)이 공통적입니다만, 달란트 비유에서는

그로 인해 문제가 생기지는 않습니다. 그렇다면 세 명의 종 중에서 한 달란트 받은 종이 꾸중 들은 이유는 무엇이었을까요? 한 달란트가 절대로 적은 금액도 아니고, "각 사람의 능력에 따라" 나누어 주었으므로, 이 사람도 나름대로 능력을 인정받았던 사람이었습니다(15절).

이 종의 문제는 능력도 있고 신임도 받았는데, 자신의 능력을 발휘하지 않았고, 이로써 주인의 신임도 배신했다는 점에 있습니다. 그는 투자할 생각이나 시도도 하지 않습니다. 설령 이 사람이 투자했다가 빈털터리가 되었더라도 주인은 그의 노고를 칭찬했을 것입니다. 그러나 그는 아무런 일도 하지 않았습니다. 즉, 못 한 것이 아니라 안 한 것입니다. 그러면서 자기를 믿고 일을 맡긴 주인을 도리어 악당으로 몰아세웁니다(24-25절).

종말 가르침의 결론(4)은 누가, 왜 칭찬을 받고 심판을 받는지 말합니다. 칭찬(달란트를 남긴 것)과 심판(달란트를 썩혀둔 것)은 이웃 사랑의 실천 여부였습니다(5:44; 12:7, 50; 18:5, 33; 19:19; 22:12). 이것은 마태복음에서 예수님이 꾸준히 가르치신 내용이기도 합니다. 마지막 때는 언제 어느 순간에 올지 아무도 모릅니다. 다만, 그 시간이 지연되고 있다는 것(25:5, 19)과 어쨌든 그날은 반드시 온다는 점은 분명합니다. 따라서 마지막 날에 심판이 아닌 칭찬을 받기 위해 깨어서 준비하고 있어야 한다고 가르치십니다. 그리고 그때를 준비하는 구체적인 방법은 바로 매일 삶 속에서 선을 행하며 의로운 삶을 살아가는 것입니다. 하나님은 우리에게 선을 행할 능력과 의지를 남겨두셨습니다. 우리는 칭의와 신생의 은총을 통해 거룩한 길을 갈 수 있는 능력을 받았습니다. 그러나 우리가 한 달란트를 신임받은 종처럼 아무런 노력이나 시도도 하지 않는다면, 거룩한 길을 힘써 걸어감으로써 우리를 향한 하나님의 신뢰에 제대로 응답하지 않는다면 우리는 염소 편에 서서 심판을 받을 것입니다. 종말은 오늘 내 삶의 작은 모습을 통해 차근차근 준비해가는 것입니다.

마태복음 26장

1 예수께서 이 모든 말씀을 마치셨을 때에, 자기 제자들에게 말씀하셨다. **2** "너희가 아는 대로, 이틀이 지나면 유월절인데, 인자가 넘겨져서 십자가에 달릴 것이다." **3** 그 즈음에 대제사장들과 백성의 장로들이 가야바라는 대제사장의 관저에 모여서, **4** 예수를 속임수로 잡아서 죽이려고 모의하였다. **5** 그러나 그들은 "백성 가운데서 소동이 일어날지도 모르니, 명절에는 하지 맙시다" 하고 말하였다. **6** 그런데 예수께서 베다니에서 나병환자 시몬의 집에 계실 때에, **7** 한 여자가 매우 값진 향유 한 옥합을 가지고 와서는, 음식을 잡수시고 계시는 예수의 머리에 부었다. **8** 그런데 제자들이 이것을 보고 분개하여 말하였다. "왜 이렇게 낭비하는 거요? **9** 이 향유를 비싼 값에 팔아서, 가난한 사람들에게 줄 수 있었을 텐데요!" **10** 예수께서 이것을 보시고 그들에게 말씀하셨다. "왜 이 여자를 괴롭히느냐? 그는 내게 아름다운 일을 하였다. **11** 가난한 사람들은 늘 너희와 함께 있지만, 나는 늘 너희와 함께 있는 것이 아니다. **12** 이 여자가 내 몸에 향유를 부은 것은, 내 장례를 치르려고 한 것이다. **13** 내가 진정으로 너희에게 말한다. 온 세상 어디서든지, 이 복음이 전파되는 곳에서는, 이 여자가 한 일도 전해져서, 그를 기억하게 될 것이다." **14** 그 때에 열두 제자 가운데 하나인 가룟 사람 유다라는 자가, 대제사장들에게 가서, **15** 이렇게 말하였다. "내가 예수를 여

러분에게 넘겨주면, 여러분은 내게 무엇을 주실 작정입니까?" 그들은 유다에게 은돈 서른 닢을 셈하여 주었다. **16** 그 때부터 유다는 예수를 넘겨주려고 기회를 노리고 있었다. **17** 무교절 첫째 날에 제자들이 예수께 다가와서 말하였다. "우리가, 선생님께서 유월절 음식을 잡수시게 준비하려고 하는데, 어디에다 하기를 바라십니까?" **18** 예수께서 말씀하셨다. "성 안으로 아무를 찾아가서, '선생님께서 말씀하시기를, 내 때가 가까워졌으니, 내가 그대의 집에서 제자들과 함께 유월절을 지키겠다고 하십니다' 하고 그에게 말하여라." **19** 그래서 제자들은, 예수께서 그들에게 분부하신 대로 하여, 유월절을 준비하였다. **20** 저녁 때가 되어서, 예수께서는 열두 제자와 함께 식탁에 앉아 계셨다. **21** 그들이 먹고 있을 때에, 예수께서 말씀하셨다. "내가 진정으로 너희에게 말한다. 너희 가운데 한 사람이 나를 넘겨줄 것이다." **22** 그들은 몹시 걱정이 되어, 저마다 "주님, 나는 아니지요?" 하고 말하기 시작하였다. **23** 예수께서 대답하셨다. "나와 함께 이 대접에 손을 담근 사람이, 나를 넘겨줄 것이다. **24** 인자는 자기에 관하여 성경에 기록되어 있는 대로 떠나가지만, 인자를 넘겨주는 그 사람은 화가 있다. 그 사람은 차라리 태어나지 않았더라면, 자기에게 좋았을 것이다." **25** 예수를 넘겨 줄 사람인 유다가 말하기를 "선생님, 나는 아니지요?" 하니, 예수께서 그에게 "네가 말하였다" 하고 대답하셨다. **26** 그들이 먹고 있을 때에, 예수께서 빵을 들어서 축복하신 다음에, 떼어서 제자들에게 주시고 말씀하셨다. "받아서 먹어라. 이것은 내 몸이다." **27** 또 잔을 들어서 감사 기도를 드리신 다음에, 그들에게 주시고 말씀하셨다. "모두 돌려가며 이 잔을 마셔라. **28** 이것은 죄를 사하여 주려고 많은 사람을 위하여 흘리는 나의 피, 곧 언약의 피다. **29** 내가 너희에게 말한다. 이제부터 내가 나의 아버지의 나라에서 너희와 함께 새 것을 마실 그 날까지, 나는 포도나무 열매로 빚은 것을 절대로 마시지 않을 것이다." **30** 그들은 찬송을 부르고, 올리브 산으로 갔다. **31** 그 때에 예수께서 제자들에게 말씀하셨다. "오늘 밤에 너희는 모두 나를 버릴 것이다. 성경에 기록하기를 '내가 목자를 칠 것이니, 양 떼가 흩어질 것이다' 하였다. **32** 그러나 내가 살아난 뒤에, 너희보다 먼저 갈릴리로 갈 것이다." **33** 베드로가 예수께 말하였다. "비록 모든 사람이 다 주님을 버릴지라도, 나는 절대로 버리지 않겠습니다." **34** 예수께서 그에게 말씀하셨다. "내가 진정으로 네게 말한다. 오늘 밤에 닭이 울기 전에, 네가 세 번 나를 모른다고 할 것이다." **35** 베드로가 예수께 말하였다. "주님과 함께 죽는 한이 있을지라도, 절대로 주님을 모른다고 하지 않겠습니다." 그리고 다른 제자들도 모두 그렇게 말하였다. **36** 그 때에 예수께서 제자들과 함께 겟세마네라고 하는 곳에 가서, 그들에게 말씀하셨다. "내가 저기 가서 기도하는 동안에, 너희는 여기에 앉아 있어라." **37** 그리고 베드로와 세베대의 두 아들을 데리고 가서, 근심하며 괴로워하기 시작하셨다. **38** 그 때에 예수께서 그들에게 말씀하셨다. "내 마음이 괴로워 죽을 지경이다. 너희는 여기에 머무르며 나와 함께 깨어 있어라." **39** 예수께서는 조금 더 나아가서, 얼굴을 땅에 대고 엎드려서 기도하셨다. "나의 아버지, 하실 수만 있으시면, 이 잔을 내게서 지나가게 해주십시오. 그러나 내 뜻대로 하지 마시고, 아버지의 뜻대로 해주십시오." **40** 그리고 제자들에게 와서 보시니, 그들은 자고 있었다. 그래서 베드로에게 말씀하셨다. "이렇게 너희는 한 시간도 나와 함께 깨어 있을 수 없느냐? **41** 시험에 빠지지 않도록, 깨어서 기도하여라. 마음은 원하지만, 육신이 약하구나!" **42** 예수께서 다시 두 번째로 가서, 기도하셨다. "나의 아버지, 내가 마시지 않고서는 이 잔이 내게서 지나갈 수 없는 것이면, 아버지의 뜻대로 해주십시오." **43** 예수께서 다시 와서 보시니, 그들은 자고 있었다. 그들은 너무 졸려서 눈을 뜰 수 없었던 것이다. **44** 예수께서는 그들을 그대로 두고 다시 가서, 또 다시 같은 말씀으로 세 번째로 기도하셨다. **45** 그리고 제자들에게 와서, 그들에게 말씀하셨다. "이제 남은 시간은 자고 쉬어라. 보아라, 때가 이르렀다. 인자가 죄인들의 손에 넘어간다. **46** 일어나서 가자.

보아라, 나를 넘겨줄 자가 가까이 왔다." ⁴⁷ 예수께서 아직 말씀하고 계실 때에, 열두 제자 가운데 하나인 유다가 왔다. 대제사장들과 백성의 장로들이 보낸 무리가 칼과 몽둥이를 들고 그와 함께 하였다. ⁴⁸ 그런데 예수를 넘겨줄 자가 그들에게 암호를 정하여 주기를 "내가 입을 맞추는 사람이 바로 그 사람이니, 그를 잡으시오" 하고 말해 놓았다. ⁴⁹ 유다가 곧바로 예수께 다가가서 "안녕하십니까? 선생님!" 하고 말하고, 그에게 입을 맞추었다. ⁵⁰ 예수께서 그에게 "친구여, 무엇 하러 여기에 왔느냐?" 하고 말씀하시니, 그들이 다가와서, 예수께 손을 대어 붙잡았다. ⁵¹ 그 때에 예수와 함께 있던 사람들 가운데 한 사람이 손을 뻗쳐 자기 칼을 빼어, 대제사장의 종을 내리쳐서, 그 귀를 잘랐다. ⁵² 그 때에 예수께서 그에게 말씀하셨다. "네 칼을 칼집에 도로 꽂아라. 칼을 쓰는 사람은 모두 칼로 망한다. ⁵³ 너희는, 내가 나의 아버지께, 당장에 열두 군단 이상의 천사들을 내 곁에 세워 주시기를 청할 수 있다고 생각하지 않느냐? ⁵⁴ 그러나 그렇게 되면, 이런 일이 반드시 일어나야 한다고 한 성경 말씀이 어떻게 이루어지겠느냐?" ⁵⁵ 그 때에 예수께서 무리에게 말씀하셨다. "너희는 강도에게 하듯이, 칼과 몽둥이를 들고 나를 잡으러 왔느냐? 내가 날마다 성전에 앉아서 가르치고 있었건만, 너희는 내게 손을 대지 않았다. ⁵⁶ 그러나 이 모든 일을 이렇게 되게 하신 것은, 예언자들의 글을 이루려고 하신 것이다." 그 때에 제자들은 모두, 예수를 버리고 달아났다. ⁵⁷ 예수를 잡은 사람들은 그를 대제사장 가야바에게로 끌고 갔다. 거기에는 율법학자들과 장로들이 모여 있었다. ⁵⁸ 그런데 베드로는 멀찍이 떨어져서 예수를 뒤따라 대제사장의 집 안마당에까지 갔다. 그는 결말을 보려고 안으로 들어가서, 하인들 틈에 끼여 앉았다. ⁵⁹ 대제사장들과 온 공의회가 예수를 사형에 처하려고, 그분을 고발할 거짓 증거를 찾고 있었다. ⁶⁰ 많은 사람이 나서서 거짓 증언을 하였으나, 쓸 만한 증거는 얻지 못하였다. 그런데 마침내 두 사람이 나서서 ⁶¹ 말하였다. "이 사람이 하나님의 성전을 허물고, 사흘 만에 세울 수 있다고 하였습니다." **62** 그러자, 대제사장이 일어서서, 예수께 말하였다. "이 사람들이 그대에게 불리하게 증언하는데도, 아무 답변도 하지 않소?" **63** 그러나 예수께서는 잠자코 계셨다. 그래서 대제사장이 예수께 말하였다. "내가 살아 계신 하나님을 걸고 그대에게 명령하니, 우리에게 말해 주시오. 그대가 하나님의 아들 그리스도요?" **64** 예수께서 그에게 말씀하셨다. "당신이 말하였소. 그러나 내가 당신들에게 다시 말하오. 이제로부터 당신들은, 인자가 권능의 보좌 오른쪽에 앉아 있는 것과, 하늘 구름을 타고 오는 것을, 보게 될 것이오." **65** 그 때에 대제사장은 자기 옷을 찢고, 큰 소리로 말하였다. "그가 하나님을 모독하였소. 이제 우리에게 이 이상 증인이 무슨 필요가 있겠소? 보시오, 여러분은 방금 하나님을 모독하는 말을 들었소. **66** 여러분의 생각은 어떠하오?" 그러자 그들이 대답하였다. "그는 사형을 받아야 합니다." **67** 그 때에 그들은 예수의 얼굴에 침을 뱉고, 그를 주먹으로 치고, 또 더러는 손바닥으로 때리기도 하며, **68** 말하였다. "그리스도야, 너를 때린 사람이 누구인지 알아맞추어 보아라." **69** 베드로가 안뜰 바깥쪽에 앉아 있었는데, 한 하녀가 그에게 다가와서 말하였다. "당신도 저 갈릴리 사람 예수와 함께 다닌 사람이네요." **70** 베드로는 여러 사람 앞에서 부인하였다. "나는 네가 무슨 말을 하는지 모르겠다." **71** 그리고서 베드로가 대문 있는 데로 나갔을 때에, 다른 하녀가 그를 보고, 거기에 있는 사람들에게 말하였다. "이 사람은 나사렛 예수와 함께 다니던 사람입니다." **72** 그러자 베드로는 맹세하고 다시 부인하였다. "나는 그 사람을 알지 못하오." **73** 조금 뒤에 거기에 서 있는 사람들이 베드로에게 다가와서 베드로에게 말하였다. "당신은 틀림없이 그들과 한패요. 당신의 말씨를 보니, 당신이 누군지 분명히 드러나오." **74** 그 때에 베드로는 저주하며 맹세하여 말하였다. "나는 그 사람을 알지 못하오." 그러자 곧 닭이 울었다. **75** 베드로는 "닭이 울기 전에, 네가 나를 세 번 부인할 것이다" 하신 예수의 말씀이 생각나서, 바깥으로 나가서 몹시 울었다.

웨슬리와 함께 읽기

1 **예수께서 이 모든 말씀을 마치셨을 때** – 그분께서 자신이 하셔야 할 말씀을 다 하셨을 때. 이때까지는 그분께서는 자신의 수난으로 들어가시지는 않았다. 그러나 이제 그분께서는 더는 그것을 뒤로 미루지 않으신다(막 14:1; 눅 22:1).

2 **이틀 후면 유월절이다** – 유월절 절기를 보내는 방식은 이어서 나오는 장면의 몇 가지 상황을 이해하는 데 도움이 된다. 한 가정의 가장은 엄숙하게 축복한 포도주 잔을 가지고 절기를 시작한다. 그 가장은 그 포도주를 손님들에게 나눠준다(눅 22:17). 그 후에 누룩을 넣지 않은 빵과 쓴 나물로 저녁 식사를 시작한다. 그 자리에 있는 사람이 모두 이것들을 먹으면 출애굽기 12장 26절의 말씀에 따라 그 자리에 있는 사람 중에 가장 어린 사람이 왜 이런 엄숙한 의식을 하는지 질문을 한다. 그러면 이에 대해 그 이유를 보여주거나 선포하는 방식으로 답해준다. 우리가 읽는 구절이 가리키는 것은 주님의 죽으심을 미리 보여주는 것이다(고전 11:26). 그 후에 가장이 일어나서 양고기를 먹기 전에 또 다른 잔을 든다. 저녁 식사 후에 가장은 자기가 떼어서 식탁에 둘러 있는 모든 사람에게 나눠준 얇은 떡이나 빵을 취한다. 그리고 이처럼 잔도 드는데 이 잔을

보통 감사의 잔이라고 불렸다. 이 가장이 가장 먼저 이 잔을 마신 후에 다른 손님들이 마셨다. 우리 주님께서 자기 죽음을 기억하는 상징으로서 특별히 성별하신 이 빵과 잔이 바로 이것이었다.

3 대제사장들과 율법학자들과 백성의 장로들이 – 이들(부족장들)이 모여서 산헤드린이라고 하는 큰 위원회를 구성하였다. 이 산헤드린은 일반 민사나 교회의 사건에서 최고의 권력을 가진 기관이었다.

5 그러나 그들은 명절에는 하지 말자고 말했다 – 이것은 인간적인 지혜로 한 결과였다. 그러나 유다가 왔을 때 그들은 자신들의 목적을 바꾸었다. 그래서 하나님의 위원회가 열린 것이다. 그리고 참된 유월절의 양(Lamb)께서 유월절의 엄숙한 의식이 벌어지는 위대한 날에 희생물로 바쳐진 것이었다.

6 마가복음 14장 3절.

8 그의 제자들이 이것을 보고 분개하여 말하였다 – 그들 가운데 몇 사람이 화가 나서 말했지만 가룟 유다만큼 열을 내지는 않았다.

11 너희에게는 가난한 사람들이 항상 있다 – 우리에게 그들의 필요를 채워줄 기회가 항상 있도록 하신 것은, 그래서 우리의 보화를 하늘에 쌓아둘 수 있도록 하신 것은 하나님의 지혜롭고 은혜로우신 섭리이다.[123]

12 이 여자는 내 장례를 위해 했다 – 향유는 내 시신에 바르기 위한 것이므로. 당연히 이것은 그녀가 계획한 것이 아니었다. 우리 주님께서는 앞으로 겪게 될 자기 죽음과 관련하여 자신의 제자들에게 이전에 말씀하셨던 것을 확증하시기 위해서 이러한 일이 일어나도록 하신 것이다.

13 이 복음 – 즉, 복음 역사의 한 부분.

14 마가복음 14장 10절; 누가복음 22장 3절.

15 그들은 유다에게 은돈 서른 닢을 셈하여 주었다 – (약 3파운드 15실링 정도 되

고 달러로 하면 16달러 67센트 정도에 해당한다) **노예 한 명의 가격이다**(출 21:32).

17 무교절 첫째 날에 – 첫째 달의 14일, 목요일(출 12:6, 15; 막 14:12; 눅 22:7).

18 선생님께서 말씀하시기를 내 때가 가까워졌다 – 즉, 내가 고난을 받을 때.

20 마가복음 14장 17절; 누가복음 22장 14절.

23 나와 함께 이 대접에 손을 담근 사람 – 아마도 유다가 바로 그때 이런 행동을 한 것 같다. 이 대접은 신 포도주로 가득 찬 그릇이었는데, 그들은 거기에 쓴 나물을 찍어 먹었다.

24 인자는 자기에 관하여 기록되어 있는 대로 고난을 통과하여 영광으로 들어가지만 – 그렇다고 해서 이것이 유다가 예수를 배반하는 핑계가 되지는 못한다. 이 사람은 불행한 사람이 될 것이다. **그 사람은 차라리 태어나지 않았더라면 자기에게 좋았을 것이다** – 마지막 때에 멸망할 사람들도 이와 같은 말을 듣게 될 것이다. 그러나 만일 이 말이 오직 유다에게 있어서만 맞는 말이라고 한다면 누가 보편적 구원이라는 교리와 이 말씀이 서로 조화를 이룰 수 있도록 하겠는가?

25 네가 말하였다 – 즉, 네가 말한 대로이다.

26 예수께서 빵을 들어서 – 유월절 식사가 끝난 후에 가장이 가족들과 함께 나누어 먹을 때 떼는 빵이나 떡을 가리킨다. 이렇게 일반적으로 하던 것을 우리 주님께서는 이제 고귀한 것으로 돌려서 사용하신다. 이 거룩한 책의 저자가 쓰는 표현에 따르면 이 빵은 내 몸을 뜻하거나 상징한다. 창세기 40장 12절에서처럼 세 개의 가지는 사흘을 뜻한다. 성 바울이 사라와 하갈에 대해 말하는 갈라디아서 4장 24절에서처럼 이 것들은 두 개의 언약을 가리킨다. 우리 주님의 위대한 규정에서처럼(출 12:11) 하나님께서는 유월절 양에 대해 말씀하시는데, 이것이 주님의 유

월절이다. 이제 그리스도께서 구약에서 규정한 것을 따라서 유월절에 먹는 거룩한 식사를 대체하신다. 또한 그리스도께서는 유대인들이 유월절 절기를 지낼 때 쓰던 똑같은 표현을 사용하신다.

27 그리고 잔을 들어서 - 유대인들은 이 잔을 감사의 잔이라고 불렀다. 한 가정의 가장은 저녁 식사 후에 각자에게 나눠줄 때 이 잔을 사용했다.

28 많은 사람 - 아담에게서 나온 많은 사람을 의미한다.

29 이 말은 내가 내 아버지의 영광스러운 나라에서 완전히 다른 종류의 포도주를 마실 때까지 더는 포도주를 마시지 않겠다는 뜻이다. 너희도 또한 이 새로운 잔을 나와 함께 나누게 될 것이다.

30 사람들은 유월절이 끝날 때까지 계속해서 찬송을 불렀다. 이 찬송은 6개의 시편으로 구성되어 있는데, 113편에서 118편까지의 시편들이다(시 113:1). **올리브 산** - 이 산은 성전 맞은편에 있었는데, 예루살렘에서 약 3㎞ 정도 떨어져 있었다(막 14:26; 눅 22:39; 요 18:1).

31 너희는 나를 버릴 것이다 - 어떤 일이 나에게 일어날 것인데, 이 일로 인해 너희가 나를 저버림으로써 죄에 빠지게 될 것이다(슥 13:7).

32 그렇지만 내가 부활한 후에 나는 너희보다 먼저 갈릴리로 갈 것이다. 비록 너희는 나를 저버렸지만 나는 너희가 그렇게 했다는 이유로 너희를 저버리지는 않을 것이다.

34 닭이 울기 전에 네가 세 번 나를 부인할 것이다 - 즉, 닭이 보통 우는 시각인 새벽 세 시가 되기 전에. 베드로가 자기의 주님을 처음 부인한 후에 비록 닭 한 마리가 한 번 울었지만.

35 다른 제자들도 모두 그렇게 말하였다 - 그러나 유연하신 우리 주님께서는 그들이 더 많은 죄를 저지르지 않게 하려고 그들이 한 말에 굳이 대꾸하지 않으셨다.

36 **그때 예수께서 제자들과 함께 겟세마네라고 하는 곳에 가서** - 즉, 기름진 골짜기로. 이 동산은 아마도 그곳의 토양과 위치 때문에 그런 이름을 갖게 된 것 같다. 이 계곡은 여러 언덕 가운데 두 개 사이에 있는 작은 계곡 사이에 있으며, 이 언덕들의 능선에 올리브 산이 있었다(막 14:32; 눅 22:40).

37 **베드로와 세베대의 두 아들을 데리고 가서** - 이 모든 것의 증인으로 삼기 위해서. **그분께서는 근심과 깊은 번뇌에 빠지기 시작하셨다** - 아마도 전능하신 분의 화살이 자신의 영혼으로 빠르게 날아와 박히는 것을 느끼셔서 그랬을 것이다. 그러나 그러는 가운데 하나님께서는 우리 모두의 악함을 그분에게 지우셨다. 하나님께서 자신의 손으로 직접 그분께 부과하신 그것이 얼마나 고통스럽고 끔찍한 느낌인지 과연 누가 말할 수 있겠는가! 근심이라는 단어는 원래 가장 깊은 슬픔이 온몸을 꿰뚫는 것을 의미한다. 번뇌라는 단어는 무척 우울하고 그런 감정에 완전히 압도되어 짓눌려 있는 상태를 가리킨다.

39 **그리고 조금 더 가서** - 돌을 던진 만큼의 거리(눅 22:41) - 그래서 사도들이 여전히 그분을 보고 그분의 음성을 들을 수 있도록. **할 수만 있다면 이 잔을 내게서 옮겨주옵소서** - 그래서 이 잔은 그분으로부터 빨리 지나간다. 그분께서 크게 울고 소리쳐 하나님께 부르짖었을 때 하나님께서는 그분의 두려움을 들으셨다. 하나님께서는 내면의 갈등에서 오는 공포와 격정을 없애주셨다.

41 **마음** - 너희의 영혼, 너희 자신들. **육신** - 너희의 본성. 이 얼마나 부드러운 훈계인가! 이 얼마나 친절하게 양해해주시는가! 특히 우리 주님의 마음이 그토록 슬픔으로 짓눌려 있는데도 그렇게 해주시다니!

45 **너희가 하려거든 이제 자고 쉬어라** - 이제 너희가 어떻게 하든 나는

그것을 나에 대한 섬김으로 받아들이기 때문이다.

47 마가복음 14장 43절; 누가복음 22장 47절; 요한복음 18장 2절.

50 조금이라도 주의 깊은 사람, 경건한 마음을 가진 사람이라면 누구나 예수께서 자신의 수난의 모든 기간에 영웅적인 행동을 하신다는 것을 발견할 수 있을 것이다. 이 거룩한 문서의 역사가들은 그저 평소에 하듯이 특별한 미사여구 없이 아주 깔끔한 방식으로 기술하여 예수님의 이런 모습에 대해 특별한 찬사를 보내는 표현은 하지 않는다. 그런데도 누구나 예수의 이런 영웅적 모습은 쉽게 발견할 수 있다. 배반자를 만나러 나아가시는데도 그분께서는 얼마나 차분한 모습을 보이시는가! 얼마나 평온한 모습으로 이 사악한 입맞춤을 받아주시는가! 얼마나 위엄 있는 모습으로 자기 자신을 원수들의 손에 넘겨주시는가! 그런데도 여전히 자신이 그들보다 위에 있는 분이라는 것을, 마치 포로로 잡힌 자가 도리어 포로를 잡은 자를 끌고 가듯이, 보여주시지 않던가!

51 **그들 가운데 한 사람이 대제사장의 종을 쳤다** - 아마도 예수를 처음 붙잡았던 사람을. **그의 귀를 잘랐다** - 아마도 머리를 치려고 했던 것 같다. 그러나 하나님의 비밀스러운 섭리의 방해로 조금 아래로 내려와서 다른 곳을 쳤다(막 14:47; 눅 22:49; 요 18:10).

52 **칼을 쓰는 사람은** - 하나님이 그들에게 칼을 주시지도 않았는데도. 충분한 권한을 부여받지도 않고서.

53 **그분께서 내게 열두 군단 이상의 천사들을 주실 것이다** - 이 천사들 가운데서 가장 작은 자라도 이 지구와 그 안에 사는 모든 사람을 다 뒤엎어버릴 수 있을 것이다.

55 마가복음 14장 48절; 누가복음 22장 52절.

57 **그들은 그를 가야바에게 끌고 갔다** - 그들은 예수를 먼저 가야바의

장인인 안나스에게로 데려갔는데, 이제는 그의 집에서 떠나서 가야바의 집으로(막 14:53; 눅 22:54; 요 18:12).

58 그러나 베드로는 멀찍이 떨어져서 그를 따라갔다 – 마음에 갈등이 일어나서 여러 가지로 마음이 불편하여서. 사랑은 그에게 자기 주님을 따라가라고 부추겼다. 그러나 두려움은 그에게서 멀리 떨어지도록 만들었다. **들어가서 하인들 틈에 끼어 앉았다** – 이 장면이 보여주듯이 그가 그들과 함께 있는 것은 어울리는 모습이 아니었다.

60 그러나 그들은 찾지 못했다 – 그들이 예수를 사형에 처하도록 할 수 있는 증거를. **마침내 두 거짓 증인이 나왔다** – 물론 그들이 말한 것 가운데 어느 부분은 사실이지만, 그들은 말 그대로 거짓 증인이었다. 왜냐하면 우리 주님께서는 그런 말을 전혀 하신 적이 없으시기 때문이다. 이런 의미로 말씀하신 것은 아예 전혀 없다.

64 이후로 너희가 인자를 볼 것이다 – 예수께서는 여기에서 3인칭으로 겸손하게 그러나 분명하게 말씀하신다.[124] **권능의 오른쪽에 앉아 있는** – 즉, 하나님의 오른편에. **구름을 타고 오는 것** – 다니엘이 보여주었듯이(단 7:13-14). 우리 주님께서는 사람처럼 보이지 않는다! 그러나 그러한 상황에서 그런 훈계를 하시다니, 이보다 더 대단하고, 위엄 있고, 이분께 잘 어울리는 모습이 어디 있겠는가!

65 그때 대제사장은 자기 옷을 찢고 – 비록 대제사장은 자기 옷(즉, 웃옷)을 찢는 것이 금지되어 있지만(레 21:10) – 다른 사람들은 그렇게 할 수 있는 경우에라도 – 신성모독이라든지 공동체적으로 큰일이 벌어졌을 때는 그렇게 할 수 있었다. 가야바는 여기에서 그러한 엄청난 신성모독의 말을 듣고 자신의 경악하는 감정을 가장 극적인 방법으로 표현하였다.

67 그때 – 그분께서 자기가 하나님의 아들이라고 선언하신 후에, 산혜

드린은 당연히 그를 끌고 가라고 명령을 내렸다. 그동안 그들은 앞으로 어떻게 할 것인지 의논하고 있었다. 그리고 그를 지키던 군인들이 이처럼 그분을 모욕했다.

72 그는 맹세하고 그를 부인하였다 – 베드로가 우리 주님으로부터 부르심을 받기 전에는 이런 일에 익숙한 사람은 아니었을 것이다.

73 당신의 말씨를 보니 당신이 누군지 분명히 드러나오 – 세상이 열정적으로 하나님의 자녀들을 대적하는 모든 논쟁을 하는 가운데 흔히 가장 미약한 것을 이처럼 붙들고 늘어지는 이것 또한 하나님의 놀라운 섭리이다.

74 그때 저주하며 맹세하였다 – 이제 그는 완전히 자기 자신을 통제하는 힘을 잃었다.

역자 해설

이제 마태가 전하는 예수님의 이야기는 마지막 수난 부분에 접어들었습니다. 예수님의 수난 이야기는 베다니의 한 여인 이야기로 시작합니다. 한 여인이 예수께 와서 머리에 향유를 붓습니다(7절). 이것은 예수님의 장례를 준비하는 것인데(12절) 제자들은 이것을 낭비라고 생각해서 분개합니다. 한편 가룟 유다는 대제사장들에게 "찾아가서" 예수님을 놓고 매매 제안 흥정을 합니다. 은돈 30개는 웨슬리의 생각처럼 출애굽기 21장 32절처럼 노예 한 명의 몸값으로도 볼 수 있습니다만, 스가랴 11장 12절를 염두에 둔 것일 가능성이 더 큽니다. 왜냐하면 27장 3-10절에 나오는 유다의 은 30개 이야기는 스가랴 11장 13절을 언급하기 때문입니다. 어떤 구절이든 은 30은 그리 많은 돈이 아닙니다. 스가랴 11장 12절을 보면 그 돈은 "있어도 그만, 없어도 그만"인 하찮은 돈입니다. 그런 금액으로 유다는 예수님을 팔아넘깁니다.

유월절 식사 자리에서 예수님은 자신의 배신에 대해 말씀하시는데, 제자들은 모두 자기는 아니라고 부인합니다(22절). 그리고 예수님은 자신의 목숨을 내어주는 첫 성만찬을 베푸십니다. 이어서 예수님은 다시 스가랴 13장의 예언으로 그들의 배신을 말씀하십니다. 제자들의 배신(20-25절)-성만찬(26-30절)-제자들의 배신(31-35절)이라는 구도로써 마태는 남을 위해 자기 생명을 내어놓는 예수님과 자기 생명을 지키기 위해 예수님을 내어놓는 제자들의 모습을 대조합니다.

겟세마네의 기도에서 보듯 예수님은 '아버지의 뜻'대로 이루어지기를 구하는데, 이로써 예수님은 주기도문에서 "아버지의 뜻이 하늘에서처럼 이 땅에서도 이루어지기"(6:10)를 구하라고 가르치신 그 내용을 모범적으로 실천하십니다. 즉, 자신의 목숨을 건지려고 하는 것은 "하나님의 일을 생각하지 않고 사람의 일을 생각하는" 사탄의 생각인데(16:23), 여기에서 마태는 제자들의 모습으로 사람의 일을, 예수님의 모습으로 하나님의 일을 생각하는 예를 보여줍니다.

결국 겟세마네에서 제자들은 예수님을 버리고 모두 제 살길 찾아 도망합니다(56절). 다만 베드로만 잡혀가는 예수님의 뒤를 따라오지만 그 모습은 처량합니다. 마태는 "멀찍이 떨어져서" "하인들 틈에 끼어 앉아" 구경하는(58절) 베드로-의회 앞에서 모욕을 당하면서도 홀로 당당히 자신의 정체를 선포하시는 예수님(59-68절)-예수님을 저주하면서까지 부인하며 꽁무니를 빼는 베드로(69-75절)를 서로 대조시킵니다. 베드로는 위협 앞에서 자기 생명을 보존하려고 구차한 모습을 보이지만 예수님은 도리어 당당합니다.

제자들은 대세는 기울었다고 생각하고 두려움에 떨며 달아나지만, 예수님은 전혀 그런 기색이 없습니다. 왜냐하면 이 모든 일은 하나님의 계획 가운데 이루어지는 것이고, 이 모든 일을 이끌어가시는 분은 하나님이심을 신뢰하기 때문입니다(54절). 사람들은 눈 앞에 펼쳐지는 상황과 현실을 바라봅니다. 그래서 제자들은 자신을 위해 움직입니다. 배반하고, 피곤하다고 자고, 모르는 분이라고 시치미 떼면서 숨고, 부인하고, 힘으로 해결해보려고 칼도 휘둘렀다가 안 될 것 같으니 자기 목숨이라도 부지하려고 그 자리에서 줄행랑칩니다. 유대 지도자들도 "열두 군단 이상의 천사들"(53절)을 보지 못하니, 마치 자기들이 최고의 권력을 쥐고 온 세상이 자기 안방인 듯 의기양양해서 칼을 휘둘러댑니다.

사람들이 비겁해지거나 혹은 반대로 교만하고 의기양양한 이유는 하나님을 바라보지 못하기 때문입니다. 모든 것이 하나님의 손안에 있고 그분의 섭리와 계획 가운데 이루어진다는 것을 인지한다면 두려워할 것도 없고, 자기가 마음먹은 대로 다 된다는 교만도 있을 수 없습니다. 예수님은 이 모든 일 가운데 하나님의 섭리를 보셨고(54절), 그래서 아버지의 뜻을 추구하고 순종하실 수 있었습니다(39-42절). 26장 이후의 이야기는 예수님의 고난과 죽음에 관한 이야기입니다. 싸움에서 지는 이야기입니다. 그래서 제자들은 도망가고 유대 지도자들은 승리에 도취하여 제 맘대로 합니다. 그러나 이 모든 이야기의 첫머리를 여는 이야기에서 마태는 승리를 말합니다. 베다니의 여인은 예수님의 "머리에" 향유를 붓습니다. 이것은 왕의 즉위식 모습입니다. 비록 이것이 장례를 준비하는 것이지만(12절), 죽음과 패배가 아니라 승리의 장례식입니다. 왜냐하면 고난과 죽음 뒤에 하나님께서 마련해두신 부활의 승리가 있기 때문입니다. 예수님은 이미 그 승리 후에 갈릴리의 재결합까지 말씀하셨습니다(32절).

마태복음 27장

¹ 새벽이 되어서, 대제사장들과 백성의 장로들이 모두 예수를 죽이기로 결의하였다. ² 그들은 예수를 결박하여 끌고 가서, 총독 빌라도에게 넘겨주었다. ³ 그 때에, 예수를 넘겨준 유다는, 그가 유죄 판결을 받으신 것을 보고 뉘우쳐, 그 은돈 서른 닢을 대제사장들과 장로들에게 돌려주고, ⁴ 말하였다. "내가 죄 없는 피를 팔아 넘김으로 죄를 지었소." 그러나 그들은 "그것이 우리와 무슨 상관이요? 그대의 문제요" 하고 말하였다. ⁵ 유다는 그 은돈을 성전에 내던지고 물러가서, 스스로 목을 매달아 죽었다. ⁶ 대제사장들은 그 은돈을 거두고 말하였다. "이것은 피 값이니, 성전 금고에 넣으면 안 되오." ⁷ 그들은 의논한 끝에, 그 돈으로 토기장이의 밭을 사서, 나그네들의 묘지로 사용하기로 하였다. ⁸ 그 밭은 오늘날까지 피밭이라고 한다. ⁹ 그래서 예언자 예레미야를 시켜서 하신 말씀이 이루어졌다. "그들이 은돈 서른 닢, 곧 이스라엘 자손이 값을 매긴 사람의 몸값을 받아서, ¹⁰ 그것을 주고 토기장이의 밭을 샀으니, 주님께서 내게 지시하신 그대로다." ¹¹ 예수께서 총독 앞에 서시니, 총독이 예수께 물었다. "당신이 유대인의 왕이오?" 그러나 예수께서는 "당신이 그렇게 말하고 있소" 하고 말씀하셨다. ¹² 예수께서는 대제사장들과 장로들이 고발하는 말에는 아무 대답도 하지 않으셨다. ¹³ 그 때에 빌라도가 예수께 말하였다. "사람들이 저렇게 여러 가지로 당신에게 불리한 증언을 하는데, 들리지 않소?" ¹⁴ 예수께서 한 마디도, 단 한 가지

고발에도 대답하지 않으시니, 총독은 매우 이상히 여겼다. **15** 명절 때마다 총독이 무리가 원하는 죄수 하나를 놓아주는 관례가 있었다. **16** 그런데 그 때에 [예수] 바라바라고 하는 소문난 죄수가 있었다. **17** 무리가 모였을 때에, 빌라도가 그들에게 말하였다. "여러분은, 내가 누구를 놓아주기를 바라오? 바라바 [예수]요? 그리스도라고 하는 예수요?" **18** 빌라도는, 그들이 시기하여 예수를 넘겨주었음을 알았던 것이다. **19** 빌라도가 재판석에 앉아 있을 때에, 그의 아내가 사람을 보내어 말을 전하였다. "당신은 그 옳은 사람에게 아무 관여도 하지 마세요. 지난 밤 꿈에 내가 그 사람 때문에 몹시 괴로웠어요." **20** 그러나 대제사장들과 장로들은 무리를 구슬러서, 바라바를 놓아달라고 하고, 예수를 죽이라고 요청하게 하였다. **21** 총독이 그들에게 물었다. "이 두 사람 가운데서, 누구를 놓아주기를 바라오?" 그들이 말하였다. "바라바요." **22** 그 때에 빌라도가 그들에게 말하였다. "그러면 그리스도라고 하는 예수는, 나더러 어떻게 하라는 거요?" 그들이 모두 말하였다. "그를 십자가에 못박으시오." **23** 빌라도가 말하였다. "정말 이 사람이 무슨 나쁜 일을 하였소?" 사람들이 더욱 큰 소리로 외쳤다. "십자가에 못박으시오." **24** 빌라도는, 자기로서는 어찌할 도리가 없다는 것과 또 민란이 일어나려는 것을 보고, 물을 가져다가 무리 앞에서 손을 씻고 말하였다. "나는 이 사람의 피에 대하여 책임이 없으니, 여러분이 알아서 하시오." **25** 그러자 온 백성이 대답하였다. "그 사람의 피를 우리와 우리 자손에게 돌리시오." **26** 그래서 빌라도는 그들에게, 바라바는 놓아주고, 예수는 채찍질한 뒤에 십자가에 처형하라고 넘겨주었다. **27** 총독의 병사들이 예수를 총독 관저로 끌고 들어가서, 온 부대를 다 그의 앞에 불러모았다. **28** 그리고 예수의 옷을 벗기고, 주홍색 걸침 옷을 걸치게 한 다음에, **29** 가시로 면류관을 엮어 그의 머리에 씌우고, 그의 오른손에 갈대를 들게 하였다. 그리고 그분 앞에 무릎을 꿇고, "유대인의 왕 만세!" 하고 말하면서 그를 희롱하였다. **30** 또 그들은 그에게 침을 뱉고, 갈대를 빼앗아서, 머리를 쳤다. ³¹ 이렇게 희롱한 다음에, 그들은 주홍 옷을 벗기고, 그의 옷을 도로 입혔다. 그리고 십자가에 못박으려고, 그를 끌고 나갔다. ³² 그들은 나가다가, 시몬이라는 구레네 사람을 만나서, 강제로 예수의 십자가를 지고 가게 하였다. ³³ 그들은 골고다 곧 '해골 곳'이라는 곳에 이르러서, ³⁴ 포도주에 쓸개를 타서, 예수께 드려서 마시게 하였으나, 그는 그 맛을 보시고는, 마시려고 하지 않으셨다. ³⁵ 그들은 예수를 십자가에 못박고 나서, 제비를 뽑아서, 그의 옷을 나누어 가졌다. ³⁶ 그리고 거기에 앉아서, 그를 지키고 있었다. ³⁷ 그리고 그의 머리 위에는 "이 사람은 유대인의 왕 예수다" 이렇게 쓴 죄패를 붙였다. ³⁸ 그 때에 강도 두 사람이 예수와 함께 십자가에 못박혔는데, 하나는 그의 오른쪽에, 하나는 그의 왼쪽에 달렸다. ³⁹ 지나가는 사람들이 머리를 흔들면서, 예수를 모욕하여 ⁴⁰ 말하였다. "성전을 허물고, 사흘만에 짓겠다던 사람아, 네가 하나님의 아들이거든, 너나 구원하여라. 십자가에서 내려와 보아라." ⁴¹ 그와 같이, 대제사장들도 율법학자들과 장로들과 함께 조롱하면서 말하였다. ⁴² "그가 남은 구원하였으나, 자기는 구원하지 못하는가 보다! 그가 이스라엘 왕이시니, 지금 십자가에서 내려오시라지! 그러면 우리가 그를 믿을 터인데! ⁴³ 그가 하나님을 의지하였으니, 하나님이 원하시면, 이제 그를 구원하시라지. 그가 말하기를 '나는 하나님의 아들이다' 하였으니 말이다." ⁴⁴ 함께 십자가에 달린 강도들도 마찬가지로 예수를 욕하였다. ⁴⁵ 낮 열두 시부터 어둠이 온 땅을 덮어서, 오후 세 시까지 계속되었다. ⁴⁶ 세 시쯤에 예수께서 큰 소리로 부르짖어 말씀하셨다. "엘리 엘리 라마 사박다니?" 그것은 "나의 하나님, 나의 하나님, 어찌하여 나를 버리셨습니까?"라는 뜻이다. ⁴⁷ 거기에 서 있는 사람들 가운데 몇이 이 말을 듣고서 말하였다. "이 사람이 엘리야를 부르고 있다." ⁴⁸ 그러자 그들 가운데서 한 사람이 곧 달려가서 해면을 가져다가, 신 포도주에 적셔서, 갈대에 꿰어, 그에게 마시게 하였다. ⁴⁹ 그러나 다른 사람들은 "어디 엘리야가 와서, 그를 구하여 주나 두고 보자" 하고 말하였다. **50** 예수께서 다시 큰 소리로 외치시고, 숨을 거두셨다. **51** 그런데 보아라, 성전 휘장이 위에서 아래까지 두 폭으로 찢어졌다. 그리고 땅이 흔들리고, 바위가 갈라지고, **52** 무덤이 열리고, 잠자던 많은 성도의 몸이 살아났다. **53** 그리고 그들은, 예수께서 부활하신 뒤에, 무덤에서 나와, 거룩한 도성에 들어가서, 많은 사람에게 나타났다. **54** 백부장과 그와 함께 예수를 지키는 사람들이, 지진과 여러 가지 일어난 일들을 보고, 몹시 두려워하여 말하기를 "참으로, 이분은 하나님의 아들이셨다" 하였다. **55** 거기에는 많은 여자들이 멀찍이 지켜보고 있었는데, 그들은 예수께 시중을 들면서 갈릴리에서 따라온 사람이었다. **56** 그들 가운데는 막달라 출신 마리아와 야고보와 요셉의 어머니 마리아와 세베대의 아들들의 어머니가 있었다. **57** 날이 저물었을 때에, 아리마대 출신으로 요셉이라고 하는 한 부자가 왔다. 그도 역시 예수의 제자이다. **58** 이 사람이 빌라도에게 가서, 예수의 시신을 내어 달라고 청하니, 빌라도가 내어 주라고 명령하였다. **59** 그래서 요셉은 예수의 시신을 가져다가, 깨끗한 삼베로 싸서, **60** 바위를 뚫어서 만든 자기의 새 무덤에 모신 다음에, 무덤 어귀에다가 큰 돌을 굴려 놓고 갔다. **61** 거기 무덤 맞은편에는 막달라 마리아와 다른 마리아가 앉아 있었다. **62** 이튿날 곧 예비일 다음날에, 대제사장들과 바리새파 사람들이 빌라도에게 몰려가서 **63** 말하였다. "각하, 세상을 미혹하던 그 사람이 살아 있을 때에 사흘 뒤에 자기가 살아날 것이라고 말한 것을, 우리가 기억하고 있습니다. **64** 그러니 사흘째 되는 날까지는, 무덤을 단단히 지키라고 명령해 주십시오. 혹시 그의 제자들이 와서, 시체를 훔쳐 가고서는, 백성에게는 '그가 죽은 사람들 가운데서 살아났다' 하고 말할지도 모릅니다. 그렇게 되면, 이번 속임수는 처음 것보다 더 나쁜 영향을 미칠 것입니다." **65** 빌라도가 그들에게 말하였다. "경비병을 내줄 터이니, 물러가서 재주껏 지키시오." **66** 그들은 물러가서 그 돌을 봉인하고, 경비병을 두어서 무덤을 단단히 지켰다.

웨슬리와 함께 읽기

1 **아침에** – 산헤드린은 성전의 한 회의소에서 모이곤 했는데, 이 회의가 밤에 열리지는 않았다. 그래서 그들은 정규적으로 회무를 진행하여 예수께 사형 선고를 내리기 위해서 아침이 될 때까지 남아 있어야만 했다(막 15:1; 눅 22:66; 23:1; 요 18:28).

2 **그를 결박하여** – 그들은 예수께서 처음 잡히실 때 그분을 결박했었다. 그러나 그들은 이제 새로 결박한다. 왜냐하면 예루살렘 거리를 통과해서 예수께서 지나가실 때 행여나 탈출하지 않을까 확실히 해두기 위해서였다.

3 **그때 유다는 그가 유죄 판결을 받으신 것을 보고** – 아마도 그는 그리스도께서 어떤 기적을 일으켜서 이런 일이 안 일어나게 하실 것으로 생각했을 것이다.

4 **그들은 그것이 우리와 무슨 상관이냐고 말하였다** – 그들이 얼마나 무고한 피를 그토록 쉽게 먹어치우는지 보라! 그래도 그들은 양심은 있었다! 그들이 말하는 것처럼 그 돈을 금고에 넣어두는 것은 불법이다. – 그러나 무고한 자를 죽이는 것은 아주 합법적이다!

5 산헤드린이 모인 성전의 어느 장소에서.

7 **그들은 토기장이의 밭을 사서** – 이 장소는 이런 이름으로 잘 알려져 있었던 것 같다. 예루살렘 근처에 있는 땅 치고는 아주 싼 가격에 산 것이다. 아마도 이 땅은 토기 그릇을 위해서 파냈던 장소인 듯하다. 그래서 이 땅은 농사를 짓거나 가축을 기르기에 적합하지 않았던 것 같다. 따라서 이 땅은 그다지 값어치가 없는 토지였던 것 같다. **나그네들** – 특히 이교도들. 예루살렘에는 많은 이교도가 있었다.

9 **이루어졌다** – 옛날에 비유적으로 표현되었던 것이 이제 실제로 성취되었다. **예언자를 통해서 하신 말씀** – 예레미야의 말은 후대 본문에 추가로 덧붙여진 것이고, 많은 번역본이 이것을 받아들였다. 그러나 이것은 명백한 실수이다. 성 마태가 여기에서 인용하는 것은 (더 정확히 말하자면, 풀어서 말하는 것은) 예레미야에게서 온 것이 아니라 스가랴에서 온 것이다(슥 11:12).**125)**

10 **주님께서 내게 지시하신 그대로다** – 기록하신, 쓰신.

11 **당신이 유대인의 왕이요** – 가야바 앞에 서신 예수께서는 자신이 그리스도라고 분명히 증언하신다. 그리고 빌라도 앞에서는 왕이라고 밝히신다. 이것을 통해서 분명히 드러나는 것은 그분께서는 어떤 것도 두려워하지 않고 대답하신다는 것이다.

15 **명절 때마다** – 매년 유월절 절기에(막 15:6; 눅 23:17; 요 18:39).

18 **그는 그들이 시기하여 그를 넘겨주었음을 알았다** – 악한 마음을 가지고 그리고 복수하려는 마음으로 그들은 그렇게 하였다. 그들은 사람들이 예수를 대단하게 여기는 것을 시기하였다.

22 **그들은 모두 그를 십자가에 못박으라고 말했다** – 원래 바라바가 받아야 하는 형벌이었다. 이 때문에 그들은 예수에 대한 십자가형을 생각했었을 것이다. 그러나 그들은 악의에 찬 나머지 그들이 로마 당국

에 얼마나 위험한 선례를 남겼는지 생각하지 못했다. 결국 몇 년이 채 가지 못해서 이러한 끔찍한 결과는 당장 자기 자신들 머리에 떨어지게 되었다.

24 빌라도는 물을 가져다가 자기 손을 씻었다 - 이러한 행동은 유대인뿐만 아니라 이교도들 사이에서도 자신이 무죄하다는 것을 표시하기 위해 하는 행동이었다.

25 그의 피를 우리와 우리 자손에게 돌리시오 - 이러한 저주는 정말로 무서운 것이었다. 이 저주는 유대 나라에 아주 빨리 성취되어서 결국 이 나라는 멸망하게 되었는데, 이 불쌍한 백성들에게 이후로 벌어진 커다란 재앙은 특히 로마 장군인 티투스가 예루살렘을 포위했을 때 유대인들에게 내려진 것으로 성취되었다. 그때 상당히 많은 사람이 끔찍하게 괴롭힘을 당하고 도시를 뼁 둘러쌀 정도로 십자가형을 당했다. 너무나 많이 십자가에 매달아서 성벽 근처에는 더 이상 십자가를 세워둘 공간이 없을 정도였다. 지금 이 자리에서 소리를 지르는 사람들 가운데는 그들의 자녀들도 많이 있었을 것이고, 따라서 아마도 티투스 때에 죽임을 당한 사람들 가운데는 지금 이 자리에서 이렇게 소리치던 사람들도 있었을 것이다. 하나님의 손가락이 이렇게 자기 아들을 십자가에 못 박은 그들의 범죄를 지목하였다.

26 그가 그분을 십자가에 못 박으라고 넘겨주었다 - 사람을 십자가에 못 박을 때는 먼저 그 사람을 땅에 눕힌 다음에 양손을 끝까지 잡아 늘여서 펼치고 못을 박았다. 그리고 양쪽 발은 함께 모아서 못을 박았다. 그다음에 십자가를 올려세운 다음에 그 십자가의 다리 부분은 미리 파 놓은 구덩이에 세게 박아 넣었다. 십자가를 땅에 박을 때 발생하는 충격으로 몸의 관절이 빠지는데, 그 사람의 모든 몸무게가 못에 매달려서

쏠리기 때문이다. 그리고 이 사람은 단지 고통으로 인해 서서히 소멸해 간다. 이러한 사형 방식은 로마인들만이 사용한 것이었는데, 이 형벌은 노예나 악독한 범죄자들에게만 주어진 것이었다.

27 온 부대 – 혹은 무리. 이것은 특히 엄중한 경우에 어떠한 무질서나 소요 사태가 발생하는 것을 막는 임무를 지닌 병력으로서, 총독의 통제를 받았다(막 15:16; 요 19:2).

28 그들은 주홍색 옷을 입혔다 – 이런 옷은 왕이나 장군들이 입는 옷으로서 아마도 다 낡아 떨어진 것이었을 것이다.

32 그들은 강제로 그가 자기 십자가를 지고 가게 시켰다 – 그분께서는 십자가에 짓눌려 쓰러질 때까지 직접 그것을 지고 가셨다(요 19:17).

33 골고다 곧, 해골의 장소라는 곳 – 시리아어로 골고다는 해골이나 머리를 뜻한다. 이것은 아마 그때부터 그렇게 불린 것 같다. 이곳은 갈보리 산에 툭 튀어나온 곳으로서 왕의 정원으로부터 그리 멀리 떨어져 있지 않았다(막 15:22; 눅 23:33; 요 19:17).

34 그들은 쓸개를 탄 신 포도주를 그분께 드렸다 – 장난을 치려고. 비록 구역질이 나는 것이었지만 그분께서는 그것을 받아서 맛보셨다. 성 마가는 그분께서 다른 혼합물, 즉 몰약을 섞은 포도주를 받으셨다고 전한다. 죽어가는 죄수에게 고통을 좀 덜 느끼게 해주려고 이런 것을 주는 것은 그 당시의 관습이었다. 그러나 우리 주님께서는 이것을 맛보기를 거절하셨다. 왜냐하면 그분께서는 자신의 고통을 모두 그대로 짊어지시기로 마음먹으셨기 때문이었다.

35 그들은 그의 옷을 나누어 가졌다 – 이것은 로마인들의 관습이었다. 군인들은 처형 임무를 수행했는데, 죄수들이 남긴 것을 자기들끼리 나누어가졌다. 내 수확물, 즉 내 속옷(시 22:18).

38 마가복음 15장 27절; 누가복음 23장 32절.

44 마가복음 15장 32절; 누가복음 23장 33절.

45 이러한 현상은 이교도 학자들이 보았을 때도 그것이 단순히 자연적인 일식이 아니라는 것을 알았다. 왜냐하면 이때는 보름달이 뜨는 때였고, 이런 현상이 세 시간 동안이나 지속하였기 때문이었다. 그래서 그들은 "자연의 하나님께서 고통을 당하고 계시든지 아니면 이 세계의 틀이 녹아 없어지는 것이다"라고 소리쳤다. 하나님께서는 이러한 어둠을 통해서 자신이 당시에 벌어지고 있는 그 사악함을 얼마나 혐오하셨는지를 증명하셨다. 이것은 마찬가지로 그리스도의 상처와 하나님의 정의 사이의 갈등을 또한 악의 모든 권세를 누그러뜨렸다.

46 세 시쯤에 예수께서 큰 소리로 부르짖어 – 우리 주님의 큰 고초는 이 세 시간 내내 지속하였을 것이다. 그리고 그 고통스러운 시간의 결말은 이처럼 소리를 지르는 것이었다. 그분께서는 하나님 자신으로부터 말로 할 수 없는 고통을 겪으셨다. **나의 하나님, 나의 하나님, 어찌하여 나를 버리셨습니까** – 우리 주님께서는 여기에서 하나님께 대한 자신의 신뢰를 즉각적으로 표현하신다. 그리고 그분께서는 어둠의 권세가 자기 위에 내리도록 풀어주는 가장 큰 고통의 감정을 느끼고 계신다. 그분께서는 자기 자신의 존재 그 자체의 평안함을 포기하고 대신에 자기가 짊어지시는 죄로 인한 끔찍한 분노의 감정으로 자신의 영혼을 채우고 계신다(시 22:1).

48 **한 사람이 해면을 가져다가 신 포도주에 적셔서** – 로마 군인들은 신 포도주와 물을 일상적으로 마셨다. 아마도 여기에서 신 포도주를 드리는 것은 조롱하기 위한 것이 아니라 엘리야가 오기 전에 그분께서 죽지 않도록 하려는 친절한 의도에서 비롯된 것처럼 보인다(요 19:28).[126)]

50 **그분께서 큰소리로 외치시고** – 아직도 숨이 온전하게 그분 안에 남아있다는 것을 보여주기 위하여. **자신의 영을 버리셨다** – 원어로 번역하면 이렇게 할 수 있다. 이러한 표현은 우리 공경할 만한 주님의 말씀에 어울리는 것이다(요 10:18). 누구도 내게서 생명을 거두어갈 수 없다. 오직 나 자신이 그냥 내려놓는 것이다. 그분은 자발적으로 돌아가신 것이며 자기 자신에게 특별한 방식으로 그렇게 하신 것이다. 인류의 역사 가운데 살았던 많은 사람 가운데 오직 그분만이 그토록 큰 고초를 겪음에도 불구하고 자기가 원하는 만큼 살아계실 수 있었고, 자신이 생각하기에 적당하다 싶을 때 마음먹은 대로 육신을 버릴 수 있었다. 자기 죽음을 통해서 그분께서 보여주신 그 사랑을 이것이 그 얼마나 잘 설명해주고 있는가! 그분께서 십자가에 달리셨을 때 느낄 수 없는 시체만을 그 잔인한 살인자들에게 남겨두고 떠나버리실 수 있었지만, 그분은 그렇게 그저 자신의 몸을 버리는 데 자신의 능력을 사용하지 않으셨다.[127] 그러나 그분께서는 굳은 결심으로 적당한 때가 되었다고 할 때까지 그 육신 가운데 계속 머물러 계셨다. 그 후에 그분께서는 다른 그 어떤 죽음에서도 알 수 없고 알려지지도 않은 그러한 위엄과 숭고함으로 그 육신을 떠나신 것이다. 죽음은 (굳이 우리가 이것을 이 단어로 표현하자면) 마치 생명의 임금과 같았다.

51 그분께서 숨을 거두시자마자, 아직 태양이 여전히 어두운 가운데 있을 때 지성소를 제사장들의 뜰과 분리하고 있던 성전의 휘장이 (비록 아주 값비싸고 강한 직물로 만들어진 것이었지만) 위에서부터 아래로 둘로 찢어졌다. 그리하여 제사장이 황금 제단에서 제사를 지내고 있을 때 (희생제를 드릴 시간이었다) 거룩한 신탁은 보이지 않는 권능에 의해 완전히 드러나게 되었다. 하나님은 여기에서 벽을 가로막고 있는 유대인의 제의 휘장을 속히 없

애버리셨고, 이로써 유대인들과 이방인들이 이제 모두 동등한 권리를 갖게 되었다. 그리고 휘장을 뚫고 새롭게 열어놓으신 길은 모든 믿는 자들이 가장 거룩한 장소로 들어갈 수 있게 만들어준 그분의 몸이다. **지진이 일어나서** – 주로 예루살렘 근처에서 일어나지만, 지구에는 지진이 일어나는 것이 일반적인 일이다. 하나님께서는 이로써 유대 민족에 대한 자신의 분노를 드러내 보이셨다. 왜냐하면 그들이 끔찍한 불경을 저질렀기 때문이었다.

52 무덤 가운데 어떤 것들은 지진이 일어난 여파로 인해 부서지고 열리게 되었다. 하지만 그것들은 대부분 그냥 닫힌 채로 있었다(이 열린 무덤들은 아마도 안식일 내내 열린 채로 그대로 남아 있었을 것이다. 왜냐하면 율법에 따르면 그것을 닫는 어떤 행동도 해서는 안 되기 때문이다). **이때 많은 성도의 몸이 일으켜졌다.** (아마도 시므온, 사가랴, 세례자 요한 그리고 그리스도를 믿었던 다른 사람들과 예루살렘에 사는 사람들 사이에서 알려졌던 다른 많은 사람이) **그들은 그분의 부활 이후에 무덤에서 나와서 거룩한 도성**(예루살렘)**으로 들어가서 많은 사람에게 나타났다** – 아마도 이 사람들은 이전에 그들과 아는 사이였을 것이다. 하나님께서는 여기에서 그리스도께서 죽음을 이기셨고 적절한 때에 자신의 모든 성도를 일으키실 것이라는 점을 보여주신 것이다.

54 백부장 – 호위대를 지휘하던 장교. 그와 함께 있던 자들이 두려워하여 말했다. **진실로 이 사람은 하나님의 아들이었다** – 이 말은 대제사장들과 율법학자들의 말을 가리킨다(마 27:43). 그는 "나는 하나님의 아들이다"라고 말씀하셨다.

56 야고보 – 작은 야고보. 이 사람은 요한의 형제인 다른 야고보와 구분하기 위하여 이렇게 불렸다. 아마도 그 사람은 체격이 작아서 그랬던 것 같다.

57 날이 저물었을 때 – 즉, 오후 세 시 이후에. 그 당시 사람들은 오후 세 시부터 여섯 시까지를 저녁이라고 불렀다(막 15:42; 눅 23:50; 요 19:38).

62 이튿날 곧 예비일 다음 날에 – 예비일이라는 것은 안식일 전날을 가리킨다. 유대인들은 이날에 안식일을 준비했다. 그다음 날은 유대인에 따르면 안식일이었다. 그러나 복음서 저자는 직설적으로 말하지 않고 이렇게 돌려서 말을 하고 있다. 아마도 그 당시에 유대인의 안식일은 폐지되었다는 것을 보여주려는 의도에서였던 것 같다.[128]

63 그가 아직 살아있을 때 사흘 뒤에 자기가 다시 살아날 것이라고 말했다는 것을 – 우리는 그분께서 이러한 사실을 그 사람들에게 말씀하셨던 것을 찾아볼 수 없다. 굳이 있다면 그분께서 자신의 육체를 성전에 빗대어 말씀하셨던 것만 찾을 수 있다(요 2:19, 21). 만일 이 사람들이 말하는 것이 그분께서 그때 이렇게 말씀하셨던 것을 가리키는 것이라면, 그분께서 의회 앞에서 재판을 받으셨을 당시에 그들이 이런 말을 근거로 했다는 것이 얼마나 왜곡되고 불법적이었는지 알 수 있다(마 26:61). 그때 그들은 그 말을 이해하지 못했던 것 같다.

65 너희에게도 경비병이 있으니 – 너희 자신들의 병력. 이 병력은 안토니아 성루에 있는 병력으로서 성전을 지키기 위해서 주둔하고 있었다.[129]

66 그들은 물러가서 그 돌을 봉인하고 경비병을 두었다 – 그들은 고정하여 돌 위에 두는 부분을 빌라도의 인장이나 산헤드린의 공인 인장으로 봉했다. 이와 같은 특별한 경계는 그리스도께서 부활하셨다는 것이 확실하다는 것을 강하게 증명하기 위한 하나님의 섭리로 이루어지고 있었다. 행여 시신이 발견되더라도 속임수의 의혹은 전혀 있을 수 없었다. 왜냐하면 그의 육신은 새로운 무덤에서 부활하였는데, 그 무덤에는 그

분의 시신 이외에 다른 시신이 없었고, 그 무덤은 바위로 굴려서 막았으며, 그 입구는 커다란 돌로 막아 봉인을 하여 군인들이 지키고 있었기 때문이다.

역자 해설

이제 예수님은 빌라도에게 넘겨졌습니다. 마태는 잠시 가룟 유다의 죽음에 대해 언급합니다. 가룟 유다가 왜 예수님을 팔아넘겼는지 정확히 알 수는 없지만, 예수님에 대한 실망감 때문이었을 수 있습니다. 가룟이라는 말이 어디에서 나왔는지 여러 가능성이 있는데, 보통 그 사람의 고향 출신(나사렛 예수, 막달라 마리아, 아리마대 요셉), 가문(시몬 바 요나, 바-디매오) 혹은 그의 정치적 배경(열심당원 시몬) 등이 있습니다. 아마 가룟이라는 말은 그의 정치적 배경일 가능성이 큽니다. 작은 칼을 가리키는 시카리라는 말에서 가룟(이스카리옷)이 붙은 것일 수 있는데, 이들은 단도를 품에 숨기고 다니다가 로마 제국의 편에 있는 사람들을 찌르는 폭력 독립운동 단체원이었습니다.

가룟 유다는 제자단에서 회계를 담당할 정도로 그 역할이 비중 있는 사람이었습니다(요 13:29). 최후의 만찬 자리에서 예수님과 한 그릇에 손을 넣었는데(마 26:23), 이로 미루어볼 때 가룟 유다는 예수님과 매우 가까운 거리에서 식사할 정도로 측근이었습니다. 그랬던 그가 왜 예수님을 팔았을까요? 아마도 처음에는 예수님과 자기가 뜻을 함께한다고 생각했을 것입니다. 그래서 예수님의 심복이 되어 열심히 일했을 것입니다. 그러나 예수님께서 십자가에 달려 죽을 것이라 말씀하시자 아마 유다는(다른 제자들도 같은 심정이었을 것입니다. 심지어 제자단의 대표인 베드로는 예수님께 대들기도 합니다. 마 16:21-23) 예수님과 길이 어긋난다는 것을 느꼈을 것입니다.

제자뿐만 아니라 많은 군중이 그랬습니다. 불과 며칠 전만 해도 "호산나, 구원하소서!"라고 환호했던 그들이 차라리 바라바를 놔주고 예수님을 죽이라고 소리를 지릅니다. 특이한 것은 유대 지도자들이 그렇게 부추긴다는 점입니다(27:20). 바라바는 단순히 강도가 아닌, 유혈 폭력 독립운동가였을 가능성이 높습니다(눅 23:19). 사람들은 예수님에게서 로마 침략자들을 몰아내고 왕성한 다윗 왕국의 찬란한 영광을 되찾아줄 메시아의 모습을 기대했습니다(막 11:10; 요 12:13). 그러나 예수님의 길은 그것이 아니었습니다. 참 하나님 나라는 폭력이 아닌 사랑과 희생으로 이루어진다는 가르침(5:38-47)을 주셨지만, 그들은 그 길을 버렸습니다.

십자가에 달리신 예수님 아래에서 군중은 그분을 조롱합니다. "그가 이스라엘의 왕이시니, 지금 십자가에서 내려오라지? 그러면 우리가 믿을 터인데! 그가 스스로 하나님의 아들이라고 했으니까, 그가 하나님을 의지하고 있으니, 하나님이 원하시면 이제 그를 구원하시겠지."(42-43절) 이 말씀은 시편 91편 인용구로서, 예수님이 사역을 시작하시기 전 사탄에게 시험을 당할 때 사용되었던 구절입니다. 사탄에게서 시작되었던 이 유혹이 마지막 십자가 위에서도 똑같이 벌어집니다. 정말로 하나님의 아들이 맞다면 한번 멋지고 힘센 모습을 보이라는 유혹입니다.

그 마지막 순간까지 사탄은 계속 미혹합니다. "정말 하나님이 살아계시고 너를 지켜주신다는 것을, 네가 추구하는 것이 정말 하나님이 원하시고 계획하신 것인지 아니면 그저 네 생각에서 그렇게 한 것인지 한번 증명해라"라는 것입니다. 사탄은 우리에게도 끊임없이 이런 유혹을 던집니다. "그게 정말 하나님의 뜻인가? 혹시 네 머릿속에서 나온 것이 아닌가? 그것을 어떻게 증명할 것인가? 과연 하나님이 살아계신가? 그분이 너를 인도해주실까? 하나님이라는 것이 혹시 인간이 복을 받기 위해서 혹은 공포를 이기기 위해서 만들어놓은 상상의 결과물이 아닌가?"

이런 시험에 우리의 마음이 무너지면 결국 우리는 하나님을 떠나게 됩니다. 특히 우리가 성경에 나온 예수님의 가르침대로 살다가 어려움을 겪을 때 혹은 하나님 없이 사는 사람들이 승승장구하는 모습을 볼 때 이런 유혹의 목소리가 더 크게 들립니다. 그러나 예수님께서는 끝까지 그 유혹을 이기셨습니다. 만일 예수님이 "그래? 그까짓 것 내가 못할 줄 알고?" 하고 신비한 능력으로 내려오셨더라면, 과연 사람들이 그 모습을 보고 예수님을 믿고 따랐을까요? 봐야지 믿는다고 하는 사람은 정작 보게 되어도 안 믿기 마련입니다. 믿을 사람은 굳이 안 봐도 믿습니다(요 20:29). 도리어 예수님께서 결국 그렇게 십자가에서 돌아가셨을 때 그 모습을 보고 사람들이 예수님을 제대로 알고 고백합니다(54절). 그리고 십자가의 죽음이 있었기에 부활의 승리가 있었습니다.

마태복음 28장

¹ 안식일이 지나고, 이레의 첫 날 동틀 무렵에, 막달라 마리아와 다른 마리아가 무덤을 보러 갔다. ² 그런데 갑자기 큰 지진이 일어났다. 주님의 한 천사가 하늘에서 내려와 무덤에 다가와서, 그 돌을 굴려 내고, 그 돌 위에 앉았다. ³ 그 천사의 모습은 번개와 같았고, 그의 옷은 눈과 같이 희었다. ⁴ 지키던 사람들은 천사를 보고 두려워서 떨었고, 죽은 사람처럼 되었다. ⁵ 천사가 여자들에게 말하였다. "두려워하지 말아라. 나는, 너희가 십자가에 달리신 예수를 찾는 줄 안다. ⁶ 그는 여기에 계시지 않다. 그가 말씀하신 대로, 그는 살아나셨다. 와서 그가 누워 계시던 곳을 보아라. ⁷ 그리고 빨리 가서 제자들에게 전하기를, 그는 죽은 사람들 가운데서 살아 나셔서, 그들보다 먼저 갈릴리로 가시니, 그들은 거기서 그를 뵙게 될 것이라고 하여라. 이것이 내가 너희에게 하는 말이다." ⁸ 여자들은 무서움과 큰 기쁨이 엇갈려서, 급히 무덤을 떠나, 이 소식을 그의 제자들에게 전하려고 달려갔다. ⁹ 그런데 갑자기 예수께서 여자들과 마주쳐서 "평안하냐?" 하고 말씀하셨다. 여자들은 다가가서, 그의 발을 붙잡고, 그에게 절을 하였다. ¹⁰ 그 때에 예수께서 그 여자들에게 말씀하셨다. "무서워하지 말아라. 가서, 나의 형제들에게 갈릴리로 가라고 전하여라. 그러면, 거기에서 그들이 나를 만날 것이다." ¹¹ 여자들이 가는데, 경비병 가운데 몇 사람이 성 안으로 들어가서, 일어

난 일을 모두 대제사장들에게 보고하였다. **¹²** 대제사장들은 장로들과 함께 모여 의논한 끝에, 병사들에게 은돈을 많이 집어 주고 **¹³** 말하였다. "'예수의 제자들이 밤중에 와서, 우리가 잠든 사이에 시체를 훔쳐갔다' 하고 말하여라. **¹⁴** 이 소문이 총독의 귀에 들어가게 되더라도, 우리가 잘 말해서, 너희에게 아무 해가 미치지 않게 해주겠다." **¹⁵** 그들은 돈을 받고서, 시키는 대로 하였다. 그리고 이 말이 오늘날까지 유대인들 사이에 널리 퍼져 있다. **¹⁶** 열한 제자가 갈릴리로 가서, 예수께서 일러주신 산에 이르렀다. **¹⁷** 그들은 예수를 뵙고, 절을 하였다. 그러나 의심하는 사람들도 있었다. **¹⁸** 예수께서 다가와서, 그들에게 말씀하셨다. "나는 하늘과 땅의 모든 권세를 받았다. **¹⁹** 그러므로 너희는 가서, 모든 민족을 제자로 삼아서, 아버지와 아들과 성령의 이름으로 세례를 주고, **²⁰** 내가 너희에게 명령한 모든 것을 그들에게 가르쳐 지키게 하여라. 보아라, 내가 세상 끝 날까지 항상 너희와 함께 있을 것이다."

웨슬리와 함께 읽기

1 마가복음 16장 1절; 누가복음 24장 1절; 요한복음 20장 1절.

2 **주님의 천사가 돌을 굴려놓고 그 위에 앉았다** – 성 누가와 성 요한은 두 명의 천사가 나타났다고 전한다. 아마도 이 둘 중의 하나가 나타나서 무덤 바깥에 있는 돌 위에 앉아 있었고, 그 후에 무덤 안으로 들어갔는데, 이미 그 안에는 한 천사가 머리맡에 앉아 있었고, 이 다른 천사는 그분의 몸이 눕혀있던 발치에 앉았던 것으로 보인다.

6 **주께서 누워있던 곳을 와서 보라** – 아마도 여인들이 무덤 안으로 들어가기 전에 와서 그 장소를 보라고 말하는 것은 그분께서 부활하셨다는 것을 말하려는 것 같다. 이것은 성 요한이 말하는 것과 명백하게 합치한다(요 20:12). 여기에서는 두 천사 가운데 하나가 말했다.

7 **거기에서 너희들이 그를 볼 것이다** – 그분께서 그들 모두에게 위엄 있는 모습으로 나타나실 것이다. 그러나 그들의 은혜로우신 주님께서는 그렇게 오랫동안 사라져 계시지는 않으려 하셨다. 그래서 그분께서는 그전에 몇 번 그들에게 나타나셨다. **보라, 내가 너희에게 말한다** – 이것은 그분께서 전에 말씀하셨던 것을 엄숙하게 확인해주는 말이다.

9 **평안** – 이 단어의 첫째 의미는 "기뻐하라"이다. 둘째 의미이자 일반적

으로 통하는 의미는 "너희에게 행복이 깃들기를 바란다"이다.

10 가서 내 형제들에게 말하라 – 비록 그들은 최근에 나를 부인하고 나를 저버렸지만, 그럼에도 나는 아직도 그들을 내 형제로 생각한다.

13 그의 제자들이 밤에 와서 우리가 자는 동안에 그를 훔쳐 갔다고 말하라 – 지각이 있는 사람이라면 누구나 이렇게 형편없고 얕은 술수의 모순을 다 알아차릴 것이다. 만일 너희가 깨어 있었다면 왜 너희는 제자들이 그를 훔쳐 가도록 내버려 두었는가? 만일 너희가 잠들어 있었다면 그들이 훔쳐 갔다는 것을 어떻게 안단 말인가?

16 예수께서 일러주신 산에 – 아마도 이 산은 다볼산이었을 것이다. 이 산은 (흔히들 생각하듯이) 예수께서 변화하셨던 산이었다. 또한, 예수께서는 오백 명 넘는 형제가 모인 자리에서 나타나신 적이 있는데 그곳이 아마도 이곳이었을 것이다.

18 모든 권세를 받았다 – 인간으로 있을 때조차도. 하나님으로서 그분께서는 영원토록 모든 권세를 가지고 계신다.

19 모든 민족을 제자로 삼아서 – 그들을 내 제자들로 만들어라. 이것은 그리스도께서 품으셨던 모든 계획을 포함한다. 세례를 주고 가르치는 것은 이 계획 가운데 커다란 두 개의 줄기에 해당한다. 이 두 가지는 상황에 따라 결정되어야 한다. 즉, 어떤 때는 유대인이나 이교도 어른들에게 세례를 주기 위해서 그전에 그들을 먼저 가르치는 것이 필요하다. 그러나 어떤 때는 그들의 자녀들이 배움을 받기 전에 세례를 받도록 그들을 먼저 제자로 삼는 것이 필요하다. 모든 유대인 어린이는 먼저 할례를 받았고, 그 후에 하나님께서 그들에게 명하신 것들을 하도록 교육을 받았다(막 16:15).

역자 해설

마태복음은 이 세상을 구원하시려고 친히 성육신하시고 우리와 함께 계시는 하나님의 계획과 그 첫 실행으로 시작합니다. 그 구원은 자격 조건이나 제약도 없고 어떤 사람도 가리지 않습니다(1장). 그러나 그 구원 사역은 사람들이 알지 못하고 외면하는 가운데 시작되었고, 그나마 그 사실을 알았던 사람들에 의해 피비린내 나는 살육으로 이어진, 환영받지 못한 비극적 오심이었습니다(2장). 그러나 어둠 속에 앉아 있던 사람들, 소외와 차별 속에 억눌리던 이들에게 빛이 비쳤고, 하늘나라는 예수님의 사역으로 이 땅에 이루어지기 시작했습니다(4:15-17).

그러나 그 천국은 반대하는 자들에 의해 고통받기도 합니다(11:12). 의인들이 박해를 받고, 헐벗고 굶주리며 쫓겨나기도 합니다(5:10-12). 그 사역은 예수님조차 머리 둘 곳 없는 힘들고 외로운 사역이었습니다(8:20). 많은 이는 예수님이 이루려 하신 그 하늘나라와는 상관없이 자기들이 생각하고 꿈꾸는 나라를 이루려 했습니다(16:22; 21:9). 결국 그들은 예수님을 외면했고, 심지어 제자들도 예수님을 배반하고 버립니다(26:56). 겟세마네에서도 예수님은 홀로 기도하셨고(26:36-44), 십자가에서의 죽음도 결국 외롭게 버림받은, 심지어 함께 죽어가는 강도들에게도 버림과 조롱받은 쓸쓸한 죽음이었습니다(27:44).

사탄은 진즉에 이것을 알고 예수님을 유혹했습니다. "나에게 절하고 경배하면 하늘과 땅의 모든 것을 네게 주겠다", "네가 하나님을 의지한다고 하니 한번 뛰어내려서 증명해 보이라"(4:6-7). 그 사탄의 유혹은 마지막 십자가에 달리셨을 때도 주어졌습니다(27:42-43). 그러나 예수님은 자기 뜻보다 하나님의 뜻을 구하셨고(6:10; 26:42), 자기의 유익보다 하나님 나라와 그분의 의를 구하셨습니다(6:33). 사람들은 이제 모든 것이 끝났다고 생각했습니다. "그것 보라지. 결국 그럴 줄 알았다니까." 계산에 빠른 군중은 일찌감치 예수님을 버리고 바라바의 편을 들어주었습니다(27:20).

그러나 예수님은 결국 부활하셨고, 그것을 통해 누가 옳았는지 증명하셨습니다. 예수님께서 제자들에게 남기신 "하늘과 땅의 모든 권세를 내게 주셨다"(28:18)라는 말씀은 사탄의 유혹이 거짓이었음을 말해줍니다. 사탄은 자기에게 복종하면 천하만국을 준다고 약속했지만(4:8-9), 예수님은 사탄을 거부하고 십자가의 죽음과 부활을 통해 하늘과 땅의 모든 것을 얻는 참 방법을 이렇게 보여주셨습니다. 그리고 이제 갈릴리로 다시 모인 제자들에게 분부하십니다. "내가 너희에게 가르쳐준 모든 것을 세상에 나가 전하고, 그들도 그것을 따르는 제자가 되게 하여라"(20절).

비록 한때 잠간 오해하고 어긋난 길로 갔었던 제자들이지만, 이제 그들은 다시 갈릴리에 모였습니다. 그리고 그들은 명령과 더불어 약속을 받습니다. "내가 세상 끝날 때까지 너희를 떠나지 않고 늘 함께 있을 것이다"(20절). 예수님의 말씀대로 살아가는 것은 결코 쉬운 일이 아닙니다. 반석 위에 집을 짓는 것처럼 무척 힘들고 고된 일입니다(7:24). 말로만 주님, 주님 하는 것이야 무엇이 어렵겠습니까?(7:21) 하지만 매일 삶 속에서 주님의 제자로 살아가려면 많은 것을 참고 포기하는, 자기를 죽이는 십자가의 삶이 필요합니다(20:25-28). 그리고 이런 길은 좁고 험합니다. 그래서 예수님의 참 제자라고 스스로 착각하는 사람은 많아도 정말로 그렇게 사는 사람은 별로 없습니다(7:13-14). 우리는 착각하는 사람인지 정말로 참 제자인지 돌아보아야겠습니다. 그 길을 걷는 우리에게 주님은 함께하시겠다고 약속하셨습니다.

미 주

1) Johann Albrecht Bengelius, 1687~1752.

2) 마태가 가장 먼저 기록되었고, 마가는 마태복음을 보고 마가복음을 썼으며, 누가는 마태와 마가복음을 본 뒤에 이 두 문서를 사용해서 누가복음을 만들었다는 주장은 성 아우구스티누스(354~430)가 처음 제시한 가설이다. 반면 1784년에 그리스바흐(J.J. Griesbach)는 마태복음을 사용해서 누가가 자신의 복음서를 기록했고, 그 후에 마가가 마태와 누가복음을 요약해서 마가복음을 썼다고 주장했다. 그러나 최근 공관복음서 연구에서는 네 복음서 중에서 마가복음이 제일 먼저 기록된 복음서로 보고(마가 우선설) 마태와 누가가 마가복음과 마가복음 이외의 말씀 전승 자료(Q) 그리고 자기만이 알고 있는 자료(마태는 동방박사의 방문과 헤롯의 학살 등과 같은 M자료, 누가는 엠마오의 두 제자 이야기와 같은 L자료 등)를 활용해서 각각 마태와 누가복음을 만들었다는 가설이(네 자료설) 우세하다.

3) 웨슬리는 마태-마가-누가-요한의 순으로 저술 연대를 잡는 것으로 추정된다.

4) 웨슬리는 누가-행전을 역사서로 보고 있다. 서문 13을 참조하라.

5) 웨슬리는 1장 1절의 예수 그리스도의 족보 혹은 예수 그리스도의 세대에 관한 책이 다음 몇 구절에 걸쳐서 나오는 예수의 족보를 의미할 수도 있지만, 한 사람의 삶 전체를 가리키는 의미로 볼 수 있으며, 이 경우 1장 1절이 마태복음 내용 전체에 대한 제목이라고도 볼 수 있다고 말하는 것이다.

6) 웨슬리는 마태복음의 족보와 누가복음의 족보가 서로 차이가 있다는 점을 인식하고 있다.

7) 웨슬리는 마태와 누가의 예수 족보에 대한 상호 차이점을 마태나 누가 개인의 신학이나 각 복음서의 내러티브 전략(플롯)보다는 각 저자가 입수한 전승 자료(source, tradition)의 차이에서 기인한 것으로 돌리고 있다.

8) 웨슬리는 예수 족보의 오류 문제를 마태가 입수한 자료의 탓으로 돌리면서도 이 흠이 있는 족보가 도리어 마태가 전하고자 하는 메시지를 더 잘 전달할 수 있다고 본다. 이런 점에서 웨슬리는 현대 성서 비평학에서 말하는 문학적 독립 단위로서 복음서 읽기와 결을 비슷하게 하고 있다.

9) 일반적으로 마태복음 비평학자들은 이 족보에 여인들의 이름이 들어간 것을 특이한 것으로 주목하고 있으며, 웨슬리도 그런 점을 인지하고 있다.

10) 왕이라는 호칭이 따라붙는 것을 말한다.

11) A와 B가 부자지간이 아니라 세대를 건너뛰어서 조상과 후손의 관계이지만 관례적으로 마치 A와 B가 부자지간인 것처럼 A가 B를 낳았다고 말한다는 것을 설명하는 것이다.

12) 마리아가 아니라 요셉이 다윗의 후손이며, 메시아는 다윗의 후손이어야 하므로 마태가 요셉을 굳이 족보에 넣었을 것이라고 웨슬리는 해석하는 것이다.

13) 제2성전기에(B.C. 515~A.D. 70) 나타난 메시아의 개념은 왕적(다윗) 메시아, 예언자적 메시아(모세), 제사장적 메시아(멜기세덱) 그리고 천상의 신적 존재(인자) 메시아이다. 웨슬리는 신적 존재인 인자 메시아를 제외한 세 가지 개념의 메시아를 언급하고 있다.

14) 이 부분 주석은 웨슬리가 그리스도의 정체나 역할에 대해 어떤 생각을 하고 있는지 잘 엿볼 수 있게 도와준다. 그는 예언자, 제사장, 왕의 직무와 모습으로 그리스도를 말한다. 제사장은 하나님과 우리를 매개해주는 중보자, 예언자는 우리가 하나님의 길을 올바로 갈 수 있도록 인도해주는 자, 왕은 우리가 거룩한 삶을 살 수 있도록 우리를 제어하고 다스리시는 분의 모습이다.

15) 알다=동침하다. 성관계를 갖다.

16) 여기에서 웨슬리는 마치 성모 마리아가 예수를 출산한 뒤에도 요셉과 부부관계를 갖지 않았다는 뉘앙스를 풍긴다. 그러나 복음서는 예수의 남동생들과 여동생들이 있었음을 밝히고 있다(막 6:13; 마 13:55). 성모 마리아가 동정녀로서 예수를 출산했고 그 이후에도 동정녀로 남아 있었음을 주장하기 위해 2세기로 추정되는 문서인『야고보의 원복음서』(Protevangelium of James)는 요셉을 늙은 홀아비로, 예수의 형제들을 요셉이 전처에게서 낳은 장성한 이복형제들로 제시한다.

17) 라합의 직업에 관해서는 정희성, "유대-기독교 여성조상 라합 다양한 이미지로 기억하기",「여성학논집」 37 (2020): 43-66; 서명수, "라합의 지혜와 야간의

탐욕", 「구약논단」 9 (2000): 91-107; 이경숙, "여성신학적 관점에서 새롭게 읽는 창녀 라합 이야기(수 2:1-24; 6:22-26)", 「신학사상」 134 (2006): 47-70을 보라.

18) 마태복음의 첫 크리스마스 이야기를 이런 시각으로 자세히 분석한 것을 보려면, 양재훈, "첫 크리스마스의 슬픔 ― 판소리 〈구주탄생〉의 눈으로 다시 읽는 예수 탄생 이야기", 「신약논단」 20 (2013): 613-644를 보라.

19) 웨슬리의 이러한 추측은 전형적인 서방 기독교적 세례 예전의 모습을 상상한 결과에서 비롯한 것이라고 보인다. 많은 사람이 세례자 요한에게 나아와 세례를 받은 것은 성경에서 증언하고 있으나, 그 많음이 감당을 할 수 없을 정도로 많은지(예를 들면 하루에 몇 명이나 세례를 주었는지) 알 수 없다. 요한의 세례가 웨슬리가 말하듯이 뿌리는 세례(sprinkling baptism)인지 몸을 물에 잠그는 침례(baptism of immersion)인지 논란이 있다. 그 당시 쿰란 공동체 등과 같은 제2성전기 유대교에서 이러한 예식이나 행위는 두루 시행되고 있었고, 이들에게 있어서 이러한 의식은 정결·부정의 문제와 연관이 있었기에 물방울 뿌리는 것이 아닌, 침례의 모습이었다. 물론 세례 요한과 이후 기독교의 세례는 회개와 입교(initiation)의 기능을 했기에 그들의 침례와는 차이가 있다. 그러나 세례 요한이 당대의 보편적 정결례에서 의미를 새롭게 부여한 것이지 그 형식까지 바꾸었다고 볼 이유는 없다. 2세기 초 문서인 『디다케』에서는 환자에게 세례를 주어야 하는 등의 불가피한 상황에서는 물에 잠그는 대신에 물을 끼얹는 관수례(灌水禮)를 예외적으로 허락했는데, 이는 세례 요한과 원시 기독교의 보편적 세례 방식이 물을 끼얹는 약식의 세례가 아닌 물에 온전히 잠기는 침례였음을 방증한다. 2세기 말, 3세기 초 로마의 히폴리투스(Hippolytus of Rome)가 남긴 『사도전승』에 따르면 세례를 받는 사람은 옷뿐만 아니라 장신구조차 걸치지 않은 벌거벗은 몸으로 세례를 받았다(21.5, 11). 이후 이러한 약식 침례가 보편화되고, 도리어 부수적인 요소들, 즉 물에 대한 축복, 완전한 탈의(옷을 완전히 벗는다는 것은 사회적 신분의 힘을 무력화시키는 행위이며, 옛사람과 새사람의 차이를 뜻한다), 축마, 도유 등과 같은 예식이 첨가되어서 '예전'으로 발전하는 모습을 보인다. 따라서 웨슬리의 이러한 설명은 받아들이기 어렵다.

20) 바리새파의 기원은 기원전 2세기 초에 있었던 마카비 혁명과 관련이 있다. 시리아 셀류코스 왕국의 안티오쿠스 에피파네스 4세가 유대인들에게 종교적 탄압을 했을 때 맛다디아스와 그의 다섯 아들이 반기를 들고 성전(聖戰)을 일

으켰으며(마카비 전쟁), 이때 합류했던 경건한 자들이 '하시딤'이었다. 마카비 전쟁이 기원전 일단의 성공을 거두어 기원전 164년에 종교적 독립을 쟁취하고 마카비 가문이 권력을 차지했는데, 이 과정에서 야손과 메넬라오스, 알키모스가 대제사장직을 맡았고, 이들은 항전의 취지를 저버리고, 다시 그리스 왕국의 권력에 빌붙고, 헬레니즘 문화를 적극적으로 수용했다. 이러한 반민족적, 배교적 행위로 하시딤은 등을 돌렸고, 그 결정적인 사건은 기원전 152년 마카비 형제의 막내인 요나단이 무자격자로서 대제사장직을 차지했을 때 폭발했다. 마카비 가문(후에 하스몬 왕조 B.C. 142~63)과 결별한 하시딤 중에는 바리새파, 에세네파 그리고 요세푸스가 제4의 철학이라고 불렀던 열성적 혁명가들이 있었다.

21) 마카비 전쟁의 본질이 흐려지고 마카비 전쟁에 참여했던 경건한 '하시딤' 집단이 대제사장 요나단의 등극으로 마카비 가문과 결별했을 때, 마카비 가문의 편에 서서 훗날 하스몬 왕국에서 권력을 잡았던 집단이 사두개파이다. 이 집단의 이름은 '사독'에서 비롯했고, 이 이름이 보여주듯이 이들은 권력층 사제 집단과 돈독했던 엘리트 귀족 집단으로서 하스몬 왕국에서 권력을 누렸다. 하스몬 왕조의 마지막 권력을 누렸던 알렉산드라는 남편의 유언에 따라 바리새인들에게 화해의 몸짓을 했으나 이것은 어디까지나 정치적인 쇼에 불과했고, 하스몬 왕조에서 권력을 누린 분파는 사두개파였다.

22) 예수께서는 세례를 받으시고 세례 요한은 그 세례를 집례하는 것을 말한다.

23) 마태복음 16장 23절.

24) 걷다가 앉는 점강법은 마태복음 4장 16절이 아니라 이사야 9장 1-2절에 대해 말하는 것이다.

25) 마태복음 5-7장은 『표준설교』 16-28번(산상수훈 강해 1-13번)을 병행해서 보면 그 내용을 좀 더 자세히 알 수 있다.

26) 웨슬리는 팔복을 신앙의 여정 단계에 맞춰서 하나씩 풀어나감으로써 기독교 신앙을 설명한다. 자세한 것은 『표준설교』 16번을 보라.

27) 『표준설교』 7번, "하나님 나라로 가는 길"을 보라.

28) 의에 주린다는 구절에서 '의'라는 단어의 헬라어의 문법적 형태(dikaiosunen)에 따르면 '의를'(목적격) 추구하는 것과 의를 추구하다가 이것 때문에(이유) 실제로 삶에 어려움을 겪는 것, 이 두 가지로 모두 해석할 수 있다.

29) 『표준설교』 43번, "험담의 치료"를 보라.

30) 『표준설교』 16번, "우리 주님의 산상수훈에 대하여 — 강해 1"을 보라.

31) 도덕법으로서의 율법의 개념에 대하여는 『표준설교』 29, "율법의 기원, 본질, 속성, 용도"를 보라.

32) 가장 작은 자가 된다는 것은 하늘나라에서 가장 낮은 자리를 차지한다는 말이 아니라, 아예 천국에 들어가지 못한다는 의미라고 웨슬리는 해석한다.

33) 헬라어로 지옥에 해당하는 게헨나의 어원이 힌놈이라고 말하는 것이다.

34) 웨슬리는 재판관이 하나님을 의미하는 것이라고 해석한다.

35) 웨슬리는 사회적 차원이 아닌 개인적 차원으로서 참고 순응하는 것을 말한다. 마치 사회적 불의에 대해 그저 묵묵히 받아들이고 참으라는 것으로 해석하면 안 된다.

36) 실제로 뺨을 돌려대거나 옷을 주거나 하는 등의 가르침을 문자적으로 그대로 받아들일 것이 아니라 그 이면에 담긴 의미와 취지를 큰 틀에서 봐야 한다는 것이다.

37) 이와 관련한 웨슬리의 경제관은 재물을 땅에 쌓아두지 말라는 산상수훈의 말씀에 대한 그의 강해에 잘 나타나 있는데, 그는 일차적으로 자기가 책임져야 하는 가족, 시민으로서나 교인으로서 지켜야 할 의무금 이행, 생활에 꼭 필요한 재물을 구입하기 위한 축적 등 기본적인 사항을 먼저 챙길 것을 요구한다. 자기가 감당해야 할 일차적인 의무를 저버린 채 남을 돕거나 나누겠다고 나서는 것에 대해 웨슬리는 부정적으로 말한다. 『표준설교』 44, "돈의 사용"도 보라.

38) 『표준설교』 33번, "편협한 신앙에 대한 경고"(A Caution Against Bigotry)를 보라.

39) 웨슬리는 복음이 율법과 다르다는 그 차이를 '약속'이라는 것으로 풀어간다. 『표준설교』 20, "우리 주님의 산상수훈에 대하여 — 강해 5"를 보라.

40) 보통 5장 21-47절의 여섯 가르침을 반제(anti-thesis)라고 부른다. 이 말은, "누구는 이렇게 말하지만 나는 저렇게 말한다"라고 하여, 먼저 말한 사람의 의견에 반대하여 다른 의견을 내는 것을 가리킨다. 그러나 이 여섯 가르침의 방식을 자세히 살펴보면, 모세의 가르침에 반대하는 것이 아니라 모세의 가르침이 불완전하므로 그것을 완전하게 한다는 내용이다. 따라서 모세의 가르침을 뛰어넘는 새로운 가르침이다. 이런 차원에서 나는 '초월제'라고 이름을 붙였다.

41) 웨슬리는 우리의 선행이 남의 눈에 띄는 것 자체를 금하지 않는다. 도리어 그

는 5장 13-16절에 대한 그의 『표준설교』 산상수훈 강해에서 도리어 그리스도인은 그 선행이 드러나야 하며, 그리스도인의 선행이 드러나지 않는 것은 사실상 불가능하다고 말한다. 그는 예수께서 금하고 계신 것은 남의 눈에 보이느냐에 대한 문제가 아니라 남의 눈에 띄어서 자기가 영광을 받으려고 하는 그런 마음을 갖고 하는 것이라고 해석한다. 이러한 연유에서 그는 의도의 순수성, 즉 내적 성결이라는 구도에서 6장을 읽는다.

42) 쓸데없는 세상의 헛소리 백 마디보다 진심을 담은 간절한 기도 한 마디가 더 소중하다는 의미.

43) 한글 성경에 '성하면'이라는 단어는 헬라어로 'haplous'인데, 이 단어는 '온전한'이라는 뜻과 '단순한'이라는 뜻 두 가지 모두를 뜻한다. 이에 관해서는 양재훈, "『성경전서 개정개역』의 개정을 위한 제언들 ― 마태복음 산상수훈(마 5-7)을 중심으로", 「성경원문연구」 50 (2022), 50별책 (2022) 104-111.

44) 웨슬리는 이 본문에 대한 『표준설교』 산상수훈 강해에서("우리 주님의 산상수훈에 대하여 ― 강해 10", 『표준설교』 25) 남의 잘못을 지적할 때 어떤 조건을 가지고 해야 하는지 여러 가지 기준을 보다 구체적으로 밝히고 있다.

45) 이에 관해서는 Jayhoon Yang, "Ask, Knock, and Seek ― A Reconsideration of Matthew 7:7-12", *ExpTim* 119/4 (2008): 170-75을 보라.

46) 예수께서 인간의 모습으로 스스로 낮추어 오신 것은 겸손의 표현이며, 인자라는 표현은 사람이라는 의미를 나타내는 것으로서, 결국 이 단어는 예수께서 인간으로 낮아지신 것을 강조하는 말이라는 의미이다.

47) 한편으로 귀신들을 파멸시킴으로써 정의를 이루셨고, 다른 한편으로는 돼지를 통해서 그렇게 하심으로써 그 재산상의 피해가 (돼지를 키우지 않는) 유대인들에게 가지 않게 하심으로써 자비를 베푸셨다는 의미이다. 유대인들에게 돼지는 부정한 동물이며, 바다는 악한 세력의 본거지이다. 따라서 일반적으로 성서학자들은 귀신들을 돼지에게 씌우셔서 바다에 빠지게 한 것을 악의 세력에 대한 심판을 나타내는 상징적 행동으로 해석한다. '레기온'이라는 로마 군대 단위를 연결한 것에 착안하여 이 사건을 로마 제국에 대항하는 상징적 의미를 지니는 것으로 보는 사회과학적 비평 해석도 있다. 다른 한편으로 아무 잘못도 없는 돼지라는 생명체를 바다에 빠져 죽게 한 것을 비판적인 시각으로 보는 생태신학적 관점도 있다.

48) 실제 이 절은 31절이 아니라 32절이다.

49) 그리스어 원문은 "말씀하셨다"(eipen)이고, 가라는 동사는 명령법으로 되어 있다. 따라서 직역을 하면 "가라(명령법)라고 말씀하셨다(직설법)"이다. 31절에서 귀신들이 예수께 하는 말은 간청하는 것이다. 따라서 의미로 따지면 예수께서는 가라고 명령법으로 말씀하셨지만, 귀신들의 부탁을 허락해준 것이다.

50) 헤롯 성전의 구조 도면과 당시 성전에 관해서는 데이빗 웬함, 스티븐 월튼/ 박대영 역, 『복음서와 사도행전』(서울: 성서유니온, 2007), 59-63을 보라.

51) 웨슬리는 킹제임스 성경을 사용하고 있는데, 거기에는 "다대오라는 성을 가진 레베우스"(Lebbaeus, whose surname was Thaddaeus)라고 나온다.

52) 사람의 이름을 부를 때 그의 (1) 고향이나 출신지(예: 나사렛 예수, 막달라 마리아, 아리마대 요셉)를 붙이기도 하고, 그의 (2) 아버지를 따오기도 한다(예: 시몬 바-요나, 바-디매오). 혹은 그 사람의 (3) 정치적 성향을 붙여서 부를 수도 있다(예: 열심당원 시몬). 가룟 유다의 경우, 웨슬리는 '가룟'이 지역의 이름을 가리키는 것(위의 1번)으로 본다. 그러나 '이스카리옷'이라는 용어가 단도, 칼을 의미하는 '시카리'에서 온 것으로서, 폭력적 저항 독립운동을 하는 정치적 성향을 가리키는 것으로 보는 것이 더 적절하다. 참고. Jayhoon Yang, "One of the Twelve" and Mark's Narrative Strategy", *ExpTim* 115 (2004): 253-257.

53) 누가는 두 명을 보냈다고 밝힌다. 그러나 요한이 자기 제자들의 믿음을 확인하기 위해서 그렇게 했다는 웨슬리의 해석은 근거와 신빙성이 없다. 누가복음 7장 20절은 도리어 세례자 요한이 예수께 대해 초창기에 가졌던 기대나 예상에 회의가 들었음을 암시한다.

54) 갈대는 헤롯 왕가의 상징이었다. 바람에 흔들리는 갈대는 헤롯을 염두에 두고 하신 말씀으로 보는 것이 적절하다.

55) 예수께서는 자신이 안식일의 주인이라고 말씀하심으로써 안식일에 대한 권한을 갖고 계신 분이심을 스스로 밝히신다. 웨슬리는 이것을 유대교의 토요일 안식일이 기독교의 일요일로 대체되는 것에 대한 정당성을 뒷받침하는 근거로 제시한다. 즉, 기독교인들은 토요일 안식일이 아닌 일요일 주일을 지키는데, 토요일에서 일요일로 날짜가 바뀌어도 문제가 되지 않는 것은 그날의 주인이 예수이시기 때문이라는 것이다. 기독교인들이 주일을 토요일이 아닌 일요일로 지키는 것에 대한 웨슬리의 설명이 매우 흥미롭다. 역사적으로 볼 때,

초기 기독교인들이 토요일 대신 일요일에 예배 모임을 하는 이유는 하나님의 천지창조 첫날과 그리스도 안에서 새로운 날의 시작 그리고 예수의 부활을 기념하는 것이었다(순교자 유스티니아누스, 『제1 Apology』 67).

56) 즉, 이런 장애가 자연적인 질병이 아니라 귀신 때문에 생긴 것이라는 말이다.

57) 예수를 대적하는 유대 지도자들이 데리고 있는 그들의 제자들을 가리킨다.

58) 사도행전 19장 14절.

59) 여기에서 웨슬리는 사람은 예수를, 힘센 사람은 사탄을, 그 사람의 집은 이 세상을, 세간은 예수께서 되찾아 회복시키시는 사람들을 포함한 세상을 가리키는 것으로 해석한다.

60) 웨슬리는 예수의 형제들을 예수의 사촌들로 해석한다. 즉, 성모 마리아의 아들들이 아닌 성모 마리아의 자매이자 예수의 이모가 낳은 아들들로 이해한다. 이것은 성모 마리아의 신성을 강조하여 그녀의 영원한 동정성을 주장하기 위해 예수를 성모 마리아의 외아들로 그리는, 즉 성모 마리아가 예수를 낳은 이후에 요셉과 인간적인 성관계를 가졌다는 것을 부정하기 위해 예수의 형제들을 예수의 사촌들로 설명하는 고대 기독교의 전통을 따르고 있는 것으로 보인다. 참고로 신약 외경 「야고보의 원복음서」에서는 예수의 형제들을 이복형제로 보고 있다. 1장 25절 주석의 각주를 보라.

61) 웨슬리는 성모 마리아의 영원한 동정성을 말하기 위해 예수의 형제들을 예수의 사촌들로 해석한다. 이러한 해석은 성모 마리아에 대한 신격화의 결과로 후대에 만들어진 것으로서 적합한 해석은 아니다. 예수 탄생의 동정녀 논리는 설령 이후에 성모 마리아가 요셉과의 관계를 통해서 예수의 동생들을 낳았다 하더라도 전혀 훼손되지 않는다.

62) 지금 당장 이 자리로.

63) "만일 ~라면"이라고 번역되는 ei~라는 가정법 조사가 "~가 아닐 수도 있다"라는 것보다는 "실제로 ~이지만 그저 더 확인하는 차원에서"라는 의미로 활용된다. 즉, 요한복음 13장 14절의 예를 들면 "내가 주와 선생이 되어…"라고 할 때 사용된 가정법 조사(직역하면 내가 주와 선생이라고 한다면…)는 예수께서 혹시 주와 선생이 아닐 수도 있다는 말이 아니라, 실제로 주와 선생이시라는 의미를 갖는다. 따라서 이러한 뉘앙스가 반영된 번역은 "~일진대"가 적절하다.

64) Clement of Rome, "First Epistle to the Corinthians", XXXIV.

65) 4세기, 순례자 에게리아가 남긴 예루살렘 예배 참관기에 따르면, 상투스와 주기도문 사이에 "족장들, 예언자들, 사도들, 순교자들" 등 "우리보다 앞서 잠든 이들을 기억하는" 시간을 갖는다. Egeria, "Pseudo-Cyril's Mystagogical Lecture on the Eucharist" in J. Wilkinson (tr.), *Egeria's Travel to the Holy Land* (Jerusalem: Ariel Publishing House, 1981), 172-173.

66) Hippolytus, *The Apostolic Tradition*, 21.23-25.

67) 이 점에 있어서 웨슬리는 브레데(W. Wrede)의 "메시아의 비밀" 가설과 비슷한 모습을 보인다. 그러나 브레데의 "메시아의 비밀" 가설은 역사적 나사렛 예수와 초대 교회 신앙고백의 대상인 그리스도 예수와의 불연속성을 전제로 하고, 이 둘을 서로 연결해보려는 원시 기독교의 인위적인 시도의 결과물로서 예수의 침묵 명령을 설명하는 것인데, 현대 역사적 예수 학계에서는 많은 비판을 받는 가설이다.

68) 마태복음 8장 4절 주석을 보라.

69) 열왕기상 17장 1절.

70) 말라기 3장 24절.

71) 킹제임스 성경에서는 아들의 상태를 말하는 seleniajomai 동사를 lunatic(정신병이 있는)으로 번역하였고, 웨슬리는 이 번역을 따르고 있다. 그러나 seleniajomai는 '간질을 앓다', '발작하다'라는 뜻이다.

72) 웨슬리는 달의 변화에 따라 사람의 뇌와 신경이 영향을 받는다고 믿었다는 것을 알 수 있다.

73) 킹제임스 성경에서는 예수께서 베드로의 말을 가로막았다(prevented)고 번역한다. 그리스어 원문은 "그분께서 그보다 먼저 [주도적으로 시작하여] 말씀하셨다"(proephthasen auton ho Iesous legon)이다. 웨슬리는 "먼저 시작하다"(proephthasen)를 추론하여 베드로가 무엇인가를 예수께 여쭤보려고 했는데 예수께서 그가 말을 꺼내기도 전에 먼저 물어보셨다는 것으로 풀이한다. 그러나 베드로가 무엇인가를 말하려 했다는 그의 추론은 근거가 부족하다. "먼저 시작하다"라는 표현은 '가로막는다'든지 '말을 가로챈다'라는 의미보다는 단순히 누가 주도권을 쥐고 대화를 시작하는가를 표현하는 기능으로만 보는 것이 적절할 것이다.

74) 성전세를 요구하는 사람은 사실 성전세를 요구할 권리가 없다. 왜냐하면 성전은 하나님의 집이고, 그들은 하나님이 아니기 때문이다. 그런데도 도리어 아

무런 권리도 없는 제삼자가 하나님의 아들, 즉 이 집에 대한 권리가 있는 집주인 예수께 집세를 내라고 요구한다. 그런 사람들이지만 그들을 실족하게 하지 않기 위해서 예수께서 이런 반응을 보이신다는 것이다.

75) 오늘날 성경에는 이 본문은 없음.

76) 웨슬리는 이 본문에서 묶고 푸는 행위를 교회법으로 파문을 선고하거나 복귀시켜주는 것으로 해석한다.

77) 23절 이후에 나오는 이야기가 22절의 말씀에 대한 것이라는 의미. 즉, 웨슬리는 일만 달란트 빚진 종의 비유를 22절의 맥락에서 이해한다. 그러나 22절은 용서의 무제한에 대한 말씀인 데 반해 23절 이하의 비유는 용서하는 행위에 대한 것으로서 사실, 이 둘은 단절성이 있다. 이 점에 대해 웨슬리는 설명하지 않는다.

78) 흥미롭게도 웨슬리는 자비를 베풀어주었던 왕의 관점에서 이 이야기를 본다. 단지 용서할 줄 모르는 종이 동료 종에게 행했던 악행뿐만 아니라, 기껏 자비를 베풀었던 왕이 받았을 배신감이나 상처도 통찰하고 있다는 점이 뛰어나다.

79) 이 비유에 대한 자세한 분석과 해석은 양재훈, "몇 번 용서를 할까요? — 용서의 비유(마 18:23-25)에 나타난 용서에 대한 재고찰",「신약논단」21.4 (2014): 865-893을 보라.

80) 창세기에서 한 명의 남성과 한 명의 여성을 짝으로 지으신 것을 근거로 웨슬리는 일부다처제에 반대한다. 또한 남자와 여자가 합하여 한 몸이 되었기 때문에 그 한 몸을 둘로 나누어 놓는 행위인 이혼은 금지되어야 한다고 그는 주장한다. 일부다처제와 이혼 금지에 대한 웨슬리의 성서적 근거 제시가 흥미롭다.

81) 이 인용은 아담이 한 말이 아니라 창세기 저자의 말이다. 웨슬리의 설명대로 창세기 저자를 모세로 본다면 이혼을 금한 것은 모세였다고 볼 수 있다.

82) 이 성경 구절은 마치 예수께서 오직 하나님 한 분만이 선하시고 자신은 선하지 않은 인간적인 존재라는 것을 의미하는 것처럼 보일 수 있다. 이에 대하여 웨슬리는 예수를 한 인간에 지나지 않는 분으로 생각하면서 선하다고(하나님에게 해당하는) 말하는 이 부자의 이중적인 모습을 비꼬아서 말씀하시는 것으로 해석하고 있다. 즉, "네가 나를 한 인간에 지나지 않는 존재로 보는데, 만일 네 생각대로 한다면 나는 선한 존재가 아니다. 그런데도 너는 모순되게 나를 선하다고 하느냐? 하나님만이 선하신데도 말이다"라는 의미로 풀이하고 있다.

83) 웨슬리는 "부자가 여건이 되는데도 못한다면 누가 하겠는가?"라는 것으로 제자들이 놀라는 것을 설명한다. 그러나 사실 제자들이 놀란 것은 부자에 대한 당시 사람들에 대한 지식을 바탕으로 해석되어야 한다. 당시 이스라엘 사람들은 부자는 하나님 앞에 바로 살았기 때문에 축복을 받아서 부자가 된 것이라고 믿었다. 따라서 부자라는 의미는 매우 긍정적 신앙의 차원에서 인식되었다. 그렇게 인식되던 부자가 하나님 나라에 들어갈 수 없다는 예수의 선포는 따라서 당연히 제자들에게 충격이 되었던 것이다. 따라서 웨슬리의 이러한 해석은 다소 초점을 벗어난 것이다.

84) 웨슬리는 같은 구원이지만 그 구원에 따른 상급에 차별이 있을 것이라고 본다. 그러나 이러한 해석은 그의 설교와 약간 다른 모습을 보인다. 그는 『표준설교』 산상수훈 강해 5에서(20.3.3) 천국에서 작은 자가 된다는 것이 상급의 차별이 아닌 천국에 들어가지 못하는 것을 의미하는 것으로 해석한다. 그러나 이 주석에서는 마치 차별적 상급이 주어지는 것으로 이해한다. 이러한 천국에서 차별적으로 주어지는 상급에 대한 이미지는 외경 「도마행전」에서도 발견된다.

85) 1절의 주석에서 보듯 웨슬리는 이 하루의 시간을 인생으로 빗대는데, 여기에서는 세상의 마지막 때까지 확대해보았다. 여기에서 웨슬리의 알레고리적 해석을 볼 수 있다.

86) 웨슬리의 알레고리적 해석의 모습을 또 엿볼 수 있다. 마태복음의 문맥상 나중에 온 일꾼들이 이방인일 수도 있지만, 후자의 의미로 제시되는 모든 시대의 사람으로 확대하는 것은 너무 자의적이다. 전자의 경우 역시 예수의 말씀에 대한 초대 교회 혹은 마태의 알레고리적 해석의 결과일 수도 있다.

87) 아직 태어나지 않은 어린이들이 복음을 모른 채 죽었기 때문에 지옥의 심판을 받으리라 생각하는 것에 대한 웨슬리의 반대를 여기에서 엿볼 수 있다. 이것으로 미루어볼 때 또한 14절의 주석으로 미루어볼 때 미처 복음을 듣지 못하고 죽어간 영혼들이 지옥의 심판을 받는다는 것에 대해 웨슬리가 부정적 견해를 취하고 있음을 우리는 알 수 있으며, 이 점은 눈여겨볼 필요가 있다.

88) 앞서 마태복음 8장 28절의 주석에서도 웨슬리는 이와 비슷한 모습을 보이는데, 사람의 숫자에 대한 복음서 저자들의 상호 차이의 문제를 웨슬리는 이처럼 한 사람만이 두드러져서 그렇게 표현한 것이라는 방식으로 복음서들 사이

의 차이점을 해소한다.

89) 양재훈, "그들은 왜 투덜거렸는가? ― 하나님 나라의 가치관으로 다시 읽는 포도원 품꾼의 비유(마 20:1-16)", 「신약논단」 23.2 (2016): 295-329를 보라.

90) 웨슬리는 사복음서를 디아테사론(Diatessaron)적으로 조화시켜서 보려고 한다. 그렇게 하다 보니 유월절 성전 사건에 대한 공관복음서와 요한복음서의 차이점을 각 복음서 저자에게 돌리지 않고, 있는 그대로 재구성하는 모습이 보인다. 즉, 예수께서 성전에서 상인들을 쫓아내신 사건은 공관복음서에 따르면 사역 마지막 기간에, 요한복음에 따르면 사역 초기에 벌어지는 사건인데, 이런 모순을 해결하기 위해 웨슬리는 성전 사건이 두 번 벌어진 일이라고 해석한다.

91) 환전에 대한 웨슬리의 해석은 적절하지 않다. 웨슬리는 먼 타국에서 온 사람들이 성전세를 드리기 위해 현지 이스라엘 화폐로 환전하는 것을 생각했는데, 이 환전은 로마 황제의 초상이 그려진 세속 화폐가 현실에서 통용되고 있고, 반면에 하나님께는 그러한 신성모독적인 헌물을 드릴 수 없다는 두 가지 문제를 동시에 해결하는 방안이었다. 이스라엘 사람들은 가이사의 초상이 있는 세속 화폐를 성전 화폐와 교환하여서 그것을 성전에 바쳤다.

92) 세례자 요한의 권위는 하나님으로부터 난 것이며, 그는 예수께서 그리스도이심을 증언했기 때문에 예수께서 그리스도라는 것은 하나님으로부터 난 것이다. 따라서 예수께서 하시는 모든 것은 하나님으로부터 난 것이라는 논리이다.

93) 즉, 예수께서 곤란한 요구를 피하고 계신 것이 아니라, 이미 누차 말씀하셨기 때문에 굳이 다시 말하는 수고를 하지 않겠다는 것이다.

94) 여기에서 우리는 웨슬리의 또 다른 알레고리적 해석을 볼 수 있다. 그는 포도원을 교회로, 울타리는 율법과 섭리로, 확은 예루살렘으로 그리고 망대는 성전을, 종들은 선지자들을, 농부들은 유대의 교사나 지도자들을 가리키는 것으로 풀이한다.

95) 웨슬리는 예수의 성육신 탄생의 사건을 천국의 결혼 잔치를 연 것으로 해석하여 이 세상 사람들을 그 잔치에 초대받은 사람들로 풀이한다. 따라서 예수의 복음을 받아들이지 않는 것은 그 천국 잔치 초대를 거부한 것과 같다.

96) 웨슬리는 소유하거나 장사하는 것 자체를 부정하지는 않는다. 중요한 것은 그것에 모든 마음을 쏟는 그 마음가짐인 것이다. 이것 때문에 사람들이 멸망한

다고 본다. 그의 경제관은 이 세상의 물질적, 경제적 활동에 대한 완전한 부정이 아니라, 그것들을 대하는 사람들의 태도, 즉 내적인 성결(하나님보다 재물을 더 마음에, 더 우위에 두는 것의 문제)이 문제인 것이다.

97) 웨슬리는 이스라엘이 로마에 의해 멸망한 역사를 이러한 신앙적 관점으로 재해석한다. 구약의 선지자들이나 구약성서의 많은 저자가, 특히 신명기적 사가들이 이러한 관점으로 역사를 해석한다. 그러나 이러한 해석은 자칫하면 신앙에 의한 폭력의 오류를 범할 수 있다. 특히 피해자의 관점에서 더욱 그러한데, 모든 논리를 인과응보적, 신명기적 관점으로 풀이한다면 일제 강점기에 나라를 빼앗긴 것, 한국전쟁 혹은 이 세상에 많은 전쟁이나 기근, 고통 등 모든 것을 그 사람들의 악행에 따른 응보로 보게 되는데, 이러한 것이 항상 올바른 해석은 아니다. 구약의 저자들 가운데서 제2성전기의 욥기나 전도서 등과 같은 지혜문학의 저자들은 이러한 신명기적 역사관에 대한 회의적 관점을 반영하고 있다.

98) 웨슬리는 천국 잔치에서 사람들을 불러 모으는 행동을 복음 선포로 해석한다.

99) 결혼이라는 것의 주요 역할은 후손을 이어가는 것인데, 후손을 잇는 것은 내가 죽어야 하는 존재이기 때문이다. 만일 죽지도 않는다면 굳이 후손을 낳아서 계속 생명을 이어갈 필요도 없는 것이다. 따라서 천사가 불멸의 존재라는 것은 그들이 결혼할 필요가 없는 존재라는 의미가 되는 것이다.

100) 웨슬리가 사용했던 킹제임스 성경에서는 정의, 자비, 신의를 judgment, mercy, and faith로 기록하고 있다.

101) 킹제임스 성경에서 하루살이를 걸러낸다는 부분은 strain at a gnat이라고 되어 있는데, 이 말은 하루살이를 세게 잡아당긴다는 의미를 담고 있다. 따라서 웨슬리는 이 부분을 strain out a gnat, 즉 하루살이를 채로 걸러내 빼낸다는 의미로 고쳐야 한다고 주장하는 것이다. 한글 성경은 이와는 무관하다.

102) 웨슬리는 방종과 불의한 탐욕을 서로 연결해서 설명한다. 즉, 방종하는 삶을 사는 사람들은 그 방종을 위해 필요한 것을 올바르지 못한 방법으로 탐욕스럽게 얻어낸다는 것이다.

103) 즉, 남을 속여서 불의한 방법으로 탐욕을 부려 사치스러운 생활을 하면 그 불의의 결과로 병이 생겨서 결국 자기의 잘못에 대한 벌을 받게 된다는 의미이다. 앞에서 식탁을 언급한 것으로 미루어볼 때, 잘 차려진 식탁, 즉 음식의 사

치나 필요 이상의 음식을 먹는 탐식을 하면 그것으로 인해 병에 걸리는 것을 웨슬리는 생각한 것 같다.

104) 역대하 24장 22절에서 스가랴는 죽어가면서 하나님께 자기가 흘린 피에 대해 신원을 간구한다. 또한 창세기 4장에서 아벨의 피는 억울한 죽음을 울부짖는다. 이러한 억울한 죽음과 그에 대한 복수의 모티브가 예수의 이 말씀과 연결된다고 웨슬리는 보고 있다.

105) 티투스가 기원후 70년에 예루살렘 성을 파괴할 때 실제로는 서쪽 벽과 망루 세 개(파사엘루스, 히피쿠스, 마리암네)를 남겨놓았다. 로마 황제는 후대 사람이 이 잔해를 보고 예루살렘 성이 얼마나 위대한 성이었는지 감탄하고, 이런 성을 처참하게 파괴할 수 있을 정도로 위대한 인물이 누구인지 감탄하도록 하여 로마 제국의 위대함을 대대로 남기고 싶은 속셈에서 이렇게 했다. 요세푸스, 『유대 전쟁사』 7.1.1을 보라.

106) 웨슬리는 읽는 것을 다니엘서라고 말하는데, 사실 이것은 다니엘서를 가리키는 것이 아니라 복음서 저자가 독자들에게 하는 말로서, 자기의 복음서를 가리키는 것이다.

107) 이 구절에서 웨슬리는 시체를 멸망할 운명을 가진 이스라엘로, 그 시체를 뜯는 독수리를 로마 제국으로 보는 알레고리적 해석이 흥미롭다. 실제로 독수리는 로마 제국을 상징하는 짐승이었다.

108) 인자의 표징을 십자가로 해석하여서 웨슬리는 하늘에서 펼쳐지는 가시적인 예수 재림의 장면을 상상한다.

109) 마지막 때가 언제인지 아들도 모른다는 말씀은 전통적으로 교회를 당혹하게 했다. 천사나 사람이 모르는 것은 이해할 수 있어도, 성육하신 하나님이신 아들 예수께서 그날이 언제인지 모른다는 말은 무척 당혹스러운 것이었다. 따라서 일부 후대 사본의 필사자들은 "아들도 모르고"라는 구절을 일부러 성경에서 삭제하기도 했다. 웨슬리는 예수조차도 그때를 모른다는 이 당혹스러운 난제를 이 땅에 계시는 동안으로 한정함으로써 풀어나간다.

110) 웨슬리는 요한계시록을 최후의 종말, 마지막 때의 현상을 보여주는 미래적인 책으로 이해하고 있다. 그러나 요한계시록을 전적으로 그러한 책으로 볼 것인지는 재고할 필요가 있다. 최근 대부분의 요한계시록 연구가들은 로마 제국의 박해 아래 놓였던 요한계시록 독자들의 당시 상황의 맥락에서 요한계시록을

접근한다.

111) 웨슬리는 여기에서도 알레고리적 해석을 하고 있다.

112) 웨슬리의 알레고리적 해석은 여기에서도 빛을 발하는데, 그는 기름을 채우는 것을 그리스도인의 완전을 향한 성화적 개념으로 접근하고 있다.

113) 신랑이 오기 전에 슬기로운 처녀들과 어리석은 처녀들 "모두" 잠이 들었다는 것은 이 비유의 초점이 "깨어 있느냐", "잠에 빠졌느냐"에 있지 않다는 것을 보여준다. 이에 대해 웨슬리는 참된 안식과 거짓 안식이라는 알레고리적 접근으로 해석한다.

114) 웨슬리는 기름 장수를 하나님이나 예수로 보고 값없이 거저 사라는 이사야의 말씀을 여기에 적용한다.

115) 슬기로운 자와 어리석은 자가 모두 잠에 빠져 있다는 비유의 난제를 육신의 잠과 영적인 잠으로 분리하여 해석한다. 즉, 이 두 집단 모두 육체적인 잠에 빠지기는 하지만, 영적인 잠과 관련해서는 슬기로운 자와 어리석은 자가 각각 다른 모습을 보인다는 것이다.

116) 슬기로운 자는 평안을 누리기는 하지만, 그 죽음 혹은 심판의 때는 알지 못하기 때문에 긴장하고 있어야 한다는 의미이다.

117) 비유의 기능은 드러냄과 감춤의 기능을 모두 가지고 있다. 비유가 과연 알아듣기 쉽게 설명하는 것인가라는 질문에 있어서 웨슬리는 비유가 가지고 있는 감춤의 기능을 염두에 두고 이 말을 한 것으로 보인다.

118) 이 문맥에서 달란트는 화폐를 의미하지만, 재능이라는 이중적 의미로도 이해할 수 있다.

119) 어떤 재능이나 능력을 받으면 그만큼 그에 대한 책임도 뒤따른다. 웨슬리는 이 종이 두려워했다는 것을 일종의 책임회피를 위한 게으름으로 본다. 즉, 재능이 있으면 그만큼 재능 값을 해야 하는데, 그것이 싫으니 차라리 재능을 발굴하지 않으려 한다는 것이다.

120) 즉, 이 사람이 "나는 이런 줄로 알고 있었기 때문에 책임을 추궁해서는 안 된다"라고 요구를 한다는 것이다.

121) 우리가 만일 타락한 천사들이 하늘나라에서 추방되어서 생긴 천국의 빈자리를 대신 채우기 위해 인간이 생겼다고 생각한다면, 우리는 그 자리에 별다른 어려움 없이 다 들어갈 수 있다고 생각하게 되는데, 웨슬리는 우리의 자리가

천국에서 준비되어 있다는 이 말씀을 이러한 맥락으로 생각하여서 천국의 자리를 당연히 얻은 것으로 생각하지 말아야 한다고 말하는 것이다.

122) 웨슬리는 이 지옥의 불이 악마들을 위해서만 의도된 것이었다는 점을 언급함으로써 하나님이 모든 사람을 구원에 이르도록 하기를 원하신다는 것을 강조한다. 디모데전서 2장 4절을 보라.

123) 선행과 관련한 웨슬리의 세계관은 여기에서 그가 해석하는 것과 상이하다. 왜냐하면 이러한 해석은 마치 가난한 이들을 우리가 천국에 보화를 쌓을 수 있도록 해주는 도구로 오해할 소지가 있다. 웨슬리가 가진 선행에 대한 일반적 관점에 비추어 보았을 때 이 구절에 대한 이러한 해석을 액면 그대로 받아들이면 안 된다.

124) "내가 ~할 것을 보게 될 것이다"라고 하지 않고 "인자가~"라는 3인칭 표현을 통해서 겸손을 보였다고 말하는 것이다.

125) 웨슬리가 잘 관찰한 대로 이 마태의 인용이 예레미야 19장보다는 스가랴 11장에 더 가까운 것이 사실이다. 그러나 이것을 그저 사본적 실수로 돌린다는 것은 그리 간단한 문제가 아니다. 학자들은 이에 대해 여러 논의를 하고 있으나 쉽게 결론을 내리지는 못한다. 마태가 스가랴를 인용하면서 왜 예레미야를 언급하는지에 대하여 단순히 마태가 실수했다거나 후대 필사가들이 스가랴를 예레미야로 오기했다고(웨슬리 생각처럼) 간단하게 생각할 문제는 아니다. 그나마 가장 설득력이 있는 설명으로는 초대 교회 당시 예레미야가 단순히 예레미야를 넘어서서 모든 선지자의 대표에 해당하므로 예레미야라는 이름으로 스가랴를 인용했다고 보는 것이다.

126) 신 포도주를 주는 것은 일종의 고통 완화의 기능을 하는 것이다. 그런데 웨슬리는 여기에서 조롱하기 위한 것이 아니라고 하면서 엘리야가 오기 전에 죽지 않도록 하기 위함이라고 말한다. 이러한 해석은 서로 모순이 된다. 왜냐하면 군중은 엘리야가 와서 예수를 구해주는지 보고 싶었기에 생명을 연장하려 했다면, 그것 자체로 예수를 조롱하는 악한 의도에서 비롯된 것이기 때문이다.

127) 여기에서 웨슬리가 말하고자 하는 것은 예수께서 마음만 먹었다면 굳이 십자가에서 힘들게 고생하지 않고 속히 떠나실 수 있었지만, 일부러 십자가에 매달려서 그 고통을 계속 당하고 있었다는 것이다.

128) 마태가 이 복음서를 저술할 당시의 상황을 가리킴.
129) 새번역은 마치 빌라도가 자신의 병력을 내주는 것처럼 번역하고 있다. 그러나
이 부분의 원어를 직역하면 "너희가 경비병을 가지고 있다"이다.